Arabische Republik Ägypten
Ministerium für Religiöse Stiftungen
Oberster Rat für Islamische Angelegenheiten

# Einführung in den Islam

**von**
**Prof. Dr. Mahmoud Zakzouk**

Kairo
1420 H - 2000 n. Chr.

" ... wenn du das Wahre durch die Menschen erkennst, ohne auf deine eigene Intelligenz zu vertrauen, dann ist dein Bemühen vom richtigen Weg abgewichen. Der Wissende ist wie die Sonne oder wie die Lampe, er gibt das Licht. So sieh mit deinen Augen. Wenn du blind bist, ist für dich die Lampe und die Sonne ohne Nutzen. Und wer sich zur Nachahmung entschließt, begibt sich mit Sicherheit in Gefahr."

Al-Ghazali[1]

---

[1] Aus: Abu Hamid Mohammed al-Ghazali, Mi´rag as-salikin. Siehe hierzu auch: Mahmoud Zakzouk, Al-Ghazalis Philosophie im Vergleich mit Descartes. Frankfurt 1992, S. 35.

# Inhaltverzeichnis

# Inhalt

# Vorwort

Im Widerstreit der Meinungen über den Islam wird oft übersehen, daß er doch - wie übrigens jede Religion - ein sorgfältiges, gründliches Studium erfordert. Wird er richtig verstanden - das wollen meine Überlegungen in diesem Buch zeigen - dann ist er eine Anleitung zum Dialog, zum Kennlernen der anderen Völker und zum Respekt vor ihren wertvollen Traditionen sowie schließlich zu einer aktiven Toleranz ihnen gegenüber: islamisch betrachtet zu einem gerechten Verhalten, das uns ein Überleben in Würde und Freiheit ermöglicht.

Das jetzt auf uns zukommende neue Jahrtausend fordert uns in einem ganz besonderen Maße zur Selbstbesinnung auf unsere Chancen und Möglichkeiten auf.

Ohne eine Besinnung auf die Wurzeln der eigenen Kultur und damit den Versuch einer Wiedereinwurzelungn in ihr kann jedenfalls die andere Kultur kaum in ihrer Eigenart verstanden und akzeptiert werden. Nur vom überzeugten eigenen Standpunkt her kann der des Anderen wahrgenommen werden, so daß eine Hoffnung auf eine möglichst friedliche Lösung der zahlreichen Konflikte bzw. ihre Eindämmung durch ein solidarisches Handeln entstehen kann.

Wohl zum ersten Mal in der Weltgeschichte sieht die Menschheit sich vor die vollendete Tatsache gestellt, daß sie wegen der vielen gemeinsamen Interessen solidarisch zu handeln hat und das gemeinsame Gute gemeinsam anstreben muß, wenn sie überleben will. Nur auf diese Weise können sich heute die Religionen bewähren ebenso wie nur dadurch die effektive Verteidigung der allgemeinen Menschenrechte möglich wird.[1]

Der Verfasser

Kairo, 1. Januar 2000

---

[1] Zu einzelnen Fragen über den Islam, welche in der westlichen Massenmedien überwiegend tendenziös behandelt werden, wie z. B. die Frage der Menschenrechte sowie das Problem der Stellung der Frau im Islam, das Verhältnis des Islam zum Terrorismus usw., siehe Mahmoud Zakzouk, "Fragen zum Thema Islam", Kairo, 1999.

**Erstes Kapitel**

# Der Koran[1]

Wer sich über den Koran informieren will, kommt nicht umhin, sich mit dem Propheten Mohammed zu beschäftigen. Daher werde ich zunächst einen kurzen Überblick über das Verhältnis von Koran und Sunna (= die Überlieferungen von Mohammed) geben. Anschließend werde ich die Geschichte der Wissenschaft der Koranauslegung erörtern und schließlich das Thema der "Rechtleitung" im Koran anhand einer Reihe von Koranzitaten behandeln.

## 1. Koran und Sunna

Der Koran enthält die vom Propheten Mohammed im 7. Jahrhundert empfangenen göttlichen Offenbarungen. Mohammed diktierte diese seinen Schreibern, zu denen auch seine ersten vier Nachfolger zählten. Der dritte dieser Nachfolge, der Kalif Osman (gest. 656 n. Chr.), hat die Offenbarungen zu einer Sammlung zusammengefaßt, die bis heute von allen Muslimen als die authentische Koranfassung anerkannt wird.

Formal ist der Koran, der auf arabisch offenbart wurde, in 114 Suren gegliedert, die überwiegend (bis auf die erste Sure) nach ihrer Länge geordnet sind. Jede Sure enthält

---

[1]Vortrag in der Paulus-Akademie, Zürich, 11 Septemper 1993

mehrere Verse, die längste 286, die kürzeste drei Verse. Die Verse werden im Koran "Zeichen" (*ayat*) genannt. Als man von Mohammed die einem Propheten angemessenen Wunder einforderte, hat er die Verse des Koran als göttliche Wunderzeichen vorgewiesen.

Den Inhalt des Koran bilden grundlegende Glaubenslehren, die Gesetze und die ethischen Lehren des Islam, Berichte über frühere Propheten, die Schöpfungsgeschichte, das Jenseits und vieles andere.

Wegen seiner übernatürlichen Entstehungsgeschichte ist der Koran für die Muslime ein heiliges Buch; viele lernen ihn daher auswendig.

Auf der Grundlage eines gründlichen Studiums des Koran entwickelten sich im Laufe der Jahrhunderte die verschiedensten islamischen Wissenschaften, vor allem viele Schulen der Koranauslegung. Aus der Beschäftigung mit der Sprache des Koran entstanden die arabische Grammatik und Rhetorik. Die im Koran niedergelegten Gesetze führten zu der Entstehung der islamischen Rechtswissenschaften und verschiedener Rechtsschulen. Der Koran ist auch die Quelle vieler philosophischer und mystischer Lehren des Islam. Doch im Zentrum aller Bemühungen stehen die zahlreichen Versuche, den Koran immer wieder neu zu interpretieren. Bis in unsere Gegenwart hinein gibt es neue Richtungen der Koranexegese.

Über den Propheten Mohammed sagt der Koran:

*"Ihr habt im Gesandten Gottes ein schönes Vorbild, für jeden, der auf Gott und den Jüngsten Tag hofft und Gottes viel gedenkt."* (Sure 33, 21)

Man betrachtet deshalb die Sunna, d.h. die Überlieferung dessen, was Mohammed gesagt oder getan hat, als eine Erklärung des Korans. Hierbei stützt man sich auch auf die Sure, in der es heißt:

*"Und Wir haben zu dir die Ermahnung (den Koran) herabgesandt, damit du den Menschen deutlich machst, was (an Offenbarungen) zu ihnen herabgesandt worden ist, damit sie vielleicht nachdenken."* (Sure 16, 44)

Deshalb sammelte man die Hadithe, d.h. die Aussagen Mohammeds und die Berichte über das, was er getan hat, und leitete sie an die nachfolgenden Generationen weiter. Von den daraus entstandenen Hadithsammlungen, deren einzelne Hadithe gründlich auf ihre Echtheit überprüft wurden, gelten neben anderen Werken vor allem die beiden Bücher von Bukhari und Muslim, die im 9. Jh. entstanden sind, als vorbildlich. In Bukharis Werk werden von etwa einer halben Million Hadithen nur ungefähr 4000 als authentisch angeführt. In einem dieser Hadithe heißt es:

"Ich habe euch zwei Dinge hinterlassen. Wenn ihr ihnen folgt, werdet ihr nie irren. Es sind der Koran und die Sunna"

Mohammed erhielt die erste der ihm vom Engel Gabriel überbrachten Offenbarungen im Alter von 40 Jahren im Jahre 610 n. Chr. Die nachfolgenden Offenbarungen erstreckten sich über einen Zeitraum von mehr als 20 Jahren. Die Offenbarungen wurden Mohammed, wie der Koran sagt

(Sure 25, 32), nicht auf einmal zuteil, sondern in Stufen, damit sein Herz auf diese Weise gestärkt würde und er die Kraft habe, seine prophetische Aufgabe zu erfüllen. Der Koran ist, so wird ihm verkündet, die Wahrheit und kommt von Gott (Sure 4, 170). Mohammed wurde das gleiche offenbart wie den früheren Propheten, nämlich, daß der Eine Gott Schöpfer und Herr aller Welten ist, daß Er Vergebung schenkt, wenn man bereut, und auch schmerzliche Strafen verhängt, daß Er also den gläubigen Menschen, die sich Ihm vertrauensvoll zuwenden, Barmherzigkeit erweist, aber die ungerecht handelnden Menschen bestraft. Der Koran ist eine Rechtleitung und Barmherzigkeit für die, die glauben (Sure 16,64; 16,89 u. a.). Er ist eine "frohe Botschaft für die, die sich (Gott) ergeben haben," (Sure 16, 89). Denn er zeigt ihnen, wie der sich unermüdlich für die Gerechtigkeit einsetzende Mensch den Weg zu dem barmherzigen Gott findet. Die koranischen Offenbarungen sind der Urnorm des Buches entnommen, wörtlich: der "Mutter des Buches", die bei Gott ist (Sure 43, 4; 3, 7; 13, 39).

## 2. Koranauslegung

Die Suche nach der richtigen Auslegung des Korans gehört seit dem Beginn der koranischen Offenbarungen zu den Aufgaben des Glaubens. Auch heute noch bemüht man sich darum. Die Koranauslegung ist also so alt wie der Koran selbst. Es gehört zu den falschen Vereinfachungen und Glorifizierungen der Vergangenheit, wenn beispielsweise behauptet wird, daß der Koran in der Frühzeit des Islam von den Arabern in allen sprachlichen Einzelheiten verstanden wurde. Selbst ein so großer und berühmter Gelehrter wie Ibn Khaldun (1332-1406 n. Chr.) wurde zu falschen Simplifizierungen verführt, als er behauptet, "daß alle Araber den Koran (damals) verstanden haben und seine Bedeutungen bis in die einzelnen Wörter, Sätze und Ausdrücke gewußt" hätten. (Muqadimat Ibn Khaldun, Dar al-Achaab, Kairo, o. J., S. 402.) Denn abgesehen davon, daß der Koran bereits vom rein sprachlichen Gesichtspunkt als das unerreichbare höchste Werk der arabischen Sprache gilt, gab es auch damals, wie heute immer noch, große Unterschiede bezüglich der Bildung und Intelligenz unter den Arabern. Deshalb begannen mit der Entstehung des Korans auch die Fragen über ihn. Es wurde notwendig, eine systematische und wissenschaftliche Auslegung des Koran vorzunehmen. Dafür, daß bereits einige Zeitgenossen von Mohammed sich nach der Bedeutung einiger Worte und Ausdrücke des Korans erkundigt haben, gibt es geschichtliche Beweise.[1]

Es ist im Rahmen dieser Arbeit nicht möglich, die lange Geschichte der Koranauslegung in allen Einzelheiten

---

[1]vgl. M.A. al-Dahabi, at-Tafsir wa al-Mufassirunn, Kairo 1976, Bd. I, S. 35 ff.

auszubreiten. Wir begnügen uns deshalb im folgenden mit einigen Hinweisen :

Man kann die sich geschichtlich in verschiedenen Stufen entwickelnde Koranexegese in drei Etappen einteilen:[1]

**Die erste Etappe** begann in der Zeit nach Mohammeds Tod. In dieser Frühperiode stützte sich die Koranauslegung auf folgende vier Quellen: auf den Quran, den Propheten, in der Vernunft begründete Überlegungen und Schlüsse verschiedenster Art, sowie auf jüdische und christliche Quellen.

Was die *erste Quelle* - den Koran - betrifft, die natürlich die wichtigste war, so verglich man beispielsweise alle Stellen des Koran miteinander, die ein bestimmtes Thema länger oder kürzer oder unter verschiedenen Gesichtspunkten behandelten. Die sich hieraus ergebende Art der Auslegung nennt man auch die *Auslegung des Korans mit dem Koran.*

Auf die *zweite Quelle*, die Überlieferungen des Propheten, *die Sunna*, sind wir oben bereits näher eingegangen.

Die *dritte Quelle* waren die Versuche, durch eigene vernünftige Überlegungen Antworten zu finden, wenn man weder im Koran noch in der Sunna Hilfsmittel für die Auslegung finden konnte. Hierbei beschäftigte man sich mit den konkreten Anlässen für die geoffenbarten Verse und der Zeitsituation, in der sie entstanden sind. Dies sind die sogenannten *Offenbarungsveranlassungen.*

---

[1] vgl. dazu al-Dahabi, a. a. O., S. 32 ff.

14

Die *vierte Quelle* waren jüdische und christliche Überlieferungen. Hierbei befragte man z. B. auch Muslime, die vorher Juden oder Christen gewesen waren. Der Koran stimmt mit der Thora in bezug auf einige der Geschichten von Propheten überein und mit den Evangelien u. a. in bezug auf die übernatürliche Geburt von Jesus sowie seine Wunder.

Bekannt wurden von den Gelehrten, die solche Untersuchungen anstellten, z. B. Abdulla Ibn Salam und Ka'ab al-Ahbar. Sie beschäftigten sich aber nur mit jenen Themen, in denen zwischen den verschiedenen Über-lieferungen Übereinstimmung herrschte.

Diese erste Etappe der Koranauslegung nennt man häufig die *Koranauslegung mit der Überlieferung*, sei dies die Überlieferung von Mohammed oder die von seinen Gefährten und Zeitgenossen oder die jüdisch-christliche Überlieferung. Der bekannteste unter den zahlreichen Koranexegeten dieser Zeit ist Abdulla Ibn Abbas, der Sohn von Mohammeds Onkel Abbas, der ungefähr 13 Jahre alt war, als Mohammed starb. Er studierte das geschichtliche und exegetische Material der Gefährten Mohammeds und unterrichtete seine Schüler über verschiedene Gebiete der Koranauslegung. Es gibt sehr viele Überlieferungen, die Ibn Abbas zugeschrieben wurden, u.a. auch eine Koranauslegung. Doch wird vieles von dem, was unter seinem Namen erschienen ist, von Kritikern der Überlieferungen als nicht authentisch betrachtet. Man hat viele Überlieferungen vermutlich nur deshalb Ibn Abbas zugeschrieben, weil er als eine bedeutende wissenschaftliche Kapazität galt und auch, weil er ein Mitglied der Familie Mohammeds war.

Hinzu kommt noch, daß die abbassidischen Kalifen zu seinen Nachkommen zählten und seinen Ruhm fördern wollten. Doch trotz dieser Einwände ist seine wissenschaftliche Leistung unbestreitbar. So ist z. B. die Methode, im Koran vorkommende unklare Wörter dadurch zu erklären, daß man ihren Gebrauch in der vorislamischen Dichtung untersuchte, von ihm zuerst eingeführt worden.

**Die zweite Etappe** der Koranauslegung fiel in die Zeit der Nachfolger der Gefährten des Propheten. In dieser Zeit begann beispielsweise die Diskussion über Probleme wie das Verhältnis der göttlichen Vorherbestimmung zur menschlichen Willensfreiheit. In dieser Frage betonten einige Richtungen die Vorherbestimmung, andere die Willensfreiheit, wobei sie jeweils die Meinung der anderen als Unglauben bezeichneten.

**Die dritte Etappe** begann mit der Ende der Omayyadenzeit und mit dem Beginn der Abbaassidenzeit, also mehr als 100 Jahre nach der Entstehung des Islam. In dieser Zeit hat man die Überlieferungen vom Propheten, *die Sunna*, gesammelt. Während vorher die Koranauslegung als ein Teil der Überlieferung behandelt wurde, wurde sie nun davon getrennt als ein selbständiges Gebiet angesehen. Die Gelehrten begannen, den Koran Vers für Vers auszulegen.

Der berühmteste Kommentator dieser Frühzeit war Ibn Garir at-Tabari, der im Jahre 923 n. Chr. (310 H.) starb. Tabari zitierte, ebenso wie die Hadithsammler, in allen Fällen, in denen ein Vers unklar war, verschiedene wichtige Interpretationen von anerkannten Autoritäten mit einem *isnad*, d. h. mit einer Überliefererkette. Diese Kette ist eine

16

Aufstellung all jener Personen, durch die diese Überlieferung der Interpretation weitergetragen wurde. Daß man später auf diesen Überlieferernachweis verzichtet hat, wurde zum Anlaß für viele Fälschungen. So brachte man beispielsweise irrtümlicherweise israelitische Geschichten als akzeptierte Überlieferungen.

Ein weiterer bedeutender Kommantator ist az-Zamachschari (gest. 1144 n. Chr.), der wegen seines lexikographischen und grammatischen Wissens bedeutsam ist. Er hatte aber, weil er der Sekte der Mutaziliten angehörte, nur wenig Einfluß.

Al-Baydawi (gest. 1286 n. Chr.), ein Anhänger der vorherrschenden sunnitischen Tradition, übernahm von az-Zamachschari all das, was wertvoll war und überging die sektiererischen Auffassungen. Er übernahm auch einiges von früheren Kommentatoren.

Ein weiterer bedeutender Kommentator ist der philosophisch orientierte Fachr-ad-din ar-Razi (gest. 1209 n. Chr.), von dem seine Bewunderer sagten, daß man in seinem Kommentar alles finden konnte. Kritiker, wie der berühmte Ibn Taymiyya, meinten allerdings, man könne alles darin finden, nur kein *tafsir*, d. h. keine Koranauslegung.

Bekannt sind auch die Kommentare von al-Qurtubi (gest. 1273 n. Chr.), Galal ad-din al-Mahalli (gest. 1459 n. Chr.) und Galal ad-din as-Suyuti (gest. 1505 n. Chr.)

Neben diesen hier erwähnten berühmten Korankommentatoren gab es auch sektiererisch argumentierende Kommentare, vor allem von Schiiten, sowie Auslegungen, die mystische Tendenzen betonten. Ganz allgemein gesehen, entwickelte sich das Fach der Koranauslegung seit seinem Beginn in der Abassidenzeit zu einer Mischung von Überlieferungen, rationalistischen Untersuchungen sowie philosophischen, theologischen und rechtswissenschaftlichen Argumenten und Ausführungen. Bei alledem ist deutlich zu beobachten, welchen Einfluß die jeweilige philosophische bzw. wissenschaftliche Bildung der einzelnen Gelehrten bei ihren Untersuchungen ausübte.[1] Hinzu kommen Einflüsse aus der Mystik und den Lehren der Sekten. Die vielen vorliegenden Koranauslegungen spiegelten also jeweils - sofern sie nicht einfach von anderen Werken übernommene Auffassungen enthielten - das unterschiedliche Bildungsniveau der Gelehrten wider.

Mit all den verschiedenen Richtungen der Koranexegese hat man sich kritisch auseinandergesetzt. So bemühte man sich beispielsweise auch, in den jeweiligen Exegesen dem Koran fremde Einflüsse festzustellen. In der Fakultät für Islamische Theologie der Al-Azhar Universität von Kairo hat man ein neues Pflichtfach für Untersuchungen über "Fremde Einflüsse in der Koranauslegung" eingeführt. In jüngerer Zeit gibt es eine neue Richtung der Koranauslegung, die von den Ergebnissen der Naturwissenschaften wie z. B. Physik, Medizin, Astronomie, Geologie usw. ausgeht. Ein Vertreter dieser Richtung war beispielsweise der ägyptische Gelehrte Tantawi Gawhari (1862-1940 n. Chr.). Diese Richtung wurde aber unter anderen von dem berühmten ägyptischen Reformator Mohammed Abdu (gest. 1905 n. Chr.) scharf kritisiert. Er betonte, daß der Koran ein Buch der Rechtleitung sei, und daß es, bezogen auf die Naturwissenschaften,

---

[1] siehe dazu auch al Dahabi, a. a. O., S. 146 ff.

genüge, daß der Koran nie einer wissenschaftlichen Wahrheit widerspricht.

Dieselbe Auffassung hat auch der große Gelehrte und Großscheich von Al-Azhar, Mahmoud Schaltut (gest. 1963 n. Chr.) vertreten. Er kritisierte die vorliegende Koranexegese vor allem in zwei Punkten: Erstens ihre Neigung zu einem sektiererischen Denken und zweites den Versuch, den Koran mit den Ergebnissen der Naturwissenschaften auszulegen. Er wies darauf hin, daß die naturwissenschaftlichen Theorien sich ständig ändern und keine absolute Betrachtungsweise darstellen. Davon abgesehen sei die naturwissenschaftliche Auslegung der Koranverse künstlich und aufgezwungen. Auch sei der Koran kein Buch, das das Ziel verfolge, über die verschiedenen Theorien der Naturwissenschaften zu unterrichten. Er sei vielmehr ein Buch der Rechtleitung.[1]

Mit den obigen Ausführungen haben wir versucht, wichtige Daten zur Wissenschaft der Koranexegese anzuführen. Dabei mußten wir auch so berühmte islamische Denker und Theologen wie z. B. Al-Ghazali, die von großer Bedeutung für das islamische Denken wurden, außer Acht lassen, um den Rahmen einer kurzen geschichtlichen Übersicht über das Fach der Koranexegese nicht zu sprengen.

---

[1] M. Schaltout, Tafsir al-Koran al-karim, Kairo 1979, S. 9-14.

### 3. Über den Begriff der "Rechtleitung" im Koran

Im folgenden behandeln wir das Thema der Rechtleitung im Koran anhand einer Anzahl von Koranzitaten zu diesem Thema. Bei der Erläuterung dieses zentralen Begriffs im Koran gehen wir zunächst von der entscheidenden Lehre aus, die es erlaubt, den Begriff in der richtigen Perspektive zu sehen. Dies ist die koranische Lehre, daß die Rechtleitung nur durch Gott allein geschieht. Dann erörtern wir das richtige Verständnis der Aussage des Koran, daß Gott rechtleitet, wen er will. Daß Gott selbst auch zum Glauben führt, wird im nachfolgenden Abschnitt behandelt. Die Rolle der Gesandten ist das Thema der darauf folgenden Erörterung. Den Abschluß bildet die Erläuterung über den Koran als Rechtleitung für die Gläubigen.

In jedem dieser Abschnitte werden Hinweise gegeben auf die nach koranischer Lehre vom Menschen selbst zu leistenden Ergänzungen bzw. auf die Bedingungen für die Rechtleitung. Diese sind das Bemühen um ein gerechtes Handeln, die Reue und die darin zum Ausdruck kommende Hinwendung zu Gott, wahre Gottergebenheit und das dadurch mögliche gerechte Handeln.

#### a) Rechtleitung allein durch Gott

Von der entscheidenden Lehre des Korans, daß die Rechtleitung allein in den Händen Gottes liegt, sprechen bereits die Worte der ersten Sure:

*"Führe uns den graden Weg, den Weg derer, die du begnadet hast, die nicht dem Zorn verfallen und nicht irregehen."* (Sure 1,6/7)

Wer diesen geraden Weg geht, von dem hier gesprochen wird, wird rechtgeleitet. Diese Rechtleitung ist eine Gnade. Das arabische Wort für Rechtleitung: *"hadaya"* hat die gleiche Sprachwurzel wie das arabische Wort für Geschenk: *"hadiyya"*. Und die Botschaft des barmherzigen Gottes, daß Seine Rechtleitung ein Geschenk für die ist, die gerecht handeln, und daß Gott die gerechten Menschen liebt, durchzieht unüberhörbar den ganzen Koran. Daher ist die rechte Leitung allein die von Gott (vgl. u. a. Sure 2,120). Er allein entscheidet darüber, welcher Mensch auf welche Weise und zu welcher Zeit die Rechtleitung verdient.

*"Gottes ist der Osten und der Westen. Er führt, wen Er will, zu einem geraden Weg."* (Sure 2,142)

Gott gibt Gradlinigkeit und Aufrichtigkeit, wem Er will, indem Er ihn leitet. Was Rechtleitung ist, wird besser verstanden, wenn man fragt, wohin dieser gerade Weg Gottes führt. Er führt den Menschen schließlich zum Paradies. Seit es Menschen auf der Erde gibt, gibt es die Rechtleitung, ebenso wie es das Verlangen des Menschen nach dem Paradies gibt. Der Mensch kann sie annehmen oder ablehnen. Warum er sie ablehnt und wie er sie annehmen kann, darüber muß jeder Mensch selbst entscheiden. Doch wird sie jedem Menschen angeboten. Seit der Vertreibung aus dem Paradies wurde sie angekündigt:

*"Wenn dann von Mir eine Rechtleitung zu euch kommt, dann haben diejenigen, die meiner Rechtleitung folgen, nichts zu befürchten, und sie werden nicht traurig sein."* (Sure 2,38)

Die Gesandten Gottes übermitteln den Menschen die Wahrheit über die Religion als Weg des Menschen zu Gott und zurück ins Paradies:
Die Gläubigen im Paradies loben Gott für seine Rechtleitung:

*"Lob sei Gott, der uns hierher (ins Paradies) rechtgeleitet hat. Wir hätten unmöglich die Rechtleitung gefunden, wenn nicht Gott uns rechtgeleitet hätte. Die Gesandten unseres Herrn haben uns wirklich die Wahrheit gebracht"* (Sure 7,43)

Wie mühsam der gerade Weg der Religion ist, darüber ist keine Aufklärung nötig, jedenfalls nicht für den, der ihn versucht. Deshalb liegt die Versuchung jederzeit nahe, ihn leichter und einfacher zu machen. Gott verlangt von jedem Menschen nur das, was er zu leisten vermag, lehrt der Koran (Sure 2,286), aber er verlangt von ihm, daß er sich sehr bemüht, das zu leisten, was er kann, und er belohnt ihn entsprechend seiner Anstrengung. Vorgeschrieben ist nur die Richtung, und das ist die Wahrheit. Bei dieser Orientierung auf die Wahrheit hilft ihm Gott:

*"Gott leitet zur Wahrheit recht"* (Sure 10,35) - sagt der Koran.

Kein Mensch ist ohne Gottes Hilfe dazu fähig. Daher soll der Mensch sich nur durch Gott auf seinem Weg zur Wahrheit leiten lassen und durch niemand anderen:

*"Hat der, der zur Wahrheit rechtleitet"*, so argumentiert der Koran, *"eher Anspruch auf Gefolgschaft, oder der, der nur dann die Rechtleitung findet, wenn er selbst rechtgeleitet wird?" (Sure 10,35)*

Es gibt also nach der koranischen Lehre keine Wahrheit aus zweiter Hand, oder, wie der Koran ausdrückt: es gibt keinen *"Teilhaber Gottes"* (Sure 10,35), der anstelle von Gott rechtleiten könnte. Selbst der Prophet Mohammed, der durch den Koran (Sure 33,21) den Gläubigen als Vorbild hingestellt wird, muß, wie es im Koran heißt, immer wieder in seinem Überreifer gestoppt werden, selbst auf den geraden Weg leiten zu wollen:

*"Du kannst nicht rechtleiten, wen du (persönlich) gern magst (oder: wen du persönlich rechtleiten möchtest). Gott ist es vielmehr, der rechtleitet, wen Er will. Er weiß am besten, wer sich rechtleiten läßt." (Sure 28,56 und andere)*

Ihm wird gesagt:

*"Du kannst nur die warnen, die ihren Herrn im Verborgenen (in ihrem Herzen, obwohl sie ihn nicht sehen) fürchten." (Sure 35,18; siehe auch 36,11)*

Von dieser Lehre der Leitung durch Gott selbst her gesehen, erhalten Begriffe wie geistige Selbständigkeit, Selbstverantwortung und Vernunft als schöpferische Kraft erst ihre wirkliche Bedeutung. Denn wenn es Gott, den Garanten der Wahrheit, der die Menschen, wenn sie sich Ihm öffnen, inspiriert, nicht gibt, verlieren alle diese Worte, abgesehen vom Dasein des Menschen überhaupt, jede wirkliche Bedeutung. Deshalb gibt es für den Menschen nur diesen einen geraden Weg zurück zum Ursprung seines Seins, wenn er nicht verlorengehen will. Wer allerdings von sich selbst ganz eingenommen ist, kann weder gewarnt, noch rechtgeleitet werden. Über solche Menschen sagt der Koran:

> *"Wenn sie dir (dem Propheten Mohammed) nicht Folge leisten, dann mußt du wissen, daß sie nur ihrer (persönlichen) Neigung folgen. Und wer ist mehr im Irrtum, als wer ohne Rechtleitung von Gott seiner (persönlichen) Neigung folgt? Gott leitet das Volk der Frevler nicht recht. "* (Sure 28,50)

Die Rechtleitung durch Gott geht Hand in Hand mit der Gottzugewandtheit des Menschen, der sein Herz dem Wirken Gottes öffnet, und seiner Gottergebenheit. Wer sich Gott ergibt, erkennt, daß allein der gerade Weg ihn zu seinem Ziel führen kann. Daher betet er niemanden außer Gott an.

> *"Sollen wir statt zu Gott zu (etwas) beten, was uns weder nützt noch schadet, und kehrtmachen, nachdem Gott uns rechtgeleitet hat? ... Die rechte Leitung ist (allein) die von Gott. Uns wurde befohlen, wir sollen uns dem Herrn der Menschen in aller Welt ergeben. "* (Sure 6,71)

Rechtleitung erhalten die Menschen - und das kann auch für ein ganzes Volk gelten, das irregegangen ist - dann, wenn sie sich selber ernsthaft darum bemühen, sich zu ändern. Der Koran sagt dazu ganz klar:

*"Gott verändert nicht den Zustand eines Volkes, bis sie selbst ihren Zustand verändern."* (Sure 13,11)

Der Koran lehrt, daß der Mensch frei ist. Er hat die Wahl zwischen zwei Wegen. Wer sich nicht für die Rechtleitung entscheidet, hat sich damit dafür entschieden, irregeleitet zu werden und schließlich verlorenzugehen. Es sei denn, er bereut seine falsche Entscheidung. Diese Möglichkeit steht ihm offen. Doch wenn er sich für den falschen Weg entschieden hat, wird er vergebens Freunde suchen, die ihm helfen:

*"Wen Gott rechtleitet, der ist es, der der Rechtleitung folgt, und wen Er irreführt, für den wirst du keinen Freund finden, der ihm den rechten Weg weisen könnte."* (Sure 18,17)

Die obigen Ausführungen über die Rechtleitung allein durch Gott versuchen, ein Licht darauf zu werfen, warum nur ein Teil der Menschen die Gnade der Rechtleitung erhält, und warum andere - wie es der Koran formuliert - "von Gott irregeleitet" werden. Das gleiche Problem soll nun unter dem Gesichtspunkt jener koranischen Lehre betrachtet werden, nach der Gott rechtleitet, wen Er will.


## b) *Gott leitet recht, wen Er will*

Die Antwort auf die Frage, wie der Mensch die Rechtleitung Gottes erlangen kann, haben wir oben bereits zu geben versucht. Er erlangt sie nach der koranischen Lehre durch Gottergebenheit. Wer diese Antwort des Korans nicht versteht, mag ratlos werden angesichts der vielen Aussagen des Korans, daß über die Rechtleitung allein Gott entscheidet (vgl. dazu auch Sure 2,272; 2,213; 6,88; 28,56; 13,27; 24,35; 24,46.)

Der Koran verweist den Menschen in ganz radikaler Weise auf sich selbst zurück, wenn er Gott sucht. Und er gibt ihm für diese radikale Selbstbesinnung als einzige Hilfe den Hinweis auf Gott als seinen Schutz und Weggefährten. Viele Jahrtausende menschlicher Geistesgeschichte haben keine wirklich andere Antwort finden können. Probleme wie z. B. die Frage nach der Freiheit des Menschen und die Frage nach dem Verhältnis zwischen göttlicher Allmacht, der Prädestination und der Willensfreiheit des Menschen und damit seiner moralischen Entscheidungsfähigkeit, sie werden letzten Endes dem Menschen selbst zur Entscheidung überlassen. Die Antwort des Koran ist einfach. Er sagt:

*"Unser Herr ist derjenige, der einem jeden Ding sein Dasein gab und (ihm) den Weg zeigt."* (Sure 20,50)

Der Mensch kann wählen, frei zu sein oder seine Freiheit zu verlieren. Denn er kann die Rechtleitung Gottes annehmen oder sie ablehnen. Er ist frei, den geraden Weg zu gehen oder irrezugehen und im Verlaufe seiner Verirrungen seine Freiheit immer mehr zu verlieren. Gegenüber dem abstrakten Argument, daß die Allmacht Gottes die menschliche Freiheit unmöglich machte, benutzt der Koran das gleiche Argument von der Allmacht Gottes, um das Gegenteil zu beweisen. Gott in seiner Allmacht hätte doch, sagt er, wenn Er es gewollt hätte, die Menschen, die Er als seine Geschöpfe liebt, alle rechtleiten können. Er könnte das jederzeit noch tun, wenn Er das wollte (vgl. Suren 6,149; 13,31). Stattdessen gab Er dem Menschen die Freiheit und das Licht seiner Vernunft, damit er über sein Schicksal, das Schicksal seiner Seele, selbst entscheide, damit er sich Ihm freiwillig zuwendet.

Ohne Zweifel ist die Freiheit des Menschen aber begrenzt. Der Koran beschreibt mit eindringlichen Worten, wie oft der Mensch seine Freiheit und damit seine Würde verspielen kann. Aber es ist die gleiche Freiheit, die er verspielen kann, die ihm, wenn er sie bewahrt, die moralische Entscheidung ermöglicht. Der Mensch kann, wenn er das will, gerecht handeln. Das heißt, er kann, koranisch gesprochen, mit Hilfe seiner Freiheit - wenn er sie nicht verspielt hat - die Rechtleitung Gottes wählen.

Wer die Rechtleitung wählt, wer damit wählt, gerecht handeln zu wollen, entscheidet sich dafür, immer freier zu werden. Hier kommt die Barmherzigkeit Gottes zur Hilfe, denn durch die Reue über seine Irrtümer und Fehler, in der Hinwendung zu Gott, der ihn darauf aufmerksam macht, kann der Mensch sich für den geraden Weg entscheiden. Dann wird er rechtgeleitet.

*"Gott führt irre, wen er will", sagt der Koran. "Aber wenn einer sich ihm reumütig zuwendet, führt er ihn zu sich (auf den rechten Weg)."* (Sure 13,27)

Mit der Reue des Herzens in der Zuwendung zu Gott beginnt der Prozeß der Befreiung von Engstirnigkeit und der Härte und Kälte des Herzens. Diese Befreiung wird als göttliches Eingreifen erfahren, da sie weder kalkulierbar noch machbar ist, und sie führt auf den geraden Weg. *Da Gott es will.*

27

## c) Gott führt zum Glauben

Es gibt den wahren Glauben, und es gibt den Glauben, der z. B. zu der Einbildung verführt, daß der Mensch sich damit Verdienste erwirbt. Dazu aber sagt der Koran:

*"... Gott ist es, der sich euch gegenüber als Sein Verdienst anrechnen kann, daß Er euch zum Glauben geführt hat."* (Sure 49,17)

Über das, was geschieht, wenn Gott jemanden zum Glauben führen will, sagt der Koran:

*"Wen Gott rechtleiten will, dem weitet er die Brust für die Hingabe an Gott, den Islam."* (Sure 6,125)

Der Wille des Menschen, sich durch Gott rechtleiten zu lassen, ist entscheidend. So weist der Koran auch darauf hin, daß die Versuchungen und Verführungen, die einen Teil der Menschen irreführen, für den anderen Teil der Menschen eine Rechtleitung sind, so daß sie durch die Überwindung der Versuchungen gestärkt werden. Der Koran berichtet davon, daß z. B Moses, einer der begnadeten Gesandten Gottes, sich mit dieser Tatsache beschäftigt hat. Gott will die Ungläubigen nicht rechtleiten, aber er befähigt die gläubigen Menschen, ihren Glauben gerade durch die Überwindung von Ver-suchungen zu stärken.

*"Es ist doch deine Versuchung, mit der Du irreführst, wen Du willst, und rechtleitest, wen Du willst", sagt Moses zu Gott.* (Sure 7,155)

Gleich im Anschluß daran sagt er:

*"Du bist unser Freund. Vergib uns nun und erbarme Dich unser."*

Mit diesen Worten bezeugt Moses seine Gottergebenheit in eindeutiger Weise. Der Koran sagt in diesem Zusammenhang auch:

*"Und wen Gott rechtleitet, für den gibt es keinen, der ihn irreführen könnte."* (Sure 39,37)

Die Zeugen der Religion sind ihre Beweise. Doch wie kann man die wahren Zeugen des Glaubens von all den Menschen unterscheiden, die nur scheinbar glauben? Es gibt Menschen, die nur nach außen hin glauben oder die sich nur einbilden, an Gott zu glauben und von ihm rechtgeleitet zu werden. Über die sagt der Koran:

*"Einen Teil (der Menschen) hat er rechtgeleitet, über einen Teil ist der Irrtum zu Recht gekommen, denn sie haben sich die Teufel an Gottes Statt zu Freunden genommen und meinen, sie seien der Rechtleitung gefolgt."* (Sure 7,30)

Gott weiß sehr wohl, wer wirklich gottergeben handelt, er weiß, *"wer von seinem Weg abirrt und wer rechtgeleitet ist"* (Sure 16,125). Es ist auf jeden Fall verkehrt, kritiklos den herrschenden Ideologien und der Masse der Menschen zu folgen. Hierüber sagt der Koran:

*"Und wenn du der Mehrzahl derer folgst, die auf der Erde sind, führen sie dich vom Weg Gottes ab in die Irre. Sie gehen nur Vermutungen nach und raten nur (statt Sicheres zu wissen). Dein Herr weiß sehr wohl, wer von seinem Weg abirrt und wer rechtgeleitet ist."* (Sure 6,116/117)

Gott selbst führt zum Glauben; er wendet sich dem Menschen zu, der sich ihm zuwendet. *"Wegen ihres Glaubens"* (Sure 10,9) leitet er die Menschen recht. Den Menschen, die wahrhaft glauben und tun, was recht ist, ist, wie der Koran sagt (Sure 4,173), ein großer Lohn bestimmt. Die Selbsthingabe des Menschen an Gott bedeutet in der Praxis die Selbstüberwindung im Dienst an den Mitmenschen. Und die Selbstüberwindung im Dienst an unseren Mitmenschen und Gottes Schöpfung bedeutet die Selbsthingabe des Menschen an Gott, der viele Weisen kennt, um die Menschen zum geraden Weg zu führen und auf ihm weiter zu leiten. Doch der Glaube ist die Bedingung für die Rechtleitung, so wie auch die den Glauben begleitenden guten Werke, aber vor allem der Glaube:

*"Diejenigen, die glauben und die guten Werke tun, leitet ihr Herr wegen ihres Glaubens recht."* (Sure 10,9)

Es ist Gottes Wille, daß die Menschen sich um Gerechtigkeit und die wegen der menschlichen Schwäche notwendige Barmherzigkeit bemühen. Der Weg dazu, die Wahrheit darüber, wie dies in der jeweiligen Situation zu erreichen ist, wird durch die Zeichen Gottes deutlich gemacht.

*"Wir haben Zeichen hinabgesandt, die (alles) deutlich machen. Und Gott führt, wen Er will, zu einem geraden Weg."* (Sure 24,46)

Nachdem in den obigen Ausführungen zu erläutern versucht wurde, was die Koranaussage bedeutet, daß Gott allein rechtleitet, und daß er rechtleitet, wen er will und auch zum Glauben führt, wen er will - Lehren, die durch Dogmatismus und Buchstabenglauben oft falsch interpretiert werden - wird in den nächsten Abschnitten die Rolle der Gesandten für die göttliche Rechtleitung und die Bedeutung des Korans als göttliche Rechtleitung dargestellt.

### d) Die Rechtleitung und die Gesandten

Der Koran weist darauf hin, daß in jede menschliche Gemeinschaft Gesandte mit der göttlichen Botschaft von der Rechtleitung geschickt wurden:

*"Und wir haben doch in jeder Gemeinschaft einen Gesandten auftreten lassen (mit der Aufforderung): 'Dient Gott und meidet die Götzen!' Und die einen von ihnen leitete Gott recht, während an den anderen der Irrtum in Erfüllung geht. Zieht doch im Land umher und schaut, wie das Ende derer war, die (unsere Gesandten) für Lügner erklärt haben."* (Sure 16,36)

Diejenigen, die die Gesandten Gottes als Lügner bezeichnen, sind selbst Lügner, sagt der Koran:

*"Eine Lüge hecken eben diejenigen aus, die nicht an die Zeichen Gottes glauben. Sie sind es, die lügen."* (Sure 16,105)

Die Lügner aber sind diejenigen, die irregeleitet werden:

*"Wer ein Lügner und gänzlich ungläubig ist, den leitet Gott nicht recht."* (Sure 39,3)

*"Gott leitet den nicht recht, der maßlos und ein Lügner ist."* (Sure 40,28)

Wer maßlos ist, nur seinen eigenen egoistischen Neigungen folgt und sich durch Scheinbilder von Macht führen läßt, hat sich dadurch selbst der Rechtleitung entzogen. Über diese Menschen sagt der Koran auch, daß sie *"ein Herz haben, mit dem sie nicht verstehen, Augen, mit denen sie nicht sehen, und Ohren, mit denen sie nicht hören."* (Sure 7,178) Im gleichen Maße, in dem sie Scheinbilder - Götzen - anbeten, entfernen sie sich von der Wirklichkeit. An die Stelle der Wahrheit treten bei ihnen Lügen, in die sie nicht nur andere, sondern auch sich selbst immer mehr verwickeln. Über sie sagt der Koran:

*"Wenn sie deiner Aufforderung nicht Folge leisten, dann mußt du wissen, daß sie nur ihrer (persönlichen) Neigung folgen. Und wer ist mehr im Irrtum, als wer ohne Rechtleitung von Gott seiner (persönlichen) Neigung folgt? Gott leitet das Volk der Frevler nicht recht."* (Sure 28,50)

Die rechtgeleiteten Menschen werden vom Koran als diejenigen bezeichnet, "die Verstand haben":

*"Für diejenigen, die es vermeiden, den Götzen zu dienen, und sich (bußfertig) Gott zuwenden, gilt die frohe Botschaft. Bring meinen Dienern gute Nachricht, die auf das Wort hören und dem Besten davon folgen. Das sind diejenigen, die Gott rechtgeleitet hat. Sie sind es, die Verstand haben."* (Sure 39,17/18)

Hier fordert der Koran also dazu auf, dem Besten in den Offenbarungen zu folgen, indem man den eigenen Verstand gebraucht. Über die Tafeln von Moses sagt der Koran, daß in ihrem Text *"Rechtleitung und Barmherzigkeit enthalten (ist) für diejenigen, die vor ihrem Herrn Ehrfurcht (Angst) haben"* (Sure 7,154). Er weist auf seine gottesfürchtigen Gesandten hin, die alle durch Gott rechtgeleitet wurden und auf diese Weise zu Zeugen für die Wahrheit wurden wie Abraham, Isaak, Jakob, Noah, David, Salomo, Hiob, Joseph, Moses, Aaron, Zacharias, Johannes der Täufer, Elias, Jesus, Ismael, Elischa, Jonas, Lot. *"Auch einige von ihren Vätern, Nachkommen und Brüdern."* (Sure 6,82-88) Alle Menschen, die sich wie diese um Frömmigkeit bemühen und sich von ihren Bemühungen nicht abbringen lassen, erhalten die göttliche Rechtleitung:

*"Diejenigen aber, die sich um unseretwillen abmühen, werden wir unsere Wege führen. Gott ist mit denen, die fromm sind."* (Sure 29,69)

Wer sich um Gottes willen, also in seinem Dienst, abmüht, ist bereits rechtgeleitet. Aber zum Lohn dafür wird er in seiner Rechtleitung, und das bedeutet, auch in seiner Gottesfurcht, noch bestärkt:

*"Diejenigen aber, die rechtgeleitet sind, bestärkt Er (Gott) noch in ihrer Rechtleitung und gibt ihnen ihre Gottesfurcht."* (Sure 47,17)

Dies wird deutlich in ihren guten Taten bzw. in ihrem rechten Verhalten:

*"Und diejenigen, die rechtgeleitet sind, bestärkt Gott noch in ihrer Rechtleitung. Was bleibenden Wert hat, gute Taten ..."* (Sure 19,76)

Er teilt ihnen mit, wovor sie sich hüten sollen.:

*"Gott kann unmöglich Menschen irreführen, nachdem Er sie rechtgeleitet hat, bis Er ihnen deutlich macht, wovor sie sich hüten sollen."* (Sure 9,115)

Hierbei hat das Herz als der Ort des Verstehens zentrale Bedeutung. Darum bittet der fromme Mensch Gott um seine Rechtleitung, damit sein Herz nicht abschweift und als Kompaß auf dem geraden Weg für ihn dienen kann:

*"Herr! Laß unser Herz nicht abschweifen, nachdem Du uns rechtgeleitet hast."* (Sure 3,8)

Die Rechtleitung ist für jeden einzelnen Mensch, nicht etwa nur für die Gesellschaft, notwendig. Sie ist also nicht etwa nur eine Sammlung von Vorschriften zum Schutz und zur Förderung der Gesellschaft, also etwas, was der Mensch zum Vorteil der Gesellschaft akzeptiert. Eine Vorbedingung ist, daß ein Gesandter der Gemeinschaft, zu der ein Mensch gehört, die göttliche Botschaft von der Rechtleitung übermittelt hat. Deshalb heißt es im Koran:

34

*"Wer der Rechtleitung folgt, folgt ihr zu seinem eigenen Vorteil. Und wer irregeht, geht irre zu seinem eigenen Schaden. Und keine lasttragende (Seele) trägt die Last einer anderen. Und wir peinigen nicht, ehe Wir einen Gesandten haben entstehen lassen."* (Sure 17,15)

Die Botschaft der Gesandten von der göttlichen Rechtleitung betont die Rolle des Verstandes für die wahre Frömmigkeit. Die rechtgeleiteten Menschen, so haben wir oben erörtert, sind jene, "die Verstand haben". Sie haben Herzen, mit denen sie verstehen, Augen, mit denen sie sehen, und Ohren, mit denen sie hören. Die Zeichen, die Gott ihnen schickt, sind, wie der Koran sagt, überall in der Welt und in ihnen selbst (Sure 41,53).

*e) Der Koran als Rechtleitung*

*"Gott führt zu seinem Licht, wen Er will ..."* (Sure 24,35), sagt der Koran. Die Botschaften der Offenbarungsreligionen, das "Buch", wie es im Koran heißt, und den Glauben hat Gott *"zu einem Licht gemacht, mit dem Wir rechtleiten, wen von Unseren Dienern Wir wollen"* (Sure 42, 52). Über den Koran heißt es:

*"Gott hat die beste Botschaft herabgesandt, ein Buch mit gleichartigen, sich wiederholenden Versen, vor dem die Haut derer, die ihren Herrn fürchten, erschauert. Dann werden ihre Haut und ihr Herz weich und neigen sich dem Gedenken Gottes zu. Das ist die Rechtleitung Gottes. Er leitet damit recht, wen Er will. Und wen Gott irreführt, der hat niemanden, der ihn rechtleiten könnte."* (Sure 39,23)

Der Koran ist - so heißt es am Anfang der zweiten Sure - eine Schrift, deren Wahrheit nicht bezweifelt werden kann, eine Schrift

*"an der nicht zu zweifeln ist, als Rechtleitung für die Gottesfürchtigen."* (Sure 2,2)

Der Koran ist das Buch der göttlichen Rechtleitung. Wer dem Propheten Mohammed, der diese göttlichen Offenbarungen empfangen und weitergeleitet hat, gehorcht, der ist - so sagt der Koran (Sure 24,54) - rechtgeleitet. Die rechtgeleiteten Gläubigen erkennt man nach Aussagen des Korans (Sure 2,1-4) daran, daß sie an das Übersinnliche glauben, daß sie beten, Spenden geben, an die Botschaften der Gesandten Gottes glauben und vom Jenseits überzeugt sind. Der Koran wird auch das Buch *"Buch mit der Wahrheit"* genannt (Sure 39,41).

*"Gott aber ist der Freund der Gottesfürchtigen. Dies (die Verse des Korans) sind einsichtbringende Zeichen für die Menschen und eine Rechtleitung und Barmherzigkeit für die Leute, die Gewißheit hegen."* (Sure 45,19/20)

Das heißt also, daß Menschen, die verstehen, die Gewißheit hegen, durch den Koran Einsichten vermittelt bekommen und dadurch rechtgeleitet werden. Mohammed wird mitgeteilt:

*"Und wir haben das Buch auf dich hinabgesandt, um alles deutlich zu machen, und als Rechtleitung, Barmherzigkeit und frohe Botschaft für die gottergebenen Menschen."* (Sure 16,89)

Mohammed wird aufgefordert:

*"Sprich: Herabgesandt hat ihn (den Koran) der Geist der Heiligkeit von Deinem Herrn mit der Wahrheit, um diejenigen, die glauben, zu festigen, und als Rechtleitung und frohe Botschaft für die gottergebenen Menschen."* (Sure 16,102)

Der Mensch muß zwischen zwei Wegen wählen. Der richtige, der gerade Weg wird im Koran auch einmal der steile, also anstrengende, schwierige Weg genannt:

*"Haben wir ihm (dem Menschen) nicht ... beide Wege gewiesen? Würde er doch den steilen Weg hinaufstürmen! Woher sollst du wissen, was der steile Weg ist? (Es ist) die Befreiung eines Sklaven, oder am Tag der Hungersnot die Speisung einer verwandten Waisen oder eines Bedürftigen, der im Staub liegt. Und daß man außerdem zu denen gehört, die glauben, einander die Geduld nahelegen und einander die Barmherzigkeit nahelegen. Das sind die von der rechten Seite. Die aber, die unsere Zeichen verleugnen, sind die von der unglückseligen Seite."* (Sure 90.8-19)

Der Koran sagt über seine Botschaft auch, daß sie die Botschaft davon ist, daß Gott sich den Menschen zuwenden will:

*"Gott will es euch deutlich machen und euch zu den Verfahrensweisen derer, die vor euch lebten, leiten, und sich euch zuwenden."* (Sure 4,26)

Der Koran hält die gläubigen Menschen dazu an, *"Gottes zu gedenken"* (Sure 39, 23). Doch spricht er auch davon, daß Gott unaufhörlich den ungläubigen Menschen Zeichen sendet, damit sie sich Ihm zuwenden, denn er will sich ihnen zuwenden:

*"Wir werden sie an den Horizonten (d. h. nicht direkt erreichbar, aber doch sichtbar!) und in ihnen selbst (in ihrem Herzen) unsere Zeichen sehen lassen, bis es ihnen deutlich wird, daß es die Wahrheit ist (was ihnen verkündigt wird)."* (Sure 41,53)

Wer fragt, warum der Koran lehrt, daß Gott allein rechtleitet, sollte sich fragen, wer sonst dazu in der Lage sein könnte. Denn wer anders könnte uns rechtleiten und zur Wahrheit führen als derjenige, von dem der Koran sagt, daß er uns ganz nahe ist, sogar näher, als unsere eigene Halsschlagader (Sure 50,16), und der uns mitteilt, daß er nicht mehr von uns verlangt, als wir leisten können und daß er uns dabei helfen wird?

*"Wer sich Gott völlig hingibt und dabei rechtschaffen ist, der hält sich an der festesten Handhabe. Und zu Gott führt das Ende aller Angelegenheiten."* (Sure 31,22)

## Zweites Kapitel

# Der Mensch im Koran[1]

Nach der Lehre des Korans[2] liegt die unüberbietbare Würde des Menschen darin, daß er geschaffen wurde, um *Gottes Statthalter* auf Erden zu sein (2,30). Wie ein Statthalter zwar selbständig, aber gemäß den Anweisungen und Wünschen seines Königs regieren soll, soll der Mensch in dieser Welt sich auf schöpferische Weise den göttlichen Offenbarungen gemäß verhalten. Das heißt, er hat zwar den Anordnungen seines Herrn entsprechend zu handeln, aber dies kann er nur, wenn er sie dem Geiste gemäß und nicht bloß dem Buchstaben nach befolgt. Daher wurde dem Menschen bei seiner Erschaffung, wie der Koran sagt (15,29), der göttliche Geist eingehaucht. Hiermit wurde er sogar über die Gott absolut gehorchenden Engel erhoben, die sich vor ihm daher als Gottes Stellvertreter niederwerfen sollten.

Dieser dem Menschen eingehauchte *göttliche Geist ist ein Geschehen*. Ebenso wie - damit zusammenhängend - das

---

[1]Vortrag. Tagung: Studientagung St. Gabriel, Wien, 1991. Erschienen in: Bsteh, A., Hören auf Sein Wort. Mödling b. Wien, 1992.

[2]In dieser Arbeit werden neben der arabischen Originalausgabe des Korans die folgenden Übersetzungen mit berücksichtigt:

Der Koran. Arabisch-Deutsch. Übersetzung von M. Sadr-ud-Din, Berlin 1939.

Der Koran. Aus dem Arabischen übertragen von M. Henning, Stuttgart 1960.

Der Koran. Übersetzung von R. Paret, Stuttgart u. a. 1982.

Der Koran. Übersetzung von A. Th. Khoury. Unter Mitwirkung von M. S. Abdullah (GTB Sachbuch; 783), Gütersloh 1987.

Die erste teilweise erschienene Koran-Übersetzung im Bavaria Verlag. München u. a. 1989.

eigentliche Menschsein ein Geschehen ist. Dieses findet nur dann statt, wenn der Mensch seiner Bestimmung folgt, wenn er Gott allein dienend ihm in seiner Schöpfung dient. Indem er Gottes Wort vernimmt und ihm folgt, erfüllt er seine menschliche Aufgabe. Dieses Vernehmen des göttlichen Wortes, die vernehmende Vernunft des Menschen, ist letztlich ein in Geheimnisse gehülltes Geschehen. Es offenbart sich im Geschehen des Geistes, wie wir zeigen wollen.

Wenn wir versuchen, besser zu verstehen, was uns der Koran darüber sagt, werden wir vor allem den drei folgenden Fragen gegenübergestellt:

Ist es allein Gnade, wenn der Mensch Gottes Wort vernimmt, welches direkt an ihn gerichtet ist, und wenn er ihm folgt? Liegt es in seiner Freiheit, sich Gott zuzuwenden und ihn zu hören und sich seinem Willen zu unterwerfen? Spielen die menschlichen Verpflichtungen in diesem Zusammenhang eine entscheidende Rolle, und in welcher Weise?

Der Mensch, welcher das göttliche Wort hört und ihm folgt, hält damit, nach der Botschaft des Korans, fest *„an der stärksten Handhabe, für die es kein Brechen gibt"* (2, 256), und wird ins *„Licht"* geführt, während jene Menschen, die nicht hören wollen, sich in *„Finsternisse"* führen lassen (2,257).

Der Koran lehrt, daß es nur *einen* Gott gibt (u. a. 18,110), und nur *einen* göttlichen Geist, und daß der Mensch sich nicht an diese Welt verlieren soll und nur Gott allein dienen darf (11,2 u. a.). Die göttlichen Offenbarungen erinnern den Menschen an seinen Ursprung und sind eine War-

40

nung davor, Unrecht zu tun, aber eine Freudenbotschaft für die, die Gutes tun (46,12).

Für den, der nicht glaubt, ist der Koran aber ein Buch mit sieben Siegeln. Er entschleiert nicht die *Geheimnisse des Glaubens* und des Unsichtbaren für die, die nicht glauben. Er sagt: *„Und nimmer wird Gott euch über das Unsichtbare Auskunft geben"* (3,179). Gott allein *„verfügt über die Schlüssel des Unsichtbaren. Niemand außer Ihm weiß über sie Bescheid"* (6,59).

Es gibt andere Stellen im Koran, die eine nähere Erläuterung geben über das, was damit gemeint ist. Der Koran ist *„ein Buch, dessen Zeichen eindeutig festgefügt und dann im einzelnen dargelegt sind von einem Weisen und Kundigen ...,,* (11,1). An einer anderen Stelle heißt es, daß es neben diesen eindeutigen, festgelegten Zeichen, der *„Urnorm des Buches"* (3,7), im Koran auch andere, mehrdeutige gibt. Und, so wird gesagt,

> *„diejenigen, in deren Herzen Abweichen von der Wahrheit steckt, folgen dem, was in ihm mehrdeutig ist, im Trachten danach, (die Menschen) zu verführen, und im Trachten danach, es (eigener) Deutung zu unterziehen. Um seine Deutung aber weiß niemand außer Gott"* (3,7).

Und nur der Mensch, der sich mit allen Kräften immer wieder bemüht, mit seinem ganzen Herzen der Wahrheit zu folgen, empfängt das ihm notwendige Wissen von Gott, im ständigen Kampf der Selbstüberwindung, das heißt im *gihad.*

*"Denn Gott, Er ist die Wahrheit, und das, was sie außer Ihm anrufen, das ist das Eitle ..."* (22, 62).

Wie gelangt der Mensch zu diesem *Wissen des Glaubens*? Der Mensch kann sich, in der unübertrefflich klaren Ausdrucksweise des Korans ausgedrückt, *„im Wissen festgründen"*. Hier handelt es sich also nicht um eine Erkenntnis, die man ‚hat', sondern eher um eine Erkenntnis, die umgekehrt uns ‚hat', oder eine Erkenntnis, die wir in gewissem Sinne ‚sind'. Diejenigen nun, sagt der Koran,

*„die im Wissen festgegründet sind, sagen: ‚Wir glauben; das eine und das andere ist von unserem Herrn.' Jedoch bedenken es nur die Einsichtigen"* (3, 7).

Dieses Wissen gründet sich also auf Einsicht. Umgekehrt ist es auch ein Wissen, das den Menschen festigt. Es wird erfaßt von dem, der es erhält, als ein Wissen, das von Gott herkommt. Die Einsicht entspringt der inneren Zuwendung der Menschen zu Gott, ihrer Entscheidung, sich ganz Gott zu unterwerfen, da sie sich ohne ihn verloren wissen. Und diese Zuwendung wird von ihnen ständig wiederholt. Sie beten daher:

*„Unser Herr, laß unsere Herzen sich nicht abkehren, nachdem Du uns rechtgeleitet hast. Gib uns aus Deiner (Gnadenfülle) Barmherzigkeit, denn Du bist ja wahrlich der unablässig Gebende"* (3,8).

Für sie ist der Koran eine frohe Botschaft, denn sie haben, durch den Glauben gefestigt, nichts zu befürchten und alles zu hoffen:

*„Diejenigen, die sagen: ‚Unser Herr ist Gott‘, und sich dann recht verhalten, haben nichts zu befürchten, und sie werden nicht traurig sein"* (46, 13).

Denn da sie sich durch Gott führen lassen, führt er sie zur Vollendung ihrer menschlichen Bestimmung. Sie wissen: *"Mein Herr ist wirklich gütig, zu wem Er will; Er, ja Er ist der Allwissende, der Allweise"* (12, 100). Nichts entgeht dem Wissen Gottes: *"... wäre es nur das Gewicht eines Senfkorns, und wäre es in einem Felsen oder in den Himmeln oder im Innern der Erde verborgen, Gott kann es (ans Licht) bringen; Gott ist ja gütig, allkundig"* (31, 16).

Die Gläubigen empfangen die *Rechtleitung* Gottes als eine Barmherzigkeit und beten ständig darum. Das Geheimnis der Berufung zum Glauben, der göttlichen Rechtleitung, ruht gleichzeitig in der Wahl Gottes, der den Menschen aus Barmherzigkeit zu sich ruft, und in der freien Zuwendung zu ihm seitens des Menschen, der sich bemüht, seine menschlichen Verpflichtungen zu erfüllen. Nichts kann den Menschen bewegen, zu glauben, es sei denn, Gott will es, und der Mensch wendet sich frei Gott zu, hört mit seinem Herzen sein Wort und folgt ihm. Damit übergibt er sich seiner Rechtleitung.

Die Rechtleitung ist nur für die Gläubigen. Ist also der Kreis der Gläubigen geschlossen? Für den, der sich zum Glauben entscheidet, nicht. Die Gläubigen hören und gehorchen Gott. Sie *„sagen: ‚Wir hören und gehorchen: Deine Vergebung, unser Herr, und zu Dir ist das Ende aller Reisen‘"* (2, 285). Aber die Ungläubigen sind *„diejenigen, die Gott vergessen haben und die Er dann sich selbst vergessen* *ließ. Das sind die Frevler"* (59, 19). Sie sind die, *„die sagen: ‚Wir hören', wo sie doch nicht hören"* (8,21).

Wir behandeln das Thema in folgender Aufgliederung: Das Wort Gottes - Hören und Nichthören - Hören und Gehorchen.

# I. Das Wort Gottes

Die Schöpfung ist nicht abgeschlossen, sondern wird ständig erneuert. Ebenso hat Gott, der sie erschafft, auch nicht aufgehört, zu sprechen. *„Gott ist es, der sieben Himmel erschaffen hat, und von der Erde gleich viel. Der Befehl (Gottes) kommt zwischen ihnen herab, damit ihr wißt, daß Gott Macht hat zu allen Dingen und daß Gott alle Dinge mit seinem Wissen umfaßt"* (65, 12). Der Koran ist eine direkte göttliche Offenbarung (76, 23 u. a.). Er vermittelt die göttliche Wahrheit (47, 2). In ihm ist das Wort, das unterscheidet (86, 13). *„Und gedenket dessen"*, heißt es daher im Koran, *„was in euren Häusern an Lehren Gottes und seiner Weisheit vorgelesen wird! Gott ist ja gütig, allkundig"* (33, 34). Die Schöpfung ist nicht auf eine beliebige Weise, sondern der Wahrheit entsprechend erschaffen. Gott spricht das Wort: *„Sei!"*, so ist es (40, 68). Sein Wort ist die Wahrheit (6, 73). Alle Dinge sind nach Maß geschaffen. *Gottes Befehl* ist ein einziges Wort, gleich einem schnellen Blick (54, 49 f.). Wir können von einem Menschen sagen, daß seine Worte wahr sind. Gottes Worte sind die Wahrheit selber. Daher kann niemand die Worte Gottes abändern. Dies ist die gute Botschaft für die Gläubigen (6, 34; 10, 64). Denn *"... es entgeht deinem Herrn nicht das Gewicht eines Stäubchens ..."* (10 61).

Das Wort Gottes hat sich in Wahrhaftigkeit und Gerechtigkeit erfüllt (6, 114 f.). Daher soll der Gläubige nicht zweifeln. Das Wort Gottes ist dem Wort der Gläubigen überlegen (9, 40).

*„Und Gott bestätigt die Wahrheit mit seinen Worten, auch wenn es den Übeltätern zuwider ist"* (10, 82).
Über Jesus Christus heißt es, er sei

*„sein Wort, das Er zu Maria hinüberbrachte, und ein Geist von Ihm. So glaubt an Gott und seine Gesandten"* (4,171).

Vor einem rein äußerlichen Gottesdienst, der zu Heuchelei verleitet und den reinen Glauben an Gott verfälscht, warnt der Koran. Er sagt daher, nur wer im Verborgenen den sich erbarmenden Gott fürchtet, glaubt wirklich, glaubt in seinem Herzen und ohne Zurschaustellung (36, 11). Der Gläubige dient Gott allein in seiner Schöpfung:

*„Ihm (Gott) gehört die Königsherrschaft. Die aber, die ihr an seiner Stelle anruft, verfügen nicht einmal über das Häutchen eines Dattelkerns"* (35, 13).

Wenn ein Mensch sich erhöhen will, so muß er wissen, daß die Erhöhung, die Veredlung des Menschen, nur durch Gott geschieht:

*„Wenn einer nach dem Edlen trachtet, so gehört Gott das Edle in seiner Gesamtheit; zu Ihm steigt empor das gute Wort; die gute Tat erhöht Er"* (35, 10).

Der wirklich gläubige Mensch ist nur Gott selber zugewandt und hört sein Wort und folgt ihm.

*„Für diejenigen, die es vermeiden, den Götzen zu die-*
*nen, und (bußfertig) sich Gott zuwenden, gilt die frohe*
*Botschaft. Bring meinen Dienern gute Nachricht! die*
*auf das Wort hören und dem Besten davon folgen. Das*
*sind diejenigen, die Gott rechtgeleitet hat. Sie sind es,*
*die Verstand haben"* (39, 17 f.).

Mit welchem Maßstab ließen sich die göttlichen Worte
eingrenzen? *Sie sind unzählbar und gehen nicht zu Ende:*

*„Und wenn das, was es auf der Erde an Bäumen gibt,*
*Schreibrohre wären, und das Meer (als Tinte) bereits*
*einmal leer gemacht würde und noch sieben weitere*
*Meere dazu erhielte, würden die Worte Gottes nicht zu*
*Ende gehen. Wahrlich, Gott ist mächtig und weise"* (31,
27; siehe auch 18, 109).

Gottes Befehl entscheidet (65,12 u. a.). Daher unter-
wirft sich der wahre Gläubige dem lebendigen Wort Gottes,
das allein ihn festigen kann in einer Welt, in der alles vergeht, und auch im Jenseits:

*„Festigen wird Gott die Gläubigen durch das festigende*
*Wort im irdischen Leben und im Jenseits ..."* (14, 27).

Der Koran vergleicht ein gutes Wort mit einem guten Baum,
der fest verwurzelt ist und bis in den Himmel reicht, und dessen Früchte göttliche Speisen sind:

„Siehst du nicht, womit Gott ein gutes Wort vergleicht? Es ist gleich einem guten Baum, dessen Wurzel fest ist und dessen Zweige in den Himmel reichen, und der seine Speise zu jeder Zeit gibt mit seines Herrn Erlaubnis. Und Allah macht die Gleichnisse für die Menschen, daß sie sich ermahnen lassen" (14, 24 f.).

## II. Hören und Nichthören

Der Koran ist eine Rechtleitung für die, die Gott fürchten (2,2), aber nicht für die Ungläubigen. Denn diese hören, aber hören nicht wirklich. Auch wenn sie zur Rechtleitung gerufen werden, folgen sie ihr doch nicht:

*„Auch wenn Du sie (die Ungläubigen) zur Rechtleitung rufst, werden sie niemals der Rechtleitung folgen"* (18, 57).

Der Hauptgrund dafür ist, daß sie *ihr eigentliches Personsein aufgegeben* haben. Sie haben, koranisch gesprochen, ihrem Herrn andere gleichgesetzt. Damit setzten sie einen Zwiespalt in ihr Herz und verloren sich selbst (6, 1 u. a.). Sie sind diejenigen,

*„die Unrecht tun, die vom Weg Gottes abweisen und sich ihn krumm wünschen, und die ja das Jenseits verleugnen. Sie konnten (Gottes Willen) auf der Erde nicht vereiteln, und sie haben außer Gott keine Beschützer ... Sie vermochten nicht zu hören, und sie konnten nicht sehen. Das sind die, die sich selbst verloren haben ..."* (11, 18-21).

Die Gläubigen sind aber jene, die Gott als „Beschützer" haben *„wegen dessen, was sie zu tun pflegten"*; sie sind jene, die *„glauben und die guten Werke tun und sich vor ihrem Herrn demütigen, das sind die Gefährten des Paradieses; darin werden sie ewig weilen"* (11, 23).

Die Gläubigen und die Ungläubigen bilden, wie der Koran auch sagt, *zwei verschiedene Gruppen*. Und er sagt über sie:

> *„Es ist mit den beiden Gruppen wie mit dem Blinden und dem Tauben und dem, der sehen, und dem, der hören kann. Sind die beiden etwa einander gleichzusetzen? Wollt ihr es nicht bedenken?"*(11, 24).

Die Trennung in diese beiden Gruppen geschieht gemäß der göttlichen Gerechtigkeit und Weisheit. *„Oder sollen wir etwa"* fragt der Koran, *„diejenigen, die glauben und die guten Werke tun, den Unheilstiftern auf Erden gleichstellen, oder die Gottesfürchtigen denen, die voller Laster sind?"* (38, 28; siehe auch 45, 21; 47, 14; 39, 9).

Die Religion ruft zur Reinheit auf; anstatt sich im ungerechten Handeln und verblendet an diese Welt des Vergehens zu verlieren, soll der Gläubige sich reinigen und seine wahre Heimat suchen.

> *„Gott liebt die, die sich reinigen. Ist der, der seinen Bau auf die Furcht Gottes und sein Wohlgefallen gegründet hat, besser oder der, der seinen Bau auf den Rand eines brüchigen Hanges gegründet hat, worauf er mit ihm ins Feuer der Hölle abstürzt? Und Gott leitet die ungerechten Leute nicht recht. Ihr Bau, den sie gebaut haben, wird unablässig Zweifel in ihren Herzen wachrufen, bis ihre Herzen zerreißen. Und Gott weiß Bescheid und ist weise"* (9, 108-110).

Der Koran bringt *einsichtbringende Zeichen*, und zwar für den, der seine wahre Heimat sucht:

*„Dies sind einsichtbringende Zeichen von eurem Herrn
und eine Rechtleitung und eine Barmherzigkeit für Leute, die glauben"* (7, 203).

Diese Zeichen sollen ihnen helfen, ihre Irrtümer zu erkennen und abzulegen; durch sie werden die Gläubigen
geläutert:

*„Gott hat den Gläubigen eine Wohltat erwiesen, als Er
unter ihnen einen Gesandten aus ihrer Mitte hat erste-
hen lassen, der ihnen seine Zeichen verliest, sie läutert
und sie das Buch und die Weisheit lehrt. Sie befanden
sich ja vorher in einem offenkundigen Irrtum"* (3, 164).

Die Gläubigen erhalten in den göttlichen Offenbarungen nicht einfach Anweisungen, die mechanisch zu befolgen
sind, sondern werden aufgefordert, beim Lesen der Offenbarungen ihre Vernunft zu betätigen; sie sollen, so heißt es,
*„richtig lesen"*:

*„Diejenigen, denen Wir das Buch zukommen ließen und
die es lesen, wie es richtig gelesen werden soll, glauben
daran. Diejenigen, die nicht daran glauben, das sind die
Verlierer"* (2, 121).

Die *Rolle der Vernunft* ist nach der Lehre des Korans
von zentraler Bedeutung. Unter Vernunft in diesem Zusammenhang ist die geläuterte Vernunft des Menschen zu verstehen, seine Fähigkeit, zu vernehmen, zu hören, und dem Ver-
nommenen gemäß zu handeln. Sie wird im Koran auch oft als
‚Herz' bezeichnet, und ist das Prinzip, das ermöglicht, Einsicht zu erhalten und sich voll für das als richtig und gerecht
Erkannte einzusetzen. Dieses Prinzip ist lebendig, wenn der

Mensch die göttlichen Zeichen nicht an die Welt verkauft, wie der Koran das ausdrückt (2, 41), sondern an sie glaubt und in diesem Glauben immer mehr lebt und handelt. Wer zwar hört, aber nicht danach handelt, ist ein Heuchler und kein Gläubiger. Er gehört zu denen, die daher von sich sagen müssen: *„Wir hören, und wir gehorchen nicht"* (2,93; siehe auch 4,46). Sein Glaube ist nur äußerlich und eine Lüge. Es heißt im Koran, daß der Glaube ins Herz eindringt, wenn er wahrhaftig ist:

> *„ O ihr Menschen, Wir haben euch von einem männlichen und einem weiblichen Wesen erschaffen, und Wir haben euch zu Verbänden und Stämmen gemacht, damit ihr einander kennenlernt. Der Angesehenste von euch bei Gott, das ist der Gottesfürchtigste von euch. Gott weiß Bescheid und hat Kenntnis von allem. Die arabischen Beduinen sagen: ‚Wir glauben.' Sprich: Ihr glaubt nicht (wirklich). Sagt vielmehr: Wir sind Muslime geworden. Der Glaube ist ja noch nicht in eure Herzen gedrungen"* (49, 13 f.).

Der Muslim ist erst dann ein wahrer Gläubiger, wenn er den Glauben im Herzen hat. Die Botschaft des Korans für alle, die den Glauben suchen, lautet, daß Glaube ist, seinen Herrn im Verborgenen, das heißt in seinem Herzen, zu fürchten, seinen Herrn, welcher der Allbarmherzige ist (35, 18 u. a.).

Verlangt ist also nicht ein ‚blinder' Glaube, sondern eine aktive, vernünftige Zuwendung zu Gott, eine radikale innere Umkehr. Verlangt ist eine radikale Verwurzelung im Glauben. Wie könnte dem *Ungläubigen* daher zum Beispiel ein Wunderzeichen helfen, auch wenn er es noch so sehr ersehnt?

> *„Und sie haben bei Gott ihren eifrigsten Eid geschworen, sie würden, wenn ein Zeichen zu ihnen käme, sicher daran glauben. Sprich: Die Zeichen stehen bei Gott allein. Wie solltet ihr auch merken, daß, wenn es tatsächlich käme, sie doch nicht glauben? Und Wir kehren ihre Herzen und ihr Augenlicht um ... Und Wir lassen sie im Übermaß ihres Frevels blind umherirren. Würden Wir auch zu ihnen die Engel hinabsenden, würden die Toten auch zu ihnen sprechen und Wir alle Dinge vor ihren Augen versammeln, sie würden unmöglich glauben, es sei denn, Gott will es. Aber die meisten von ihnen sind töricht"* (6, 109-111; s. auch 35, 42).

In diesem Text lassen sich bei näherer Betrachtung drei Hinweise darauf finden, was am Glauben hindert. Erstens wird gesagt, daß Gott die Ungläubigen wegen ihrer übermäßig ungerechten Taten herumirren läßt. Zweitens heißt es, daß die meisten von ihnen keinen Verstand besitzen. Drittens wird gesagt, und dies muß nun mit den beiden ersten Hinweisen zusammen verstanden werden, daß sie nur glauben, wenn Gott es will. Was damit gemeint ist, ist ganz klar. Den Frevler, der ungerecht ist, der, selber verführt, seine Mitmenschen verführen will, dem kurz gesagt nichts heilig ist, ihn führt Gott *zur Strafe* auf Irrwege. Er kann nicht glauben. Er glaubt nur an das Diesseits. Wie sollte er auch an das glauben können, was er mit seinem Denken und seinen Taten verneint? Er hat sich selber mit seinen ungerechten Handlungen aus der Gemeinschaft derer ausgeschlossen, an welche die göttlichen Zeichen gerichtet werden. Gegenüber den göttlichen Worten ist er taub. Selbst wenn er hören würde,

würde er doch nicht gehorchen. *„Hätte Gott bei ihnen etwas Gutes festgestellt"*, heißt es über Leute wie ihn im Koran, *"hätte er sie hören lassen. Und wenn er sie hätte hören lassen, so hätten sie sich (dennoch) abgekehrt und abgewandt"* (8, 23).

Daher heißt es im Koran:

*„Abweisen werde Ich von meinen Zeichen diejenigen, die sich auf der Erde zu Unrecht hochmütig verhalten. Wenn sie auch jedes Zeichen sehen, glauben sie nicht daran. Und wenn sie den Weg des richtigen Wandels sehen, nehmen sie ihn sich nicht zum Weg. Wenn sie den Weg der Verirrung sehen, nehmen sie ihn sich zum Weg. Dies, weil sie unsere Zeichen für Lüge erklären und sie unbeachtet lassen. Diejenigen, die unsere Zeichen und die Begegnung mit dem Jenseits für Lüge erklären, deren Werke sind wertlos. Wird ihnen denn für etwas anderes vergolten als für das, was sie taten?"* (7, 146 f.; s. auch 74, 54-56).

*„Dies (der Koran) ist eine Erinnerung. Wer nun will, (nimmt sie sich zu Herzen und) schlägt einen Weg zu seinem Herrn ein. Aber ihr wollt nicht, es sei denn, Gott will es. Gott weiß Bescheid und ist weise. Er läßt in seine Barmherzigkeit eingehen, wen Er will. Für die Frevler aber hat Er eine schmerzhafte Strafe bereit"* (76, 29-31; s. auch 81, 27-29).

Der Glaube läßt sich also nicht beliebig annehmen, sondern ist in gewissem Sinne die Frucht unserer Taten und unserer Erkenntnis, daß wir die *Verantwortung* für unsere Handlungen nicht abschieben können und daß wir unsere menschliche Bestimmung zu erfüllen haben. Nicht diese vergängliche Welt in sich selbst, oder Satan, wie es im Koran heißt, sollen wir anbeten, sondern alleine Gott. Dann gehen wir einen geraden Weg, der uns zu unserem Ziel führt (36,60 f.; s. auch 6,124-127). Wer sich gegen die göttliche Offenbarung stellt und sie für Lüge erklärt, wer also nicht den geraden Weg gehen will, der sein Leben zur Erfüllung bringt, geht irre und verliert sich:

*„Und diejenigen, die unsere Zeichen für Lüge erklären, sind taub, stumm, in Finsternissen. Gott führt irre, wen Er will, und wen Er will, den bringt Er auf einen geraden Weg"* (6, 39).

Es ist nach der Lehre des Korans ein Irrtum, zu glauben, daß die Vernunft des Menschen automatisch, unabhängig und unbeeinflußt von seinen Taten funktioniert. Nach dem Schöpfungsplan steht beides - Vernunft und Handlungen - miteinander in ständiger Beeinflussung. Daher kann ein Übermaß an frevelhaften, ungerechten Taten das Licht der Vernunft praktisch auslöschen bzw. kann es in eine Art von Irrlicht verwandeln, das irreführt, das den Menschen zu unverantwortlichen Taten verleitet. Umgekehrt wird die Vernunft durch ein verantwortungsbewußtes Handeln, durch gerechte Taten, durch Handlungen im Geist der Barmherzigkeit, immer mehr geläutert. Daher inspiriert sie nun ihrerseits den Menschen immer mehr zur Wahrhaftigkeit und zu einem gerechten Handeln.

Diese Inspiration fehlt den ungläubigen Menschen. Sie werden daher im Koran mit Toten, Tauben und Blinden verglichen, die dem Leben den Rücken zukehren:

*„Du kannst nicht die Toten hören lassen", heißt es daher im Koran, „und auch nicht die Tauben den Zuruf hören lassen, wenn sie den Rücken kehren. Und du kannst nicht die Blinden aus ihrem Irrtum herausführen. Hören lassen kannst du nur die, die an unsere Zeichen glauben und somit gottergeben sind"* (30, 52 f.).

Doch Gott kann die Toten wieder lebendig machen, wenn er will. Aber bringt er sie damit auch zum Glauben? Wenn sie nicht wollen, nein. *Sie sind frei, zu wählen*: dies ist das Rätsel des Menschseins.

*„Wenn Er damit (d. h. mit seiner Barmherzigkeit; wörtlich: mit dem Platzregen) die von seinen Dienern, die Er will, trifft, da sind sie froh, obwohl sie vorher, bevor auf sie herabgesandt wurde, ganz verzweifelt waren. Schau auf die Spuren der Barmherzigkeit Gottes, wie Er die Erde nach ihrem Absterben wieder belebt. Ein solcher (Gott) kann wahrlich (auch) die Toten wieder lebendig machen. Und Er hat Macht zu allen Dingen. Und wenn Wir einen Wind schickten und sie dann alles gelb werden sähen, sie blieben trotzdem ungläubig"* (30, 48-51).

Die Barmherzigkeit Gottes erstreckt sich auf alle seine Diener, das heißt auf alle Menschen. Doch diese reagieren darauf verschieden, je nachdem, ob sie dem ihnen angeborenen Glauben folgen oder davon abgefallen sind. Der Ungläubige ist froh und angeberisch, wenn es ihm gut geht, aber wenn Gott ihm seine Barmherzigkeit entzieht, ist er sehr verzweifelt und undankbar. Aber der Gläubige, der sich Gott ergibt, bemüht sich unausgesetzt, unabhängig von allen

56

Schicksalswendungen, geduldig und rechtschaffen zu sein. Es ist wahr, Gott könnte zwar, da er allmächtig ist, den Ungläubigen in einen Gläubigen verwandeln. Aber er will, daß der Mensch sein Schicksal, das Schicksal seiner Seele, in seine eigenen Hände nimmt und sich ihm freiwillig zuwendet und ergibt.

> *„Und wenn Wir den Menschen von uns her Barmherzigkeit kosten lassen und sie ihm dann wegnehmen, ist er sehr verzweifelt und undankbar. Und wenn Wir ihn nach einer Drangsal, die ihn erfaßt hat, Angenehmes kosten lassen, sagt er gewiß: ‚Das Übel ist von mir gewichen.' Und er ist froh und angeberisch, mit Ausnahme derer, die geduldig sind und die guten Werke tun; für sie ist Vergebung und ein großer Lohn bestimmt"* (11, 9-11).

Wie wir bereits oben erwähnten, muß der Koran richtig gelesen werden, um verstanden zu werden. Das heißt, die koranischen Aussagen müssen auch immer in ihrem Kontext erfaßt werden. Wenn es zum Beispiel im Koran heißt, daß die Menschen nur glauben, wenn Gott es will, so kann man diesen Satz in einem fatalistischen Sinne interpretieren, aber nur, wenn man ihn isoliert. Doch zusammen gesehen mit dem Kontext, ergibt er einen ganz anderen, entgegengesetzten Sinn. Der Koran ist die Botschaft von *der Freiheit des Menschen*, welche, wenngleich sie durch Gottes Freiheit begrenzt ist und wenngleich sie verspielt werden kann, dem Menschen doch ermöglicht, wenn er sie wählt, sein Schicksal selber zu formen, sein Leben sinnvoll zu gestalten. Die Freiheit des Menschen, möchte ich wiederholen, steht im Zentrum des koranischen Menschenbildes. Sie entspringt der Gnade und Barmherzigkeit Gottes, der dem Menschen, welcher glaubt, zur Seite steht. Auf der anderen Seite stützen und

ermöglichen die Verpflichtungen des Menschen seine Freiheit, wenn er sich bemüht (es geht immer wieder um dieses
Bemühen!), sie wahrhaft zu erfüllen.

Nach der Lehre des Korans erfüllt der Mensch seine
Verpflichtungen nur dann wirklich, leistet er nur dann gute
Werke, wenn er glaubt, wenn er sie dem göttlichen Wort
gemäß erfüllt. Wann dies geschieht, darüber entscheidet Gott.
Die Sequenz: Glaube - gute Werke - Ermahnung zur Wahrhaftigkeit und Geduld wird vor allem in der folgenden Sure
dargestellt:

*"... Der Mensch erleidet bestimmt Verlust, außer denje-
nigen, die glauben und die guten Werke tun und einander die Wahrheit nahelegen und die Geduld nahelegen"*
*(103, 2 f.).*

Der Koran sagt ganz ausdrücklich, daß die Werke derer, die nicht ans Jenseits glauben, wertlos sind (7, 147). Das
Hören des göttlichen Wortes ist, wie wir oben sahen, nach
koranischer Lehre ein geistiges Erfassen, das heißt ein Handeln des Herzens. Das Herz des wahren Gläubigen, das Gott
hört, ist wie ein Licht, das durch sich die Dinge erscheinen
läßt, wie sie sind.

*"... die an Gott und den Jüngsten Tag glauben ... In de-
ren Herzen hat Er den Glauben geschrieben und sie mit
einem Geist von sich gestärkt"* (58, 22).

Aber die nicht gläubigen Menschen, die ihr Selbst in
der Auslieferung an die bloß diesseitige Welt verloren haben,
sind zu dem personalen Akt des Glaubens, einem Akt des inneren Selbst, nicht fähig. Für sie gelten nur die Akte des

bloßen Verstandes im Sinne eines bloß mechanischen Zur-Kenntnis-Nehmens von Auskünften, wobei diese Auskünfte mit anderen bereits vorliegenden und mechanisch einge-stuften Informationen verglichen werden. Sie hören und *hören nicht wirklich.* Für ihren unschöpferischen Verstand sind die Offenbarungen nichts als „Fabeln der Früheren":

> *„Und unter ihnen gibt es welche, die dir zuhören. Aber Wir haben auf ihre Herzen Hüllen gelegt, so daß sie es nicht begreifen, und in ihre Ohren Schwerhörigkeit. Sie mögen jedes Zeichen sehen, sie glauben nicht daran. Und so, wenn sie zu dir kommen, um mit dir zu streiten, sagen diejenigen, die ungläubig sind: ,Das sind nichts als die Fabeln der Früheren."'* (6, 25; siehe auch 68, 15).

Diese Hüllen auf ihren Herzen und ihre Schwerhörig-keit sind nach koranischer Lehre, wie wir oben sahen, die Folgen ihres übermäßig ungerechten Handelns, das ihnen die Wahrheit verdeckt; so wie etwa Schmutz einen Spiegel so bedecken kann, daß er nichts mehr reflektieren kann. Je mehr sie nun ihre Vernunft degradieren zu einem mechanischen Instrument zum Sammeln von Informationen und sie nicht freigeben können als ein schöpferisches Licht, indem sie sich bemühen, sich von ihren Vorurteilen zu reinigen - desto mehr erlischt ihnen dieses Licht. Da sie die Wahrheit nicht aner-kennen wollen, sind sie der Lüge verfallen.

> *„Und sie verwehren es (die Offenbarung) (den Leuten), und sie selbst entfernen sich davon. Sie bringen nur Verderben über sich selbst, und sie merken es nicht. Könntest du nur zuschauen, wenn sie vor das Feuer ge-stellt werden (im Jüngsten Gericht) und sagen: ,O wür-*

*den wir doch zurückgebracht werden! Wir würden dann nicht die Zeichen unseres Herrn für Lüge erklären, und wir würden zu den Gläubigen gehören.' Vielmehr ist ihnen klargeworden, was sie früher geheimgehalten haben. Würden sie zurückgebracht, sie würden (aber) zu dem zurückkehren, was ihnen verboten wurde. Sie sind ja Lügner. Und sie sagen: ,Es gibt nur unser diesseitiges Leben, und wir werden nicht auferweckt.' Könntest du nur zuschauen, wenn sie vor ihren Herrn gestellt werden (im Jüngsten Gericht) und Er spricht: ,Ist dies nicht die Wahrheit?' Sie sagen: ,Doch, bei unserem Herrn!' Er spricht: ,Kostet nun die Pein dafür, daß ihr ungläubig waret.' Den Verlust haben diejenigen, die die Begegnung mit Gott für Lüge erklären ..."* (6, 26-31).

Wer die göttlichen Offenbarungen leugnet, leugnet die Wahrheit. Gott spricht nach der Lehre des Korans seit der Existenz des Menschen zu ihm. Wer die göttlichen Zeichen, die überall zu finden sind nach der Lehre des Korans, leugnet, wie kann er Gottes Wort hören? Er schneidet sich selber den Weg ab zum Wissensquell und Wissensschatz der Menschheit, und damit führt er sich selber ins Verderben. Denn ohne echtes Wissen ist der Mensch verloren. Einige erkennen das nach der Lehre des Korans erst dann, wenn es bereits zu spät ist. Und diese werden schließlich sagen:

*„Hätten wir nur gehört und Verstand gehabt, wären wir nun nicht unter den Gefährten des Höllenbrandes"* (67, 10).

Wer die Selbstverantwortung, seine menschlichen Verpflichtungen nicht übernehmen will, übergibt sich am Schluß einem harten Gericht. Das *Jüngste Gericht* ist das

Gericht, das auf jeden Menschen wartet und in dem er die Frucht seiner Taten erntet. In ihm haben die Menschen ihre eigenen Taten vor Gott schließlich zu verantworten. Die Ungläubigen glauben nicht an das Jüngste Gericht. Und daher meinen sie irrigerweise, sie könnten tun, was sie wollten. Sie begründen ihre Einstellung damit, daß sie behaupten, das Jüngste Gericht sei nicht sicher. Es sei unklar, worin es bestünde.

*„Wir wissen nicht, was überhaupt die Stunde (des Jüngsten Gerichts) ist. Wir stellen nur Mutmaßungen an und hegen darüber keine Gewißheit"* (45, 32).

Der Koran sagt über sie, daß diejenigen, die an das Jenseits nicht glauben, die Eigenschaft des Bösen besitzen (16,60).

Und von dem *Bösen* sagt er (4, 79), daß alles, was dem Menschen an Bösem widerfährt, von ihm selber ist, und daß alles, was dem Menschen an *Gutem* widerfährt, von Gott ist (4, 79). Daher wählt der Mensch, der sich Gott zuwendet und sich ihm ergibt, damit die Quelle alles Guten. Der Mensch, der sich aber von Gott abwendet, findet in sich schließlich die Quelle alles Bösen. Wer behauptet, es gäbe nur das Diesseits - das Jenseits, das Jüngste Gericht usw. wären nur Lügen, Fabeln - der belügt sich auch selber. Denn worauf baut sich sein sogenanntes Wissen? Nur auf Vermutungen. Und der Koran sagt daher zu Leuten wie ihm:

*„Besitzt ihr irgendein Wissen, das ihr uns vorbringen könnt? Ihr folgt ja nur Vermutungen, und ihr lügt nur"* (6, 148).

Wie weit aber können wir im Unernst leben und unser Leben aufbauen auf Vermutungen und Lügen, ohne es schließlich zu verspielen, ohne uns zu verlieren?

Ist also tatsächlich die *Wahrheit über die Dinge* von so entscheidender Bedeutung für unser Leben? Ist die Fähigkeit, den Dingen ihre wahren Namen geben zu können, tatsächlich, wie der Koran sagt (2, 31 ff.), eine von Gott verliehene Fähigkeit, womit sich der Mensch sogar über die Engel erheben kann? Der Koran sagt hierzu eindeutig: ja! Er sagt:

*„Tod den Lügnern, welche sich in einer Flut von Nachlässigkeit bewegen"* (51,10 f.).

Warum? Weil Gott die Wahrheit ist,

*„und weil das, was sie an seiner Stelle anrufen, das Falsche ist, und weil Gott der Erhabene und der Große ist"* (22, 62).

Wer sich von Gott, der Quelle allen Lebens und aller Wahrheit, entfernt, entfernt sich damit vom Leben und geht so dem Tod entgegen. Denn woher kommt alles Leben,

*"... wer macht die Schöpfung am Anfang und wiederholt sie? Und wer versorgt euch vom Himmel und von der Erde? Gibt es denn einen (anderen) Gott neben Gott? Sprich: Bringt her euren Beweis, so ihr die Wahrheit sagt"* (27, 64).

Die Lehre vom *einen* Gott bildet den Kern des Korans, sowie die Lehre, daß nur die Zuwendung zu diesem *einen*

Gott, der Quelle allen Lebens, den Menschen retten kann. Wer sich von ihm abwendet und sich den bloß geschaffenen Dingen zuwendet und sie anbetet, als wären sie in sich selbst dessen würdig und könnten ihm helfen, der geht in die Irre. Das ist aber das, was die meisten Menschen tun:

*„Und wenn du der Mehrzahl derer folgst, die auf der Erde sind, führen sie dich vom Weg Gottes ab in die Irre. Sie gehen nur Vermutungen nach und raten nur (statt Sicheres zu wissen)"* (6,116; siehe auch 53, 23).

Aber daß sie blind umherirren, sehen sie nicht. Ihre *Selbstzufriedenheit* hindert sie daran. Diese führt sie noch tiefer in den Irrtum; denn:

*„Denjenigen, die nicht an das Jenseits glauben, haben Wir ihre Werke verlockend gemacht, so daß sie blind umherirren"* (27, 4).

Sie glauben, genau zu wissen, was sie tun, aber sie wissen nicht wirklich, was sie tun. Daher heißt es im Koran:

*„Zu Mir (zu Gott) wird dann eure Rückkehr sein, da werde Ich euch kundtun, was ihr zu tun pflegtet"* (31, 15).

Aber in dieser Welt wenden sie sich von jeder Ermahnung, von den göttlichen Zeichen ab, so wie sie sich von sich selber abgewandt haben. Und es heißt daher im Koran:

*„Was ist mit ihnen, daß sie sich von der Ermahnung abwenden, als wären sie aufgeschreckte Wildesel, die vor einem jagenden Löwen fliehen?"* (74, 49-51).

Ohne daß sie es wissen, umgibt aber die bloße *Diesseitigkeit* wie ein Gefängnis diejenigen, die sie anstelle von Gott anbeten. In der Sprache des Korans ausgedrückt, hat sich an ihnen das Wort bewahrheitet:

*„Bewahrheitet hat sich bereits das Wort an den meisten von ihnen; trotzdem glauben sie nicht. Wir legten ja um ihre Hälse Fesseln (die aus ihren Taten entstanden), so daß diese bis zu ihrem Kinn reichten, hochgereckten Kopfes stehen sie da. Und Wir setzten vor sie eine Schranke und hinter sie eine Schranke (durch ihre eigenen Taten), so daß Wir sie umhüllten und sie nichts sehen konnten. Es ist gleich für sie, ob du sie warnst oder ob du sie nicht warnst. Sie wollen nicht gläubig werden”* (36, 7-10).

Die Fesseln um ihren Hals symbolisieren ihre verlorene Freiheit, die Schranken von allen Seiten ihre geistige Beschränktheit. Beides hindert sie daran, ihrer eigentlichen Bestimmung zu folgen: Gott zu dienen, in seiner Schöpfung, wie er es will, verantwortlich handelnd sein Stellvertreter zu sein (2, 30). Sie haben das selber verschuldet, denn

*„jede Seele (wird) dem Verderben preisgegeben ... (für das), was sie (an Gottlosigkeit) begangen hat”* (6, 70).

Und nichts, was man ihnen in dieses durch ihre eigenen Taten geschaffene Gefängnis bringen könnte, kann sie daraus befreien, da sie es ganz ausfüllen. Selbst eine direkte Botschaft von Gott auf einem Pergament würden sie, wie der Koran sagt, nur als offenkundige Zauberei bezeichnen:

*„Hätten Wir auf dich ein Buch aus Pergament hinabge-*
*sandt und würden sie es mit ihren Händen berühren,*
*würden diejenigen, die ungläubig sind, dennoch sagen:*
*‚Dies ist nichts als offenkundige Zauberei‘. " (6, 7).*

Selbst ein Engel könnte ihnen keine Botschaft übermitteln, da sie ihn nicht verstehen würden (6, 8 f.).

Warum denken sie nicht nach? Warum können sie sich
nicht um eine selbständige Erkenntnis bemühen und lassen
sich statt dessen durch Wahnbilder verführen? Diese Fragen
durchziehen den Koran.

*"... die meisten von ihnen haben keinen Verstand. Das*
*diesseitige Leben hier ist (doch) nichts als Spiel und*
*Zerstreuung. Die jenseitige Wohnstätte, das ist das*
*(wahre) Leben. Wenn sie nur wüßten!" (29, 63 f.).*

*„Wisset, daß das Leben hienieden ein Spiel ist und eine*
*Schau und ein Schmuck und ein Wetteifern an Ruhm*
*zwischen euch und eine Vermehrung an Besitztum und*
*Kindern ...; und im Jenseits gibt es eine strenge Qual,*
*aber auch Vergebung und Wohlgefallen von Gott! Und*
*nichts ist das Leben hienieden als ein eingebildeter*
*Schatz. Wetteifert unter euch um Vergebung von eurem*
*Herrn und zum Paradiese, dessen Geräumigkeit wie die*
*Geräumigkeit des Himmels und der Erde ist, bereitet für*
*diejenigen, die an Gott und seine Gesandten glauben!"*
(57, 20 f.).

Das diesseitige Leben wird für die Ungläubigen zu einer Falle, da sie sich an dem Wettlauf nach mehr Besitz und
Vergnügen beteiligen, anstatt um die Wette zu laufen zu einer

Vergebung von Gott. Aber die Gläubigen, die Gott hören und ihm gehorchen, werden in diesem Leben rechtgeleitet.

> *„Diejenigen, die nicht erwarten, Uns zu begegnen, die mit dem diesseitigen Leben zufrieden sind und sich darin wohl fühlen und die unsere Zeichen unbeachtet lassen, diese haben das Feuer zur Heimstätte für das, was sie erworben haben. Diejenigen, die glauben und die guten Werke tun, leitet ihr Herr wegen ihres Glaubens recht"* (10, 7-9).

Indem die Ungläubigen sich am diesseitigen Leben festhalten, gehen sie in ihm verloren. Aber sie sehen nicht, daß sie sich nur falschen Meinungen hingeben und darüber die Wahrheit verlieren:

> *„Und sie sagen: ,Es gibt nur unser diesseitiges Leben. Wir sterben und leben (hier), und nur die Zeit läßt uns verderben.' Sie haben (aber) doch kein Wissen darüber, sie stellen nur Mutmaßungen an"* (45, 24).

Sie werden irregeführt, da sie sich auf der Erde *„zu Unrecht der Freude hinzugeben und unbekümmert zu leben"* pflegten (40, 74 f.). Anstatt zu erkennen, daß sie selber in eine Falle geraten sind und daß eine harte Strafe sie erwartet, verhöhnen die Ungläubigen, die sich sehr überlegen vorkommen, die Gläubigen:

> *„Das diesseitige Leben ist denen, die ungläubig sind, verlockend gemacht worden, und sie verhöhnen diejenigen, die glauben"* (2, 212).

Aber schon ein Blick auf die Geschichte der Menschheit, auf die der Koran immer wieder hinweist, sollte sie eines Besseren belehren. Denn die Geschichte zeigt uns, daß das Unrecht nur zum Schein triumphiert und kurzlebig ist:

*„Gespottet wurde schon vor dir über Gesandte. Da umschloß diejenigen, die sie verhöhnt hatten, das, worüber sie spotteten. Sprich: Zieht auf der Erde umher und schaut, wie das Ende derer war, die (die Botschaft) für Lüge erklärt haben. Sprich: Wem gehört, was in den Himmeln und auf der Erde ist? Sprich: (Es gehört) Gott. Vorgeschrieben hat Er sich selbst die Barmherzigkeit. Er wird euch zum Tag der Auferstehung versammeln, an dem kein Zweifel möglich ist. Diejenigen, die sich selbst verloren haben, die glauben eben nicht"* (6, 10-12).

Wie kann der Gläubige die Ungläubigen zum Glauben führen? Die Antwort des Korans hierauf ist, daß nur Gott die Menschen zum Glauben führen kann. Daher wird der Prophet Muhammad, der den Ungläubigen helfen möchte, immer wieder ermahnt, von dem sinnlosen Versuch abzulassen, die Ungläubigen zur Rechtleitung rufen zu wollen, da *nur Gott rechtleitet*, und nur jene, die er rechtleiten will. Denn er allein sieht in das innerste Herz eines jeden Menschen:

*„Du kannst nur die warnen"*, wird ihm gesagt, *„die ihren Herrn im Verborgenen (d. h. in ihrem Herzen) fürchten"* (35, 18; siehe auch 36, 11).

*„Und laß diejenigen, die mit ihrer Religion ihr Spiel treiben und sie als Zerstreuung betrachten, und die vom diesseitigen Leben betört sind"* (6, 70).

*„Es ist nicht deine Aufgabe, sie (die Ungläubigen) (zum Glauben) rechtzuleiten. Vielmehr leitet Gott recht, wen Er will"* (2,272).

In der Sure 42, 52 f. heißt es, daß der Prophet Muhammad *„zu einem geraden Weg"* führt, *„dem Weg Gottes, dem gehört, was in den Himmeln und was auf der Erde ist"*. Denn der Koran ist ein *„Licht ..., mit dem Wir rechtleiten, wen von unseren Dienern Wir wollen"*. Nicht die Propheten leiten die Ungläubigen zum Glauben, sondern Gott leitet recht, wen er will.

Und da der Prophet darunter litt, wurde ihm gesagt: da selbst Gott die Menschen *nicht zum Glauben zwingen* will, so laß auch du ab von dem Versuch:

*„Und wenn du schwer daran trägst, daß sie sich abwenden, und wenn du (auch) imstande bist, einen Schacht in die Erde oder eine Leiter in den Himmel zu suchen und ihnen dann ein Zeichen vorzubringen ... Wenn Gott gewollt hätte, hätte Er sie in der Rechtleitung vereint. Sei also nicht einer der Törichten. Nur jene können antworten, die zuhören"* (6, 35 f.).

*„Wenn dein Herr wollte, würden die, die auf der Erde sind, alle zusammen gläubig werden. Bist du es etwa, der die Menschen zwingen kann, gläubig zu werden? Niemand kann glauben, es sei denn mit der Erlaubnis Gottes"* (10, 99 f.).

Der Prophet Muhammad wird aufgefordert, Vorbild im Glauben zu sein. Wie eine Flamme gerade dadurch, daß sie in sich verharrt und sich nicht zersplittert, Licht gibt, soll der

Gläubige in seinem Glauben fest verharren und ihn verkünden, durch sich selber.

*„Sprich: Er ist mein Herr. Es gibt keinen Gott außer Ihm. Auf Ihn vertraue ich, und Ihm wende ich mich zu"* (13, 30).

Wenn ein Koran käme, mit dem man Berge versetzen oder die Erde zerstückeln könnte, oder mit dem man zu den Toten sprechen würde, könnte er schließlich - so fragt der Koran (13, 31) - etwas erreichen? Und er antwortet:

*„Nein, bei der ganzen Angelegenheit hat Gott allein zu entscheiden"* (13, 31).

Es gibt also nichts in den Tiefen der Erde oder des Himmels, was diejenigen, die *sich selber verloren* haben und die daher im Dunkeln herumirren, dazu bringen könnte, zu glauben oder auch nur zuzuhören und positiv zu antworten. Die Antwort der nicht gläubigen Menschen auf die göttlichen Zeichen ist regelmäßig, daß sie sich von ihnen abwenden. Kommt die Wahrheit zu ihnen, erklären sie sie für Lüge:

*„Kein Zeichen von den Zeichen ihres Herrn kommt zu ihnen, ohne daß sie sich davon abwenden. So erklärten sie die Wahrheit für Lüge, als sie zu ihnen kam"* (6, 4 f.).

Sie wenden sich von der Wahrheit ab und folgen nur ihren eigenen niedrigen Trieben, als ob darin ihre Bestimmung liegen könnte:

*„Und wenn sie dir nicht Antwort geben, so wisse, daß sie nur ihren Gelüsten folgen. Wer aber ist in größerem Irrtum, als wer seinem Gelüst ohne Leitung von Allah folgt? Siehe, Gott leitet nicht das ungerechte Volk"* (28, 50).

Wer sich von den göttlichen Zeichen abwendet und sie verleugnet, ist verloren, wie jener Mensch im Koran, von dem es heißt:

*„Und verlies ihnen den Bericht über den, dem Wir unsere Zeichen zukommen ließen und der sich dann ihrer entledigte. Da holte ihn der Satan ein, und er wurde einer von denen, die irregegangen sind. Und wenn Wir gewollt hätten, hätten Wir ihn durch sie erhöht. Aber er wandte sich der Erde zu und folgte seiner Neigung"* (7, 175 f.).

Die Ungläubigen werden im Koran auch ganz einfach mit dem Vieh verglichen:

*„Bei den Ungläubigen ist es, wie wenn man Vieh anschreit, das nur Zu- und Anruf hört. Taub (sind sie), stumm und blind. Und sie haben keinen Verstand"* (2, 171; siehe auch 2,18).

Wenn sie in diesem Zustand des Unglaubens verharren, sind sie, wie der Koran sagt, die schlimmsten Tiere: *„Die schlimmsten Tiere bei Gott sind die, die ungläubig sind und weiterhin nicht glauben ...,*, (8, 55). Sie sind noch schlimmer als Vieh, da sie überhaupt nicht hören wollen, da sie nicht unterscheiden: *,Sie sind wie das Vieh, ja sie irren noch mehr ab. Das sind die, die (alles) unbeachtet lassen"* (7, 179).

Um auszudrücken, was mit einem Menschen passiert, der ohne Glauben ist, geht der Koran noch weiter mit seinen Vergleichen. Denn er vergleicht die Ungläubigen mit Toten; und er weist darauf hin, daß daher nur Gott sie hören lassen kann:

*„Gott läßt hören, wen Er will. Du bist es nicht, der die hören läßt, die in den Gräbern sind"* (35, 22).

Da sie nicht wirklich mehr lebendig sind und ihre Freiheit verspielt haben, leugnen sie daher auch die *Freiheit* und schieben ineins damit alle Verantwortung für ihre Handlungen von sich ab. Und doch ist diese Erkenntnis der *Selbstverantwortung* das, was sie retten könnte. Wie absurd ist im Grunde, objektiv betrachtet, ihr Versuch, die Verantwortung für ihre eigenen Taten auf den abschieben zu wollen, dessen Existenz sie doch leugnen - und der sie auffordert, verantwortlich zu handeln - nämlich Gott. So sagen sie:

*„Wenn Gott gewollt hätte, hätten wir nicht beigesellt, und auch nicht unsere Väter..."* (6, 148).

Bereits eine kurze logische Überlegung könnte ihnen aber zeigen, daß ihr Denken unsinnig ist, daß es widersprüchlich ist, einerseits zu behaupten, daß das menschliche Handeln determiniert ist, daß der Mensch nicht frei ist, und andererseits zu glauben, daß man daher frei sei, zu tun, was man will.

Die Antwort des Korans ist von verblüffender, nicht zu übertreffender Einfachheit. Er sagt:

*„Sprich: Gott verfügt über den überzeugenden Beweisgrund. Wenn Er wollte, würde Er euch allesamt rechtleiten"* (6, 149).

Diese Antwort ist aufgebaut auf dem gleichen Argument, nämlich dem von Gottes Allmacht. Aber während die Ungläubigen damit ihre Unfreiheit beweisen wollen, beweist der Koran damit die Freiheit des Menschen. Nur ein allmächtiger Gott kann Freiheit verleihen. Nur Allmacht ist ohne Gewalttätigkeit.

Mit dem gleichen Argument - dem der Allmacht Gottes - blicken die Ungläubigen zurück, aber blickt der Koran nach vorne. Er eröffnet damit einen Raum für die Freiheit. Aber diesen Freiheitsraum *hat* der Mensch nicht einfach. Er muß ihn sich selber erobern. Die Antwort des Korans besagt doch, wenn man sie bedenkt, ganz klar: Gott will alle Menschen rechtleiten, aber er zwingt sie nicht, sich seiner Leitung zu fügen, da er sie als freie Wesen erschafft. Gott will, daß der Mensch sich ihm freiwillig zuwendet und ihm vertraut:

*„Gott liebt ja die, die vertrauen. Wenn Gott euch unterstützt, dann kann niemand euch besiegen. Und wenn Er euch im Stich läßt, wer ist es, der euch daraufhin unterstützen könnte?"* (3, 159 f.).

Wer verdient mehr als er unser Vertrauen, wer ist ein besserer Beschützer als der, der sich Barmherzigkeit vorgeschrieben hat und nur unseren Vorteil sucht? Der Koran ruft daher den Menschen, die Hilfe suchen, zu:

*„Gott genügt als Beschützer!" (4, 45). Denn: „Gott ist gütig gegen seine Diener. Er beschert, wem Er will (Gutes). Er ist der Starke und Mächtige" (42, 19).*

*In einer kurzen Zusammenfassung* läßt sich also folgendes behaupten. Nach der Botschaft des Korans ist, von der Seite des Menschen her gesehen, der fundamentale Faktor, der über Glaube oder Unglaube entscheidet, die innerste Einstellung des Menschen und sein ihr entspringendes Handeln. Der Mensch öffnet sich im Glauben dem Leben und bejaht es. Er hört das Wort Gottes und folgt ihm. Im Unglauben wendet er sich vom Leben im Grunde ab und will es verneinen. Je nachdem, ob wir in diesem Sinne positiv oder negativ denken, können wir die gleiche Aussage, wie zum Beispiel die von Gottes Allmacht, als Ausgangspunkt nehmen für eine positive, schöpferische Betrachtungsweise oder für eine verneinende Haltung.

Die Aussage des Korans, daß Gott rechtleitet, wen er will, und irreführt, wen er will, wird in einem parteiischen, nicht objektiven Denken aus dem Zusammenhang gerissen, in dem sie steht. Sie wird isoliert, verdreht und so interpretiert, als ob er also ein Gott sei, der willkürlich wie ein Tyrann handle, der zu einem mechanischen Gehorsam zwinge.

Diese anthropomorphistische Deutung ist nichts als eine absichtliche Irreführung. An dieser Tatsache wird auch nichts geändert, wenn man darauf hinweist, wie lange sich dieser Irrtum schon behauptet hat und wie häufig er immer noch vertreten wird. Denn beides teilt er mit vielen anderen Vorurteilen. Der Koran sagt darüber:

*„Gleich ist er (der Mensch) (kaum daß er überhaupt existiert) ausgesprochen streitsüchtig (und rechthaberisch). Er prägt für Uns (Gott) (die Wir nicht unseresgleichen haben) ein Gleichnis, (als ob über Uns etwas Typisches festgestellt werden könnte) und vergißt (dabei), daß er (selber) geschaffen ist"* (36, 77 f.).

Die Aussagen des Korans wenden sich an den Verstand des Menschen und darüber hinaus an seine Personhaftigkeit, seine Vernunft. Gott läßt hören, wen er will, und leitet, wen er will. Diese Aussage, die überall im Koran auftaucht, muß mit einer anderen, ebenfalls häufigen koranischen Offenbarung zusammengehalten werden. Diese stellt die innerste Botschaft des Korans dar. Nur dann, wenn man beide Offenbarungen zusammenhält, versteht man sie. Jene zweite Aussage ist die göttliche Offenbarung, daß Gott für sich Barmherzigkeit, unbegrenzte Liebe, vorgeschrieben hat (u. a. 6, 12). Gott ist kein Mensch; er macht eben nicht wie ein verantwortungslos handelnder Mensch einfach das, wozu er gerade Lust hat, was er gerade einmal will, ohne Rücksicht auf die Folgen. Wenn wir von Gott sprechen, sprechen wir nicht von irgendeinem Menschen, sondern dann sprechen wir doch vom *„Alleinigen, dem Allbezwingenden, dem Herrn der Himmel und der Erde und dessen, was zwischen beiden liegt, dem Allgewaltigen, dem Allverzeihenden"* (38, 65 f.).

Gott führt denjenigen, der aufrichtig bereut, der sich damit reinigt und sich ihm gläubig zuwendet und der dann die dem Glauben entspringenden inspirierten guten Werke tut. Dieser erfährt die Barmherzigkeit Gottes.

*„Denen, die glauben und die guten Werke tun, wird der Erbarmer Liebe bereiten"* (19, 96).

Er läßt die irregehen, die sich von ihm abwenden, da er ihre freien Entscheidungen zuläßt. Denn der Mensch wurde von ihm so geschaffen, daß er sein Menschsein im freien, verantwortungsbewußten Handeln realisiert. Dazu gehört, daß er seine Freiheit verlieren kann im verantwortungslosen Handeln, wenn er sich aufgibt.

Die Religion kann nach der Lehre des Korans nicht erzwungen werden. Erzwingt man sie, verkehrt sie sich in ihr Gegenteil. Die wahre Religion ist eine freie Tätigkeit des geläuterten Herzens. Sie ist als solche nur auf Gott selber bezogen, und damit verbunden mit der einen und einzigen Quelle aller Freiheit. „Keinen Zwang soll es geben im Glauben", sagt der Koran.

*„Der rechte Wandel ist doch so deutlich unterschieden vom Irregehen; wenn also einer den Teufel verwirft und an Gott glaubt, so hält er gewiß fest an der stärksten Handhabe, für die es kein Brechen gibt, und Gott ist ein Allhörender und Allwissender. Gott ist der Beschützer derer, die gläubig sind; Er nimmt sie heraus aus den Finsternissen zum Licht. Die aber ungläubig sind, ihre Beschützer sind die Teufel; sie nehmen sie heraus aus dem Licht zu Finsternissen. Diese sind die Insassen des Feuers; sie werden darin verweilen"* (2, 256 f.).

## III. Hören und Gehorchen

Nach der Lehre des Korans gäbe es keinen Menschen mehr auf der Erde, würde Gott die Menschen so bestrafen, wie sie es verdienen. Doch Gott gibt den Menschen einen Aufschub (35, 45). Sie sollen ihre Ungerechtigkeiten bereuen und sich ihm zuwenden, mit einem aufrichtigen Glauben an ihn glauben. Der Gläubige hört Gott und wendet sich dann nicht wieder von ihm ab, sondern gehorcht ihm.

*„Wer an Gott glaubt und Gutes tut, dem sühnt Er seine Missetaten ... Kein Unglück trifft (jemanden), es sei denn mit der Erlaubnis Gottes. Und wer an Gott glaubt, dessen Herz leitet Er recht. Und Gott weiß über alle Dinge Bescheid. Und gehorcht Gott und gehorcht dem Gesandten . . . Gott, es gibt keinen Gott außer Ihm. Auf Gott sollen die Gläubigen vertrauen"* (64, 9.11-13).

Dieses den Befehlen Gottes Gehorchen ist kein mechanischer, sondern ein freier Akt des Menschen, der sein Menschsein durch die Hingabe an Gott realisiert. Die Freiheit des Menschen, wie wir oben ausgeführt haben, wird erfüllt in der Rückbindung des Menschen an Gott, von dem sie ja herstammt. Diese Bindung ist sowohl ein Freiheitsakt des Menschen wie auch ein Akt der Gnade Gottes, der sie ermöglicht. Dazu wurde der Mensch erschaffen. Gott erschuf die Menschen, so heißt es im Koran, damit er sich ihrer erbarmt, wenn sie sich ihm zuwenden:

*"Und wenn dein Herr gewollt hätte, hätte Er die Menschen zu einer einzigen Gemeinschaft gemacht. Aber sie sind immer noch uneins, außer denen, derer sich dein Herr erbarmt hat. Dazu hat Er sie erschaffen"* (11, 118 f.).

Und dieses Erbarmen Gottes, seine Gnade, welche ohne Grenzen ist, wie der Koran sagt (14, 34), ist für alle Menschen da, die sich Gott zuwenden, auch für die Ungläubigen, wenn sie von ihrem Unglauben ablassen und in ihrem Herzen Raum lassen für die Gnade. Daher heißt es im Koran:

*"Sprich zu denen, die ungläubig sind: Wenn sie aufhören, wird ihnen vergeben, was vorher geschah. Wenn sie (dazu) zurückkehren, so steht fest, wie an den Früheren (d.h. an den Menschen früher) gehandelt wurde. Und kämpft gegen sie, bis es keine Verführung mehr gibt und bis die Religion gänzlich nur noch Gott gehört. Wenn sie aufhören, so sieht Gott wohl, was sie tun. Und wenn sie sich abkehren, so wißt, daß Gott euer Schutzherr ist"* (8, 38-40).

Die Gläubigen sollen sich auf dem Weg Gottes mit ihrem Vermögen und ihrer eigenen Person einsetzen. Dann wird ihr Glaube als *wahrer Glaube* angenommen.

*"O ihr, die ihr glaubt, soll ich euch auf einen Handel hinweisen, der euch vor einer schmerzhaften Pein rettet? Ihr sollt an Gott und seinen Gesandten glauben, euch auf dem Weg Gottes mit eurem Vermögen und mit eigener Person einsetzen - das ist besser für euch, so ihr Bescheid wißt -, dann wird Er euch eure Sünden*

*vergeben ... Verkündige den Gläubigen eine Frohbotschaft. O ihr, die ihr glaubt, seid die Helfer Gottes, so wie Jesus, der Sohn Marias, zu den Jüngern gesagt hat: ,Wer sind meine Helfer (auf dem Weg) zu Gott hin?' Die Jünger sagten: ,Wir sind die Helfer Gottes'."* (61, 10-14).

Der Gläubige soll, wenn er wahres Wissen sucht, auf sein eigenes Wissen zurückgreifen, da Gott sich für die Menschen vor allem in ihrem eigenen Herzen offenbart. Daß die Menschen niemand anderen als Gott als Herrn über sich gelten lassen dürfen und nur ihm gehorchen sollen, ist ein ihnen *angeborenes Wissen.* Wie der Koran sagt, haben sie es bereits vor ihrer Geburt selber bezeugt:

*„Und als dein Herr aus den Lenden der Kinder Adams ihre Nachkommenschaft nahm und gegen sich selbst zeugen ließ: ,Bin Ich nicht euer Herr?' Sie sagten: ,Jawohl, wir bezeugen es. (Dies,) damit ihr nicht am Tag der Auferstehung sagt: ,Wir ahnten nichts davon"'* (7, 172).

Daher sagt der Gläubige, der ernsthaft seinen Ursprung bedenkt: *„Und warum sollte ich nicht dem dienen, der mich erschaffen und zu dem ihr zurück müßt?"* (36, 22). Gott beschenkt die Gläubigen, die ihm dienen, gemäß ihrem Verdienst:*"Sollte Er sich nicht in denen auskennen, die Er geschaffen hat? Er ist der Gütige, Allkundige"* (67, 14).

Für den die Wahrheit suchenden Gläubigen ist die entscheidende Frage: Wie findet der Mensch, der gesündigt hat, zurück zu Gott?

Der Koran berichtet, daß der erste Mensch, Adam, nach dem Sündenfall doch von Gott nicht ganz getrennt wurde. Denn Gott, wie es heißt (2,37), inspirierte ihn, und dann wandte er sich ihm wieder zu. Der *göttlich inspirierte Geist* des Menschen ist nach der Lehre des Korans die Verbindungsstelle zu Gott. Dieser Vorgang der Inspiration ist ein aktiver Vorgang auch seitens des Menschen, denn dieser, wie es wörtlich bei der Darstellung dieser Begebenheit heißt, „nahm von seinem Herrn Worte (der Umkehr) entgegen". Seine vernehmende Vernunft vernahm sie; er hörte mit ihr, was Gott sprach.

Das Hören des göttlichen Wortes ist, wie wir oben schon sahen, ein eminent komplexer und auch seitens des Menschen ganz aktiver Vorgang. In dem Geschehen zwischen Gott und Adam werden zwei Vorgänge als aufeinander folgend dargestellt: (1) Der Mensch (Adam) vernahm, nahm die göttlichen Worte entgegen, und daher, wie es heißt, (2) wandte sich Gott „ihm gnädig zu". Was geschah im Anschluß daran? Es heißt im Koran darüber:

„*Er ist der, der sich gnädig zuwendet, der Barmherzige. Wir sprachen: ‚Geht von ihm (dem Paradies) alle hinunter. Wenn dann von Mir eine Rechtleitung zu euch kommt, dann haben diejenigen, die meiner Rechtleitung folgen, nichts zu befürchten, und sie werden nicht traurig sein"'* (2, 37 f.).

Aus den vorangegangenen Erörterungen sollte nun klargeworden sein, worin diese Rechtleitung besteht und wer ihr folgt und ebenso, warum es heißt, daß Gott *inspiriert*, wen *Er* will. Gott legt „*den Geist von seinem Befehl auf wen von seinen Dienern Er will, damit Er vor dem Tag der Begegnung warne - dem Tag, an dem sie vortreten, wobei nichts von ihnen vor Gott verborgen bleibt"* (40, 15 f.).

Die Rechtleitung kommt zu denen, die wahrhaft bereuen, die wirklich eine innere Umkehr vollziehen: *„(Gott) leitet zu sich, wer sich Ihm reumütig zuwendet"* (13, 27 u. a.).

Es gibt nur eine wahre Rechtleitung, und das ist die Rechtleitung durch Gott: *„Nur die Rechtleitung Gottes ist die (wahre) Rechtleitung"* (2, 120 u. a.). *„Wer sich Gott völlig hingibt und dabei rechtschaffen ist, der hält sich an der festesten Handhabe. Und zu Gott führt das Ende der Angelegenheiten"* (31, 22).

Die Gläubigen sind die, so heißt es im Koran, die sagen: *„Wir hören und gehorchen"* (5, 7; 2, 285; 24, 51), und die so rechtgeleitet werden. Und sie sind beständig in ihrem Glauben: Sie wiederholen ständig diesen Akt der Zuwendung zu Gott und der Unterwerfung ihres Willens unter seinen Willen. Ihr Leben wird dadurch von Grund auf gewandelt. Alles erfahren sie als Gnade von Gott und sie unterwerfen sich im Islam nur ihm.

Dieses Wissen von Gottes Herrschaft ist, wie wir erwähnten, nach der Lehre des Korans allen Menschen angeboren. Aber bei den meisten ist es verschüttet, und sie erinnern sich daran nur in Zeiten großer Not, wenn die harte Hülle um ihre Herzen bricht im Aufschrei der Verzweiflung. Sie bitten dann Gott um Hilfe. Aber dann, wenn er ihnen geholfen hat, vergessen sie ihn gleich wieder und danken ihm nicht einmal. Der Koran warnt sie:

*„Über die Huld Gottes und über seine Barmherzigkeit, ja darüber sollen sie sich freuen ... Gott ist voller Huld gegen die Menschen. Aber die meisten von ihnen sind nicht dankbar"* (10, 58.60).

Alle *Gnade,* die der Mensch erfährt, kommt von Gott. Dies erkennt der Gläubige. Zu ihm sagt der Koran:

*„Sei nun geduldig in Erwartung der Entscheidung deines Herrn! Du stehst unter unserer Obhut (wörtlich: unter unseren Augen). Und lobpreise deinen Herrn, wenn du aufstehst! Und preise Ihn des Nachts und beim Schwinden der Sterne!"* (52, 48 f.; 5. auch 3, 191).

Die Gläubigen, die meinen, sie verfügten über die Gnade Gottes, irren sich, denn sie liegt allein in seiner Hand.

*„O ihr, die ihr glaubt, fürchtet Gott und glaubt an seinen Gesandten, dann läßt Er euch einen doppelten Anteil an seiner Barmherzigkeit zukommen, macht euch ein Licht, in dem ihr wandeln könnt, und vergibt euch. Gott ist voller Vergebung und barmherzig. Die Leute des Buches sollen nun wissen, daß sie über nichts von der Gnade Gottes verfügen, sondern daß die Gnade in der Hand Gottes liegt. Er läßt sie zukommen, wem Er will. Und Gott besitzt große Gnade"* (57, 28 f.).

Einige Menschen glauben in der Not an Gott und bitten ihn um Hilfe. Aber wenn er ihnen geholfen hat, verlieren sie sich wieder ganz an diese Welt und stellen neben ihren Herrn andere Herren. Statt dessen hätten sie aufmerken sollen und dem, der ihnen geholfen hat, nachdem sie ihn gebeten hatten, ihre *Dankbarkeit* zuwenden sollen. Denn er ist derjenige, von dem allein alle Gnaden herkommen. Und dies sind so viele, daß der Mensch sie nicht zählen kann:

*„Wenn ihr die Gnade Gottes errechnen wolltet, könnt ihr sie nicht zählen"* (14, 34).

Die Menschen kennen die Gnade Gottes, sagt der Koran (16,83), aber wollen sie meistens nicht anerkennen, da sie undankbar sind. Das häufigste Symbol für die Gnade ist das Licht, das man ja auch erst in seiner Abwesenheit als Ursache für die Sichtbarkeit der Dinge erkennt, obwohl man es die ganze Zeit sieht. Die Ungläubigen suchen den Urheber für alle Gnade, die sie erfahren, an verkehrten Stellen und beten falsche Herren an. Der Koran ermahnt sie, zu verstehen, daß sie alles von Gott erhalten:

*„Habt ihr nicht gesehen, daß Gott euch das, was in den Himmeln und auf der Erde ist, dienstbar gemacht hat, und daß Er über euch seine Gnade ausgegossen hat, äußerlich und innerlich?"* (31, 20).

Statt ihr Wissen nur auf Vermutungen aufzubauen, sollen die Menschen nach der Lehre des Korans versuchen, zu verstehen, wie die Dinge wirklich sind, und sich damit um wahre Gewißheit bemühen. Dies ist die Aufgabe eines jeden einzelnen Menschen. Niemand kann ihm diese Aufgabe abnehmen. Der Koran lehrt die Einzigartigkeit eines jeden Menschen. Nur wenn jeder Mensch sich selber seiner *Einzigartigkeit*, das heißt seiner Menschlichkeit, bewußt wird, kann er auch im anderen den Menschen erkennen und damit ein Wesen wie sich selbst. Nur wer sich selbst als Person, das heißt als Hörer des Wortes, verwirklicht hat, ist fähig, zu anderen Personen in Beziehung zu treten. Dies ist, was gemeint ist, wenn es im Koran heißt, daß Gott die Menschen erschaffen hat, damit sie einander kennenlernen (49, 13) und damit sie einig sind (11, 118 f.).

Dazu ist nach koranischer Lehre nur der gottergebene, gerecht und barmherzig handelnde Mensch fähig. Je mehr der Mensch sich um wahre Gewißheit bemüht, desto mehr befreit er sich von seinen Vorurteilen und umgekehrt und gelangt so zu einer immer größeren Aufgeschlossenheit. Er lernt zu hören und entdeckt damit überall und auch in sich selbst die göttlichen Zeichen (2, 164; 2, 219; 6, 95-99; 10, 5 f.; 30, 20-27; 45, 3-6; 39, 52; 39, 59; 41, 53 u. a.).

Aber die meisten Menschen wollen sich nicht selbständig um Wissen bemühen und glauben, ihre Rettung liege im Aberglauben. Und so suchen sie Zeichen. Wie der Koran sagt:

*„Diejenigen, die unwissend sind, sagen: ‚Wenn doch Gott zu uns spräche oder ein Zeichen zu uns käme!' Auch diejenigen, die vor ihnen lebten, äußerten sich in der gleichen Weise. Ihre Herzen sind einander ähnlich. Wir haben die Zeichen deutlich gemacht für Leute, die Gewißheit hegen"* (2, 118).

Wer nach Zeichen ruft, sollte wissen, daß wir in diesem Leben von lauter Geheimnissen umgeben sind, das heißt von lauter *göttlichen Zeichen*, welche wahr sind. Ihre Wahrheit enthüllt sich aber nur dem, der vorurteilslos die Wahrheit sucht und sich nicht mit bloßen Vermutungen zufriedengibt, sondern nur mit echter Gewißheit. Die göttlichen Zeichen können nur mit der Vernunft erfaßt werden, von dem Menschen, der hört.

So kann es einem nachdenklichen Menschen beispielsweise plötzlich bewußt werden, daß die Tatsache, sprechen zu können - dieser eminent geistige Vorgang- eigentlich in sich ein Geheimnis ist. Hier tritt der Geist ein in die sinnliche Welt und macht sich - wenn auch mehr oder minder verhüllt - vernehmbar. Daß nun dem Sprechen ein geistiger Vorgang zugrunde liegt, ist offensichtlich. Daß dies aber eigentlich der Fall ist für das ganze Dasein des Menschen, ist nicht so ohne weiteres erkennbar. In der Sprache des Korans:

*„Und auf der Erde gibt es Zeichen für die, die Gewißheit hegen, und auch in euch selbst. Wollt ihr denn nicht sehen? Und im Himmel ist euer Lebensunterhalt und das, was euch versprochen wird. Beim Herrn des Himmels und der Erde, das ist so wahr, wie ihr reden könnt"* (51, 20-23). Doch:

*„... Gott besitzt die Geheimnisse (wörtlich: das Verborgene) von Himmel und Erde"* (16, 77).

Und Er teilt Seine Geheimnisse, wie wir glauben können, mit, wem Er will.

Die meisten Menschen glauben nur dann aufrichtig an Gott, denken nur dann an Gott als Wirklichkeit, wenn sie in großer Gefahr sind. Aber nur wenige danken Ihm für Seine Hilfe, glauben weiterhin und beständig an ihn, da sie erkannt haben, daß die leichte Zerbrechlichkeit dieser Welt ihnen keine Stütze bieten kann, daß aber diese Welt in seinen Händen ruht. Diese bleiben, wie der Koran es auch ausdrückt, gerade, aufrecht. Doch die meisten vergessen Gott sofort

84

wieder, wenn er sie aus der Gefahr gerettet hat, obwohl sie vorher zu Ihm um Hilfe gebetet haben.

> *„Und wenn sie eine Woge gleich Dächern umhüllt, rufen sie Gott an, mit aufrichtigem Glauben sich an Ihn wendend. Hat Er sie jedoch ans Festland in Sicherheit gebracht, so gibt es einige unter ihnen, die gerade bleiben; aber es verleugnet unsere Beweisgründe ein jeder, der treulos ist und undankbar"* (31, 32; siehe auch 4, 115; 10, 18; 10, 22 f.; 10, 12; 6, 42 f.; 6, 71).

Der Koran ermahnt die Gläubigen zur *Aufrichtigkeit* in dieser Welt und zur *Demut* vor Gott und der Wahrheit in den göttlichen Offenbarungen, damit ihre Herzen sich nicht verhärten und sie ihren Glauben nicht verlieren.

> *„Ist es nicht für die, die glauben, Zeit, daß ihre Herzen sich demütigen vor dem Gedanken an Gott und an das, was von der Wahrheit herabgekommen ist? Werdet aber nicht wie diejenigen, denen die Schrift zuvor gegeben war, an denen aber eine lange Zeit vorbeiging, und ihre Herzen verhärteten sich, und viele von ihnen wurden Frevler!"* (57, 16).

Für den Gläubigen ist es evident, daß in dieser Welt eigentlich nichts zu fürchten ist als die Gerechtigkeit Gottes, der alles in Händen hält. Ebenso ist für ihn - wie er weiß - in dieser Welt auch keine andere Hilfe zu finden als die Hilfe des sich erbarmenden Schöpfers. Dieser gibt dem Menschen, der sich ihm aufrichtig und in aller Demut zuwendet und an ihm festhält, ein *Rettungsseil*, das nicht bricht. Anstatt sein Selbst an diese Welt des Spiels und der Zerstreuung zu verlieren, übergibt der wahre Gläubige sein Selbst Gott, um schließlich als Gottergebener zu sterben:

> *"O ihr, die ihr glaubt, fürchtet Gott, wie Er richtig gefürchtet werden soll, und sterbt nicht anders denn als Gottergebene. Und haltet allesamt am Seil Gottes fest und spaltet euch nicht"* (3, 102 f.).

Gott richtig fürchten heißt, ihn als den Barmherzigen fürchten, der kein Unrecht zuläßt. Das Seil Gottes, seine Rechtleitung, kann nur von denen ergriffen und festgehalten werden bzw. erhalten nur jene, die wirklich bereuen, *"was ihre Hände vorausgeschickt haben"* (u. a. 78,40), nämlich ihre ungerechten Taten, und die sich um Gerechtigkeit bemühen. Ihnen fallen die „*Hüllen von ihren Herzen"* und die „*Schwerhörigkeit von ihren Ohren"* (6,25), so daß sie hören können und mit ihrem Herzen, das heißt nicht bloß äußerlich, gehorchen.

Der Mensch, so heißt es im Koran, wurde nur dazu erschaffen, daß er Gott dient und damit der eigentlichen Macht, die alles Leben erschafft und die auch alles Leben erhält. Nur wenn er Gottes Wort hört und ihm gehorcht, ist er damit dem Leben selber wirklich zugewandt und nun seinerseits *schöpferisch tätig* als Stellvertreter Gottes auf dieser Erde. Gott ist der, heißt es im Koran, wie wir sahen, der sich Barmherzigkeit vorgeschrieben hat. Was heißt das, daß die Menschen Gott dienen sollen, der doch keinen Unterhalt und kein Essen braucht? Daß sie im Geiste der Barmherzigkeit stellvertretend für ihn seiner Schöpfung dienen.

*„Und ich habe die ... Menschen nur dazu erschaffen,*
*daß sie Mir dienen. Ich will von ihnen keinen Unterhalt,*
*und Ich will nicht, daß sie Mir zu essen geben. Gott ist*
*es, der Unterhalt beschert und Kraft und Festigkeit*
*besitzt" (51, 56-58).*

Gott dienen heißt, sich bemühen, als sein Stellvertreter
auf dieser Erde schöpferisch - das heißt gerecht und
barmherzig - zu wirken. Gott unterstützen heißt - von einer
anderen Seite her betrachtet - sich selber unterstützen und
Zielstrebigkeit verleihen. Es heißt: ihn hören und ihm
gehorchen.

*„O ihr, die ihr glaubt; wenn ihr Gott unterstützt,*
*unterstützt Er euch und festigt eure Schritte" (47, 7).*

Wozu ist der Mensch auf dieser Welt, wenn nicht, um
seiner *Bestimmung* zu folgen? Denn wozu wurde der Mensch
erschaffen?

*„Wir haben den Menschen in schönster ebenmäßiger*
*Gestalt erschaffen, dann haben Wir ihn in den nied-*
*rigsten der niedrigen Stände gebracht, ausgenommen*
*die, die glauben und die guten Werke tun: Sie*
*empfangen einen Lohn, der nicht aufhört" (95,4-6).*

Die menschliche Würde erfüllt sich darin, daß der
Mensch niemand anders als seinen Schöpfer als Herrn anerkennt und nur ihm hingebungsvoll dient. Doch wer sich
anderen Herren hingibt, erniedrigt sich und verliert sich
schließlich, wenn er sich nicht auf seine Bestimmung besinnt
und sich befreit.

*„Ihr dient außer Ihm nur Namen, die ihr genannt habt, ihr und eure Väter, für die aber Gott keine Ermächtigung herabgesandt hat. Das Urteil gehört Gott allein. Er hat befohlen, daß ihr nur Ihm dienen sollt. Das ist die richtige Religion. Aber die meisten Menschen wissen nicht Bescheid"* (12, 40).

Für alle Menschen gibt es nur den *einen* Gott. Der Gläubige soll sich aus allen Parteistreitigkeiten heraushalten. Er soll ausschließlich damit beschäftigt sein, Gott zugewandt Seiner Schöpfung zu dienen, da Gott dies so bestimmt hat. Ihm wurde die Verantwortung für die Schöpfung übertragen.

*"... Richte dein Gesicht auf die Religion als Anhänger des reinen Glaubens, und sei nicht einer der Polytheisten. Und rufe nicht anstelle Gottes an, was dir weder nützt noch schadet. Wenn du es tust, dann gehörst du zu denen, die Unrecht tun"* (10, 105 f.).

Alles auf der Erde wie auch im Himmel dient Gott und folgt seinen Gesetzen, entweder freiwillig oder gegen seinen Willen. Der Mensch hat die Wahl, entweder den Weg zu wählen, der zu seiner Erniedrigung und Qual führt, oder den Weg, zu dem er erschaffen wurde, nämlich den geraden Weg in der freiwilligen Unterwerfung unter den lebendigen Willen seines Schöpfers: Es gibt keine andere Religion als die Religion Gottes.

*„Suchen sie sich etwa eine andere Religion als die Religion Gottes, wo Ihm ergeben ist, was in den Himmeln und auf der Erde ist, ob freiwillig oder widerwillig, und wo sie (alle) zu Ihm zurückgebracht werden?"* (3, 83).

Alle Dinge in der Welt verehren Gott, folgen den von ihm eingepflanzten Gesetzen und kennen keinen Hochmut:

*„Haben sie nicht auf die Dinge geschaut, die Gott erschaffen hat? Ihre Schatten wenden sich rechts und links, und sie werfen sich demütig vor Gott nieder. Vor Gott wirft sich nieder, was in den Himmeln und was auf der Erde ist, ob Tiere oder Engel, und sie verhalten sich nicht hochmütig. Sie fürchten ihren Herrn, der über ihnen steht, und sie tun, was ihnen befohlen wird. Und Gott hat gesprochen: Nehmt euch nicht zwei Götter. Er ist nur ein einziger Gott. Vor Mir sollt ihr Ehrfurcht haben. Ihm gehört, was in den Himmeln und auf der Erde ist. Und Ihm gehört die religiöse Verehrung in ständiger Weise"* (16, 48-52).

Während alles in der Schöpfung Gott gehorcht, ist allein der Mensch frei, seiner Bestimmung zu folgen oder gegen sie zu handeln. Er soll, heißt es oben, Gott nicht nur manchmal, sondern ständig verehren. Das heißt, er soll sich darum bemühen, daß er sich völlig Gott ergibt. Wem ergibt er sich dann? Dem Gnädigen, der ihn nicht bedrängen will, der ihn rein machen will, der seine *Gnade an ihm vollenden* will, so daß er dankbar wird, wie es im Koran heißt:

*„Gott will euch keine Bedrängnis auferlegen, sondern Er will euch rein machen und seine Gnade an euch vollenden, auf daß ihr dankbar seid"* (5, 6; siehe auch 12, 6; 48, 2; 2, 150; 5, 3; 16,81).

Wenn wir uns einem Feind ergeben, so bedeutet das eine Niederlage, eine entscheidende Schwächung. Wenn wir uns Gott ergeben, heißt das etwas ganz anderes. Es heißt kämpfen mit den besten Kräften und unter höchster Anstrengung, es heißt, sich dem Kampf für Gerechtigkeit und Barmherzigkeit verpflichten.

Sich *Gott ergeben* bedeutet gleichzeitig eine freie Entscheidung, eine Gnade und eine Verpflichtung:

*„Und gedenket der Gnade Gottes zu euch und der Verpflichtung, durch die Er euch gebunden hat, als ihr sagtet: ‚Wir hören und wir gehorchen.' Und fürchtet Gott. Gott weiß über das innere Geheimnis Bescheid"* (5, 7).

Nur derjenige wird gerettet, sagt der Koran, der aufrichtig Gott in der Suche nach seinem Antlitz dient, der *„Gottesfürchtigste, der sein Vermögen hergibt, um sich zu läutern, nicht daß jemand bei ihm einen Gunsterweis guthätte, der vergolten werden müßte, sondern in der Suche nach dem Antlitz seines Herrn, des Allerhöchsten"* (92, 17-20).

Wie es an einer anderen Stelle heißt (13, 20-22), wenn der Gläubige ins Paradies kommt, hat er folgendes getan: Er hat seine Verpflichtungen nicht gebrochen. Er hat seinen Herrn gefürchtet und Angst vor einer bösen Abrechnung gehabt. Er war geduldig in der Suche nach dem Antlitz seines Herrn. Er hat das Gebet verrichtet. Er hat geheim und offen von seinem Vermögen gespendet. Er hat das Böse mit dem Guten abgewehrt. Er hat verbunden, was Gott zu verbinden befohlen hat.

Was soll das letztere heißen? Das soll heißen, daß bei dem wahren Gläubigen *Handeln und Worte* miteinander verbunden sind. Der Mensch soll sagen, was er tut, und was er tut, soll er sagen. Aber die Ungläubigen, so heißt es im Koran (26, 226), „sagen, was sie nicht tun". Selbst die Gläubigen unterliegen dieser Schwäche allzuleicht. Und daher heißt es im Koran:

" *O ihr, die ihr glaubt, warum sagt ihr, was ihr nicht tut? Großen Abscheu erregt es bei Gott, daß ihr sagt, was ihr nicht tut"* (61, 2 f.).

Und nicht zuletzt ist die obige Aufforderung im Koran, zu verbinden, was Gott zu verbinden befohlen hat, auch eine Aufforderung an den Menschen, das Ganze bei seinem Denken nicht zu vergessen.

Vor allem ständig geübte *Geduld* braucht der Gläubige, um all seinen Verpflichtungen nachzukommen und um beständig im Glauben zu sein. Daher heißt es:

„*O ihr, die ihr glaubt, sucht Hilfe in der Geduld und im Gebet. Gott ist mit den Geduldigen"* (2, 153).

Geduld ist die Fähigkeit, zu warten: "*... und poch nicht auf dein Verdienst, um mehr zu erhalten .. .,,* (74, 6).

Wie erhält man diese Geduld? Wie für alles, braucht der Mensch auch Gottes Hilfe, um geduldig zu sein: „*Sei geduldig! Nur mit Gottes Hilfe (wörtlich: durch Gott) wirst du geduldig sein"* (16, 127).

Daher wird der Gläubige gleichzeitig aufgefordert, zu beten (2, 153). Der Gläubige soll nicht Gnadenerweise, sondern Verdienste, seine eigenen Bemühungen ansammeln. Lob gehört allein Gott. *„Gott gehören die schönsten Namen. So ruft Ihn damit an"* (7, 180).

Gott ist es, der eigentlich unsere Verdienste ermöglicht. Er ist es, der uns vollkommen machen will, so daß wir dann fähig sind, ihm zu danken (5, 6), so daß wir erkennen:

*„Er ist Gott, außer dem es keinen Gott gibt, der über das Unsichtbare und das Offenbare Bescheid weiß. Er ist der Erbarmer, der Barmherzige ... der König, der Heilige, der Inbegriff des Friedens, der Stifter der Sicherheit, der alles fest in der Hand hat, der Mächtige, der Gewaltige, der Stolze. Preis sei Gott! (Er ist erhaben) über das, was sie (Ihm) beigesellen. Er ist Gott, der Schöpfer... Ihn preist, was in den Himmeln und auf der Erde ist. Und Er ist der Unbezwingliche, der Allweise"* (59, 22-24; siehe auch 40, 55).

Allein in der Erinnerung Gottes in seinem Innern findet der Gläubige schließlich Ruhe, eine Vorahnung des Paradieses:

*„Diejenigen, die glauben, und deren Herzen im Gedenken Gottes Ruhe finden - ja, im Gedenken Gottes finden die Herzen Ruhe -, selig sind sie..."* (13, 28 f.).

Damit die Gläubigen Glauben über Glauben erhalten, sendet er ihnen seine Ruhe:

*„Er ist es, der die Ruhe spendende Gegenwart in die Herzen der Gläubigen herabgesandt hat, daß sie in ihrem Glauben noch an Glauben zunehmen"* (48, 4).

Gegründet in dieser Ruhe, kämpft der wahre Gläubige auf dem geraden Weg Gottes.

Während er handelt, soll der Gläubige von der Anbetung seines Herrn nicht abweichen, das heißt, überall nur Gott anbeten und für sich keine anderen Herren schaffen:

*„Wer nun auf die Begegnung mit seinem Herrn hofft, der soll gute Werke tun und bei der Anbetung seines Herrn (Ihm) niemanden beigesellen"* (18, 110).

Die guten Werke, das, was nötig ist, tun jene, die im Glauben standhaft sind. Sie erhalten die Unterscheidungsnorm zwischen gut und schlecht:

*„O ihr die ihr glaubt, wenn ihr Gott fürchtet, bestellt Er euch eine Unterscheidungsnorm, sühnt euch eure Missetaten und vergibt euch. Und Gott besitzt große Huld"* (8, 29).

Dem Gläubigen, der Gottes Wort hört und ihm folgt, wird Leben geschenkt:

*„O ihr, die ihr glaubt, erhört Gott und den Gesandten, wenn er euch zu dem aufruft, was euch Leben gibt"* (8, 24).

Der wahre Gläubige, der mit seinem Herzen und nicht nur äußerlich glaubt, ist lebendig gemacht worden und erhält das Licht der Unterscheidung:

*„(Er ist der,) der tot war, den Wir aber dann wieder lebendig gemacht und dem Wir ein Licht gegeben haben, daß er darin unter den Menschen umhergehen kann..."* (6, 122; s. auch 2,112).

Jeder Mensch, der *nach Gott ruft, wird erhört*, da alle Menschen auserwählt sind, ihm zu dienen, und da Gott ihnen allen nahe ist:

*„Wenn dich meine Diener nach Mir fragen, so bin Ich nahe, und Ich erhöre den Ruf des Rufenden, wenn er Mich anruft. Sie sollen nun auf Mich hören, und sie sollen an Mich glauben, auf daß sie einen rechten Wandel zeigen"* (2, 186).

Der Glaube hat die Funktion, die Menschen dazu zu bringen, daß sie sich gerecht und barmherzig benehmen, koranisch gesprochen: daß sie einen *„rechten Wandel"* zeigen. Denjenigen, die, wie der Koran sagt, ihren Glauben mit unrechtem Handeln verhüllen, wird keine Rechtleitung gegeben, denn sie haben ja ihren Glauben, der wie ein Licht ist, zugedeckt, so daß das Licht nicht scheinen kann und sie den Weg verlieren. Sie gehören zu denen, *„die sagen: ,Wir hören', wo sie doch nicht hören"* (8,21); oder zu denen, die sagen: *„Wir hören, und wir gehorchen nicht"* (2, 93). Aber *„(nur) denjenigen, die glauben und ihren Glauben nicht mit unrechtem Handeln verhüllen, gehört die Sicherheit, und sie folgen der Rechtleitung"* (6, 82).

Es gibt unter den Gläubigen ihren Taten entsprechend verschiedene Rangstufen: *„Für alle sind Rangstufen bestimmt für das, was sie getan haben"* (6, 132);

*"... und dies, damit Er ihnen ihre Taten voll erstatte. Und ihnen wird nicht Unrecht getan"* (46, 19).

Und der Koran bringt Beispiele:

*„Wollt ihr etwa die Tränkung der Pilger und den Dienst in der heiligen Moschee so bewerten, wie (die Werke dessen), der an Gott und den Jüngsten Tag glaubt und sich auf dem Weg Gottes einsetzt? Sie sind bei Gott nicht gleich. Und Gott leitet die ungerechten Leute nicht recht. Diejenigen, die glauben und ausgewandert sind und sich auf dem Weg Gottes mit ihrem Vermögen und mit ihrer eigenen Person eingesetzt haben, haben eine höhere Rangstufe bei Gott"* (9, 19 f.).

Es lassen sich unter den Dienern Gottes drei Gruppen unterscheiden:

*„Alsdann vererbten Wir das Buch denen von unseren Dienern, die Wir auserwählt hatten; denn es gibt unter ihnen Frevler gegen ihre Seele, auch unter ihnen den, der die Mitte einhält, auch den, der mit Wohltaten vorangeht, nach Gottes Willen. Dies allein ist große Gnade"* (35, 32).

Zu den guten Werken gehört auch, und zwar sogar in eminenter Weise, wie wir sehen werden, daß der Gläubige auf vernünftige Weise *redet*. Denn Gott hat nach der Lehre des Korans den Menschen die *„deutliche Rede gelehrt"* (55, 4). Demjenigen, der zutreffende Worte spricht, werden seine Sünden vergeben, und seine Werke werden ihm als gut angerechnet (33, 70 f.). Da nach der Lehre des Korans der menschlichen Vernunft eine überragende Rolle im Leben des Gläubigen zukommt, wird konsequenterweise dem, was der Gläubige sagt, eine große Bedeutung zugemessen. Wie wir weiter oben schon erläutert haben, soll der Gläubige sich auch ständig darum bemühen, daß das, was er tut, und das, was er sagt, in Übereinstimmung steht.

Die Fähigkeit des Menschen, *„allen Dingen Namen geben zu können"* (2, 31), erhebt ihn nach koranischer Lehre über alle Schöpfung und sogar über die Engel. Es ist in erster Linie sein Verstand, der es ihm ermöglicht, seine menschliche Aufgabe zu erfüllen als Stellvertreter Gottes auf dieser Erde, indem er in seinem Herzen ständig Gottes gedenkt:

*„im Gedenken deines Herrn in deinem Innern in Demut und Furcht und ohne lautes Aussprechen, am Morgen und am Abend"* (7, 205).

In seinem Handeln soll der Gläubige nicht dem Haß folgen, sondern der *Gerechtigkeit*, die, wie der Koran sagt (5, 8), eher der Gottesfurcht entspricht. Der Haß gegen bestimmte Leute darf den Gläubigen nicht dazu verleiten, ungerecht zu sein (ebd.). Gott will, so lehrt der Koran, daß aus den Gläubigen eine Gemeinschaft entsteht, die zum

Guten aufruft, das Rechte gebietet und das Verwerfliche verbietet (3, 104).

*„Und unter denjenigen, die Wir geschaffen haben, gibt es eine Gemeinschaft (von Menschen), die nach der Wahrheit leiten und danach Gerechtigkeit üben"* (7, 181).

*„Gott gebietet, Gerechtigkeit zu üben, Gutes zu tun und die Verwandten zu beschenken. Er verbietet das Schändliche, das Verwerfliche und die Gewalttätigkeit"* (16, 90).

Und zu denen, die immer noch nicht verstanden haben, worum es geht, sagt der Koran:

*„Und Wir haben vor dir zu Gemeinschaften (Gesandte) geschickt und sie mit Not und Drangsal heimgesucht, auf daß sie sich vielleicht demütigen. Hätten sie sich doch gedemütigt, als unsere Schlagkraft über sie kam. Aber ihre Herzen verhärteten sich, und der Satan machte ihnen verlockend, was sie zu tun pflegten. Und als sie das vergaßen, womit sie ermahnt worden waren, öffneten Wir ihnen die Tore zu allen Dingen. Als sie sich dann über das freuten, was ihnen zuteil wurde, suchten Wir sie plötzlich heim. Da waren sie ganz verzweifelt. So wurde der letzte Rest der Leute, die Unrecht taten, ausgemerzt"* (6, 42-45).

Die Blicke der Menschen, die Gott suchen, erreichen ihn nicht in diesem Dasein. Er aber erreicht die Blicke, sagt uns der Koran:

*„Das ist Gott, euer Herr, es gibt keinen Anbetungswürdigen als Gott, den Schöpfer jedes Dinges; drum betet Ihn an, und Er ist eines jeden Dinges Hüter. Nicht erfassen können Ihn die Blicke, während Er die Blicke erfaßt, denn Er ist der Allerscharfsinnigste, der Allkundige"* (6, 102 f.).

Der Mensch, so lehrt uns der Koran, soll immer wieder mit allen Kräften um das kämpfen, was ihm bestimmt ist. Und daher heißt es:

*„Und beeilt euch um die Wette, um die Vergebung eures Herrn zu erlangen ..."* (3, 133).

Am Schluß dieser Überlegungen zum Thema des koranischen Bildes vom Menschen als Hörer des göttlichen Wortes möchte ich noch einmal darauf hinweisen, daß der Koran den Menschen erinnern will (u. a. 76,29). Er wendet sich an den einzelnen Menschen und fordert ihn auf, sich um sein ihm angeborenes Wissen zu bemühen.

Anstatt sich von außen her bestimmen zu lassen von irgendwelchen Ideologien, anstatt ein bloßer Teil einer Massengesellschaft zu sein, soll der Mensch sich selber aufgrund eigener innerer Einsicht bestimmen. Als Geistwesen ist er nicht ein bloßer Bestandteil der Natur, sondern kann sie - prinzipiell: das heißt, wenn er will - transzendieren. Die Möglichkeit, Gottes lebendiges Wort, das an ihn gerichtet ist, zu hören und ihm frei zu folgen, ist für den Menschen die Möglichkeit, seine menschliche Bestimmung zu erfüllen. Anstatt sich durch bloß natürliche Antriebe oder von außen an ihn herangetragene Meinungen bestimmen zu lassen, kann

98

der Mensch, wenn er sich dazu entscheidet, geistigen Antrieben, kann er seiner schöpferischen Vernunft folgen.

Den Weg hierzu weist ihm nach koranischer Lehre der ihm angeborene Glaube. Gnade, Freiheit und Verpflichtung, wie wir sahen, ermöglichen dem Menschen, Gottes Wort zu hören und ihm zu folgen. Integrität erhält der Mensch, wenn er sich darum bemüht, daß Worte und Taten bei ihm übereinstimmen. Gott führt, so lehrt uns der Koran, jene Menschen, die das verdienen, die sich freiwillig seiner Rechtleitung unterwerfen. Und wenn wir den Koran aufmerksam lesen, sehen wir, Gott wartet darauf, auch die anderen zu führen, die sich ihm noch nicht zugewandt haben. Zu ihnen spricht er fortwährend durch seine Zeichen, ebenso wie zu jenen Gläubigen, die sich ständig wieder von neuem mit allen Kräften um Glauben bemühen. Und nur Gott weiß letztlich die Worte zu finden, die wir brauchen und die uns auf den richtigen Weg leiten können und die uns auf dem geraden Weg ohne Umwege gehen lassen, wenn wir uns zu ihm entscheiden.

Wegen ihres Glaubens, so heißt es im Koran (u. a. 10, 9), werden die, die glauben und die guten Werke tun, rechtgeleitet. Es geht immer um die Entscheidung zu Gott. Immer, wenn wir uns für ihn entscheiden, entscheiden wir uns für die menschliche Würde und damit nicht nur für uns selber, sondern prinzipiell für alle Menschen. Denn die eigentliche menschliche Würde ist für den, der um sie kämpft, ein interpersonaler Wert, das heißt, nur vereinbar mit einem aufgeschlossenen Herzen, das hört, mit einem gerechten und barmherzigen Handeln.

**Drittes Kapitel**

# Ein Islam und viele Interpretationen[1]
## Ihre Entstehung und Erkenntnismethoden
## sowie ihre Bedeutung in der Gegenwart

Was ist eigentlich Islam? Mit dieser Frage beschäftigt sich heute ein großer Kreis von Menschen außerhalb der islamischen Welt. Die Gründe hierfür sind verschiedenster Art. Entsprechend sind die Resultate. Jemand, der den Islam nur von außen betrachtet, dem die innere Dimension des Islam nicht zugänglich ist, sieht konsequenterweise sozusagen viele Gesichter des Islam. Denn er erhält eine Abfolge von einzelnen Eindrücken, zwischen denen für ihn kein innerer Zusammenhang besteht, aber damit natürlich kein den Tatsachen entsprechendes Bild des wirklichen Islam. Für ihn stellt sich daher die Frage, welches von diesen „Gesichtern" des Islam, wie er das vielleicht bezeichnet, nun das wahre Bild gibt oder ob es das überhaupt gibt.

So weist er beispielsweise darauf hin[2], daß doch in den einzelnen islamischen Ländern jeweils andere Sitten und Traditionen, teilweise verschmolzen mit vorislamischen Überlieferungen, zu beobachten sind. Und er kann weiter fragen: Wenn man das Verhalten einer größeren Anzahl von Muslimen betrachtet, muß man dann nicht zu dem Schluß

---

[1] Vortrag im Haus der Kulturen der Welt, Berlin: Berlin, 10. Dezember 1991. Erschienen in: Gesichter des Islam. Mahmoud Zakzouk u. a., Berlin 1992.
[2] Wie z. B. Rudolph Peters in: Ende, Steinbach, Der Islam in der Gegenwart, 1989, S.92.

kommen, daß es viele Formen des Islam gibt, aber nicht den einen wahren Islam? Gibt es also tatsächlich verschiedene "Islame"? Diese und ähnliche Überlegungen lassen sich, wie gesagt, auf eine rein äußerliche Betrachtungsweise zurückführen.

Wenn wir vom Islam selbst ausgehen, also von der „Sache" Islam selbst her gesehen, erscheinen solche Urteile als oberflächlich, da sie am Kern der Sache vorbeizielen; besser gesagt: da sie den Kern der Sache, das, worum es geht, ignorieren. Dies wollen wir in unserem Vortrag klar machen. Hierbei werden wir uns weniger mit der heiß umstrittenen Kritik der islamischen Welt beschäftigen, so naheliegend das auch sein mag. Denn die Frage, die wir beantworten wollen, ist vor allem die folgende: *Was ist eigentlich das wahre "Gesicht" des Islam,* d. h. was können wir über den einen, die Geschichte gestaltenden, sich durchhaltenden, wirksamen Islam aussagen?

Im Zusammenhang mit der Beantwortung dieser Frage setzt sich der Vortrag folgende zwei Hauptziele:

*erstens*: Informationen über den Islam von „innen" zu geben, und dies in Einklang mit

*zweitens*: einer Darstellung der grundsätzlichen Haltung des Islam zu den Problemen der gegenwärtigen Gesellschaft.

Das Thema wird in folgenden Abschnitten behandelt:

1. Bestimmung des Begriffs „Islam"
2. Das Verhältnis von Moral und Glaube im Islam
3. Über die Entstehung der Interpretationen
4. Über ihre Erkennmismethode
5. Der Islam und die Probleme der gegenwärtigen Gesellschaft.

# 1. Bestimmung des Begriffs „Islam"

Wörtlich übersetzt bedeutet Islam: Hingabe an Gott. Von einem systematischen Standpunkt her gesehen, können wir eine allgemeine und eine besondere Bedeutung des Begriffs „Islam" voneinander unterscheiden, wobei aber diese Unterscheidung weniger eine Trennungslinie bedeutet, als vielmehr - wie ich zeigen werde - ein verbindendes Band. Denn Islam in der besonderen Bedeutung ist eine spezielle Erscheinungsform des allgemeinen Islam.

## a) Die allgemeine Bedeutung des Begriffs „Islam"

Islam in der allgemeinen Bedeutung ist nach koranischer Lehre die Religion Gottes, welche die Menschheitsgeschichte bestimmt und die alle Propheten und Gesandten Gottes verkündet haben. In diesem Sinne hat etwa auch Goethe versucht, ihn darzustellen, als er sagte:

"Wenn Islam ‚Gott ergeben' heißt, in Islam leben und sterben wir alle."

Der Koran lehrt, daß es neben dem Islam, der Religion Gottes, keine andere wahre Religion gibt, da Gott alles, was lebt, entweder freiwillig oder widerwillig ergeben ist (Sure 3,83/84). Von den vielen Stellen im Koran, wo vom Islam in der allgemeinen Bedeutung gesprochen wird, bringe ich hier nur einige Beispiele:

Als Jakob im Sterben lag, fragte er seine Söhne, wem sie nach ihm dienen werden, und sie sagten:

*„Dienen werden wir deinem Gott und dem Gott deiner Väter Abraham, Ismael und Isaak, dem Einzigen Gott. Und wir sind Ihm ergeben."* (Sure 2,133)

Die Hinwendung zu Gott im Islam geschieht aufgrund einer Berufung. Darüber spricht Noah, der im Koran als Muslim (d. h. einer der Gottergebenen) bezeichnet wird. Als er im göttlichen Auftrag die Menschen ermahnt, sagt er ihnen:

*„Wenn ihr euch abkehrt, so habe ich von euch (doch) keinen Lohn verlangt. Mein Lohn obliegt Gott allein. Und mir ist befohlen worden, einer der Gottergebenen zu sein."* (Sure 10,72)

Der Koran lehrt ausdrücklich, daß seit der Existenz des ersten Menschen die wahre Religion Gottes die Gottergebenheit, der Islam, ist und sagt ganz klar:

*„Die Religion bei Gott ist der Islam."* (Sure 3,19)

Deshalb betont der Koran immer wieder, daß die Religion des Islam im Grunde *eine* Religion ist, auch wenn sie im Laufe der Geschichte von verschiedenen Propheten verkündet wurde; so heißt es z. B. in einem Vers:

*„Er (Gott) hat euch von der Religion verordnet, was Er Noah aufgetragen hat, und was Wir dir offenbart haben, und was Wir Abraham, Moses und Jesus aufgetragen haben ..."* (Sure 42,13)

Deshalb, sagt der Koran, ist es falsch, zwischen den einzelnen Offenbarungen bzw. Propheten Unterschiede zu machen, da sie alle von dem Einen Gott geschickt worden sind.

Aus den vorangegangenen Betrachtungen ist klar ersichtlich, daß nach der Lehre des Islam die Grundlagen aller göttlichen Botschaften dieselben sind. Alle haben das eine Ziel: den Menschen zu heilen.

## b) Islam im speziellen, historischen Sinn

Der Begriff „Islam" im historischen, d. h. nicht im allgemeinen, oben behandelten, Sinne wird als Bezeichnung für diejenige Religion verwandt, die Mohammed im 7. Jh. n. Chr. als Offenbarung von Gott verkündet hat, und zwar, das wollen wir jetzt noch einmal betonen, als Bestätigung der vorangegangenen Offenbarungen und Botschaften Gottes, als ihre Erneuerung im Sinne einer Wiederbelebung sowie auch als eine Korrektur all dessen, was an den früheren Religionen seitens der Menschen irrtümlich geändert worden ist. Der Koran ist, wie es an verschiedenen Stellen heißt (u. a. in Sure 29,51),

*"eine Barmherzigkeit und eine Ermahnung für Menschen, die glauben."*

Im folgenden sprechen wir über Islam in diesem speziellen historischen Sinn.

Für den gläubigen Muslim ist der Islam der ihm von Gott bereitete, vorgeschriebene Weg. Die Gläubigen, so lehrt der Koran, erkennen, daß der Weg des Islam, der Gottergebenheit

*„die Wahrheit von deinem Herrn ist, so daß sie daran glauben und ihre Herzen sich vor Ihm demütigen. Und wahrlich, Gott führt diejenigen, die glauben zu einem geraden Weg."* (Sure 22,54)

Was sind nun die wichtigsten Kennzeichen dieses Weges des Islam? Es sind nicht nur die zwar auch gebotenen äußeren religiösen Handlungen. Diese sollen dem Gläubigen dabei helfen, sein Inneres, sein ganzes Leben zu reformieren. Aber Gott schaut, wie es in einem Hadith (einem Ausspruch des Propheten Mohammed) heißt, nicht auf die äußeren Handlungen und das äußere Aussehen des Menschen, sondern auf sein Herz, d.h. sein Inneres und seine Intentionen. Wichtig sind, wie es in einem anderen Hadith heißt, die Intentionen, die Absichten, die der Mensch mit seinen Handlungen verfolgt.

Das innerste Leben des Islam entzieht sich jedem Einblick. Aber der Koran gibt zahllose Hinweise und Zeichen, die darauf hindeuten, und zu diesen Zeichen gehören auch die Verse des Koran. So fordert der Koran den Gläubigen auf, sein Antlitz (d.h. sein inneres Selbst) auf die Religion zu richten weil das religiöse Verhalten

*"die natürliche Art (ist), in der Gott die Menschen erschaffen hat."* (Sure 30,30)

Aber wie richtet der Mensch sein inneres Selbst auf die Religion? Hierzu heißt es im Koran, der Mensch solle

*"sein ganzes Gesicht (also sein ganzes Selbst) Gott unterwerfen und Gutes tun."* (Sure 2.112)

Wie, so kann man nun weiterfragen, findet der Mensch Gott, daß er sich ihm unterwerfen kann, und worin bestehen die erwähnten guten Taten? Hierzu sagt der Koran, daß man diejenigen, die auf der Suche nach Gottes Antlitz sind, gleichgültig, wer sie sind, nicht ausstoßen, sondern aufnehmen solle (Sure 6.52), denn der Koran ist, wie es an einer anderen Stelle heißt (Sure 17.82), eine *"Barmherzigkeit und Heilung"* für die, die an Gott glauben. Und wer Gott sucht, glaubt an Ihn, obwohl er ihn noch nicht "weiß" in dem Sinne, wie man irgendeine Sache weiß. Doch ist dem Menschen ein Mittel gegeben worden, das ihn bei der Suche nach Gottes "Antlitz" unterstützt, und dies ist seine Vernunft. Diese ist, wie es in einem Werk des großen Gelehrten und Mystikers Al-Ghazali[1] heißt, ein "Muster vom Lichte Gottes", d.h. das schöpferische Vermögen, das dem Menschen gegeben ist, um verantwortlich vor Gott zu handeln.

Der Muslim folgt dem Weg des Islam, indem er mit seiner eigenen Vernunft die Zeichen im Koran, in der Sunna (= die vom Propheten Mohammed überlieferten Aussprüche), überall in der Welt und in sich selbst zu deuten sucht, und zwar in schöpferischer Weise, und danach handelt. Auf diese Weise verantwortlich, d. h. frei, handelnd bilden sich sein Inneres und Äußeres zu einer Einheit.

---

[1] Al-Ghazali, Die Nische der Lichter, Hamburg 1987, S. 10.

Die ganze Menschheit ist zu diesem Handeln in Freiheit, d. h. in der Verantwortung vor Gott, der Quelle aller Freiheit, aufgerufen. Denn Gott ist der *Eine* Schöpfer aller Menschen. Damit geschah eine Mündigerklärung des menschlichen Geistes, der aufgefordert ist, in all jenen Fragen, welche die religiösen Texte nicht eindeutig beantworten, selbständig zu entscheiden.

Mit der Religion des Islam war nach der Lehre des Koran die Reihe der Offenbarungen abgeschlossen. Wie Mohammed selbst es ausgedrückt hat, war er der letzte fehlende Eckstein in dem Gebäude (der Propheten).

Damit bleibt die Frage nach der Verschiedenheit der Religionen. Denn wenn auch die Grundlehren der früheren Religionen mit dem, was der Islam gebracht hat, übereinstimmen, so gibt es doch in bezug auf die Gesetzgebung einen Unterschied zwischen ihnen. Fest steht jedenfalls, daß man die Religionen am besten als verschiedene Wege betrachtet, die das gleiche Ziel haben. Alle werden, wie es im Koran (Sure 5,48) heißt, zu einem *"Wettbewerb"* um die *"guten Dinge"* aufgefordert. Was die unlösbar erscheinenden Streitfragen unter ihnen angeht, so werden sie nach koranischer Lehre am Ende der Dinge von Gott aufgeklärt werden. Der Koran läßt aber keinen Zweifel daran, was die erwähnten *"guten Dinge"*, um die es bei diesem Wettbewerb geht, nun eigentlich sind: Es sind die guten Werke des gläubigen Menschen. Sie ihrerseits werden, so heißt es u. a. in Sure 42,23, belohnt mit *"noch mehr Gutem"*.

## 2. Das Verhältnis von Moral und Glaube im Islam

Um die Frage zu beantworten, worin diese „guten Werke" nun eigentlich bestehen, ist es notwendig, auf das Verhältnis von Moral und Glaube im Islam näher einzugehen. Der Islam verwirft, darauf haben wir schon hingewiesen, eine bloß äußerliche Anpassung an die religiösen Gebote als Heuchelei. Er fordert auf zu einer religiösen Transformation des Menschen und aller seiner Handlungen, d. h. seines ganzen Lebens.

Im Islam bedingen sich Moral und Glaube gegenseitig. Deshalb sagt ein Hadith: „Frömmigkeit, das ist gutes Verhalten". Diese Aussage ist aber, islamisch gesehen, nicht umkehrbar; gutes Verhalten allein ist noch keine Frömmigkeit. Die Religion des Islam - und es ist wichtig, dies zu verstehen - kann keinesfalls auf eine bloße Ethik reduziert werden, wie das manchmal im Übereifer von modernistischen Denkern[1] versucht wird, weil man damit nicht nur das Wesen der Religion auflösen, sondern gleichzeitig der Ethik ihre Grundlage entziehen würde. Dies wollen wir in den folgenden Erörterungen nachweisen, die eine Ahnung von der Spannweite der islamischen Ethik erwecken sollen.

Darüber hinaus ist meines Erachtens das richtige Verstehen der islamischen Morallehren eine unabdingbare Voraussetzung für jede religiöse Wiederbelebung im Islam. Dies wird besonders deutlich am Verhältnis von Moral und Glaube. Die scheinbare Einfachheit der islamischen

---

[1] Z. B. von Tibi Bassam, Die Krise des modernen Islam, München 1981, S. 9.

Morallehren verbirgt eine in Wirklichkeit sehr komplexe Struktur, was damit zusammenhängt, daß hier die menschliche Freiheit mit im Spiel ist, daß sie mit einbezogen ist. Die Frage, die ich hier klären will, ist, warum es manchmal so dargestellt wird, als sei die Moral die Bedingung für den Glauben und ein anderesmal ganz deutlich erklärt wird, daß der Glaube die Bedingung für die Moral ist. Wie läßt sich dieses (scheinbare) Paradoxon auflösen?

*Erstens*: Die Moral bildet die Voraussetzung für den Glauben. So heißt es z. B. in einem Hadith: „Tu deinem Nachbarn Gutes, so wirst du ein Gläubiger" und in einem anderen: "Wünsche den Menschen, was du dir selbst wünscht, so wirst du ein Muslim".

*Zweitens*: Andererseits lehrt der Koran als Grundlage aller Religion und als Grundlage aller Moral den Glauben. Und den Glauben schenkt Gott, wie der Koran sagt, wem Er will. Denn nur Gott kennt das innerste Herz jedes Menschen. „Denen, die glauben", sagt der Koran, „und die guten Werke tun, wird der Erbarmer Liebe bereiten." Und an anderer Stelle:

> *„Und er erhört diejenigen, die glauben und die guten Werke tun und gibt ihnen noch mehr von seiner Huld."*
> (Sure 42.26)

Umgekehrt sind die Taten desjenigen, der den Glauben leugnet, wertlos, sagt ein anderer Vers, *„und im Jenseits gehört er zu den Verlierern"* (Sure 5,5).

*Drittens*: Dieses scheinbare Paradoxon im Verhältnis von Moral und Glaube wird aufgelöst, wenn man es mit der islamischen Lehre vom Menschen in Verbindung setzt. Hiernach besitzt jeder Mensch das ihm im Herzen angeborene Wissen, daß seine Bestimmung Gottergebenheit ist. Gott ist uns, wie der Koran (Sure 50,16) sagt, näher sogar als unsere Halsschlagader. Der Mensch kann dieser Bestimmung folgen oder sie ablehnen. Derjenige, der, von Gott dazu aufgefordert, Gutes um seiner selbst willen tut, durch sein Herz dazu bewegt, dieser Mensch wird ein Muslim. Denn der wahre Muslim ist der, der aus seinem innersten Herzen heraus, dem Sitz der Gottergebenheit, handelt und lebt. Dieser Gläubige weiß sich in der ständigen Gegenwart Gottes. Von dieser Perspektive her gesehen, der Perspektive des Gläubigen, sind die guten Werke Gottesdienst. Deshalb sagt ein Hadith: „Du sollst Gott dienen, als würdest du Ihn sehen, denn wenn du Ihn nicht siehst, er sieht dich gewiß.”

Der Koran ist - wie schon zitiert - eine Barmherzigkeit und eine Ermahnung für die, die glauben. Er erinnert daran, daß Gott sich zur Barmherzigkeit verpflichtet hat (Sure 6,12; 6,54). Der Mensch, der gemäß seiner Bestimmung Gottes Stellvertreter auf der Erde ist, hat deshalb als Richtschnur für sein Handeln die Barmherzigkeit, d.h. die göttliche Gerechtigkeit.

Der Koran fordert nicht dazu auf, zu wissen, was das Gute nun eigentlich ist, sondern dazu, das Gute zu tun. Nur Gott weiß, was in jedem Augenblick das Gute, d. h. der unter den vielen Werten zu wählende Wert, ist. Nur Gott ist im Besitz der Wahrheit. Uns ist aufgegeben, danach zu streben, Geduld zu zeigen und in gemeinsamer Beratung beides anzustreben. Daher übergibt sich der Gläubige vertrauensvoll der göttlichen Leitung und bittet darum. Entsprechend heißt es in einem Hadith:

„Frage dein Herz und kümmere dich nicht darum, was die Leute sagen."

Nachdem wir hier ein Beispiel einer Interpretation der Morallehren des Korans und der Sunna gegeben haben, wenden wir uns nun allgemein der Frage der Interpretationen des Islam zu.

## 3. Über die Entstehung der verschiedenen Interpretationen

Wir haben bereits erwähnt, daß es zwischen den Religionen in bezug auf die Gesetzgebung Unterschiede gibt, nicht aber in bezug auf die Glaubens- und Morallehren. Die Glaubenslehren des Islam sind der Glaube an Gott, Seine heiligen Bücher, Seine Gesandten und das Jenseits. Die Säulen des Islam sind nach einem Ausspruch des Propheten: Das Glaubensbekenntnis (der Glaube an den Einen Gott und daran, daß Mohammed sein Prophet ist), das fünfmalige tägliche Gebet, das Fasten im Monat Ramadan, Almosengeben und die Pilgerfahrt nach Mekka. Alle Muslime in den verschiedenen Ländern und während der gesamten Zeit der islamischen Geschichte sind sich über diese Grundpfeiler des Islam, die unverändert gleich geblieben sind, einig.

Die Gesetzgebung des Islam (Scharia = *shari'a*) in bezug auf die weltlichen Angelegenheiten entspringt ursprünglich den Verhältnissen in der Zeit ihrer Entstehung und ist, wie eine nähere Untersuchung zeigen wird, prinzipiell auf eine Weiterentwicklung angelegt. Der Islam ist, wie unsere Erörterungen zu zeigen versuchten, kein abstraktes Gebilde, sondern eine gelebte Religion. Er gibt dem Menschen Anleitungen zu seiner Entwicklung zum vollen Menschsein in der Verantwortung vor Gott.

Da die Menschen und die Zeiten, in denen sie leben und damit auch die an sie gestellten Anforderungen sich ändern, ist die Form ihres Lebens im Islam verschieden. Im Zusammenhang mit dem Wechsel der Zeit- und Ortsumstände entstehen daher immer wieder neue Deutungen

114

und Interpretationen des Islam und ist eine religiöse Wiederbelebung nötig. Nach einer islamischen Überlieferung erscheint deshalb in jedem Jahrhundert ein Erneuerer des Islam.

Der Bereich der Interpretationen des Islam ist allumfassend, denn zu neuen Interpretationen und Deutungen werden alle Fachleute in allen Gebieten aufgefordert, damit sie den Anforderungen der sich ändernden Lebensumstände und Zeitverhältnisse gewachsen sind und konstruktive Lösungen der anstehenden Probleme finden können. Die verschiedenen Interpretationen des Islam, die bislang im Laufe der Zeit entstanden sind, lassen sich vereinfachend in drei Gruppen einteilen:

Die erste Gruppe, die *Traditionalisten*, fühlt sich bemüßigt, die Unveränderlichkeit der Lehren des Islam zu verteidigen; sie bildet die orthodoxen Lehren heraus. Sie ist fortwährend damit beschäftigt, den Weg zu Gott, wie ihn Koran und Sunna aufweisen, als den einzigen und unveränderlichen Weg darzustellen.

Die zweite Gruppe, geschichtlich vor allem durch die islamische Mystik, den *Sufismus* vertreten, zeigt, daß dieser Weg zu Gott doch nach der islamischen Glaubens- und Morallehre nur von dem, der wirklich glaubt, beschritten werden kann. Sie lehrt,[1] „daß ihr Weg nur durch die Verbindung von Theorie und Praxis nachvollziehbar ist", wie uns der große Philosoph Al-Ghazali mitteilt.[2] Und über das

---

[1] Al-Ghazali, Die Nische der Lichter, Hamburg 1987, S. 10.
[2] Siehe hierzu auch Mahmoud Zakzouk, Al-Ghazalis Philosophie im Vergleich mit Descartes, Frankfurt, 1992.

Resultat dieses Weges schreibt Al-Ghazali, der selbst einer der größten islamischen Mystiker war:

"Der Ertrag ihrer Tätigkeit besteht darin, die Hindernisse für die Entfaltung der Seele zu beseitigen und sich über ihre verwerfliche Gesinnung und ihre bösen Eigenschaften zu erheben, um so das Herz von all dem, was außer Gott ist, zu befreien und es mit der (ständigen) Anrufung Gottes zu schmücken."

Die dritte Gruppe, die *Rationalisten*, unter denen der berühmte Philosoph Ibn Rushd eine führende Stellung einnimmt, dagegen betonen die Rolle der Vernunft bei der Auslegung und Interpretation der religiösen Texte.

Zu diesen drei Hauptgruppen kommt noch eine andere Gruppierung, die aus politischen Gründen entstanden ist: Die Spaltung in Sunniten und Schiiten. Daß diese letzere Spaltung aber nicht wirklich die Grundlage des Islam selbst betrifft, wird allzuoft übersehen.

Es ließen sich noch andere Untergruppierungen aufführen, auf die wir aber im Rahmen der vorliegenden Erörterungen nicht eingehen können. Es genügt, darauf hinzuweisen, daß kurze Zeit nach der Entstehung des Islam, unter den abbassidischen Herrschern, die Blütezeit der islamischen Kultur einsetzte und sich über mehrere Jahrhunderte hinweg erstreckte. In ihrem Verlauf entstanden die verschiedensten Rechtsschulen, darunter auch die heute noch bestehenden vier Rechtsschulen im sunnitischen Raum. Außerdem entwickelten sich die verschiedenen theologischen und philosophischen Richtungen. Was ist aber nun, können wir fragen, die grundsätzliche Erkenntnismethode aller Interpretationen des Islam?

## 4. Ihre Erkenntnismethode

Allen Interpretationen (insbesondere denjenigen der Rechtsschulen) liegt eine Auslegung von Koran und Sunna zugrunde. Denn es heißt im Koran:

*"O ihr, die ihr glaubt, gehorchet Gott und dem Gesandten und den Zuständigen unter euch."* (Sure 4,59)

In einem Hadith wird an einem Beispiel gezeigt, wie sich der Gläubige angesichts einer sich ständig wandelnden Welt nach der Lehre des Islam zu verhalten hat. Einer der Gefährten des Propheten - so wird hier berichtet - der als Gouverneur in den Jemen geschickt wird, entwickelt hier einen Gedankengang, wie er vorgehen würde, wenn er in Jemen in einem Prozeß zu urteilen hätte. Er sagt, er würde die Antwort zunächst im Koran suchen, und wenn sie dort nicht stünde, in der Sunna. Wenn sie auch dort nicht zu finden sei, würde er sein unabhängiges Denken betätigen. Unter unabhängigem Denken verstand er also in diesem Zusammenhang, daß er sich in seinem Urteil nicht auf irgendwelche Autoritäten, sondern nur auf seine eigene Vernunft stützen würde. Seine Methode wurde daraufhin vom Propheten Mohammed als vorbildlich bezeichnet.

In diesem Sinne ist es zu verstehen, wenn man sagt, daß die eigene, selbständige vernünftige Überlegung und geistige Anstrengung, auf arabisch: der *Idjtihad*, die allen Interpretationen des Islam zugrundeliegende Erkenntnismethode ist.

Am Beispiel der Methoden der islamischen Rechtslehre *(Scharia)* wollen wir die Rolle des *Idjtihad* noch einmal näher verdeutlichen. Die Gesetzeswissenschaft des Islam *(Fikh)* benutzt für ihre Deduktion der gesetzlichen Normen vier sogenannte Wurzeln: 1. den Koran, 2. die Sunna, 3. *kiyas*, d.h. Analogieschlüsse, und 4. *idjma* (= Übereinstimmung). *Idjma*, wörtlich: Übereinstimmung, consensus, ist die Übereinstimmung der *Mudjtahidin* im Volk, d.h. derjenigen, die befähigt sind, *Idjtihad* zu betreiben. Ziel der islamischen Rechtsprechung ist - allgemein betrachtet - die Sicherstellung und der Schutz von fünf Gütern für die islamische Gemeinschaft, nämlich 1. des Lebens, 2. der Vernunft, 3. der Religion, 4. des Eigentums und 5. der Familie. Der *Idjtihad* ist aber, wie wir schon sagten, nicht nur bei Rechtsfragen, sondern in allen Fragen des Lebens, also auch in allen sozialen, gesellschaftlichen und politischen Fragen anzuwenden. In diesem Sinne wurde das unabhängige, freie Denken, das sich nicht auf Autoritäten stützt, daher zu Recht von dem berühmten islamischen Denker Iqbal (gest. 1938) als das dynamische Prinzip des Islam bezeichnet.

Und damit wollen wir uns nun dem brennendsten Problem zuwenden, nämlich der Frage, wie der Islam zu den Problemen der gegenwärtigen Gesellschaft steht. Diese Frage wird heute heftig diskutiert und erörtert, am heftigsten aber innerhalb der muslimischen Welt selbst, da diese seit langer Zeit tagtäglich mit zahllosen und äußerst verwickelten Problemen innerhalb ihrer Gesellschaft konfrontiert wird, die sie praktisch und konstruktiv bewältigen muß, wenn sie überleben will.

## 5. Der Islam und die Probleme der gegenwärtigen Gesellschaft

Zunächst möchte ich darauf hinweisen, daß die Muslime, wenn sie den Lehren des Islam folgen, fähig sind, ihre gesellschaftlichen Probleme zu lösen. Dies habe ich mit meinen vorangehenden Ausführungen zeigen wollen. Denn es ist ein reines Vorurteil, das leider auch in einer der jüngsten orientalistischen Untersuchungen über den Koran[1] wieder einmal zu finden ist, zeigen zu wollen, daß der Islam die Ursache sei für eine gewisse passive Haltung und die unproduktive Einstellung der Muslime. Der Koran, so wird hier behauptet, setze angeblich "den Handlungsmöglichkeiten des Menschen enge Grenzen". Der Mensch, so wird in Verkennung der islamischen Lehren unterstellt, habe „in Ausführung des göttlichen Willens, nicht in Verfolgung eigener Zielsetzungen" zu handeln. Dazu ist zu sagen, daß, wie unseren obigen Erläuterungen zu entnehmen ist, der Islam ganz im Gegenteil eine zur selbständigen, verantwortlichen Aktion aufrufende Religion ist, welche die Verantwortung für die ganze Welt in die Hände der Menschen legt. Die Rettung der Seele geschieht nach der Lehre des Islam durch das verantwortliche, gerechte und barmherzige Handeln des Menschen in der Welt. Warum sollte also derjenige, der als Stellvertreter Gottes zum Herrn über diese Welt eingesetzt ist, passiv und unproduktiv sein, da er doch die Verantwortung für alles übernommen hat und gemäß den göttlichen Anweisungen, im Geiste der Barmherzigkeit und Gerechtigkeit zu handeln hat? In diesem Sinne fragt auch der Koran:

---

[1] Angelika Neuwirt in: Weltmacht Islam, München 1988, S. 80.

*"Warum wollt ihr denn nicht um Gottes willen und (um) der Unterdrückten (willen) kämpfen, (jener) Männer, Frauen und Kinder..." (Sure 4,75)*

Von diesen Ausführungen her wird klar, daß man die Ursache für jede Passivität und Unproduktivität innerhalb der islamischen Welt heute nicht im Islam, sondern woanders zu suchen hat. Eine ebenso einseitige Auffassung über den Islam wurde in einer anderen vor kurzem erschienenen Untersuchung über den „Islam heute" mit der Behauptung vertreten,[1] der Islam sei in den Augen "vieler führender muslimischer Gelehrter" recht eigentlich „ein das ganze Leben und sämtliche islamische Gesellschaften umfassendes Normennetz". Hier haben wir also ein typisches Beispiel für das alte Vorurteil, daß der Islam weiter nichts als eine Gesetzesreligion sei.

Es ließen sich noch viele andere Beispiele für alte Vorurteile aufzählen, die in neuen Abhandlungen unentwegt als Museumsstücke auftauchen Aber wir wollen uns jetzt mit der wichtigeren Frage beschäftigen, was der Islam über die gesellschaftliche Ordnung grundsätzlich zu sagen hat. Wie auch ein führender Orientalist kürzlich formulierte,[2] dient nach den Lehren moderner islamischer Reformer bei der Lösung der Probleme der modernen Welt als Richtschnur das Interesse der Gemeinschaft der Gläubigen und als Verfahren der Konsensus der Gemeinschaft, der neue Entscheidungen herbeiführen kann. Wie aus dieser Aussage und auch aus meinen obigen Ausführungen zu entnehmen ist, ist das

---

[1] Arnold Hottinger in: Weltmacht Islam, München 1988, S. 261.
[2] Fritz Steppat in: Weltmacht Islam, München 1988, S. 425.

„Netz der Normen", wenn man diesen poetischen Ausdruck beibehalten will, also offen.

Wir wiederholen in einer Zusammenfassung, was unseren bisherigen Erörterungen zu entnehmen ist: Der Kern der islamischen Gesellschaftsordnung ist keine von außen (auch nicht von einem ‚transzendenten Gott")[1] aufgezwungene, die Initiative des einzelnen lähmende, starre Anordnung von Gesetzen, die mechanisch zu befolgen sind, sondern der Kern der islamischen Gesellschaftsordnung sind die einzelnen, verantwortlich vor Gott frei handelnden Gläubigen. Daher ist die ideale islamische Gesellschaftsordnung eine dynamische, lebendige Ordnung, in der grundsätzlich für alle Menschen Platz ist und die Möglichkeit, ein schöpferisches, ihrer Würde als frei verantwortlich entscheidende Personen gemäßes Leben zu führen. Das ist das Ideal.

Aber wie sieht die Wirklichkeit in den islamischen Gesellschaften aus? Gegenwärtig lassen sich im islamischen Raum bezüglich der Frage der praktischen Bewältigung der anstehenden gesellschaftlichen Probleme vor allem drei Hauptrichtungen anführen, wobei wir aber möglichst vermeiden möchten, voreilige einseitige Etikettierungen, die mit Schlagworten arbeiten, vorzunehmen. Denn wer ist eigentlich der vorbildlichere Moslem, derjenige, der den Islam in der islamischen Welt vermißt, oder der, der die Vorbildlichkeit der islamischen Welt behauptet?

---

[1] Siehe hierzu auch Rudolph Peters in: Der Islam in der Gegenwart, München 1984, S. 91.

a) Die erste Hauptrichtung, die *Traditionalisten*, will prinzipiell nur an den alten Lösungen festhalten. Sie vermeidet alle Versuche, die neu entstandenen Realitäten der modernen Zeit zu verstehen und ignoriert sie.

b) Die *Säkularisten* bilden die zweite Hauptrichtung. Sie verfallen in das entgegengesetzte Extrem, schieben ihre eigene kulturelle Vergangenheit von sich weg und suchen eine Lösung außerhalb der islamischen Welt, und zwar bei den Marxisten oder anderen modernistischen Ideologien der westlichen Welt. Sie sind Modernisten, obwohl die westliche Welt sich selbst mehr oder weniger bereits als „postmoderne" Welt versteht und modernistischen Richtungen gegenüber kritisch eingestellt ist.

Zu diesen islamischen Säkularisten, die sozusagen das Kind mit dem Bade ausschütten, sind auch jene Richtungen zu zählen, die den Islam auf eine reine Ethiklehre reduzieren wollen, wobei ihnen aber der Islam aus der Hand gleitet, wie das aus unseren obigen Darlegungen über das Verhältnis von Glaube und Moral im Islam klar ersichtlich ist. Als Folgen dieses extremen Säkularismus entwickelten sich notwendigerweise verschiedenste Formen der Entfremdung und Entwurzelung auf religiöser und kultureller Ebene.

Von den extremen Säkularisten sind natürlich alle diejenigen Säkularisten zu unterscheiden, welche die Religion nicht prinzipiell ausgrenzen. Aber insofern, wie sie nicht bereit sind, als Ausgangspunkt für ihre Überlegungen und Entscheidungen den Islam zu nehmen. haben sie doch die Religion zwar nicht direkt abgelehnt, aber beiseitegeschoben.

c) Die dritte Hauptrichtung ist konzentriert in allen *islamischen Erneuerungsbemühungen.* Sie vermeidet die Übertreibungen der beiden ersten Hauptrichtungen, ohne aber deren Ziele aus den Augen zu verlieren, nämlich zum einen die Tradition zu bewahren und zum zweiten zu versuchen, die Probleme der modernen Welt auf konstruktive Weise zu lösen. Sie wollen also nicht auf das islamische Erbe verzichten, sind aber auch nicht bereit, sich sklavisch alten Lösungen auszuliefern. Damit vermeiden sie vor allem die drei hauptsächlichsten Fehlurteile über den Islam, nämlich erstens eine bloße sogenannte Gesetzesreligion zu sein, zweitens eine rein spirituelle, weltfremde Religion zu sein und drittens, die Ursache für alle Probleme der islamischen Gesellschaft zu sein; auch z. B. für all jene Probleme, die sich eindeutig darauf zurückführen lassen, daß man den Islam beiseitegeschoben und kritiklos vom Westen Systeme wie den Nationalismus und Sozialismus übernommen hat.

Diese Kritiklosigkeit gehört zu den Folgen des Kolonialismus, der zu einer Desorientierung und Demoralisierung führte, nachdem der Islam seine kulturbildende Funktion zum größten Teil bereits eingebüßt hatte. Einen Ausweg aus dieser Lage, die auch heute noch nicht völlig überwunden ist, konnte nur eine Selbstbesinnung darauf geben, aus welchen Gründen man seinem eigenen kulturellen Erbe untreu geworden war. Und deshalb wandte sich bereits im vergangenen Jahrhundert die islamische Erneuerungsbewegung gegen die zersetzenden modernistischen Einflüsse.

Führende Persönlichkeiten dieser Richtung sind Afghani (1839-1897) und Mohammed Abduh (1849-1905) sowie dessen Schüler. Alle diese Reformer betrachteten, wie richtig festgestellt wurde,[1] „die Reform der Religion (als den) Hebel des gesellschaftlichen und politischen Wandels." Mohammed Abduh[2] glaubte, daß es notwendig wäre, die islamische Glaubenslehre von Fehlern zu befreien, die sich durch falsche Interpretationen eingeschlichen hätten. Wenn man das täte, könnte ein grundlegender Wandel im Leben der Muslime erreicht werden, wenn sie nämlich gemäß diesen von Interpretationsfehlern befreiten Glaubenslehren lebten, so daß schließlich die gesamte Gemeinschaft der Gläubigen von dieser Wandlung betroffen werden würde.

Bei seiner Untersuchung der islamischen Rechtslehren unterschied er zwischen jenem Teil, der sich mit den religiösen Pflichten beschäftigt und der unveränderbar ist, und jenem anderen Teil, der sich mit den weltlichen Angelegenheiten beschäftigt und der grundsätzlich neuen Interpretationen zugänglich ist, da es hierüber nur allgemeine Grundsätze im Koran und der Sunna gibt, wie Mohammed Abduh es formuliert.[3]

Die modernen islamischen Reformer bemühten sich, vernünftige Lösungen für die gesellschaftlichen Probleme zu finden, und zwar in der Weise, daß sie sich nicht einfach einseitigen herrschenden Modeströmungen anschlossen, sondern sich bemühten, diese kritisch in ihrer Beziehung nicht nur zur Gegenwart, sondern auch zu den Erfahrungen

---

[1] Rudolph Peters, a. a. O.. S. 111.

[2] Ebd. S. 124.

[3] Ebd. S. 126.

der Vergangenheit und den Forderungen der Zukunft zu betrachten. Doch haben sie die erhoffte Wandlung der Gesellschaft nicht in der Weise, wie sie es sich vorgestellt hatten, bewirken können. Mohammed Abduh versuchte zwar nachzuweisen, daß eigentlich kein grundsätzlicher Widerspruch zwischen den Werten der modernen Zivilisation und dem Islam bestände, doch die neue politische Elite übertrieb und meinte, es bestände sogar „eine vollständige Wesensgleichheit zwischen beiden".

Dies ging so weit, daß man schließlich den Islam „sozusagen im modernen Denken" auflöste.[1] Man setzte ihn gleich „mit allgemeingültigen Werten wie Gleichheit der Menschen, Demokratie, Duldsamkeit, geistige Freiheit, Vernunftbetonung, Fortschritt." Wie wir aber oben ausführlich auseinandergesetzt haben, kann man den Islam nicht auf die Ethik, auf eine Lehre von ethischen Werten, reduzieren, auch nicht auf eine politische, spirituelle oder humanistische Lehre, ohne daß der Islam bei diesem Vorgang der Reduzierung aus den Händen gleitet. Daher besteht für uns heute nach wie vor das Problem, daß die islamischen Gesellschaften solche Schwierigkeiten haben, sich der modernen Welt unter Beibehaltung ihres kulturellen Erbes, d.h. ihrer Identität, anzupassen.

Wenn wir dieses Problem lösen wollen, müssen wir meines Erachtens bei unseren Betrachtungen und Bemühungen vor allem zwei Tatsachen beachten:

---

[1] Ebd. S. 129.

*Erstens* hat es sich gezeigt, daß Lösungen zunächst innerhalb des Rahmens der eigenen Kultur gesucht werden müssen. Sie müssen den Wurzeln der eigenen Kultur entsprießen, weil sonst eine Entfremdung entstehen kann. Aber wie „macht" man eine Verwurzelung in der eigenen Kultur? Die Antwort ist einfach (und zugleich sehr verwickelt): Die Kultur entspringt (wie neueste Forschungen bewiesen haben) der Religion. Daher ist die Anwort klar: Zurück zur Religion! Hierzu fordert ja auch der Islam auf. Ein Muslim bekommt auf diese Frage also von der neuesten Kulturwissenschaft die gleiche Antwort wie von seiner Religion.

Im Rahmen solcher Überlegungen über die zentrale Rolle der Kultur hat sich auch das Berliner „Haus der Kulturen der Welt" in dieser Vortragsreihe die Aufgabe gestellt, die eigentümlich lebendige Funktion einer jeden Kultur herauszustellen; und diese Absicht ist meines Erachtens sehr begrüßenswert.

Die *zweite Tatsache,* auf die ich in diesem Zusammenhang hinweisen möchte, ist folgende: Die Verwurzelung in der eigenen Kultur bedeutet ja nicht, sich anderen Kulturen gegenüber verschließen zu müssen, sondern bewirkt im Gegenteil eine grundsätzliche Aufgeschlossenheit. Wenn wir hierzu den Islam befragen, so sagt uns etwa ein Hadith:

„Die Weisheit sucht der Gläubige überall da, wo er sie finden kann; und er nimmt sie, unabhängig davon, wo er sie findet:"

Bereits der berühmte islamische Philosoph Ibn Rushd (1126-1198) hat darauf hingewiesen, daß das Studium der Bücher der früheren Gelehrten (gemeint sind hier die Gelehrten der vorislamischen Zeit) eine religiöse Pflicht sei.

Und wenn wir den Koran zur Aufgeschlossenheit gegenüber anderen Kulturen befragen, teilt er uns folgendes mit: Die Verschiedenheit der Gruppen der Menschen, d.h. die Verschiedenheit der Kulturen, soll gemäß dem Schöpfungsplan die Menschen dazu motivieren, einander kennenzulernen. Dies ist das Ziel der Schöpfung.

Gehen wir zurück in die Gegenwart, so sehen wir überall das Bedürfnis wach werden, in ein echtes Gespräch mit den Partnern anderer Kulturen einzutreten; man beginnt zu verstehen, daß nur so eine echte Zusammenarbeit für unsere gemeinsame Welt möglich ist. Auch die islamische Welt hat die Verpflichtung, zu lernen, hat der islamischen Forderung nachzukommen und ihren Horizont zu erweitern. Nur dadurch könnte eine Renaissance, eine Wiedergeburt des islamischen Geistes möglich werden, der bereits einmal bewiesen hat, daß Aufgeschlossenheit gegenüber anderen Kulturen zu einer überragenden Kulturblüte führen kann. Wir alle müssen uns dazu bereiterklären, zu lernen. Ein Hadith fordert z.B. dazu auf, daß man, wenn man lernen will, gegebenenfalls das Wissen sogar in China suchen soll. Aber das Problem ist, daß hierzu eine Interaktion zwischen den Kulturen im Geiste echter Toleranz die Voraussetzung ist sowie der allgemeine Wille zu einer friedlichen Koexistenz mit anderen Kulturen.

Von diesen Überlegungen her sollte es beispielsweise selbstverständlich sein, daß man nicht gleich alle Muslime, die zunächst eine islamische Lösung für die Probleme ihrer Gesellschaft suchen, als „Fundamentalisten" abstempelt und beschimpft, nachdem der „Fundamentalismus" zum modernen Feindbild erklärt worden ist. Unter Fundamentalismus kann man doch, genau gesehen, zwei völlig verschiedene Dinge verstehen:

*Erstens* kann man unter Fundamentalismus den legitimen Rückblick auf die Grundlagen der eigenen Kultur verstehen, der gekoppelt ist mit dem Versuch einer Wiedereinwurzelung in ihr, und damit einen Vorgang und ein Bemühen, welche wir überall in den verschiedenen Kulturen beobachten können.

*Zweitens* kann man unter Fundamentalismus Terrorismus und - als dessen Ursache - Fanatismus verstehen, und damit gleichfalls Erscheinungen, die ebenfalls weltweit verbreitet sind. Einerseits werden diese negativen Erscheinungen vom Islam selbst grundsätzlich und vollständig abgelehnt. Andererseits ist es unverständlich, warum man diese weltweit verbreiteten politischen Erscheinungen allein der islamischen Welt zur Last legen will, die jedenfalls nicht bereit ist, den Sündenbock zu spielen.

Jeder Form von Intoleranz, wo immer sie auch auftritt, ist überall entgegenzuhalten, daß echte Kultur den Geist der Toleranz entwickelt, und zwar als Folge der eigenen *Integrität*. Der Mensch erhält Integrität nur dadurch, daß er sich in dem von ihm anerkannten Rahmen seiner Kultur frei bestimmt und sich nicht durch fremde, von außen übernommene Ideologien bestimmen läßt. Nur diese selbsterarbeitete Integrität ermöglicht nach islamischer Lehre ein wirklich verantwortungsvolles Handeln. Aber sie gebietet auch echte Toleranz, da sie ihrem Wesen nach jedes parteiliche Denken und jede Heuchelei ablehnt. Ein Hadith äußert sich über parteiische Einstellungen folgendermaßen:

„Der schlimmste Mensch ist der Mensch mit zwei Gesichtern. Er begegnet den einen mit einem Gesicht und begegnet den anderen mit einem anderen Gesicht"

Denn die islamische Lehre von der Verantwortung bezieht diese auf die gesamte Menschheit, nicht nur auf einen bestimmten Clan oder Mitglieder einer bestimmten Kultur. Deshalb heißt es im Koran auch, daß, wenn jemand einen Menschen gerettet hat, dies so ist, als ob er die ganze Welt gerettet habe, daß aber auch, wenn jemand einen Menschen ermordet hat, dies so ist, als ob er alle Menschen ermordet habe.

Auf das Gebiet der Politik übertragen bedeutet das, daß dem Ziel, Gerechtigkeit für alle zu schaffen, die ständige Aufforderung zur Friedensbereitschaft an die Seite gestellt werden muß, damit gerechte Lösungen erarbeitet werden können. Was die Konstituierung der islamischen Regierung betrifft, so muß sie aus Fachleuten bestehen und darf nicht gegen islamische Richtlinien verstoßen. Sie muß sich das Grundprinzip der Gerechtigkeit für alle ständig vor Augen halten.

Daß zweifellos viele Regierungen in der islamischen Geschichte und auch heute in den islamischen Ländern sich häufig nicht an die islamischen Richtlinien gehalten haben, ist eine andere Sache. Denn in diesem Aufsatz werden die Lehren des Islam dargestellt, aber nicht die Defekte der muslimischen Gesellschaften, welche die islamischen Lehren häufig entweder verfälscht, mißverstanden oder ignoriert haben. Niemand weiß besser als die Muslime selbst um die zahllosen komplizierten Probleme und tragischen Wider-sprüche ihrer Gesellschaft, die sie am eigenen Leib erfahren,
130

sowie die fast unüberwindlich scheinenden Schwierigkeiten, sie praktisch zu lösen. Allerdings weiß auch niemand besser als wir, welche Verantwortung wir mit jedem Schritt, den wir bei der Bewältigung dieser Aufgaben machen, auf uns nehmen.

Daher lehnen wir allzu leichte und vorschnelle Lösungen ab. Wir hören deshalb mit Respekt jene Stimmen aus der westlichen Welt, die Verständnis zeigen für unsere Welt und ihre Eigenart und nicht gewillt sind, sie vorschnell zu verurteilen. So spricht z.B. einer der hervorragendsten Orientalisten[1] von der „Spannweite des Islam" sowie von der "Vielfalt der den Muslimen gegeben Möglichkeiten, sich mit den Problemen der modernen Welt auseinanderzusetzen, ohne die Basis ihrer Religion zu verlassen". Und mit Dankbarkeit hören wir ihn sagen, daß es „sehr zu wünschen (sei), daß eine historische Situation geschaffen wird, in der die Muslime sich in ihrer Religiosität und in ihrer Identität nicht mehr bedroht zu fühlen brauchen, so daß sie von jenen Möglichkeiten in aller Freiheit Gebrauch machen können."[2]

Die historische Situation, von der er hier spricht, zu schaffen, ist auch nach Meinung der Muslime unsere gemeinsame Aufgabe. Wir leben heute alle in der „modernen Welt" zusammen, und wir alle bauen mit an der Ordnung für diese Welt, damit sie überleben kann. So lange, wie dem Islam diese Funktion zugestanden wird, nämlich Versuche zu unternehmen, die gesellschaftlichen Verhältnisse immer mehr in Richtung auf immer größere Gerechtigkeit zu verbessern, so lange ist der Islam lebendig. Vorbildlich dachte der

---

[1] Fritz Steppat, a. a. O. S. 425.

[2] Ebd.

berühmte islamische Rechtsgelehrte Abu Hanifa, der die Aufgeschlossenheit zum Prinzip seines Denkens erklärt hat, als er sagte: „Unsere Auffassungen (die wir durch geistige Anstrengung - *Idjtihad* erreicht haben) sind das beste, was wir erreichen konnten. Wenn jemand uns etwas besseres bringt, werden wir es akzeptieren. Wir Muslime glauben, daß das letzte Wort noch nicht gesprochen ist, und dem, der sucht und sich bemüht, eröffnen sich immer wieder neue Horizonte. Der Koran sagt dazu:

*"Wenn das Meer Tinte für die Worte meines Herrn wäre, würde das Meer zu Ende gehen, bevor die Worte meines Herrn zu Ende gehen, auch wenn Wir noch einmal soviel hinzubrächten."* (Sure 18,109)

**Viertes Kapitel**

# Die Spiritualität im Islam[1]

## Einführung:

Der Islam lehrt keine einseitige Betonung der spirituellen Natur des Menschen. Der Mensch soll sich nicht vom Diesseits ganz abwenden und nur in der Hinwendung zum Jenseits leben. Ebenso wie er sich geistig nur in Harmonie mit seinem körperlichen und seelischen Sein entwickeln kann, kann er sich dem Jenseits nur durch seine spirituelle und moralische Behauptung im Diesseits zuwenden. Das heißt also, daß das Leben in all seiner Vielfalt durch den gelebten Glauben spiritualisiert werden soll. Dies geschieht durch das selbstverantwortliche Handeln der Person vor Gott, wodurch die menschliche Würde und Freiheit unter Beweis gestellt werden.

Im Diesseits, in dieser Welt, die der gläubige Mensch als vom Jenseits bestimmt und gehalten - als Schöpfung - erfährt, kann man durch die Früchte des Glaubens, die guten Taten, seine menschliche Erfüllung suchen. Damit befindet man sich auf dem seit Beginn der Menschheit durch Gott gelehrten Weg des Islam, d.h. der Unterwerfung unter den göttlichen Willen.

---

[1]Vortrag für das internationale und interdisziplinäre Symposium: "Die Spiritualität der Weltreligionen" Perspektiven für Bildung und Erziehung, veranstaltet von der Europäischen Arbeitsgemeinschaft für Weltreligionen in der Erziehung und dem Relig. pädagog. Institut Loccum in Loccum vom 30.10. - 04.11.1994. Erschienen in: Kruhöffer, G. u. a.: Spiritalität der Weltreligionen. Loccum 1996 (Schwerpunkte)

Der Mensch ist von Natur aus zu einem spirituellen Leben - und das heißt islamisch gesprochen zum Dienst an Gott - bestimmt. Ohne den Glauben sind sogar seine guten Taten wertlos. (u.a.7,147; 33,19; 18,105)

Das Geschenk des Glaubens verdient der Mensch sich. Denn in dem, was wir Glauben nennen, geht es um die persönliche Beziehung zwischen Mensch und Gott. Durch sie gewinnt er den Zugang zu den göttlichen Offenbarungen und Zeichen überall in der Welt und in der Seele des Menschen (41,53), ebenso wie er damit den Schlüssel zu seinem spirituellen Leben erhält. (Siehe hierzu auch 6,59)

Wie diese Lehren des Islam näher zu verstehen sind, versuchen wir in den folgenden Ausführungen zu erläutern. In ihnen behandeln wir das Verhältnis von Spiritualität zum Glauben, zur Moral, zu der natürlichen menschlichen Entwicklung, zum Gottesdienst im umfassendsten Sinne sowie schließlich zu den wichtigsten Glaubensritualien. Im Zusammenhang damit erörtern wir dann die Rolle der islamischen Feste sowie anschließend daran die grundsätzliche Bedeutung der islamischen Mystik und der sufischen Orden.

# 1. Glaube und Spiritualität:

Durch die Bewährung des Glaubens im täglichen Leben - die täglich von neuem unternommene Anstrengung, sie zu leisten - wird also Spiritualität gewonnen und damit die Fähigkeit zu einem schöpferischen Denken und Handeln erlangt.

Das eigene Handeln im Hier und Jetzt spielt eine entscheidende Rolle für ein Leben im Glauben, der dadurch bezeugt wird. Daher betont der Koran immer wieder die Bedeutung des persönlichen moralischen Einsatzes und der persönlichen Anstrengung dabei für die geistige Selbstbehauptung des Menschen, der sich dadurch zu einer freien Person entwickelt.

Er bringt in diesem Zusammenhang auch ein Gleichnis, das von zwei ganz verschiedenen Persönlichkeiten handelt. Der eine Mann ist stumm (ohne Sprache, d.h. ohne Geist, ohne Spiritualität) und hat über nichts Gewalt. Daher ist er seinem Herrn eine Last. Denn wo er ihn auch hinschickt, bringt er nichts Gutes. Wie kann man nun einen solchen Menschen, fragt der Koran, mit einem Menschen gleichstellen, der Spiritualität besitzt? Denn dieser ist geistig tätig und gebietet die Gerechtigkeit, wobei er gleichzeitig selber ein Vorbild darstellt. Er folgt in seinem Handeln der Gerechtigkeit (welche einer der 100 islamischen Namen für Gott ist) und geht daher einen geraden Weg. (16,76)

Eine der Bezeichnungen im Koran für den Islam ist der gerade Weg, welcher im Gegensatz zu den zu vermeidenden Irrwegen und Abwegen steht und direkt zum Ziel bringt. (1,6/7)

Wie dem vorangehenden Gleichnis von den zwei Menschen klar zu entnehmen ist, sind also die vom Islam vor allem geforderten frommen Handlungen die gerechten Handlungen. Denn Gott, so sagt der Koran an einer anderen Stelle (9,19), leitet die ungerechten Leute nicht recht. Man solle daher, so betont er an dieser Stelle ganz deutlich, z.B. die Betreuung der Pilger und den Dienst in der heiligen Moschee nicht gleich bewerten wie die Taten desjenigen, der an Gott und den Jüngsten Tag glaubt und der sich persönlich auf dem Weg Gottes einsetzt.

Der wahre Glaube ist der Glaube des Herzens, das an Gott glaubt und sich durch Ihn leiten läßt. Er inspiriert den Menschen zu dem täglich immer wieder neu aufgenommenen Bemühen um ein rechtschaffenes Leben. Ohne ihn entfernt der Mensch sich - sei das nun bewußt oder ohne es zu wissen - immer mehr von der eigentlichen Quelle des Lebens, der eigentlichen Realität, und wird dadurch sein spirituelles Leben immer ärmer an Hoffnung, Begeisterung und moralischem Schwung.

Dies hängt damit zusammen, daß der Mensch - wie auch die gesamte Schöpfung mit ihm - kein Zufallsprodukt ist. Er wurde nach einem bestimmten Plan erschaffen. Zu diesem Plan gehört die Freiheit des Menschen, daß er selber über sein Leben entscheidet. Wenn sein Leben fremdbestimmt ist, also nicht durch seine eigenen spirituellen Entscheidungen geprägt wird, befindet er sich auf Abwegen

136

und Irrwegen. Dank des ihm bei seiner Erschaffung von Gott eingehauchten Geistes kann er sich aber, wenn er sich zum Glauben entscheidet, von Gott inspirieren lassen und den geraden Weg des Islam gehen. Dann dient er mit seinem Leben Gott, worin - wie der Koran erläutert - die richtige Religion besteht. (3,30)

Gott sandte, so lehrt der Koran (u.a. 21,25), zu allen Zeiten den Menschen seine Propheten, welche zum wahren Glauben aufriefen. Dieser Aufruf zum Glauben geschieht vor allem durch Vorbildlichkeit.

Wenn wir uns daher mit der Spiritualität im Islam als Thema von Untersuchungen und Erziehungslehren beschäftigen wollen, können wir von einer großen Vielfalt von Zeugnissen des islamischen Glaubens ausgehen. An erster Stelle stehen hierbei der Koran und die Sunna (d.h. das Leben des Propheten und seine Überlieferungen) Der Prophet Mohammed gilt bereits im Koran als das große Vorbild der Muslime. (33,21). Hinzu kommen die zahlreichen Zeugnisse im Leben und Werk aller hervorragenden Muslime der letzten 14 Jahrhunderte, welche dem Weg des Islam (im engeren Sinne) als dem letzten der geoffenbarten Wege des Glaubens treu gefolgt sind, und die sich neben ihrer tiefen Gläubigkeit vor allem durch ihr moralisches Leben auszeichneten.

## 2. Moral und Spiritualität:

Vor allem der Koran und die Sunna lehren ganz klar die Moral als einen vom Glauben untrennbaren Bestandteil des religiösen Lebens. Sie weisen immer wieder darauf hin, daß das gute Verhalten des Menschen für sein spirituelles Schicksal von entscheidender Bedeutung ist. Moral bedeutet in diesem Zusammenhang selbstverständlich nicht nur das Unterlassen von unmoralischen Handlungen in der Furcht vor der Strafe, sondern vor allem die spirituell motivierten guten Taten, welche den Bemühungen um Gerechtigkeit und Barmherzigkeit - mit anderen Worten: der Selbstlosigkeit - ent-springen.

In diesem Zusammenhang ist es wichtig, darauf hinzuweisen, daß der Islam nicht das Unmögliche verlangt: daß man nämlich ein vollkommen guter oder gerechter Mensch sein solle. Aber er verlangt, daß man sich darum bemüht, gut und gerecht zu handeln.

Dies ist ein wichtiger Unterschied. Denn das eine, nämlich gute Taten, kann man anstreben. Das andere aber, nämlich ein vollkommener Mensch zu sein, mag sehr wohl als unmöglich erscheinen. Daher lehrt der Koran, man solle sich anstrengen, in seinem Handeln der Gerechtigkeit zu folgen.

Die empirische Erfahrung lehrt jeden wenn nicht die Gerechtigkeit, so doch wenigstens den Wunsch danach, zumindest dann, wenn man sich selber der Ungerechtigkeit ausgesetzt sieht. Die koranischen Lehren über die Entwicklung der Spiritualität weisen darauf hin, daß man Selbständigkeit durch die Aufmerksamkeit auf die eigenen Erfahrungen gewinnt. Spiritualität setzt einen eigenen festen

138

Standpunkt voraus, den man sich durch ein selbständiges Denken und Handeln zulegt, vor allem aber - so lehrt der Koran - durch ein moralisches Handeln. Dieses basiert darauf, daß man im Mitmenschen sich selber sehen kann.

Wie der Koran erläutert, schenkt Gott dem Menschen, der sich um Gerechtigkeit nicht nur für sich, sondern auch für seine unterdrückten Mitmenschen bemüht, Seine Hilfe. So gelingt ihm die gute Tat. Gott wirft dem an Ihn glaubenden Menschen - wie der Koran es einmal in einem Gleichnis darstellt (2,256) - Sein Rettungsseil zu, das ihn in dieser Welt vor dem Meer der nach allen Seiten sich öffnenden Irrwege und dem Verlorengehen in ihnen rettet. Jener Mensch also, der sich bemüht, seine Mitmenschen vor dem Untergehen zu retten, wird selber dadurch gerettet. Indem er sein Herz der Barmherzigkeit (welche einer der islamischen Namen Gottes ist) für andere geöffnet hat, empfängt er sie selber auch. Hiervon spricht auch eine Überlieferung des Propheten Mohammed, der sagte:

"Wer sich anderer nicht erbarmt, wird keine Barmherzigkeit finden" (Buchari)

Der religiöse Glaube wird erst im Herzen wirksam, und die bloß äußerliche Annahme der Religion genügt nicht. (s.auch 49,14).

Der Glaube des Herzens ist der Glaube an den gerechtem und barmherzigen Gott, der sich der Menschen, die sich Ihm zuwenden, erbarmt. Das Band der Barmherzigkeit - das Band des Herzens zwischen dem Gläubigen und seinen verfolgten Mitmenschen und Mitkreaturen - kommt von Gott. Es ist die göttliche Rettungsleine.

Der berühmte islamische Philosoph Al Ghazali drückt seine Suche danach - die er vor allem als die Suche nach Wahrheit verstand - in seiner Selbstbiographie („Der Erretter aus dem Irrtum") einmal so aus:

„Ich habe aber einen Glauben der Gewißheit und des inneren Schauens, daß es keine Macht noch Stärke gibt außer bei Gott ... Ich flehe Ihn an, mich als ersten und dann durch mich andere zu bessern, mich zu leiten und dann durch mich andere zu leiten; mir das Wahre als das Wahre zu zeigen und mir die Befolgung dessen zu schenken; mich das Unwahre als unwahr erblicken zu lassen und mir zu bescheren, es zu vermeiden."[1]

Seit ungefähr 1400 Jahren bestimmt die Spiritualität des Islam das Leben einer immer größeren Anzahl von Menschen, und konnte dadurch eine der größten Kulturen der Menschheitsgeschichte entstehen. Infolge seiner universalen Lehren ist der Islam auch heute noch - in dem globalen Dorf unserer Welt - für die Muslime die zentrale Kraft ihres spirituellen Lebens. Denn er lehrt den seit Beginn der Menschheit für alle Menschen verbindlichen Glauben an den einen Gott aller Menschen und Kreaturen, und fordert zum Dienst an Ihm auf. Durch diesen Dienst alleine kann der Mensch die Ruhe finden, nach der seine Seele verlangt.

„Frömmigkeit", hat der Prophet Mohammed einmal gesagt (Muslim), "ist das gute Verhalten. Der Frevel ist das,

---

[1] Ebenda, Hamburg 1988, 5. 63.

140

was deine Seele beunruhigt und wovon du nicht magst, daß es die Menschen erfahren."[1]

Der Mensch ist von Natur aus zur Religion angelegt. Gott hat, so wird in einer Sure des Korans dargelegt (7,172), der menschlichen Seele bei ihrer Erschaffung das Wissen um Seine Herrschaft mitgegeben. Die Spiritualität, zu welcher der Islam erzieht, ist die natürlich entwickelte Spiritualität des Menschen. Aber durch Vielgötterei - die Anbetung irgendwelcher Götzen zur Erzielung etwa von Reichtum, Macht oder Genuß - wird der Mensch unbemerkt verblendet und irregeführt. Wenn der Mensch sich von solchen Verführungen abwendet und statt dessen seiner inneren Natur folgt, wird sein Leben spiritualisiert, d.h. sinnvoll und schöpferisch.

Zu den häufigsten Mißinterpretationen der Lehren des Islam gehört bis in unsere Zeit hinein die engstirnige Auffassung, er sei eine bloße Gesetzesreligion, mit anderen Worten also: eine Religion ohne eigentliche Spiritualität. Denn diese setzt doch voraus, daß der Mensch sich nicht in sklavischer Weise Gesetzen beugt, sondern grundsätzlich gesehen sich frei entscheiden und frei handeln kann. Er kann allerdings auch seine Freiheit verschleudern. Dies geschieht in der Götzenanbetung. Aber die Religion macht ihn frei.

*„In der Religion gibt es keinen Zwang,"* (2,256)

lehrt der Koran ausdrücklich. Die Rettungsleine - die feste, unzerreißbare Handhabe der Religion - kann ergriffen und festgehalten, sie kann aber auch ignoriert werden.

---

[1] Khoury, Der Koran, 1987, S. 508.

## 3. Die natürliche Spiritualität:

Der Mensch ist von Natur aus frei. Aber wenn er frei bleiben will, muß er versuchen, sein Leben auf eine vernünftige und fruchtbringende Weise zu gestalten. Freiheit erhält er durch Spiritualität. Der Widerstreit der verschiedenen Kräfte in ihm muß ihn daran nicht hindern. Er kann ihm sogar als Hebel hierbei dienen. Die Natur des Menschen - gleichzeitig körperlich und geistig zu sein - bringt es mit sich, daß sich in ihm oft Widersprüche und gegensätzliche Antriebe geltend machen. Einen Ausweg hieraus, lehrt der Koran, gibt die Arbeit sowie das, was er den Dienst an Gott nennt. Denn hierzu wurde der Mensch erschaffen

*„Er hat euch aus Erde entstehen lassen und sie euch zu bebauen und zu bestellen gegeben."* (11,61)

sagt der Koran über die Entstehung des Menschen aus der Erde und die Arbeit, die er an ihr zu tun hat. Ebenso wie der Landwirt die Erde bebaut und bestellt, hat der Mensch sein Leben zu bebauen und zu bestellen. Die Arbeit durch sich selber allein - zu welcher der Mensch sowieso gezwungen ist, um sich am Leben zu erhalten - genügt nicht. Denn der Mensch ist ja auch nicht nur aus Erde erschaffen worden. In ihm ruht, wie der Koran sagt (15,29; 38,72), der ihm von Gott mitgegebene Geist, der sich behaupten will. Zu dieser Selbstbehauptung zeigt ihm die Religion den geraden Weg. Diesen Weg kann er aber nur dann beschreiten, wenn er die Religion ernst nimmt und ihr nicht nur einen kleinen Teil von seinem Leben bestimmt. Wenn er das letztere tut - Religion zu bestimmten eingegrenzten Zeiten - wird seine Religion zu etwas wie Spiel und Zerstreuung. Von solcher Art von Religion, ermahnt uns der Koran, müssen wir uns abwenden.

*"Und laß diejenigen sitzen"*, sagt er (6,70), *"die ihre Religion zum Gegenstand von Spiel und Zerstreuung nehmen und die das jenseitige Leben betört."*

Die Religion hat den Zweck, dem Menschen dabei zu helfen, daß er seiner spirituellen Bestimmung folgt, die darin besteht, daß er Gott dient. Denn, wie es im Koran heißt (51,56), dazu wurde er erschaffen.

*„Und ich habe die Djinn (d.h. die Geister) und die Menschen nur dazu erschaffen, daß sie Mir dienen."*

Der Mensch, der Gott dient, wird damit Sein Statthalter.(2,30) Das heißt, er übernimmt die Aufgabe, die Erde gemäß der göttlichen Anweisungen mit Hilfe seiner Vernunft selbständig zu verwalten und zu pflegen. Sie ist Gottes Geschenk an den Menschen. (u.a. 2,22; 20,53). Seine Dankbarkeit dafür beweist der Mensch, indem er überall, wo das in seinen Kräften liegt, für Gerechtigkeit und Frieden sorgt, sowie die Voraussetzungen dafür, nämlich den notwendigen Wohlstand und die Würde seiner Mitmenschen. Auf diese Weise befreit er nicht nur sich selbst, sondern auch die Erde für den Frieden Gottes. Jeder Mensch hat, wie es in einer Überlieferung des Propheten heißt, innerhalb seines Verantwortungskreises wie ein Hirte zu wirken, und damit Gott zu dienen.

Nun sagten wir bereits, daß es ohne weiteres verständlich ist, daß der Mensch zu arbeiten hat. Doch die damit verbundene Aufgabe, mit seinem Leben Gott zu dienen, ist nicht ohne weiteres einsichtig. Dies hängt damit zusammen, daß diese Aufforderung sich an seine Freiheit richtet. Er kann ihr folgen oder sie ignorieren und vergessen. Die Aufforderung zum Dienst an Gott, zur Spiritualität, ist an den Geist des Menschen gerichtet, d.h. an denjenigen Teil seiner Natur, der, da er spirituell ist, nicht so leicht beobachtet und gepflegt werden kann. Daher neigt der Mensch eher dazu, ihn zu vernachlässigen. Der Koran gibt uns in diesem Zusammenhang eine Reihe von empirischen Hinweisen.

So weist er etwa darauf hin, daß der Mensch zwar dann, wenn er in großer Not ist (u.a. 10,12), sich mit einem Mal an Gott erinnern mag und Seine Hilfe erfleht, daß er aber dann, wenn er wieder in Sicherheit ist, Gott gerne wieder vergißt. Auf diese Weise vernachlässigt er aber - ohne das zu merken - den spirituellen Teil seiner Natur. Und, so warnt der Koran, die Folgen dieser Vernachlässigung des edelsten Teiles seiner Natur bekommt der Mensch früher oder später zu spüren. Sie liegen - ohne daß dem Menschen dieser Zusammenhang notwendig bewußt wird - darin, daß er sich selber vergißt und vernachlässigt, bzw. genauer gesprochen darin, daß Gott, den er vergessen hat, ihn sich selber vergessen und vernachlässigen läßt.

*„Und seid nicht wie diejenigen"*, sagt der Koran (59,19), *„die Gott vergessen haben, worauf er sie sich selber vergessen (und vernachlässigen) ließ."*

Es ist gut für den Menschen, ermahnt uns der Koran, wenn er Gott für seine Hilfe, ohne die er nichts vermag, dankbar ist. In dieser Dankbarkeit äußert sich der geistige Teil der Natur des Menschen. Sie erfüllt ihn mit spiritueller Freude und Kraft. Sie ist gut für ihn. Gott will, daß die Menschen ihm dienen, jedoch er selber (51,57/58)

*„will von ihnen keinen Unterhalt, und Ich will nicht, daß sie Mir zu essen geben. Gott ist es, der Unterhalt beschert und Kraft und Festigkeit besitzt."*

*„Wenn ihr ungläubig seid, so ist (jedenfalls) Gott (doch) nicht auf euch angewiesen. Er findet keinen Gefallen am Unglauben für seine Diener. Wenn ihr dankbar seid, so findet er daran Gefallen für euch (findet er das gut für euch)."* (39,7)

Für alles, was der Mensch besitzt und erreicht, weil Gott das so will, soll er dankbar sein, und seinen gesamten Besitz vervielfachen, indem er ihn dazu benutzt, Gott zu dienen. Er braucht, um gute Taten zu tun, auch seinen irdischen Besitz, den er daher nicht vernachlässigen darf.

*„Und strebe mit dem, was Gott dir zukommen ließ, nach der jenseitigen Wohnstätte"*, sagt der Koran (28,77), *„aber vergiß nicht deinen Anteil am Diesseits. Und tu Gutes, so wie Gott dir Gutes getan hat."*

Beiden Welten - sowohl dem Diesseits wie dem Jenseits - wird derjenige gerecht, der sich anstrengt, das, was er im Diesseits hat, dazu zu benutzen, daß es ihm in Jenseits hilft. *„Handle für das Diesseits"*, heißt es daher in einer bekannten islamischen Überlieferung, "als ob du ewig leben würdest, und handle für das Jenseits, als ob du morgen sterben würdest."

Das Diesseits und Jenseits sind nicht so voneinander getrennt, wie das materialistisch betrachtet erscheinen mag. So sollte der gläubige Mensch sich immer wieder vor Augen halten, daß Gott den Menschen immer sieht. Da der Mensch Gott nicht sehen kann, ist er nur zu leicht geneigt, ihn wenigstens zeitweise zu vergessen.

„Diene Gott", heißt es daher in einer Überlieferung des Propheten, „als ob der dich sieht. Wenn du ihn (auch) nicht siehst, dann sieht er (doch) dich."[1]

---

[1] Al-Manawi, *Faid al-qadir*, Bd. 1, S. 551.

## 4. Gottesdienst und Spiritualität:

Für den aufrichtigen Gläubigen, d.h. den, der, wie der Koran es auch ausdrückt (36,11), Gott „den Erbarmer im Verborgenen (d.h. mit seinem Herzen) fürchtet", ist dieser die einzige wahre Realität. Für ihn ist selbstverständlich, was der Koran meint, wenn er sagt:

*„Und warum sollte ich dem nicht dienen, der mich erschaffen hat, und zu dem ihr zurückgebracht werdet?"* (36,22)

Für ihn bedeutet dieser Dienst für die Gerechtigkeit kämpfen. Gottesdienst besteht für ihn nicht ganz einfach darin, daß man sich zu bestimmten Zeiten in Gotteshäusern einsperren läßt, um die dort verlangten Gebete abzuleisten. Er besteht vielmehr darin, daß man sich bemüht, sich in seinem Glauben ganz auf Gott einzustellen, im Vertrauen darauf, von Gott bei seinen Bemühungen unterstützt zu werden.

*„Diene nun Gott"*, sagt der Koran (39,2/3), *„und stell dich in deinem Glauben ganz auf ihn ein. Steht es Gott nicht zu, daß man ganz allein an ihn glaubt? Und diejenigen, die sich an seiner Statt Freunde genommen haben (mit der Begründung): ,Wir dienen ihnen nur deshalb, damit sie uns in ein nahes Verhältnis zu Gott bringen' (befinden sich in Irrtum)."*

*„Diene ihm und vertraue auf ihn! Dein Herr gibt sehr wohl acht auf das, was ihr tut."* (11,123)

Vorbildlichen Gottesdienst leistete mit seinem ganzen Leben der Prophet Mohammed, von dem es daher im Koran heißt, er solle sagen:

*„Mein Gebet und meine Opferung (oder mein Ritual), mein Leben und mein Tod gehören Gott."* (6,162)

Der Prophet ist das Vorbild für die Muslime mit seiner Ergebung in den Willen Gottes. Es gibt im Koran ein Gleichnis über die Weise, in der die Menschen leben können. Grundsätzlich, so heißt es hier (90,10), stehen dem Menschen zwei Wege offen. Der eine, der richtige Weg, ist der Weg der Anstrengung. Er wird im Koran auch der "steile Weg" genannt, und der Mensch soll ihn hinaufstürmen. Der zweite ist der Weg jener Menschen, welche die göttlichen Zeichen und Botschaften in der Welt und in ihrem Herzen leugnen. Es ist der Weg, auf dem der Mensch herunterkommt, erniedrigt wird und unglücklich ist. (95,5) Ausgenommen von diesem Schicksal sind (95,6), wie es im Koran heißt, „die, die glauben und die guten Werke tun: Sie empfangen einen Lohn, der nicht aufhört."

*„Die Barmherzigkeit ist den Rechtschaffenen nahe"* (7,56),

und der Gläubige betet im Verlangen danach.

Wenngleich seine guten Taten nicht genügen, um ihn in Gottes Augen zu rechtfertigen, bemüht der Gläubige sich weiterhin darum. Es gehört spirituelle Kraft dazu, trotz des Bewußtseins der eigenen Schwäche nicht aufzuhören, Gott dienen zu wollen, den "steilen Weg hinaufzustürmen", wodurch diese spirituelle Kraft erlangt wird. Doch sind die spirituellen Verdienste die einzigen Ziele für den Gläubigem, denen nachzujagen sich lohnt. Der Mensch, so erfährt er, lebt nur scheinbar von rein irdischen Genüssen, derer er leicht überdrüssig werden kann. In Wirklichkeit lebt er von dem, was der Koran „den Lebensunterhalt im Himmel" nennt. Daß es diese spirituelle Nahrung gibt, sagt der Koran, ist ebenso wahr wie die Tatsache, daß der Mensch reden kann. Die Begabung mit der Sprache ist zweifellos ein Zeugnis für die Begabung des Menschen mit dem Geist.

> „Und auf der Erde", sagt der Koran (51,20-23), "gibt es Zeichen für die, die Gewißheit hegen, und auch in euch selbst ... Und im Himmel ist euer Lebensunterhalt und das, was euch versprochen wird. Beim Herrn des Himmels und der Erde, das ist so wahr, wie ihr reden könnt."

Doch was die Menschen aus dieser Begabung mit dem Geist machen, ist ganz verschieden. Nur ein Teil von ihnen bemüht sich um spirituelle Gewißheit. Der Koran teilt die Menschen spirituell in drei Gruppen ein. (35,32). Die Mitglieder der ersten Gruppe sind die, die nicht glauben und damit gegen sich selber, d.h. gegen ihre spirituelle Natur, freveln. Die zweite Gruppe nimmt einen „gemäßigten Standpunkt ein (ohne sich in ihrem Glauben bedingungslos einzustellen)." Aber die dritte Gruppe, sagt der Koran, wird „mit Gottes Erlaubnis den Wettlauf nach den guten Dingen gewinnen." Dieser Wettlauf nach den guten Dingen ist das, was der Koran an anderer Stelle das Hinaufstürmen des steilen Weges in der Anstrengung um gute Taten nennt.

Das, was den Menschen - im Unterschied zu den durch ihren Instinkt geprägten Tieren - eigentlich ausmacht, ist seine spirituelle Natur, der Geist. Dieser befähigt ihn, wie es im Koran heißt (2,31), den Dingen ihre Namen zu geben bzw. die Natur der Dinge zu erkennen. Dadurch wird er zum vernünftigen Handeln befähigt, d.h. dazu, Statthalter Gottes zu werden. Gott festigt, wie der Koran sagt (14,27), die Gläubigen, die zu ihrem Glauben halten und ihn bekennen,

*„im diesseitigen Leben und im Jenseits durch die feste Aussage. Aber die Frevler führt er irre."*

In diesem Zusammenhang bringt der Koran, um die verschiedenen Geister darzustellen, auch das Gleichnis von dem guten und dem schlechten Wort.

*„(Ein gutes Wort ist einem gutem Baum zu vergleichen), dessen Wurzel",* sagt der Koran (14,24/25), *„fest (in der Erde) sitzt, und dessen Krone in den Himmel ragt, und der mit der Erlaubnis seines Herrn zu jeder Zeit Früchte trägt."*

Mit anderen Worten also: Der Mensch, der Gott dient - mit seinen guten Taten auf dieser Erde und dem Himmel zugewandt - wird schöpferisch, und sein Leben wird fruchtbar.

Umgekehrt wird der Mensch, der nicht glaubt, der seine Anlage zur Spiritualität nicht entwickelt, schließlich entwurzelt und unfruchtbar in seinen Bemühungen.

*„Und ein schlechtes Wort"*, heißt es über ihn im Koran (14,26), *ist gleichsam wie ein schlechter Baum, der oberhalb des Erdbodens abgehauen ist und keinen festem Halt hat."*

Der Koran fordert den gläubigen Menschen dazu auf, sein Leben daher zu ändern. Anstatt auf ausschweifende Reden mit denen, die sich damit beschäftigen, einzugehen, soll er seine Kräfte für den Dienst an Gott einsetzen. Er soll, wie der Koran es einmal zusammenfaßt, beten, die Bedürftigen speisen und an den Jüngsten Tag glauben (74,43-45). Und wenn er spricht, soll er zutreffende Worte sprechen. Dann werden ihm seine Werke als gut angerechnet. (33,70/1) Dazu gehört, daß er Gott fürchtet und ihn nicht vergißt. Reden und Handeln muß er in Übereinstimmung miteinander bringen. (61,2/3) Dadurch gewinnt sein Leben die nötige Integrität und festen Halt.

Jeder Mensch, lehrt der Koran (7,172), trägt von Natur aus in sich das Wissen von Gott als seinem Herrn, dem allein er zu dienen hat. Selbst wenn seine Vorfahren Polytheisten gewesen sein sollten, so kann ihm das nicht als eine Entschuldigung für verkehrte religiöse Auffassungen dienen, argumentiert der Koran in diesem Zusammenhang. Die göttlichen Offenbarungen erinnern dem Menschen an das ihm eingeborene Wissen von Gott und zeigen ihm den Weg zu seinem Dienst. Wenn er diesen geraden Weg geht, besitzt er den reinen Glauben, der ihn befähigt, den Glaubensvorschriften in der Weise zu folgen, daß sein Leben dadurch eine echte Spiritualität gewinnt.

## 5. Spiritualität und Glaubensvorschriften:

Die islamischen Glaubensvorschriften beziehen sich auf das gesamte Leben des Gläubigen, der durch sie ständig an Gott erinnert werden soll und zum Opfer für ihn aufgefordert wird. Sie sollen dem, der sie befolgt, dabei helfen, sein Leben immer mehr in den Dienst Gottes zu stellen und ihm dadurch Spiritualität verleihen.

Zu diesen Vorschriften und Ritualien gehören in erster Linie die fünf Säulen des Islam. Hierbei handelt es sich um die folgenden Vorschriften: 1) Das Bekenntnis des Glaubens an den einen Gott aller Menschen und an Seinen Propheten Mohammed. Sie ist die wichtigste Vorschrift. 2) Das fünfmalige tägliche Gebet zu bestimmtem Zeiten. 3) Das Fasten im Monat Ramadan. 4) Die Pilgerfahrt nach Mekka. 5) Das Almosengeben (Zakat).

Diese fünf Säulen, welche um den Tag, das Jahr und das ganze Leben des Gläubigen herum aufgebaut sind, gestalten den Raum, innerhalb dessen der Gläubige und seine Gemeinschaft ihre Spiritualität entfalten können. Von diesen fünf Säulen ist der Glaube -

(die) *"Suche nach dem Antlitz meines Herrn, des Allerhöchsten „*(92, 20),

wie der Koran ihn auch nennt - sowie das Bekenntnis des Glaubens die wichtigste. Denn wenn der Glaube fehlt, setzt sich der Mensch großen Gefahren aus: Wenn der Mensch nicht glaubt, d.h.:

*"Wenn einer (dem einen) Gott (andere Götter) beigesellt, ist es"*, sagt der Koran (22,31), *„wie wenn er vom Himmel stürzen und (noch im Fallen) von Vögeln aufgegriffen oder vom Wind (verweht und) an einen fernen Ort abgesetzt würde."*

In unseren folgenden Ausführungen geben wir eine kurze Erläuterung der spirituellen Bedeutung der anderen vier Säulen des Islam, d.h. der Glaubensritualien des Betens, des Fastens, des Almosengebens (Zakat) sowie der Pilgerfahrt. Anschließend gehen wir kurz auf den spirituellen Sinn der islamischen Feste ein.

### a) Das Gebet:

Das fünfmalige tägliche Gebet zu bestimmten Tageszeiten soll den Gläubigen an Gott erinnern. Für den aufrichtigen Gläubigen wird die Erinnerung an Gott zum Lobpreis Gottes, von dem es im Koran heißt:

*„Du stehst vor unseren Augen. Und sing das Lob deines Herrn, wenn du dich hinstellst (zum Gebet). Und preise Ihn in der Nacht und beim Schwinden der Sterne."* (52,48/49)

Frömmigkeit ist islamisch betrachtet, wie wir darzulegen versuchten, eine Frömmigkeit des Herzens und besteht nicht in der bloß äußerlichen Ableistung von Vorschriften. So besteht sie z.B. nicht darin, wie der Koran einmal erläutert, daß die Gläubigen sich beim Gebet mit dem Gesicht nach Osten oder Westen wenden. (2,177). Sie besteht, wie wir ebenfalls zu erklären versuchten, darin, daß

153

man aus Liebe zu Gott gute Taten verrichtet. Selbst die kleinste gute Tat bedarf einer guten Intention und einer spirituellen Stärke. Ein Beispiel hierfür findet sich in dem Überlieferungen des Propheten, und lautet:

„Verachte die kleinste gute Tat nicht, auch wenn sie darin besteht, daß du deinem Mitmenschen (wörtlich: Bruder) mit freundlichem Gesicht begegnest." (Muslim)[1]

Wer das einmal versucht hat, wird feststellen, daß es schwierig ist, ein wirklich freundliches Gesicht zu machen, wenn man dazu keine wirkliche innere Neigung verspürt. Das vorgeschriebene Gebet des frommen Menschen ist islamisch betrachtet die Richtung des Herzens auf Gott in der Liebe zu Ihm. Es findet zwischen dem Gläubigen und Gott statt. Wie eine Sure des Korans es einmal ausdrückt, ist das wahre Gebet *„der Ruf des Rufenden"*, der Gott anruft und von Ihm erhört wird.(2,186).

Dieses Gebet geschieht, wie es im Koran dargestellt wird, in der Haltung der Demut vor Gott und im Verborgenen. Es ist nicht zu trennen von dem Bemühen des Betenden um ein moralisches Verhalten vor und nach dem Gebet. Denn selbstverständlich, wie es im Koran heißt (29,45), verbietet das Gebet

*„das Schändliche und das Verwerfliche ... Und Gott weiß, was ihr macht."*

---

[1] Khoury, a. a. O. S. 542.

So berichtet auch eine Überlieferung davon, daß dem Propheten Mohammed von einer Frau erzählt wurde, die zwar betete und fastete, die aber trotzdem den Nachbarn mit ihren Verleumdungen schadete. Daraufhin sagte der Prophet, daß diese Frau in die Hölle gehöre.

Wenn der Gläubige in seinem Gebet aufrichtig ist, gibt es ihm - wie jeder für Gott geleistete Dienst - spirituelle Kraft. Diese Spiritualität des einzelnen Gläubigen wird durch das Gebet in der Gemeinschaft, zu dem jeder Muslim einmal in der Woche am Freitag verpflichtet ist, noch vervielfacht. Eine Überlieferung sagt daher:

„Das Gebet der Gemeinschaft ist besser als das Gebet des einzelnen, und zwar 27 mal besser." (Bukhari, Muslim)[1] Und im Koran heißt es über dieses Freitagsgebet:

*„O ihr, die ihr glaubt, wenn am Freitag zum Gebet gerufen wird, dann eilt zum Gedenken Gottes und laßt das Kaufgeschäft ruhen. Das ist besser für euch, so ihr Bescheid wißt. Wenn das Gebet beendet ist, dann breitet euch im Land aus und strebt nach etwas von der Huld Gottes. Und gedenket Gottes viel, auf daß es euch wohl ergehe." (62,9/10)*

Dieses Gebet hilft dem Gläubigen, erklärt uns dieser Koranvers, den „steilen Weg" des wahren Glaubens mit erneuter Kraft hinaufzustürmen, um die Freundschaft Gottes zu erringen. Es stärkt seine Spiritualität. Die Gläubigen sollen oft Gottes gedenken, um auf diese Weise ihre Glaubensbemühungen zu verstärken, was für sie gute Folgen hat.

---

[1] Khoury, a. a. O., S. 520.

## b) Das Fasten:

Wer selber einmal innerhalb einer größeren Gemeinschaft an einem religiösen Fasten teilgenommen hat, kann verstehen, wie dadurch - ebenso wie beim Gebet der Gemeinschaft - der Einzelne in seinen religiösen Bemühungen durch die Bemühungen der Gemeinschaft gestärkt und getragen wird. Was wir also oben über das gemeinschaftliche Freitagsgebet sagten, gilt ebenso für das Fasten innerhalb der Gemeinschaft. Die Spiritualität des Einzelnen wird gleichzeitig, während sie die Bemühungen der Gemeinschaft durch ihren Beitrag verstärkt, auch ihrerseits durch die gemeinschaftlichen Bemühungen gestützt und intensiviert.

Das alljährliche Fasten im Monat Ramadan bedeutet das Fasten vom frühen Morgen an, bevor die Sonne aufgeht, bis zum Sonnenuntergang. Während dieser Zeit darf man also weder essen noch trinken noch auch sich anderen körperlichen Begierden hingeben.

Im Koran heißt es über das Fasten, daß Gott es den Gläubigen auferlegt, weil er ihnen eine Erleichterung verschaffen will, nicht weil er es ihnen schwer machen will. (2,185)Er will, daß sie Ihn lobpreisen und Ihm für seine Leitung dankbar sind. Immer folgt doch, wie der Koran in einer anderen Sure sagt (94,5), auf das Schwere das Leichte. Die Spiritualität, obwohl sie durch Anstrengungen erreicht wird, erleichtert das Leben und befreit von unnötigen Lasten. Daher sagt der Koran:

*„Haben Wir dir nicht deine Brust geweitet und dir deine Last abgenommen, die deinen Rücken schwer erdrückte, und dir deinen Ruf erhöht?"* (94,1-3)

Der Gläubige fastet für Gott. Das echte Fasten wird durch Frömmigkeit ermöglicht und hat als Ziel Frömmigkeit. Diese erhält als ihren Lohn Spiritualität.

Dies galt, so erläutert der Koran, ebenso für die Gläubigen vor der Entstehung des Islam, die - innerhalb des Rahmens ihrer Religion - fasteten.

*„O ihr, die ihr glaubt"*, heißt es im Koran (2,183), *"vorgeschrieben ist euch zu fasten, so wie es denen vorgeschrieben worden ist, die vor euch lebten, auf daß ihr gottesfürchtig werdet."*

Durch das Fasten und die damit gewonnene Spiritualität, welche die geistige Wahrnehmungsfähigkeit schärft, fällt es dem Gläubigen leichter, die Not und das Elend der armen Leute wahrzunehmen und zu versuchen, ihnen zu helfen. Er wird auf diese Weise besser befähigt, freiwillig - also nicht auf das Diktat der Gesellschaft hin - moralisch zu handeln, und damit auch sich selber zu helfen. Wie der Koran es auch ausdrückt:

*„Wenn einer freiwillig Gutes tut, so ist es besser für ihn."* (2,184)

Der Monat Ramadan wurde, sagt der Koran (2,185), zum Monat des Fastens bestimmt, weil in diesem Monat der Koran als Rechtleitung für die Menschen herabgesandt wurde.

## c) Almosengeben (Zakat):

Religiös vorgeschriebene Enthaltsamkeit jeder Art stärkt - wie wir darstellten - die Spiritualität des Gläubigen. Ebenso wie die anderen religiösen Vorschriften fordert die Vorschrift des Zakat dazu auf, Selbstlosigkeit zu üben. Jedes Jahr müssen bestimmte Zakat-Beträge an die Armen abgegeben werden.

Materiell betrachtet scheint ein Verlust für den, der Almosen gibt, einzutreten. Spirituell gesehen geschieht aber etwas ganz anderes. Der Gläubige verdient sich damit - wenn er es für Gott tut - eine Belohnung, deren Reichtum, wie der Koran sagt, er nicht absehen kann:

*„Und denen, die das Gebet verrichten und die Abgabe (für die Armen: Zakat) entrichten und an Gott und den Jüngsten Tag glauben, denen wird Er einen großartigen Lohn zukommen lassen."* (4,162) heißt es im Koran.

Der Lohn besteht darin - wie eine andere Sure erläutert - daß die Gläubigen „nichts zu befürchten haben" und „nicht traurig sein (werden)". (2,277). Ihre Spiritualität verhilft ihnen - wie sie feststellen können - zu einem ruhigen Herzen. Denn Gott sendet ihnen, wie der Koran es ausdrückt (9,26; 48,4/18/26), Seine "ruhespendende Gegenwart". Sie sehen einer Zukunft entgegen, die sie nicht zu fürchten haben, in der sie bei all ihren Bemühungen und in allen Schwierigkeiten nicht alleine sein werden. Am Ende des „steilen Weges", den sie hinaufzustürmen versuchen, wartet auf sie die Erleichterung:

*„Wenn man es (einmal) schwer hat, stellt sich gleich auch Erleichterung ein"* (94,5), heißt es darüber im Koran.

Im Anschluß an die geleistete Aufgabe soll man, wenn man weiterkommen will, weitermachen und auf Gott vertrauen:

*„Wenn du fertig bist, dann mühe dich ab und richte deine Wünsche auf deinen Herrn aus."* (94,7/8)

Die Anstrengungen im Dienst an Gott und die Kraft, sie zu leisten, wachsen mit jeder erfüllten Aufgabe. Der Gläubige richtet seine Wünsche auf Gott, und dieser hilft ihm.

## d) Die Pilgerfahrt:

Wie beim gemeinsamen Gebet und Fasten wird auch bei der Pilgerfahrt nach Mekka, die jedes Jahr zu einem bestimmten Zeitpunkt stattfindet, der Einzelne in seinen spirituellem Bemühungen durch die Gemeinschaft unterstützt. Jeder Gläubige soll einmal in seinem Leben, wenn er die Möglichkeit dazu hat, diese Wallfahrt unternehmen.

Alle Pilger tragen während dieser durch viele Zeremonien begleiteten Fahrt die gleiche einfache weiße Kleidung. Diese soll symbolisieren, daß vor Gott alle sozialen Unterschiede ausgelöscht sind und nur die Frömmigkeit des Menschen vor Gott zählt.

Bereits Abraham wurde, wie der Koran berichtet, dazu aufgefordert, *„unter den Menschen zur Wallfahrt"* nach dem Ort, an dem sich Mekka und die Kaaba befinden, aufzurufen. (22,27).

Wie alle Glaubensritualien vollzieht der Gläubige die Pilgerfahrt, wenn er aufrichtig ist, für Gott:

*„Und vollzieht die Wallfahrt und den Pilgerbesuch für Gott",* (2,196), heißt es im Koran.

Während dieser Fahrt muß er volle Enthaltsamkeit üben und darf er selbstverständlich keinerlei unmoralischen Handlungen begehen, weil diese Wallfahrt sonst für ihn ihre Gültigkeit verliert. Was er auf diese Wallfahrt mitnehmen muß, ist vor allem die Gottesfurcht. So heißt es darüber im Koran:

*„Und versorgt euch mit Wegzehrung. Aber die beste Wegzehrung ist die Gottesfurcht."* (2,197)

Mit der Gottesfurcht, die daran hindert, unmoralische Handlungen zu begehen und die zu guten Taten motiviert, und die begleitet ist von dem Vertrauen auf die göttliche Barmherzigkeit, erhält der Geist des Menschen die Nahrung, ohne die er sonst verhungert. Denn der Geist des Menschen ist, wie der Koran lehrt und wir bereits erörterten, dem Menschen von Gott bei seiner Erschaffung eingehaucht worden. Und seitdem strebt er zu seinem Ursprung, von dem er sich ernährt, zurück.

## e) Die islamischen Feste:

Abschließend wollen wir kurz auf die islamischen Hauptfeste eingehen, welche mit den gemeinschaftlichen religiösen Bemühungen des Fastens bzw. der Pilgerfahrt verbunden werden und diese abschließen. Sie sind Feste der spirituellen Danksagung Gott gegenüber. Dieser Dank bezieht sich auf die Auferlegung dieser religiösen Pflichten und darauf, daß sie erfolgreich durchgeführt werden konnten. Bei alledem sind sie auch Ausdruck des Zustandes der Erleichterung und der spirituellen Stärkung, der ihrer Durchführung folgt. Die Erleichterungen nach diesen Anstrengungen für Gott fühlt nicht nur der Einzelne, wenn er diese Feste feiert. Er empfindet sie vor allem auch als Teil der Gemeinschaft, welche diese Gefühle der Erleichterung und der spirituellen Freude vervielfacht.

Vor allem aber in den zu Beginn der Feste in den Moscheen stattfindenden Dankgottesdiensten wird die religiöse Bedeutung dieser Feste gefeiert, die eine Erinnerung daran sein sollen, daß der Glaube für die Menschen und jede Anstrengung in seinem Namen eine Heilung für das Innere des Menschen bedeuten.(u.a. 10/57)

In dieser Weise betrachtet sind das Fasten und die Pilgerfahrt mit den darauf folgenden Festen gewissermaßen symbolisch, abgesehen von ihrer praktischen Bedeutung. Sie können als Symbole betrachtet werden für das Leben des Gläubigen in seinem Wechsel vom Schweren zum Leichten, seinem Streben um Enthaltsamkeit für Gott und der daraus erwachsenden spirituellen Freude und Kraft, die sich als ihr **Ziel Gott nimmt.**

Dieses Leben der Gläubigen unterscheidet sich ganz deutlich von dem Leben der ungläubigen Menschen, das sich gleichwohl durch Selbstzufriedenheit auszeichnen mag, wenn sie „*mit dem diesseitigen Leben zufrieden sind und sich darin wohl fühlen und ... unsere (d.h. die göttlichen Zeichen unbeachtet lassen*", (10, 7), weil sie nicht erwarten, Gott „*zu begegnen*" und meinen, in diesem Leben selber ihr Ziel finden zu können.

## 6. Die islamische Mystik und die sufischen Orden:

Vorbilder auf dem geraden Weg des Islam, die sich in besonderer Weise um eine spirituelle Ausformung ihres Lebens bemüht haben, sind die islamischen Mystiker und auch ihre Nachfolger in den von ihnen gegründeten mystischen Orden. Die Sufis, wie man die islamischen Mystiker nennt, bemühten sich in vorbildlicher Weise darum, dem Aufruf des Islam, sich nicht der Welt, sondern Gott hinzugeben, zu folgen.

Indem sie sich daher anstrengten, ihr Leben immer mehr der Anbetung Gottes zu weihen, wurde ihr Denken und Handeln spiritualisiert und konnten sie dadurch großen Einfluß in ihrer Gemeinschaft gewinnen. Viele von ihnen entwickelten mystische und philosophische Lehrrichtungen und begründeten sufische Orden.

In diesen Orden werden die Schüler sehr durch die Erziehung ihrer Sufimeister beeinflußt. Sie werden regelmäßig zu spirituellen Übungen des Denkens an Gott *(dikr)* angehalten und veranstalten gemeinschaftliche Übungen des *Dikr* und andere Zeremonien.

Wer sich mit der islamischen Mystik näher beschäftigen will, beachtet am bestem einen Hinweis des Sufis und Philosophen Al-Ghazali, welcher die Tatsache betonte, daß letzten Endes die Mystik nur von denjenigen richtig verstanden werden kann, der versucht hat, sie auszuüben, und der auf diese Weise eine Ahnung - einen Geschmack, wie der

Sufi sagt - von ihr erhält. Die Liebe der Mystiker zu Gott ist, wie Al-Ghazali einmal sagte:[1]

„ein Zustand, der von demjenigen als Wirklichkeit durch Schmecken (d.h. persönliche Erfahrung) empfunden wird, der sich auf diesen Weg (der Mystiker) begibt."

Über die Auswirkungen des mystischen Weges für den, der ihn beschreitet, berichtet Al-Ghazali an einer anderen Stelle in seiner Autobiographie folgendermaßen:

„Die Frucht der Tätigkeit der Mystiker besteht darin, die Hindernisse für die Entfaltung der Seele zu beseitigen und sich über ihre verwerfliche Gesinnung und ihre bösen Eigenschaften zu erheben, um so das Herz von all dem, was außer Gott ist, zu befreien."[2]

---

[1] Al-Ghazali, Der Erretter aus dem Irrtum, Hamburg, 1988, S. 47 f.

[2] Ebenda, S. 40.

## Schlußwort:

Abschließend möchte ich zum Thema der Spiritualität im Islam zusammenfassend sagen, daß der einzelne Muslim dank seiner Frömmigkeit durch seine erfolgreichen Bemühungen um die Erklimmung des „steilen Weges" seine Gemeinschaft fördert, welche aber auch ihrerseits ihn durch ihren Gemeinschaftsgeist fördern kann.

Die Muslime nehmen jedenfalls ihren Glauben und seine Vorschriften, die sie zu befolgen suchen, ernst, und strengen sich an, sie zu erfüllen. Die Religion nimmt tatsächlich ganz allgemein betrachtet einen großen Raum in ihrem Leben ein. Spiritualität ist für die besten unter ihnen der „Lebensunterhalt", um den sie sich vor allem bemühen.

Wie aber eigentlich diese Spiritualität im einzelnen und ganz konkret betrachtet erzeugt werden kann - sei dies im persönlichen Leben oder auch durch die Erziehung im Leben anderer - das ist letzten Endes schwer in Worte zu fassen. Der Geist des Menschen - bzw. seine Spiritualität - kommt, wie der Koran sagt, ( 17,85) *"von dem Befehl meines Herrn."*

Er ist, wie Al-Ghazali es auch einmal ausdrückte[1] "ein göttliches Ding (...), das der menschliche Verstand nicht fassen kann."

Der Koran sagt darüber (58,22), daß Gott den Menschen, die an Ihn und den Jüngsten Tag glauben, den

---

[1] Al-Ghazali, Das Elixier der Glückseligkeit, Düsseldorf 1959, S. 206.

Glauben in ihre Herzen gibt und sie „mit einem Geist von sich" stärkt.

In den Offenbarungen des Koran, in der Sunna und den vielen Zeugnissen vorbildlicher Muslime liegen uns zahlreiche Bezeugungen und Hinweise auf die islamische Spiritualität und den Weg des Islam vor. Das Beschreiten dieses Weges, und die damit einhergehende Überzeugung von seiner Richtigkeit und Wahrheit, ist aber die Sache eines jeden einzelnen Menschen selber. Wenn die Erziehung dem Menschen Raum läßt für die Entwicklung des göttlichen Elementes in ihm, das jedem Menschen bei seiner Erschaffung mitgegeben wurde, dann hat sie ihre Aufgabe erfüllt.

**Fünftes Kapitel**

# Islam und Menschenrechte[1]

## Einführung

Das Thema der Menschenrechte ist derzeitig zweifellos zu einem der meistdiskutierten und aktuellsten Themen geworden. In den verschiedensten Teilen der Welt bildeten sich viele Organisationen für Menschenrechte, welche den Menschen, die hervorragendste Schöpfung Gottes auf der Erde, verteidigen wollen.

Es gibt viel Gerede über die Haltung des Islam in dieser Frage. Obwohl der Islam den Kampf für die Gerechtigkeit als die Aufgabe des frommen Menschen bezeichnet, behauptet man, daß die Menschenrechte eine Errungenschaft der modernen Zeit seien und daß der Islam keine Menschenrechte kenne. In diesem Vortrag will ich nicht näher auf diese verkehrten Behauptungen und die Gründe dafür eingehen, sondern die grundlegende Haltung des Islam zu diesem Thema darstellen.

Wir können die allgemeinen Menschenrechte auf zwei Hauptrechte zurückführen, nämlich das Recht des Menschen auf Gleichheit und sein Recht auf Freiheit. Beide Rechte besitzt er aufgrund seiner Menschlichkeit von Geburt an. Alle anderen Menschenrechte lassen sich hiervon ableiten.

---

[1]Vortrag. Islamisches Konzil, Bonn, 1995.

Wenn wir die Quellen des Islam, nämlich den Koran und die authentische Überlieferung des Propheten, näher betrachten und richtig verstehen, können wir feststellen, daß der Islam die Rechte des Menschen auf Gleichheit und Freiheit in sehr klarer und deutlicher Weise anerkennt, und ebenso die anderen Menschenrechte, die sich davon ableiten lassen. Doch betont der Koran die Begründung aller dieser Rechte in der letztlichen, zu realisierenden Brüderlichkeit aller Menschen bzw. in ihrer Menschlichkeit.

## 1. Das Recht auf Gleichheit

Das Recht des Menschen auf Gleichheit läßt sich nach der Lehre des Korans von der grundsätzlichen Einheit des Menschengeschlechts her beweisen. Denn die Menschen sind alle von einer Seele erschaffen worden. (4,1). Ihr Ursprung ist gleich, denn sie stammen alle von Adam und Eva ab. Es gibt nach der islamischen Lehre keine Kasten, Schichten, Rassen oder Völker, die anderen gegenüber durch ihre Natur bevorzugt sind. Allen Menschen wurden bei ihrer Geburt die gleiche Würde verliehen, allen Kindern Adams, wie der Koran sie nennt. (17,70). Die Menschen haben vor vielen anderen Geschöpfen, so sagt der gleiche Koranvers, eine bevorzugte Stellung erhalten. Worin besteht diese Würde?

Alle Menschen sind grundsätzlich gleich, abgesehen von sekundären Unterschieden wie Rasse, Hautfarbe usw. Insofern ist ein brüderliches Verhältnis zwischen ihnen eigentlich die natürliche Einstellung. Diese wird aber durch die völkischen, kulturellen und religiösen Unterschiede überlagert. Die eigentliche Menschlichkeit erlangt der Mensch erst durch Erziehung und Bildung. Sie befähigt ihn, seinen Mitmenschen mit echter Toleranz gegenüberzutreten und ihre Rechte zu respektieren.

Islamisch gesehen gibt es einen einzigen Unterschied zwischen den Menschen, der allerdings letzten Endes für ihr Schicksal entscheidend ist. Dies ist das, was der Koran die Frömmigkeit und an anderen Stellen die guten Taten des Menschen nennt. So heißt es in einer Sure des Korans:

*„O ihr Menschen, Wir haben euch von einem
männlichen und einem weiblichen Wesen erschaffen,
und Wir haben euch zu Völkern und Stämmen gemacht,
damit ihr einander kennenlernt. Der Angesehenste von
euch bei Gott, das ist der Gottesfürchtigste von euch."*
(49,13)

Während bekanntlich für gewöhnlich äußerliche
Macht, materieller Reichtum und soziales Prestige als erstrebenswert gelten, gilt bei Gott ein anderer Maßstab. Dieser ist
der innere Reichtum des frommen Menschen und seine damit
verbundene spirituelle Position, die er durch seine guten
Taten erlangt hat. Ihm verspricht Gott Seine Hilfe. Doch
besteht selbstverständlich diese Frömmigkeit in einem echten
Verhältnis zu Gott und den daraus resultierenden Anstrengungen im Kampf für die Gerechtigkeit zum Wohl seiner
Mitmenschen.

Der Fromme sucht Gottes Wohlgefallen, Sein Antlitz,
wie der Koran das auch nennt, und den Nutzen für seine
Mitmenschen. Alle Menschen sind gleich wie die Zähne
eines Kammes, betonte der Prophet Mohammed in seiner
Abschiedsrede. Daher ist es ungerecht, sie so zu behandeln,
als ob sie aufgrund ihrer Geburt von Anfang an bereits ganz
verschieden wären. Das Prinzip der Gleichheit aller
Menschen führte im Islam zu der Lehre von der Gleichheit
vor dem Recht, das keinen Unterschied zwischen arm und
reich, den Herrschern und den Bürgern machen darf.

So berichtet eine Überlieferung z.B. davon, daß der
Prophet die Fürbitte von Osama Ibn Zaid abgelehnt hat, der
sich für den Freispruch einer Frau aus einem angesehenen
Haus einsetzte, obwohl sie schuldig war. Der Prophet
170

verurteilte das scharf und sagte, wenn seine Tochter Fatima irgendein Verbrechen begehen würde, müßte sie auch genauso bestraft werden wie jeder andere.

Auch der zweite Kalif Omar betonte in seiner Antrittsrede mit aller Entschiedenheit die Gleichheit aller Menschen vor dem Gesetz. Und es gibt zahlreiche andere Beispiele in der islamischen Geschichte, daß Muslime sich mit aller Entschlossenheit für die Gleichheit und eine gerechte Behandlung aller Menschen einsetzten.

Daß dies unbedingt notwendig ist und beklagenswerterweise doch so oft nicht geschieht, wird in dem bekannten Ausspruch des zweiten Kalifen Omar deutlich, der sagte:

„Wie habt ihr die Menschen versklavt, und ihre Mütter haben sie doch frei zur Welt gebracht!"

Dies sagte er anläßlich einer Begebenheit, die den ägyptischen Statthalter Amr ibn al-Aas betraf. Ein Ägypter hatte sich bei dem Kalifen über die Ungerechtigkeit des Statthalters beklagt. Denn dessen Sohn hatte ihn völlig ohne Berechtigung geschlagen, und sein Vater, anstatt ihm Gerechtigkeit zukommen zu lassen, steckte ihn daraufhin ins Gefängnis, damit es ihm nicht möglich war, sich bei dem Kalifen zu beklagen. Aber er konnte aus dem Gefängnis ausbrechen und ging zum Kalifen, um ihm alles zu berichten. Der Kalif bestellte daraufhin den Statthalter und seinen Sohn zu sich. Als er feststellte, daß die Klage des Ägypters berechtigt war, gab er ihm seinen eigenen Stock in die Hand mit der Aufforderung, den Sohn von Ibn al-Aas damit zu schlagen. Dies geschah. Dann sagte der Kalif, er solle nun auch den Vater mit diesem Stock schlagen, da der Sohn nur dank der Macht seines Vaters ihn hatte quälen können Aber der Ägypter sagte, daß er den geschlagen habe, der ihn geschlagen habe, und das genüge ihm.[1]

Der Grundsatz der Gleichheit aller Menschen vor dem Gesetz gilt nicht nur für die Muslime, sondern ebenso für ihre nichtmuslimischen Mitmenschen. Hierfür gilt der islamische Rechtsgrundsatz: „Sie haben die Rechte, die wir haben, und sie haben die Pflichten, die wir haben."

Der Prophet Mohammed hat, wie wir aus seinen Überlieferungen ersehen können, oft dazu aufgerufen, die Nachbarn gut zu behandeln. So sagte er z.B.:

„Wer satt übernachtet und einen Nachbarn hat, der hungrig ist, der gehört nicht zu uns."

Diese Vorschrift gilt auch für die nichtmuslimischen Nachbarn. So soll auch Ibn Abbas seinem Diener, der ein Schaf schlachtete, gesagt haben:

„Vergiß unseren jüdischen Nachbarn nicht."

Nach islamischem Recht sind auch die nichtmuslimischen Bedürftigen berechtigt, vom Staat versorgt zu werden. Aus diesem Grunde verordnete der zweite Kalif Omar, als er einen alten Juden in Medina betteln sah, eine Staatspension für ihn.

---

[1] Tantawi, Ali u.a. *Akhbar Omar*, S. 182 ff, Damaskus 1959.

Der Islam betont auch die Gleichheit von Mann und Frau, da zwischen ihnen menschlich gesehen überhaupt kein Unterschied besteht. In bezug auf die menschliche Würde gibt es nichts, was sie voneinander unterscheidet. (17,70) Beide sind Kinder Adams, denen Gott die gleiche Würde verliehen hat. Sie sind gleich verpflichtet, sich durch Lernen um ihre Entwicklung zu bemühen. Die Heirat ist anzusehen als ein Mittel, *„Liebe und Barmherzigkeit„* (30,21) zwischen Mann und Frau zu erzeugen. Was ihre Taten anbelangt, so werden diese von Gott gleich bewertet:

*„Ich lasse keine Tat verlorengehen, die einer von euch getan hat, ob Mann oder Frau",* heißt es im Koran (3,195). *"Die einen stammen ja von den anderen."*

Männer und Frauen erhalten auf die gleiche Weise für die Erfüllung ihrer Pflichten den ihnen zustehenden Lohn. (4,32) Der Islam gibt der Frau das Recht, selbständig mit ihrem Vermögen umzugehen, das der Mann nicht antasten darf. Verboten ist es auch, eine Frau zur Heirat mit jemandem zu zwingen, den sie nicht mag.

Es gibt nur in bezug auf die Natur zwischen Mann und Frau Unterschiede, sowie in der Hinsicht, daß der Mann gegenüber seiner Frau und seinen Kindern finanzielle Verpflichtungen hat. Im übrigen sind Mann und Frau einander ebenbürtig und besteht zwischen ihnen volle Gleichheit

## 2. Das Recht auf Freiheit

Was das zweite Hauptrecht des Menschen angeht, nämlich das Recht auf Freiheit, ist zu sagen, daß der Islam dem Menschen das Recht auf Freiheit in allen ihren Aspekten zugesteht. Das heißt, er gibt ihm grundsätzlich politische, geistige, religiöse und zivile Freiheit.

Jeder Mensch, der mündig ist und bei gesunder Vernunft, hat das Recht, sich an der Wahl des Staatsoberhauptes und seiner Vertreter, die ihn repräsentieren, zu beteiligen. Er kann für dieses Amt auch selber kandidieren. Die Form der Regierung oder Beratung kann frei gewählt werden. Bedingung ist nur, daß sie auf Gerechtigkeit beruht und demokratisch ist.

Die Begrenzung der Macht des Staatsoberhauptes wurde bereits von den beiden Kalifen Abu Bakr und Omar als notwendig erkannt und verlangt. Daher verlangten sie auch in ihren Antrittsreden bei ihrer Machtübernahme, daß die Muslime sie bei der Regierung unterstützen sollten, wenn dies nötig wäre, sie aber auch, falls sie im Unrecht wären, korrigieren sollten. In dieser Weise wurde im Islam schon früh die Notwendigkeit einer Kontrolle bei der Verwaltung des Staates erkannt.

Wie es im Koran heißt, wurde sogar der Prophet Mohammed, der allen Muslims als Vorbild hingestellt wurde, aufgefordert, sich mit den anderen Muslims zu beraten. So sagt der Koran:

174

*"Und zieh sie zu Rat in den Angelegenheiten."* (3,159)

Und daher heißt es an einer anderen Stelle im Koran, daß die Gläubigen *„ihre Angelegenheiten durch Beratung regeln"* sollen. (42,38)

Was die geistige Freiheit betrifft, hat der Islam den Menschen das Recht auf Meinungsfreiheit garantiert. Die Wissenschaftler haben in bezug auf den gesamten Kosmos, einschließlich des Menschen, Freiheit der Forschung. Der Koran bezeichnet nicht zufällig den Wissensdrang des Menschen und seine Fähigkeit, sich Wissen über alle Dinge, die es gibt, zuzulegen, als das, was den Menschen vor allen anderen Lebewesen auszeichnet. Vorbedingung dafür ist allerdings, wie er immer wieder betont, ein kritisches und auch selbstkritisches Denken. Denn dies ermöglicht ein selbständiges Verstehen und ein schöpferisches Handeln. Er begrenzt den Raum der Forschung in keiner Richtung. Überall, im Himmel, auf der Erde und zwischen beiden, so ermahnt der Koran uns, und auch im Menschen selber, gilt es Wissen zu sammeln und die erkannten Gesetze zum Nutzen der Menschheit anzuwenden.

„Wer sich auf den Weg macht, um nach Wissen zu suchen, dem ebnet Gott dafür den Weg ins Paradies,"(Muslim) sagt eine Überlieferung des Propheten.

In bezug auf die Religionsfreiheit stellte der Islam die folgenden wichtigen Prinzipien auf:

1. Niemand darf gezwungen werden, seine Religion abzulegen und den Islam anzunehmen.

*„In der Religion gibt es keinen Zwang"* (2,256),

heißt es dazu im Koran. An einer anderen Stelle sagt er:

*„Wer nun will, möge glauben, und wer will, möge
ungläubig sein."* (18,29)

Aus diesem Grund garantierte auch der zweite Kalif
Omar den christlichen Einwohnern von Jerusalem die Sicherheit „für ihr Leben, ihre Kirchen und ihre Kreuze. Und keiner
von ihnen darf wegen seiner Religion einem Zwang
unterworfen werden, und keinem von ihnen darf man
Schaden zufügen."

2. Der Islam fordert die Freiheit in den religiösen Diskussionen. Daher sagt der Koran:

*„Ruf zum Weg deines Herrn mit Weisheit und schöner
Ermahnung, und diskutiere mit ihnen auf die beste Art."*
(16,125)

An einer anderen Stelle heißt es:

*„Und diskutiere mit den Leuten des Buches auf die beste
Art."* (29,46)

3. Der echte Glaube ist auf Überzeugung und Gewißheit
aufgebaut, nicht aber auf bloßer Nachahmung oder Zwang.

Zusammenfassend kann man also sagen, daß der Islam
dazu aufruft, in Fragen der Religion gründlich zu überlegen
und nachzudenken und nur echte Beweise zu akzeptieren.

Was schließlich die zivile Freiheit anbetrifft, verlangt der Islam, daß man mündig sein muß, bevor man Verträge abschließt und alle anderen Dinge seines Lebens selbständig regelt, wie Kauf, Verkauf, Spenden, Heirat, die Abfassung seines Testaments usw.

## Schlußwort

Mit den vorangehenden Erörterungen versuchten wir darzustellen, daß die Menschenrechte im Islam bereits zur Zeit des Propheten verankert wurden, und zwar nicht als bloße Theorie, sondern im Handeln.

Wichtig ist in diesem Zusammenhang allerdings die Tatsache, die ich deshalb hier noch einmal betonen möchte, daß der Islam die entscheidende Rolle der Menschlichkeit dafür, daß Gerechtigkeit sich durchsetzt, herausstellte. Die Barmherzigkeit den Mitmenschen gegenüber, die man auch als Brüderlichkeit bezeichnen kann, ist nach seiner Lehre die Voraussetzung dafür, daß Gerechtigkeit geschieht. Wichtig ist daher die Erziehung des Menschen zur Menschlichkeit, welche die Aufgabe der Religion ist, die lehrt, was der Mensch ist. Er ist allen anderen Menschen durch das Band der Menschlichkeit verbunden.

„Wer sich der Menschen nicht erbarmt", sagt daher eine Überlieferung des Propheten, „dessen erbarmt sich Gott nicht. „(Bukhari)

Die Hauptbetonung liegt im Islam auf dem verantwortungsbewußten Handeln des Individuums. Dieser hat die Rechte des Menschen, die seine Würde schützen, seinen Mitmenschen gegenüber sowohl für sich wie auch für sie selber zu vertreten und zu schützen. Daher sind auch die Ziele des islamischen Rechts (der *Scharia*) von Anfang an der Schutz des Menschen. Ausdrücklich wird sein Leben, seine Religion, seine Vernunftbetätigung, sein Eigentum und seine Familie durch die islamischen Rechte gesichert. Diese Sicherung kann jeder Mensch beanspruchen.

Doch bekanntlich steht jedem Recht eine Pflicht gegenüber. Wenn man daher seine Rechte bewahren will, muß man auch seine Pflichten erfüllen. Jeder trägt in seinem Handeln die Verantwortung seinen Mitmenschen gegenüber, wodurch die Rechte der anderen geschützt werden.

Es genügt also islamisch gesehen nicht, daß man nur seine eigenen Rechte schützt und dem Elend anderer zuschaut, die dazu nicht in der Lage sind. Daher sagt der Koran:

*"Was hindert euch daran, zu kämpfen auf dem Weg Gottes und (um) der Unterdrückten (willen), Männer, Frauen und Kinder?"* (4,75)

Abschließend müssen wir darauf aufmerksam machen, daß es im Laufe der islamischen Geschichte Zeiten gab, in denen die Menschenrechte nicht geschützt wurden. Dies gilt in verschiedenen Teilen der Welt auch für unsere heutige Zeit. Aber diese Tatsache berechtigt auf keinen Fall dazu, dem Islam vorzuwerfen, er sei gegen die Menschenrechte. Die authentischen Quellen des Islam weisen diese Beschuldigung strikt zurück. Denn der Islam stellt die Menschenwürde in den Mittelpunkt seiner Lehre vom Menschen und lehrt, daß der Mensch seine Würde durch seinen Kampf für Gerechtigkeit und Barmherzigkeit und das heißt für die Menschlichkeit des Menschen erwirbt.

Wir müssen allerdings zugeben, daß auch heute viele Muslime sich nicht ganz an diese islamischen Lehren halten, sei es, daß sie sie nicht richtig verstehen oder daß sie sie mißachten. Es gibt keinen Zweifel darüber, daß die Muslime, wenn sie wollen, daß ihre Religion respektiert wird und daß sie sich in unserer Welt durchsetzen und in ihr hochkommen, ihre Religion nicht nur richtig verstehen müssen, sondern sich auch in ihrem Handeln nach ihren Lehren richten müssen. Dann werden sie auch fähig sein, die Menschenrechte der Muslims zu schützen, die in unserer Zeit in verschiedensten Teilen der Welt auf barbarische Weise verletzt werden, in jüngster Zeit vor allem in Bosnien und der Republik der Tschetschenen. Leider schauen die führenden zivilisierten Länder der Welt, die sich normalerweise für die Menschenrechte einsetzen, diesen barbarischen Verletzungen der Menschenrechte tatenlos zu. Darum müssen die Muslims lernen, ihre Rechte besser zu verteidigen.

*„Gott verändert nicht den Zustand eines Volkes"*, lehrt uns der Koran (13,11), *„bis sie selbst ihren eigenen Zustand verändern."*

Denn, so heißt es ebenfalls im gleichen Koranvers: " ... *sie haben außer Ihm keinen Schutzherrn"* und müssen dies erkennen.

Die Gerechtigkeit wie auch die Barmherzigkeit sind Namen Gottes. Die Menschlichkeit verpflichtet den Menschen, als Stellvertreter Gottes auf dieser Erde für die Gerechtigkeit und Barmherzigkeit einzutreten, bis sie geschehen.

## Sechstes Kapitel

# Religionsfreiheit und Menschenrechte
# im Islam[1]

## Einführung

Zweifellos eins der wichtigsten Probleme in unserer gegenwärtigen Welt ist die Frage der Menschenrechte und insbesondere der Religionsfreiheit. Da die Lösung dieses Problems einen hohen Kulturstandard voraussetzt, handelt es sich hierbei also eigentlich um ein kulturphilosophisches Problem bzw. um die Frage, inwiefern die Religion, welche einer jeden Kultur bekanntlich zugrundeliegt, noch lebendig und wirksam ist.

Im folgenden möchte ich Ihnen einige Gedanken bezüglich der islamischen Lösung mitteilen, welche die Eigenart der islamischen Lösungsversuche betreffen. Hierbei werde ich mich natürlich weitgehend auf die Darstellung und Erklärung der islamischen Hauptprinzipien bezüglich dieser Fragen beschränken müssen.

Der Islam proklamierte die Notwendigkeit einer Durchsetzung der Menschenrechte für ausnahmelos alle bereits vor 1400 Jahren, und zwar auf der Grundlage der grundsätzlichen Gleichheit und der angeborenen Würde und

---

[1]Vortrag. Tagung: Menschenrechte ohne die monotheistischen Weltreligionen? Katholische Akademie in Berlin e. V., 17.-18. September 1999.

Freiheit aller Menschen. Und wie die Geschichte zeigt, verkündete er nicht nur die Menschenrechte, sondern setzte sie auch mit erstaunlichem Erfolg durch in all den Ländern, in denen die Muslime zur Zeit der Hochblüte des Islam regierten. Dies war u. a. deswegen möglich, weil der Islam ausdrücklich das Recht eines jeden Menschen auf Freiheit sowie die friedliche Koexistenz der Kulturen und Religionen - mit anderen Worten einen Kulturpluralisums - befürwortet.

Wie ich Ihnen im Einzelnen erläutert werde, gehört die Religionsfreiheit zu den allgemeinen Menschenrechten, die vom Islam als entscheidende Prinzipien und Grundlagen einer gerechten gesellschaftlichen Ordnung gelehrt werden. Sie ist nach islamischer Auffassung ein natürliches Prinzip. Das heißt also, es gehört zur Natur des Menschen, daß ihm freizustellen ist, zu glauben oder auch nicht zu glauben, sowie zu glauben, was er will. Durch die Ausübung seiner Freiheit wird ihm Selbstbildung ermöglicht, und damit die Ausübung wahrer Religiösität.

Doch damit ist die Frage der Religionsfreiheit noch nicht erschöpft. Denn bei näherer Betrachtung stellt sich heraus, daß die Triebfeder zu der Entscheidung für den Glauben an Gott genau genommen doch außerhalb des Zugriffs der menschlichen Willkürfreiheit steht. Das heißt also, das wesentliche Moment der Religionsfreiheit ist damit noch nicht gegeben, daß man die Freiheit in der Wahl der Religion hat. Denn es geht ja darum, daß man sich der Religion frei zuwendet. Es ist eins der Hauptanliegen des Islam, darauf hinzuweisen.

Um diese islamische Auffassung zu verstehen, ist es hilfreich, wenn man das Menschenbild im Islam betrachtet, wonach der Mensch nicht - wie in der westlichen Auffassung - autonom ist, sondern nur ein bestimmtes Maß an Freiheit besitzt. Wird der Mensch sich selber überlassen, d. h. erhält er keine spirituelle Führung - so lehrt der Islam - dann neigt er für gewöhnlich dazu, sein Freiheitspotential zu verschwenden, sich allzusehr treiben zu lassen und infolgedessen übermäßig durch seine Umgebung beeinflußt zu werden. Dies verhindert in einem gefährlichen Maße seine für die Persönlichkeitsentwicklung nötige Selbstbildung.

Die Vernachlässigung der religiösen Erziehung (diese natürlich im besten Sinne genommen) führt oft zu Aufsässigkeit und Selbstverherrlichung. Der Koran äußert sich hierzu folgendermaßen:

*"... der Mensch zeigt ein Übermaß an Frevel, daß er meint, er wäre auf niemanden angewiesen. Zu deinem Herrn erfolgt die Rückkehr."* (96,6-8)

Im Anschluß an diesen Vers wird auf die Notwendigkeit der Religionsfreiheit hingewiesen mit dem Bericht davon, daß einem Diener verboten worden war, zu beten, was doch zweifellos ganz ungerecht ist. Denn jedem Menschen sollte es freigegeben werden, seine Religion, die er selber gewählt hat, auszuüben. Niemand darf ihn daran hindern oder ihn zwingen, eine andere Religion anzunehmen. Denn, wie der Koran betont:

*"Es gibt keinen Zwang in der Religion."* (2,256)

Das heißt also, daß niemand in irgendeiner Weise zur Religion gezwungen werden darf, weil zu ihr die Freiheit als unablösbarer Bestandteil gehört.

Aber wenn der Mensch also einerseits frei ist, zu glauben oder nicht zu glauben sowie zu glauben, was er will, so ist er doch andererseits von Natur aus zur Religion bestimmt, auch dann, wenn ihn Unwissenheit über seine eigentliche Bestimmung, Herrschsucht, Materialismus, Selbstdünkel oder was auch immer daran hindern sollten, dies zu verstehen:

*" O Mensch,"* fragt daher der Koran, *"was hat dich gegen deinen edelmütigen Herrn betört, der dich erschaffen und gebildet und zurechtgeformt hat, und dich in der Gestalt, die er wollte, zusammengefügt hat?"* (82,6-8)

Erst in der Erkenntnis seiner Erschaffenheit, also der Tatsache, daß er nicht willkürlich und zufällig aus irgendeinem Nichts entstanden ist, kann der Mensch zu seiner religiösen Bestimmung befähigt werden. Diese ermöglicht ihm Selbstbildung und eine schöpferische Persönlichkeitsentwicklung. Damit kommen wir zu der Frage der schöpferischen Freiheit.

# 1. Religionsfreiheit und schöpferische Freiheit:

Der Islam lehrt, daß der Mensch nur dann, wenn er seiner eigentlichen Berufung folgt, genügend Großzügigkeit besitzt, anderen die gleichen Freiheiten und Rechte zuzugestehen, die er für sich selber wünscht. Damit haben wir eine der drei Hauptbedingungen, welche islamisch betrachtet die Durchsetzung der Menschenrechte möglich machen.

Der Koran spricht im Zusammenhang mit der Frage einer gerechten Gesellschaftsordnung von drei Geschenken Gottes an die Menschheit (57,25). Diese sind 1) das Buch (d.h. die schriftlichen Offenbarungen), 2) die Waage (Symbol der Gerechtigkeit, und 3) das Eisen (Symbol für die Stärke der Gesetzgebung im Lande sowie auch die Waffen aus Eisen im Kampf gegen Aggressionen).

Alle diese drei Faktoren sind nötig, damit die Menschenrechte und Freiheiten durchgesetzt werden, die für eine gerechte Gesellschaftsordnung nötig sind, welche den Mitgliedern der Gesellschaft eine natürliche Entwicklung ermöglicht. Der wichtigste Teil hiervon ist die Offenbarung der „reinen Religion", auf die wir im folgenden noch näher eingehen werden.

Religionsfreiheit ist eine unerläßliche Bedingung für eine gerechte Gesellschaftsordnung. Sie besteht darin, daß die Menschen, obwohl sie zur Religion berufen sind, doch freigelassen werden müssen, dieser Berufung zu folgen oder auch sie abzulehnen. Niemand kann zur Religion gezwungen werden, da sie ein Akt der Freiheit ist, und sogar Gott selber

185

überläßt, wie der Koran sagt, den Menschen, an Ihn zu glauben oder auch nicht an Ihn zu glauben, obwohl er aufgrund seiner Allmacht entscheiden könnte, daß alle Menschen auf der Erde zum Glauben übergehen:

*„Wenn dein Herr wollte,"* sagt der Koran, *"würden die, die auf der Erde sind, alle zusammen gläubig werden."* (10,99)

Wenn also Gott selber den Menschen die Freiheit zum Glauben läßt, wie kann dann ein Mensch versuchen wollen, sie zum Glauben zu zwingen, fragt der Koran folgerichtig:

*„Bist du es etwa, der die Menschen zwingen kann, gläubig zu werden?"* ( 10 ,99)

Der Mensch ist frei, zu glauben - zum Glauben gehört diese Freiheit: eine von außen her nicht regulierbare Spontaneität. Im Koran heißt es:

*„Wer nun will, schlägt einen Weg zu seinem Herrn ein."* (76,29)

Derjenige, der sich zum Glauben entschieden hat, handelt im gleichen Moment nicht mehr willkürlich. Er hat einen bestimmten Weg gewählt, der seine spirituelle Natur fördert, denn er wird mit schöpferischer Freiheit begabt. Der Mensch ist also frei, zu glauben, und ist gleichzeitig doch zum Glauben bestimmt. Der Koran nennt diesen Glauben den *"reinen Glauben"*:

*„Und richte dein Gesicht auf die Religion als Anhänger des reinen Glaubens", sagt der Koran in diesem Zusammenhang. „Das ist die Schöpfung Gottes, die Er für die Menschen festgelegt hat. Die Schöpfung Gottes kann nicht abgeändert werden. Das ist die richtige Religion. Aber die meisten Menschen wissen nicht Bescheid." (30,30)*

Wenn der Mensch in seiner natürlichen Entwicklung nicht gehemmt wird, lehrt also der Islam, dann wendet er sich ganz von selbst dem reinen Glauben zu. Diese *"reine Religion"* wurde nach der Lehre des Islam im Laufe der Menschheitsgeschichte immer wieder von neuem durch die verschiedenen Propheten verkündet.(u.a. 42,13-15). Sie ist die eine Religion, welche allen Religionen zugrundeliegt:

*„Gott erwählt dazu", sagt der Koran, "wer sich (Ihm) reumütig zuwendet." (42, 13)*

In den vorangehenden Erläuterungen haben wir versucht, darzustellen, inwiefern die Verkündigung des Islam also praktisch identisch ist mit dem Aufruf, gerecht zu handeln, d.h. im Prinzip sich für die Rechte und Freiheiten der Mitmenschen ebenso energisch wie für die eigenen Rechte einzusetzen. So war es auch, sagt der Koran, die Aufgabe des Propheten Mohammed, *„Gerechtigkeit zu üben".*(42,15)

Nun ist Gerechtigkeit ein sehr umfassender Begriff. Was unter ihr zu verstehen ist, daß sie etwas ist, was der Menschen unter gewissen Gesichtspunkten selber frei erschafft, und was ihn frei macht, wird in einem der

Aussprüche (Hadithe) des Propheten Mohammed ganz einfach und klar ausgedrückt:

„Wer vom Höllenfeuer entfernt und ins Paradies geführt werden will," sagt er, "... der tue den Menschen das an, was er wünscht, daß man es ihm selbst antut." (Bukhari)

Im Koran wird immer wieder betont, daß der Mensch der freie Schöpfer seines eigenen Schicksals und daß er konsequenterweise für seine Taten verantwortlich ist. Diese Tatsache ist der Kern der Botschaft des Islam. Sie macht polemische religiöse Dispute überflüssig. Infolgedessen heißt es auch im Koran:

> „Wir haben unsere Werke, und ihr habt eure Werke (zu verantworten). Es gibt keinen Streitgrund zwischen uns und euch. Gott wird uns zusammenbringen. Und zu Ihm führt der Lebensweg." (42,15)

Daß der Mensch die Verantwortung für seine Taten trägt (was sein Gewissen - sofern es wach ist - ihm klarmacht), weist darauf hin, daß er ein freies Wesen ist. Diese Tatsache wird aber oft übersehen. Damit kommen wir zu einer weiteren wichtigen und oft verkehrt verstandenen Frage der islamischen Glaubenslehre, nämlich der Frage, wie die vom Islam gelehrte Souveränität Gottes mit der Freiheit des Menschen vereinbart werden kann.

Wir haben in unseren obigen Ausführungen bereits darauf hingewiesen, daß die Triebfeder zu der freien Entscheidung des Menschen für den Glauben an Gott doch im Grunde genommen außerhalb seiner Willkürfreiheit steht. Jeder, der einmal vergeblich versucht hat, zu glauben(und

188

wie oft passiert das gerade modernen Menschen!), und zwar mit Überzeugung zu glauben, wird diese Tatsache bestätigen können.

Daher ist es in dieser Fragestellung notwendig, zwischen der einfachen Willkürfreiheit und einer anderen, höheren Form von Freiheit zu unterscheiden. Diese nennt man am besten schöpferische Freiheit, da sie in die Lage setzt, Neues zu erschaffen, also etwas zu erschaffen, was vorher nicht da war.

Der Koran spricht von dieser schöpferischen Freiheit, wenn er darauf hinweist, daß in der Entscheidung zum Glauben zwei Faktoren wirksam sind: einmal die Entscheidung des Menschen, der sich entscheidet, zu glauben, und zum anderen die Entscheidung Gottes, der entscheidet, daß der Mensch glaubt. So ist also die Entscheidung des Menschen, den Weg zu seinem Herrn zu gehen, gleichzeitig die Entscheidung Gottes, der ihn zu diesem Weg führt.

Der Koran drückt diese Tatsache folgendermaßen aus:

*„Wer nun will, schlägt einen Weg zu seinem Herrn ein. Aber ihr wollt nicht, es sei denn Gott will es."* (76,29/30)

Der Islam lehrt, daß der Mensch, der Gott gehorcht im reinen Glauben, durch seinen ihm von Gott eingehauchten Geist (15,29) mit seinem Schöpfer spirituell verbunden und daher durch Ihn inspiriert wird. Sein Handeln ist in diesem Augenblick ein Akt schöpferischer Freiheit.

Durch die vielen Jahrtausende der Menschheits
geschichte hindurch wurden immer wieder Leistungen auf
den verschiedensten Gebieten der humanen und der anderen
Wissenschaften sowie der Kultur mit Hilfe der menschlichen
schöpferischen Freiheit vollbracht, die man eigentlich nur als
Wunder bezeichnen kann, und die nur dank der immer wieder
zutage tretenden Begeisterungsfähigkeit einzelner begabter
Menschen möglich waren.

Von diesen Erörterungen über die Genesis des
Glaubens und die schöpferische Freiheit her betrachtet, wird
auch deutlicher, warum im Islam alle spirituellen
Eigenschaften wie Gerechtigkeit, Barmherzigkeit, Frieden
und andere als Eigenschaften Gottes betrachtet werden, da
der Mensch ihrer nur dann teilhaftig wird, wenn er sich über
sich selbst erheben kann.

Durch den Islam wird der Mensch dazu angeleitet, das
Rechte zu suchen und sich auf Gott zu verlassen. Denn islamisch betrachtet spielt die Barmherzigkeit Gottes die
entscheidende Rolle für das Schicksal des Menschen. So
heißt es auch in einem Ausspruch (Hadith) des Propheten
Mohammed:

„Sucht die goldene Mitte und das Rechte, und wißt, daß
keiner von euch aufgrund seiner Taten gerettet wird. Sie
sagten: Nicht einmal du, O Gesandter Gottes? Er sagte: Nicht
einmal ich, es sei denn, Gott umhüllt mich mit
Barmherzigkeit und Huld von ihm." (Muslim)

Über die islamische Barmherzigkeitslehre gibt es einen
anderen bekannten Ausspruch des Propheten Mohammed. Er
lautet:

„Wer sich anderer nicht erbarmt, wird keine Barmherzigkeit finden."

Es wird auch in diesem Hadith deutlich, daß der Mensch der Schmied seines Schicksals ist und dieser Tatsache islamisch betrachtet nicht ausweichen kann.

Von diesem Gesichtspunkt der Verantwortlichkeit des Menschen für sein Handeln in dieser Welt her betrachtet, erscheint die Lehre von der Allmacht Gottes - dessen Thron auch die Erde umfaßt (2,255) - wieder in einem anderen Licht. Aber sie wird oft im Sinne einer göttlichen Willkürherrschaft mißverstanden und führt dann zu einem fatalistischen und unfruchtbaren Denken. Solche verkehrten Interpretationen sind aber immer nur dann möglich, wenn man die einzelnen Koranverse aus ihrem Zusammenhang löst, sie also von ihrem Kontext isoliert betrachtet. Der Koran gibt Hinweise darauf, worin die Ursachen liegen, daß seine Botschaft verkehrt interpretiert wird, wenn es in ihm heißt:

„Diejenigen nun, die in ihrem Herzen (vom rechten Weg) abschweifen, folgen dem, was in ihm (in dem Koran) mehrdeutig ist ..." (3,7)

Es gehört aber zu den Glaubenspflichten, die islamischen Lehren aufmerksam zu studieren und sie richtig zu verstehen. Diese Suche nach Wissen - wie überhaupt die Suche nach jeder Art von Wissen und Verständnis - wird islamisch gesehen so hoch eingeschätzt, daß es in einem Ausspruch des Propheten Mohammed heißt:

„Wer sich auf den Weg macht, um nach Wissen zu suchen, dem ebnet Gott dafür den Weg ins Paradies."

Am besten wird das Zusammenwalten von Gottes souveränem Willen und dem Willen des Gläubigen in der islamischen Lehre von der Erwählung des Menschen zum Stellvertreter Gottes auf Erden illustriert. Alles in der Welt, sagt der Koran, wurde dem Menschen untertan gemacht und zu seiner Verfügung gestellt, damit er an nichts Mangel habe. Aber dies unter der Bedingung, daß er - in der Abwesenheit seines Herrn (57,25) - seine Dankbarkeit zeigt und sich daher (jeder innerhalb seines Lebenskreises) um seine Mitmenschen und seine Umwelt in verantwortungsvoller Weise kümmert. Ebenso wie der Stellvertreter eines Königs in dessen Abwesenheit den Wünschen und Gesetzen seines Königs gemäß, aber dennoch selbstverantwortlich und in schöpferischer Weise handeln muß, so trägt der Mensch innerhalb seines Lebenskreises die Verantwortung für seine Taten und wird darüber früher oder später vor seinem Herrn Rechenschaft ablegen müssen.

Es ist nicht genug, Gerechtigkeit, Barmherzigkeit oder auch die allgemeinen Menschenrechte zu proklamieren. Ja, die Proklamierung von Wahrheit ohne Ausübung von Gerechtigkeit ist geradezu ungerecht, sagte einmal der zweite Kalif Omar.[1] Durch das vorbildliche Handeln wird die Wahrheit verdeutlicht und nähergebracht.

---

[1] Wafi, Human Rights: in einem der Briefe des Kalifen an Abu Moussa Al Ashary bezüglich der Frage der Gerechtigkeit

Von dem gleichen Kalifen stammt der berühmte Ausspruch, daß der Mensch, obwohl er von seiner Mutter frei geboren wurde, immer wieder versklavt wird.

Die Religion ruft dazu auf, den Menschen von dieser Versklavung zu befreien. Und islamisch betrachtet sind die Glaubens- und Religionsfreiheit eine unerläßliche Bedingung der Religion. Ohne sie verkümmert ihre Botschaft.

## 2. Die Verteidigung der Menschenrechte als religiöse Aufgabe:

Die Forderungen nach den Menschenrechten im Islam sind auf andere Weise konzipiert als in der westlichen Welt. Aber die im Westen proklamierten Menschenrechte sind im Prinzip die gleichen Menschenrechte, welche der Islam schützt. So garantiert die islamische Gesetzgebung den Schutz des Lebens, der Vernunftbetätigung, der Familie, der Religion und des Eigentums.

Die Ursachen für die Forderung nach allgemeinen Menschenrechten und ihr Kontext sind in den beiden Kulturen verschieden. Denn im Gegensatz zu der westlichen Welt, welche in der Neuzeit den Säkularismus und die Autonomie des Menschen verkündete, hat in der islamischen Welt eine solche Spaltung zwischen Religion und Weltlichkeit nicht stattgefunden. Sie war nicht nötig. Von Anfang an lehrte der Islam die Hinwendung des Gläubigen zur Welt als seinem Tätigkeitsfeld, das seiner Verantwortung übergeben wurde. Der Gläubige hat sich unmittelbar vor Gott für seine Taten zu verantworten. Der Islam lehrt ihn als seine wichtigste Aufgabe die energische Verteidigung sowohl seiner eigenen Rechte wie die seiner Mitmenschen.

Denn nach islamischer Lehre sind alle Menschen gleich und von ihrem Ursprung her verwandt und haben daher alle den gleichen Anspruch auf Freiheit und Würde. Darüber hinaus haben sie alle die gleiche Aufgabe: die Verwaltung der Erde, die ihrem Schutz übergeben wurde. Alle Menschen stammen von einer einzigen Seele ab und sind Teile dieser einen Seele, und allen wurde bei ihrer

194

Geburt die gleiche Würde und Freiheit verliehen, allen Kindern Adams, wie der Koran sie auch nennt. (17,70) Daher wäre eigentlich eine brüderliche Einstellung unter ihnen die natürliche Folge.

Doch durch einen ins Negative umgeschlagenen Wettbewerbsgeist, durch eine verkehrte Erziehung, infolge der verschiedenen Lebensumstände sowie der rassischen, kulturellen und religiösen Unterschiede wird die prinzipielle Gleichheit unter ihnen verdeckt.

Der an sich natürliche und sehr wertvolle Wettbewerbsgeist (der Motor für die Entwicklung), den der Islam fördert und empfiehlt (5,48), schlägt daher leicht um in Aggressivität und Materialismus.

Erst durch eine gründliche religiöse Erziehung und die dadurch möglich werdende Selbstbildung (die ja islamisch betrachtet den einzigen wichtigen Unterschied zwischen den Menschen schafft), können die für eine wirklich humane, d.h. auch kulturpluralistische Gesellschaft nötigen Eigenschaften entwickelt werden, wie ein selbständiges Denken, Verständnisbereitschaft, eine aktive Toleranz und vor allem ein aktives Gewissen. Diese sind das Ziel der islamischen Erziehung, wenn sie richtig verstanden wird.

## 3. Kulturpluralismus im Islam:

Es sind nicht nur erhebliche Anstrengungen erforderlich, wenn man Mitglieder einer anderen Kultur wirklich verstehen will, (was in unserem sog. „globalen Dorf" nötig wird wie nie zuvor), sondern es bedarf dazu einer Verwurzelung in der eigenen Kultur; d.h. also, ein eigener Standpunkt und Selbstbildung sind nötig, da sonst ein wirklicher Gedankenaustausch und ein erfolgreiches Zusammenleben nicht möglich sind. Es ist ein hoher kultureller Standard erforderlich, damit man die Anderen, die nicht zur eigenen Gruppe gehören, damit man andere Völker und Rassen usw. nicht nur einfach unterdrückt und ausbeutet, sondern ein zivilisiertes Verhältnis zu ihnen entwickelt. Dies liegt schließlich auch - wie wir heute immer mehr erkennen - im Interesse aller Beteiligten.

Der Islam lehrte jedenfalls von Anfang an die Gottgewolltheit einer friedlichen Koexistenz der Kulturen und Religionen, die sich durch einen friedlichen Wettbewerb gegenseitig zu Höchstleistungen anspornen können.

Die durch den Islam geforderte aktive Toleranz (d.h. nicht nur Duldung, sondern auch Respektierung anderer Religionen und Kulturen - und damit auch die erfolgreiche Inschutznahme der allgemeinen Menschenrechte, insbesondere der Religionsfreiheit - ermöglichte bekanntlich als eine ihrer Vorbedingungen die Hochblüte des Islam, welche Jahrhunderte andauerte und darüber hinaus auch einen fruchtbaren, befreienden Einfluß auf die Entwicklung Europas hatte. So wurden beispielsweise den Christen und Juden zur Zeit der Vorherrschaft des Islam in Spanien eine

196

fruchtbare Zusammenarbeit mit den Muslimen ermöglicht, und Spanien's Kultur erlebte dadurch einen großen Aufschwung.

Der Islam lehrte und praktizierte bereits vor 1400 Jahren die Fruchtbarkeit und Notwendigkeit des Kulturpluralismus sowie - was diesen ermöglicht - ein gerechtes und tolerantes Benehmen prinzipiell allen Menschen gegenüber, das ja islamisch betrachtet als Maßstab der Frömmigkeit gilt. Im Koran heißt es hierzu:

*„ O ihr Menschen, Wir haben euch von einem männlichen und einem weiblichen Wesen erschaffen, und Wir haben euch zu Völkern und Stämmen gemacht, damit ihr einander kennenlernt. Der Angesehenste von euch bei Gott, das ist der Gottesfürchtigste (bzw. der Gerechteste) von euch. "* (49,13)

## 4. Religionsfreiheit im Islam als religiöses Gebot:

Die Toleranz des Islam den anderen Religionen gegenüber ist eine aktive Toleranz, d.h. sie beinhaltet nicht nur eine Duldung, sondern gleichzeitig auch Respekt. Diese Toleranz hat zwei Wurzeln. Erstens verlangt der Islam grundsätzlich allen Menschen gegenüber eine tolerante und gerechte Einstellung, wovon natürlich feindliche Gruppen ausgeschlossen sind. Zweitens lehrt der Islam, daß alle geoffenbarten Religionen von Gott stammen, und daß daher die Muslime diese Religionen und ihre Propheten - wie Moses, Jesus und andere - als göttliche Boten zu respektieren haben. Daraus resultiert selbstverständlich das Gebot der Religionsfreiheit, das sowieso, wie wir darstellten, aus dem Wesen der Religion abgeleitet werden muß.

Wenn alle Religionen von Gott geoffenbarte Wege zu Ihm sind, wie der Koran das lehrt, dann müssen sie selbstverständlich alle von den Gläubigen anerkannt werden, und zwar in einer nicht bloß passiven, sondern in einer aktiven Toleranz. Der Islam lehrte also nicht nur einen Kulturpluralismus, sondern auch die friedliche Koexistenz der Religionen.

Es gibt keinen Zweifel, daß hierin eine große Herausforderung an den menschlichen Intellekt besteht. Denn wie kann der absolute Wahrheitsanspruch der eigenen Religion mit der oft gepredigten Exklusivität(welche an das Gruppen-Ego appelliert) Hand in Hand gehen mit einer Anerkennung der anderen Religionen? Auf der Grundlage der islamischen Glaubenslehren ist dies jedenfalls möglich. Zudem wird islamisch betrachtet durch die Anerkennung der anderen Religionen als prinzipiell gültigen, geoffenbarten Wegen zu Gott die eigene Religion nicht nur nicht herabgesetzt, sondern gerade erst in ihrer vollen Potenz verwirklicht. Ein engstirniger Fanatismus sowie eine bloße Buchstabengläubigkeit werden dadurch als Irrwege ausgeschlossen.

Ein wirklich sorgfältiges Studium der Religionen kann jedem, der sich um Aufgeschlossenheit bemüht, zeigen, daß, wie der Koran lehrt, in ihnen allen die göttliche Botschaft der auszuübenden Gerechtigkeit und Barmherzigkeit und des daraus resultierenden Friedens zu finden ist.

Die Rolle der Religionen erfordert nicht, daß sie einen bloßen Wettbewerb um weltliche Macht unternehmen bzw. diesen stützen, was aber leider nur allzuoft geschieht, sondern sie besteht darin, daß sie einen Wettlauf unternehmen zu den „guten Dingen", wie der Koran dies auch ausdrückt:

> „Für jeden von euch", sagt der Koran (5,48), "haben Wir eine Richtung und einen Weg festgelegt. Und wenn Gott gewollt hätte, hätte Er euch zu einer einzigen Gemeinschaft gemacht. Doch will er euch prüfen in dem, was Er euch hat zukommen lassen. So eilt zu den guten Dingen um die Wette. Zu Gott werdet ihr allesamt zurückkehren."

Wenn die Gläubigen die oben erwähnte Prüfung nicht bestehen, müssen sie damit rechnen, daß Gott sich schließlich von ihnen abwenden und für die Durchführung seiner Pläne andere erwählen wird. Daher heißt es im Koran:

" folgt also nicht (euren) Neigungen, anstatt gerecht zu sein. Wenn ihr (das Recht) verdreht oder euch (davon) abwendet, bleibt das nicht verborgen." (4,135)

„Wenn ... (Gott) will, läßt er euch, ihr Menschen, vergehen und andere (nach)kommen (und eure Stelle einnehmen),, (4,133)

## 5. Zur Geschichte der Religionsfreiheit im Islam:

Im Anschluß an diese systematische Darstellung der islamischen Prinzipien bezüglich der allgemeinen Menschenrechte und insbesondere der Religionsfreiheit, möchte ich Ihnen nun eine kurze Erörterung zu Fragen der Geschichte der Religionsfreiheit im Islam geben, die, wie ich hoffe, durch die systematische Erörterung der islamischen Lehren verständlicher erscheinen. Hierbei werde ich vor allen Dingen auf die folgenden Punkte, welche westliche Beobachter besonders interessieren, eingehen:

a) den Religionsdialog
b) den Religionspluralismus und die Rechte von Minoritäten
c) den gegenwärtigen Stand der Religionsfreiheit im Islam
d) die Frage der Apostasie, sowie zum Abschluß
e) Saladdin, das Vorbild aktiver Religionstoleranz, wie der Islam sie versteht.

Wichtig ist zunächst vor allem, darauf hinzuweisen, daß die Muslime prinzipiell im gesamten Verlauf ihrer Geschichte bis heute - den Geboten und Lehren des Islam damit gewissenhaft folgend - niemals Christen, Juden oder andere Gruppen zur Annahme des Islam gezwungen haben. Denn, wie ausführlich erläutert, eine Religion, die ohne Überzeugung, nur infolge von Zwang vertreten wird, ist islamisch betrachtet wertlos. Daher ist es religiös gesehen verboten, irgend jemanden zur Religion zu zwingen. Ganz in Übereinstimmung mit dieser Haltung hat der Islam statt dessen, wie wir darstellten, zu einer aktiven Toleranz den

201

anderen Religionen und prinzipiell allen Menschen gegenüber aufgerufen, und die Muslime sind diesem Ruf gefolgt.

a) Der Islam ist auch die erste Religion, welche die Notwendigkeit eines aufrichtigen, nichtpolemischen Dialogs zwischen den Religionen betonte, was ihm möglich war, weil er (übrigens als erste Religion!) alle geoffenbarten Religionen als gültige Wege zu Gott anerkannte. Zwischen diesen Wegen gibt es prinzipiell keinen Unterschied - wichtig ist nur, daß ihre Anhänger sich aufrichtig um ein gerechtes Handeln bemühen. So heißt es im Koran:

*„Und streitet (d.h. disputiert) mit den Leuten des Buches (d.h. den Anhängern der Offenbarungsreligionen) nur auf die beste Art, mit Ausnahme derer von ihnen, die Unrecht tun. Und sagt: ‚Wir glauben an das, was zu uns herabgesandt wurde (an Offenbarungen) und zu euch herabgesandt wurde. Unser Gott und euer Gott ist einer. Und wir sind Ihm ergeben. "* (29,46)

Zum interreligiösen Dialog gehört islamisch betrachtet Aufgeschlossenheit und Toleranz, in dem Bewußtsein der eigenen Fehlbarkeit, in dem Sinne, wie der Koran es ausdrückt:

*„Ruf (die Menschen) mit Weisheit und einer guten Ermahnung auf den Weg deines Herrn und streite (diskutiere) mit ihnen auf die beste Art. Dein Herr weiß besser, wer von seinem Weg abirrt, und Er weiß besser, wer die sind, die der Rechtleitung folgen. "* (16,125)

Aber wenn es also nicht die ausdrückliche Absicht ist, die andere Seite ins eigene Lager hinüberzuziehen, dann dürfen die Religionsgespräche aber auch nicht als Vorwand dienen, die Religion zu beschimpfen oder lächerlich zu machen. Auch sollte man sich nicht mit unwichtigen polemischen Streitfragen beschäftigen, sondern sich eher bemühen, die Gemeinsamkeiten der Religionen herauszustellen, also eine positive Haltung ihnen gegenüber einnehmen. In diesem Sinne sagte der Koran:

*„Sag: Ihr Leute der Schrift (d.h. Angehörige der Offenbarungsreligionen)! Kommt her zu einem zwischen uns und euch gleich angenommenen Wort: daß wir Gott allein dienen und Ihm nichts (also keine anderen Götter) beigesellen, und daß wir nicht einander zu Herren nehmen neben Gott."* (3,64)

Solche offenen Religionsdialoge fanden z.B. in der Abbassidenzeit mit der Unterstützung und oft unter der Leitung der Kalifen statt. Es handelte sich hierbei um in aller Offenheit durchgeführte gelehrte Diskussionen zwischen Wissenschaftlern, welche verschiedenen Sekten, Rechtsschulen oder verschiedenen Religionen angehörten. Diskutiert wurden Glaubensfragen, Konfessionsunterschiede oder Vergleiche zwischen verschiedenen Religionen.[1]

b) Ganz eindeutig erklärte der Koran jede Form von Diskriminierung als ungerecht und forderte statt dessen eine aktive Toleranz. So heißt es im Koran:

---

[1] Wafi, Human Rights, S.124.

*„Gott verbietet es nicht, denen, die nicht gegen euch der Religion wegen gekämpft und euch nicht aus euren Wohnstätten vertrieben haben, Pietät zu zeigen und Gerechtigkeit angedeihen zu lassen. Gott liebt ja die, die gerecht handeln."* (60,8)

An dieser Stelle möchte ich einen kurzen Hinweis auf die Methode des Korans geben. Wie aus dem obigen Zitat ersichtlich wird, spricht der Koran häufig nicht in Form von Anweisungen, sondern in Form von subtilen Hinweisen, da er zu einer freien Überlegung und Entscheidung aufrufen und nichts erzwingen will, was sich sowieso nicht erzwingen läßt. Die Methode des Korans besteht darin, daß er für jedes Problem eine stufenweise Lösung sowie für jede Lehre eine stufenweise Erklärung anbietet, die jeweils dem Bildungsgrad des Einzelnen angepaßt sind. Es geht ihm nicht um einen automatischen Gehorsam, sondern um die Tat, die aus Überzeugung geschieht.

In Übereinstimmung mit dem Prinzip der Religionsfreiheit hat daher der Prophet Mohammed in Medina eine vorbildliche Stadtverfassung aufgestellt, welche die friedliche Koexistenz der Religionen und folgerichtig die gleichen Menschenrechte für alle Stämme dieser Stadt garantieren soll. In dieser demokratischen Stadtverfassung, die vor mehr als 14 Jahrhunderten festgelegt wurde, werden die in Medina lebenden Juden als eine Nation bezeichnet, welche zusammen mit der Nation der Muslime in Medina eine einzige Gemeinschaft bilden. Die Juden haben daher dieselben Rechte und Pflichten wie die Muslime. Bei alledem wird die Verschiedenheit ihrer Religionen ausdrücklich betont. Der Prophet Mohammed vertrat damit von Anfang an in ganz konsequenter Weise die Sache der Religionsfreiheit und des

Religionspluralismus und akzeptierte damit auch die Verschiedenartigkeit der jeweiligen Sitten und Traditionen.[1]

Ebenfalls hat der Prophet Mohammed allen Kriegsgefangenen und allen Bewohnern eroberter Gebiete ausdrücklich erklärt, daß sie bezüglich ihrer Religion selber frei zu entscheiden haben und auf keinen Fall von ihm gezwungen würden, zum Islam überzutreten. Für ihn war die Reinheit des Glaubens, also eine freie Entscheidung zum Glauben, von höchster Bedeutung. Deshalb warnte er auch immer vor einem übereifrigen Bekehrungseifer und schrieb z.B. in einem seiner Briefe nach Jemen:

„Jeder, der an seinem Judentum oder Christentum festhält, soll davon nicht abgelenkt werden."[2]

Auch der Schutz der Menschenrechte der Nicht-muslime lag dem Propheten Mohammed sehr am Herzen. So schrieb er beispielsweise in einem seiner Briefe an das Volk von Najran,

„daß es den Schutz Gottes genießen werde und das Gelübde des Propheten Mohammed, des Propheten Gottes, für die Sicherheit ihres Eigentums, ihres Lebens, ihres Landes und Glaubens ... und alles, was sie besitzen, unabhängig von der Menge; daß kein Bischof sein Bistum, kein Mönch sein Kloster und kein Priester seine Gemeinde verlieren würde."[3]

---

[1] Batzli, Menschenbilder, Menschenrechte, 1994 Zürich. Aus: M. H. Heikal, Hajat Mohammed, S. 225 ff, 1965.

[2] Batzli, S. 159: aus: Abu Ubayd, al Amwal, S. 35.

[3] Batzli, S.159 f, aus: Abu Jusuf, al Kharaj, S. 72.

In diesem Sinne garantierte auch der zweite Kalif Omar den christlichen Einwohnern von Jerusalem die Sicherheit für

„ihr Leben, ihre Kirchen und ihre Kreuze. Und keiner von ihnen", sagte er, „darf wegen seiner Religion einem Zwang unterworfen werden, und keinem von ihnen darf man Schaden zufügen."[1]

Nichtmuslime haben prinzipiell nach dem islamischen Recht in jedem islamisch regierten Land den gleichen Status wie die Muslime, d.h. dieselben Rechte und Pflichten.[2]

Zweifellos wurden diese islamischen Prinzipien der Religionsfreiheit und der aktiven Toleranz von einzelnen Muslimen manchmal verkehrt verstanden oder ausgelegt. Aber wir gehen an dieser Stelle nicht weiter darauf ein, da in diesen Ausführungen die Auffassungen des Islam dargelegt werden sollen und nicht die verkehrte Interpretation und Praxis dieser Auffassungen seitens einiger Muslime oder fanatischer Gruppen.

c) Was den gegenwärtigen Stand der Religionsfreiheit in den islamisch regierten Ländern anbetrifft, so läßt sich prinzipiell feststellen, daß die Christen in der islamischen Gemeinschaft voll integriert sind: sie dürfen ihre Religion frei ausüben, treten freiwillig den Streitkräften bei und beteiligen sich an

---

[1]Vortrag Mahmoud Zakzouk, Islam und Menschenrechte, S. 8.

[2]siehe auch Batzli, S. 166.

der Verteidigung der Heimat; Seite an Seite mit den Muslimen zahlen sie dem Staat dieselben Steuern.[1]

d) Mit den Schlagworten der allzu oft nur nach Sensationen jagenden Presse, welche es gern unterläßt (sei dies nun absichtlich oder aus Unwissenheit), sich mit den Einzelheiten religiöser Lehren zu beschäftigen, werden z.B. in Fragen der Apostasie im Islam häufig künstlich Skandalnachrichten fabriziert und dann lange am Leben erhalten, welche in der Weltöffentlichkeit eine unnötige Panik erzeugen, während doch die wirklichen Gefahren für unsere heutige Welt, die zu einem globalen Dorf zusammengeschrumpft ist, in der Intoleranz gegenüber anderen Kulturen liegen. Wenn es einzelne Fanatiker gibt, welche die islamischen Lehren tatsächlich verkehrt interpretieren und sie auf den Kopf stellen, dann dürfen wir doch nicht vergessen, daß Fanatismus von Zeit zu Zeit überall in unserer Welt festzustellen ist, nicht zuletzt auch bei denen, die mit verkehrten Nachrichten über den Islam in der Weltöffentlichkeit oft zielbewußt einen panischen Schrecken züchten.

Die islamische Auffassung bezüglich der Apostasie hält vor allem an zwei Prinzipien fest:

1) Jeder Glaube basiert auf eigener Überzeugung und Gewißheit, ist also nicht das Resultat von bloßer Nachahmung oder von Zwang in irgendeiner Form. Das bedeutet, daß jeder Mensch frei ist in der Wahl seines Glaubens und daß jeder das Recht zu eigenen Meinungen hat, sogar der Atheist. Daher darf prinzipiell niemand wegen seiner Meinungen angegriffen oder belästigt werden.

---

[1]Batzli, S. 169.

2) Dieser allgemeine Schutz der Meinungs- und Glaubensfreiheit gilt aber nur so lange, wie der Einzelne seine Meinungen für sich behält. Wenn er aber seine verkehrten
Gedanken, die im Widerspruch zu den Bekenntnissen und
Moralauffassungen seiner Mitbürger stehen, allgemein
verbreiten will, dann verstößt er in diesem Moment gegen die
allgemeine Ordnung des Staates, in dem er lebt, weil sich
durch seine verkehrten Auffassungen Zweifel unter seinen
Mitbürgern verbreiten, die zu einem Aufruhr führen können.
Jeder, der sich so verhält, wird dafür bestraft, ja kann unter
Umständen sogar des Hochverrats angeklagt werden, und
zwar, wie gesagt, nicht deswegen, weil er seinen Glauben
abgelegt hat, sondern weil er durch die Verbreitung solcher
Gedanken im Staat Verwirrung verbreitet und gegen seine
Ordnung verstoßen hat.[1]

e) Zum Schluß möchte ich ein hervorragendes Beispiel aus
der islamischen Geschichte für die islamische Auffassung
von Religionsfreiheit und Toleranz erwähnen, das den
schöpferischen Charakter des islamischen Glaubens und die
Begeisterungsfähigkeit wahrer Muslime in vorbildlicher
Weise illustriert. Ich spreche von dem auch Ihnen aus der
Geschichte bekannten Sultan Saladdin.

Seine Behandlung der Kreuzfahrer nach dem Sieg über
sie gibt eine weitaus bessere Einführung in den islamischen
Begriff von Gerechtigkeit und Toleranz als die vielen Bände
einiger viel zitierter Rechtsgelehrter. Sein Verhalten wurde
durch Barmherzigkeit (islamisch betrachtet der notwendigen
Ergänzung der Gerechtigkeit) inspiriert und folgte nicht dem

---

[1]Mahmoud Zakzouk, Fragen zum Thema Islam, 1999, S.124 f.
208

Prinzip bloßer Legalität. „Denn nachdem er die Kreuzfahrer besiegt hatte, behandelte er die heimkehrenden christlichen Krieger mit einer einmaligen Großzügigkeit. Nicht nur gab er ihnen ihre Freiheit zurück und schenkte er den Armen unter ihnen die nötige Ausrüstung für ihre Heimfahrt, sondern er befahl noch dazu, daß man ihre heiligen Stätten unangetastet lassen sollte, obwohl einige Muslime ihn baten, die Kreuzfahrer auf dieselbe Weise zu behandeln wie diese ihrerseits die Muslime behandelt hatten (nämlich auf äußerst barbarische Weise), als sie Jerusalem im Jahr 1099 eroberten. Aber er gebot ihnen, die christlichen Stätten zu respektieren sowie die Christen mit Toleranz zu behandeln."[1]

Islamisch betrachtet hat Saladdin damit - so kann man sagen - das „ewige Jerusalem" zurückerobert, von dem das zeitliche Jerusalem nur ein bloßer Abglanz ist. Diese Seite des Islam dürfen wir nicht vergessen, wenn wir den Islam nicht vergessen wollen.

---

[1]Mahmoud Zakzouk, Vortrag über Konflikt, Pluralismus und Solidarität in islamischer Sicht, S. 10, aus: Saed Ashour, Al-Haraka assalibiyya, Bd. II, S. 790-95, Kairo, 1976.

## Siebtes Kapitel

# Islam und Gerechtigkeit[1]

## Einführung

Gerechtigkeit ist einer jener Begriffe, welche weniger etwas beschreiben, was ist, als etwas, was sein sollte. Gerechtigkeit setzen die jeweils existierenden, letztlich veränderlichen gesetzlichen Ordnungen voraus. Sie ist ihre Voraussetzung und als solche nicht mit ihnen identisch. Von daher gesehen, ist sie nicht festgelegt und nicht festlegbar; obwohl sie, wie wir zeigen werden, um ihrer selbst willen angestrebt wird. Gerechtigkeit ist mit anderen Worten ein Ideal, um das und auf das hin man sich ständig neu bemühen muß.

Gleichzeitig wird Gerechtigkeit als eine Wirklichkeit erfahren. Ohne sie zerfällt das Leben und wird unwirklich. Wenn wir die Geschichte der Menschheit betrachten, sehen wir, daß Gerechtigkeit letzten Endes in einem ganz eminenten Sinne in ihr wirksam ist. Sie bestimmt das Handeln eines jeden vernünftigen Menschen, der mit seinem innersten Leben und Wesen ebenso nach Verwirklichung von Gerechtigkeit drängt, wie er ihre Negation, die Ungerechtigkeit, ablehnt.

---

[1] Vortrag auf dem Wissenschaftlichen Kolloquium Gerechtigkeit und Frieden - Aus christlicher und islamischer Sicht, Universität Münster. Münster, 1992

Den Islam kann man nur verstehen, wenn man erkennt, daß er seinem Wesen nach ein Kampf für die Gerechtigkeit und damit für die Freiheit, Würde und Rechte aller Menschen ist. Statt von "Kampf" sollte man besser vom Einsatz für die Gerechtigkeit sprechen, weil es sich beim Islam, d.h. der Ergebung in den Willen Gottes, um eine Verwandlung des Menschen in eine selbstverantwortlich handelnde, nicht länger bloß egoistischen Motiven folgende Person handelt. Der Einsatz für die Gerechtigkeit ist daher vor allem ein Kampf gegen den eigenen Egoismus und für die Herrschaft der Vernunft, also ein moralischer Prozeß und kein Machtkampf. Aber nicht nur außerhalb, sondern auch teilweise innerhalb der islamischen Welt wird der Islam oft völlig falsch verstanden.

# 1. Hoffnung und Gerechtigkeit

Wenn wir fragen, wo die Gerechtigkeit zu finden ist, können wir sagen, daß sie überall dort ist, wo die Hoffnung auf Gerechtigkeit noch lebendig ist. Denn dort kann Gerechtigkeit *wirklich* werden und unser Handeln bestimmen. Daß Gerechtigkeit notwendig ist, versteht sich von selbst. Nur Gerechtigkeit kann die Not wenden, in die uns die Ungerechtigkeit stürzt, ist also *not-wendig*. Dennoch sehen wir, daß in der Welt die Ungerechtigkeit in massiver Weise zu überwiegen scheint. Das gilt für die islamische Welt ebenso wie für die übrige Welt; bis heute gibt es niemanden, der Gerechtigkeit für sich allein beanspruchen kann.

Diese Tatsache wird ganz besonders dann sichtbar, wenn die Anwendung von bloßer Gewalt, oft versteckt hinter einer Fassade von Legalität, dazu führt, daß die Vernunft des Menschen, oft sogar großer Massen von Menschen, unterliegt. Das kann soweit gehen, daß die Hoffnung auf Gerechtigkeit praktisch aufgegeben wird und statt dessen Größenwahn oder Hedonismus oder beide mit all ihren trügerischen und kurzlebigen Scheinhoffnungen regieren. Überall dort, wo die Vernunft und mit ihr die Wahrheit aufgegeben oder nur vorgetäuscht wird, um in Wirklichkeit bloß Macht- und/oder Lustgewinn zu erreichen, wird die Gerechtigkeit aufgegeben. Doch zeigt sich über kurz oder lang immer wieder, daß ungerechte Gewaltanwendung letztendlich zum Leerlauf und damit auch zum Machtverlust führt.

Umgekehrt kann die Erfahrung gemacht werden, daß überall dort, wo an der Hoffnung auf Gerechtigkeit festgehalten wird, diese eine den Menschen formende und ihn geistig höher entwickelnde Wirklichkeit ist. Die Hoffnung auf Gerechtigkeit, der letzten Endes unstillbare Durst des Menschen nach ihr ist, so betrachtet, der entscheidende Motor für die menschliche Entwicklung. Er ist gekoppelt mit dem. ebenfalls nicht unterdrückbaren Verlangen des Menschen nach Wahrheit, Würde und Freiheit.

Schon die Erfahrung kann lehren, daß Gerechtigkeit - ein die sinnliche Welt transzendierender Begriff - notwendig ist und daß sie in unserer Welt stattfinden kann. Doch ist sie vor allem gegenwärtig in der Hoffnung auf sie. Den Platz, wo es keine Hoffnung mehr gibt, hat man als Hölle, d.h. eine von keinem Licht der Vernunft mehr erleuchtete Höhle, bezeichnet. Ebenso nennt man das Paradies den Ort der Erfüllung der Hoffnung. Die Frage, ob es Hoffnung auf volle Gerechtigkeit, also auf das Paradies, nur für eine bestimmte Gruppe von Menschen gibt, muß man verneinen, wenn man Gerechtigkeit als Wirklichkeit anerkennt und nicht nur als eine reine Hypothese.

## 2. Barmherzigkeit und Gerechtigkeit

Nach der Lehre des Korans manifestiert sich Gerechtigkeit in der göttlichen Barmherzigkeit, die unterschiedslos jeden Menschen - unabhängig von seiner Rasse, seiner Religionszugehörigkeit oder seinem Geschlecht - umfaßt, der sich um wahre Gerechtigkeit bemüht, und die jeden Menschen im Aufruf zur Gerechtigkeit zu sich ruft. So heißt es im Koran:

*"O meine Diener, die ihr gegen euch selbst Übertretungen begangen habt, gebt die Hoffnung auf die Barmherzigkeit Gottes nicht auf. Gott vergibt die Sünden alle. Er ist ja der, der voller Vergebung und barmherzig ist. Und wendet euch eurem Herrn reumütig zu und seid ihm ergeben ... " (Sure 39, 53/54)*

Wenn die Gerechtigkeit verneint, die Hoffnung auf sie aufgegeben wird, kann das zweifellos viele Gründe haben. Aber immer wird man vergeblich versuchen, eine in unbestimmter Weise vollkommen richtig als umfassend begriffene Gerechtigkeit begreifbar zu machen. Denn in dem Moment, in dem man sie begreifbar machen will, erklärt man sie als nicht mehr umfassend und alles umgreifend. Tatsächlich wird Gerechtigkeit - wir werden auf diese Tatsache noch näher eingehen - nur im eigenen gerechten Handeln erfaßbar.

In der Hoffnung auf Gerechtigkeit, im Glauben an sie, befreit der Mensch sich - so lehrt der Islam - zum gerechten Handeln. Gerechtigkeit wird, islamisch gesehen, als Barmherzigkeit des allumfassenden Gottes erfahren, der alle

Menschen zu sich führen will, und von dem es im Koran heißt:

*"Dein Herr umfängt die Menschen." (Sure 17,60)*

Die Gerechtigkeit wird von dem Menschen, der sie sucht, schließlich als eine ihn umfangende Wirklichkeit erfahren. Durch sie, so erkennt er, wird es ihm möglich, gerecht zu handeln. In dieser Weise kann Gerechtigkeit im Handeln des Menschen gegenwärtig werden.

Erfahrungsgemäß kann von einem Außenstehenden selbst der gerechteste Akt nicht nur in den Konsequenzen, sondern auch in den zugrundeliegenden Motiven prinzipiell angezweifelt werden. Die unmittelbarste Erfahrung der Gerechtigkeit ist zweifellos da, wo wir selber gerecht handeln. Gerechtigkeit wird als schöpferischer Akt erfahren. Jeder Mensch, der freiwillig Verantwortung übernimmt und entsprechend dieser Verantwortung frei entscheidend vernünftig, d.h. gerecht handelt, handelt in diesem Fall schöpferisch, mit Hilfe einer schöpferischen Energie, die wir Aufmerksamkeit, Stärke oder Liebe nennen können.

Darin liegt nach der Lehre des Korans die einzigartige Würde des Menschen: daß er, wenn er sich dafür entscheidet, fähig ist, als Ebenbild. als Statthalter seines Schöpfers gerecht zu handeln (Sure 2,30).

## 3. Die beiden Seiten der Gerechtigkeit

Wenn wir darstellen wollen, worin gerechtes Handeln besteht, können wir davon ausgehen, daß es möglich ist, bei der Betrachtung der Gerechtigkeit an ihr zwei Seiten zu unterscheiden, und zwar in ihrer Beziehung zu der menschlichen Erfahrung. Wie oben bereits angedeutet wurde, beinhaltet der Begriff der Gerechtigkeit nicht nur, daß jeder Mensch von Natur aus, d.h. als vernünftiges Wesen, nach ihr verlangt, sondern daß umgekehrt, oder besser gesagt, gleichlaufend damit, die Gerechtigkeit ihrerseits jeden Menschen als ein vernünftiges, freies Wesen verlangt. Dies sind, so könnte man sagen, von der menschlichen Erfahrung her gesehen die beiden Seiten der Gerechtigkeit. Ausgehend von diesen Überlegungen, liegt ein falsches Verständnis von Gerechtigkeit immer dann vor, wenn, was sehr häufig geschieht, ihre zweite Seite nicht gesehen wird. Mit rein naturwissenschaftlichen Mitteln der Forschung wird sie allerdings nicht sichtbar. Man kann zwar mit Hilfe des naturwissenschaftlichen und technischen Fortschritts die Rückseite des Mondes untersuchen, doch die zweite Seite der Gerechtigkeit, ihre transzendente Seite, welche den Menschen zu einem konsequenten Leben in der Verantwortung vor Gott auffordert, wird gern ignoriert. Statt Gerechtigkeit als Ideal wirklich anzustreben und damit ein menschenwürdiges Dasein für sich und die anderen aufzubauen, benutzt man sie lieber als Schlagwort, als Deckmantel, sei es für eigene Zwecke oder für die Zwecke der eigenen "Partei". Partei kann dabei alles mögliche sein: eine Nation, eine Rasse oder etwa auch eine Religion, wobei natürlich letztere, meist unbemerkt, in ihr Gegenteil verwandelt wird. Sie ist dann nicht mehr ein Weg zur Erreichung von Gerechtigkeit, sondern zur Erreichung und

Entschuldigung von Ungerechtigkeit. Jedes parteiische Denken führt letzten Endes zur Ungerechtigkeit.

Im Gegensatz dazu fordert der Koran auf, die Gerechtigkeit als unparteiisch anzusehen. Ebenso wie Gott für alle Menschen da ist, ist auch die Gerechtigkeit nicht für eine bestimmte Gruppe unter den Menschen, sondern für alle Menschen da. Gott ist, so lehrt der Koran, der Gott aller Menschen, nicht etwa, wie in den früheren, sog. primitiven Religionen, nur ein Stammesgott, der den ihn verehrenden Stamm, und nur ihn allein, fördert und unterstützt. Deshalb verlangt die Gerechtigkeit, wie sie im Koran dargestellt wird, prinzipiell für alle Menschen die gleichen Rechte, begründet auf der Durchführung der gleichen Pflichten, und das heißt auch, die gleiche Freiheit.

Es ist einseitig, Gerechtigkeit, in welcher Form auch immer, nur für sich selbst zu fordern. Erfahrungsgemäß verlangt man dann, wenn man selbst oder andere, mit denen man sich verbunden fühlt, unter Ungerechtigkeiten leidet, nicht nur nach Gerechtigkeit, sondern man weiß auch, daß sie absolut, uneingeschränkt sein muß. Aber dieses Wissen hilft nichts, wenn man es wieder vergißt und wenn es nicht dazu führt, auch Ungerechtigkeiten gegenüber anderen zu verurteilen und zu bekämpfen bzw. Gerechtigkeit auch für die anderen Menschen zu fordern.

Der Koran erinnert an diese Absolutheit der Gerechtigkeit und ermahnt dazu, daß man, wenn man seine personale Integrität nicht aufgeben will, überall und nicht nur für die eigenen Zwecke für Gerechtigkeit eintreten muß. Sünden sind nach seiner Lehre, wie wir oben bereits zitiert haben, nicht nur Verletzungen der Rechte anderer, sondern auch Verletzungen von Rechten, die der Mensch gegenüber sich selbst begeht. Es hat unübersehbare Folgen, wenn man nur die eine Seite der Gerechtigkeit sehen will, nämlich, daß man sie für sich selbst beansprucht, aber gleichzeitig ihre andere Seite übersieht, daß alle Menschen sie brauchen. Damit stellt man sich auf die Seite der Ungerechtigkeit. Die Gerechtigkeit entzieht sich demjenigen, der ungerecht handelt. Dann, wenn Gerechtigkeit in unserem Handeln nicht bezeugt wird, ist sie auch für uns nicht da.

*"Und wenn Not über die Menschen kommt", sagt der Koran, "beten sie zu ihrem Herrn, indem sie sich ihm zuwenden. (Aber) wenn ihr sie hierauf eine Probe seiner Barmherzigkeit erleben laßt, gesellt gleich ein Teil von ihnen ihrem Herrn (andere Götter, d.h. anderes, das sie anbeten, beispielsweise Geld) bei, um undankbar zu sein für das, was wir ihnen gegeben haben." (Sure 30,33/34).*

Ungerechtigkeit wird hier also als Undankbarkeit Gott gegenüber charakterisiert.

## 4. Die Unteilbarkeit der Gerechtigkeit

So lange, wie dem Verlangen des Menschen nach Gerechtigkeit für sich selbst, das so natürlich ist wie das Atmen, trotzdem die Undankbarkeit für das, was ihm die Gerechtigkeit gewährt, zur Seite gestellt ist, so lange ist das Verlangen nach ihr unstillbar. Denn, wie man zu Recht sagt, die Gerechtigkeit ist unteilbar. Man kann sie nicht gleichzeitig beanspruchen und dann wieder beiseiteschieben wollen. Sie wird unbegreifbar, unauffindbar für den, der ihre rettende Hand zwar für sich selbst ergreift, aber die um Gerechtigkeit bittende Hand des anderen wegstößt und vergißt. Sie kann nicht für egoistische Ziele angestrebt werden, sondern nur um ihrer selbst willen, und zwar ohne Unterschied überall da, wo wir Menschen finden, die ihrer bedürfen und ungerecht verfolgt werden. Sie ist insofern nicht nur für alle Menschen da, sondern verlangt auch die Mitarbeit aller.

Alle Menschen, so lehrt der Koran (Sure 4,1) sind aus einer einzigen Seele geschaffen worden und insofern Teile dieser einzigen Seele, und darauf basiert letztendlich die Solidarität aller Menschen, welche die Gerechtigkeit fordert. Deshalb betrifft all das, was einen anderen Menschen betrifft, in gewisser Weise auch mich. Wir alle nehmen teil an der gleichen Menschlichkeit. Daher heißt es im Koran (Sure 5,32), daß die Ermordung eines Menschen gleichzusetzen ist mit der Ermordung der ganzen Menschheit; umgekehrt ist die Rettung eines Menschen gleichbedeutend mit der Errettung der ganzen Menschheit. Wir halten also insofern mit unserem eigenen Handeln sozusagen das Schicksal der ganzen Menschheit in der Hand. Was von uns gefordert wird, ist, daß wir uns mit unserem Handeln frei für die Gerechtigkeit entscheiden.

Die Unterschiede verschiedener Gruppen von Menschen, z.B. in bezug auf Rasse, Nation und Religion, haben nach dem Koran ihren Sinn darin, daß die Menschen einander kennenlernen, daß sie über alle Unterschiede hinweg, im anderen Menschen die Menschlichkeit entdecken, die ihrer eigenen gleich ist (Sure 49,13).

Wie nie zuvor in der Geschichte wird in unserer heutigen Welt die Unteilbarkeit der Gerechtigkeit wie auch die Schwierigkeit ihrer Verwirklichung sichtbar. Unsere Welt ist zu einem Dorf geworden, in dem alle letzten Endes voneinander abhängig sind, auch wenn viele das noch immer nicht wahrhaben wollen.

Die Fremden von gestern sind unsere Nachbarn von heute geworden. Es ist auch nicht länger die privilegierte Erkenntnis einiger Pioniere der Menschlichkeit, daß Kulturen um ihrer selbst willen respektiert werden müssen, da sich in ihnen allen die Entwicklung des Menschen zu einer Person, zu einem selbständigen Vernunftswesen verwirklicht, und daß jedem Menschen ohne Unterschied diese Chance zusteht. Warum dies so selten verwirklicht wird, fragt auch der Koran, wenn es in ihm heißt:

*"Warum wollt ihr nicht nur um Gottes willen und der Unterdrückten willen kämpfen, Männer, Frauen und Kinder ... ?" (Sure 4,75).*

## 5. Pflichten und Gerechtigkeit

Wie aus den vorangegangenen Erörterungen klargeworden ist, bedeutet Gerechtigkeit nicht, daß man festgelegte Pflichten mechanisch und mit dem Ziel, eigene Vorteile zu erlangen, erfüllt. Um dies zu erklären, bringt der Koran ein Gleichnis:

*"Und Gott führt als Gleichnis zwei Männer an. Der eine ist stumm und hat über nichts Gewalt; er ist seinem Herrn eine Last; wo er ihn auch hinschickt, bringt er nichts Gutes. Ist er etwa dem gleich, der die Gerechtigkeit gebietet, wobei er einem geraden Weg folgt?" (Sure 16,76)*

Gott liebt die gerechten Menschen, heißt es an vielen Stellen im Koran (z.B. in Sure 5,42). Doch wie handelt man in jedem Augenblick auch wirklich gerecht? Wie unterscheidet man die zu wählende Pflicht von den anderen Pflichten? Wann müssen wir unsere eigenen Rechte verteidigen, für die wir auch Sorge tragen müssen, und wann und in welcher Weise die Rechte anderer? Zu entscheiden, wo in jedem Augenblick unsere Pflicht liegt, ist nicht immer einfach. Die Antwort des Koran auf diese Frage ist der Hinweis auf die Verborgenheit Gottes in der Welt, aber auch der Hinweis auf die Offenbarungen.

*"Wir haben unsere Gesandten mit den deutlichen Zeichen gesandt und mit ihnen das Buch und die Waage herabkommen lassen, damit die Menschen für die Gerechtigkeit eintreten. Und wir haben das Eisen herabkommen lassen. In ihm ist heftige Schlagkraft und vielerlei Nutzen für die Menschen. Gott wollte*

*feststellen, wer Ihn und seine Gesandten unterstützt, auch in Abwesenheit (Verborgenheit)." (Sure 57,25)*

Denjenigen, die an Gott glauben, heißt es in Sure 57,28, macht Er ein Licht, in dem sie ihren Weg gehen können, und Er vergibt ihnen. Gott läßt seine Gnade zukommen, wem Er will (Sure 57,29), aber Er tut niemandem Unrecht (Sure 18,49). Dies fügt sich der Mensch, wie wir bereits erörtert haben, selbst zu.

Die entscheidende Botschaft des Korans ist, daß der Mensch, so lange er lebt, die Wahl hat, den richtigen Weg zu gehen, indem er sich aufrichtig um Gerechtigkeit bemüht. Es geht im Koran weniger um die Lehre der Bestrafung von Sünden und Fehlern, als darum, daß man aufgefordert wird, diese zu erkennen und aus ihnen wie auch aus den Fehlern anderer zu lernen, damit man sie nicht wieder begeht und fruchtbare neue Wege beschreiten kann. So steht die Menschheit heute vor der Wahl, die als total sinnlos und nur zerstörerisch erkannten Kriege abzulehnen und statt dessen auf dem Wege vernünftiger Planungen und Verhandlungen die anstehenden politischen Probleme zu lösen. Wenn die Bedrohung durch die Zerstörung der letzten Chancen der Erde und ihrer Bevölkerung nicht hilft, welcher Zwang hilft dann? Wie kann die Forderung nach der Gerechtigkeit für alle durchgesetzt werden?

## 6. Freiheit und Gerechtigkeit

Das Handeln in Gerechtigkeit, so lehrt der Koran, ist ein freies Handeln. Das offensichtliche Geheimnis der Gerechtigkeit - das so klar ist, daß es leicht übersehen wird - besteht darin, daß der Mensch durch die Abwendung vom bloßen Egoismus im Dienst an seinen Mitmenschen und der Welt, als Dienst am Schöpfer, seine Freiheit zugleich gewinnt und betätigt. Selbstaufgabe im Dienst an Gott in diesem Sinne macht den Menschen frei zur Gerechtigkeit. In einer islamischen Überlieferung (siehe Muslim) heißt es, daß Gott gesagt habe: "Ich habe mir selbst die Ungerechtigkeit verboten und habe sie auch euch verboten. Also seid nicht ungerecht gegeneinander."

Gott ist bereit, die Menschen zu führen, damit sie wirklich gerecht handeln können, aber er will, daß sie sich seiner Führung frei anvertrauen. So heißt es im Koran:

*"Gott will euch Klarheit geben und euch rechtleiten, so wie mit denen verfahren worden ist, die vor euch lebten, und sich euch wieder zuwenden." (Sure 4,26)*

Die islamische Sicht von Gerechtigkeit kann man nur verstehen, wenn man die entscheidende Rolle der Freiheit im Islam versteht. Einen Hinweis darauf findet man z. B. in der folgenden Urteilsfestlegung der islamischen Rechtswissenschaft, wo es heißt, daß bei einem Streit zwischen einem Muslim und einem Nichtmuslim um ein Kind dann, wenn der Muslim das Kind als Sklave und der Nichtmuslim es als Sohn beansprucht, das Kind dem Nichtmuslim zugesprochen werden müsse, weil das Kind als

Sohn frei ist, nicht aber als Sklave.[1] Man kann mit Recht sagen, daß in der gesamten Geschichte des Islam dieser Ruf nach Freiheit Hand in Hand geht mit der Klage über die immer wieder auftretende Unfreiheit. So lautet bereits ein Ausspruch des Zweiten Kalifen Omar ibn al-Khattab: "Wie habt ihr die Menschen versklavt, und ihre Mütter haben sie doch frei geboren!" Er sagte dies anläßlich einer Begebenheit, die den ägyptischen Statthalter betraf. Ein Ägypter hatte sich beim Kalifen über die Ungerechtigkeit dieses Statthalters beklagt, dessen Sohn ihn völlig unberechtigt geschlagen habe. Damit er sich nicht beim Kalifen beschweren könne, ließ der Statthalter den Ägypter ins Gefängnis werfen. Nur weil ihm die Flucht gelungen war, konnte er Klage führen. Daraufhin bestellte der Kalif den Statthalter und dessen Sohn zu sich und gab, als sie kamen, dem Ägypter seinen eigenen Stock mit der Aufforderung, den Sohn des Statthalters Amr ibn al-Aas zu schlagen und ihm so die Schläge zurückzugeben. Dies geschah. Dann forderte der Kalif ihn auf, auch den Vater zu schlagen, denn der Sohn hatte ihn nur dank der Macht seines Vaters quälen können. Der Ägypter aber erwiderte, daß er nur demjenigen die Schläge zurückgegeben habe, der ihn geschlagen habe, das genüge ihm. Er entschied sich also freiwillig für eine weise Mäßigung und für eine großzügige Haltung. Daraufhin machte der Kalif den oben erwähnten Ausspruch über die Versklavung der ursprünglich frei geborenen Menschen.[2]

Daß Freiheit und Gerechtigkeit nicht nur zusammenhängen, sondern geradezu identisch sind, lehrte der islamische Wissenschaftler und Pionier der ägyptischen

[1] Haschiyat ibn Abdim, Bd. 4, Kairo 1325 H., S. 465
[2] Ali Tantawi u. a.: Akhbar Omar, Damaskus 1959, S.182 ff.

Aufklärung, Tahtawi (1801-1872) im letzten Jahrhundert. Er sagte einmal wörtlich: "Was man in Frankreich (im 19. Jahrhundert) Freiheit nennt, ist das, was bei uns Gerechtigkeit genannt wird."[1] Tahtawi lehrte auch, daß die Gerechtigkeit der Inbegriff aller Tugenden sei, und er gehörte zu jenen zahlreichen islamischen Gelehrten, die darauf hingewiesen haben, daß der Islam Freiheit, und das, was man heute die allgemeinen Menschenrechte nennt, für alle Menschen ohne Unterschied fordert, daß man deshalb nicht den Islam für die Ungerechtigkeiten früherer oder gegenwärtiger muslimischer Regierungen verantwortlich machen darf. Wegen seiner scharfsinnigen und selbständigen Gedankengänge, die von Ideologie und Polemik frei waren, kann man Tahtawi zu Recht eine echte Denkerpersönlichkeit nennen.

Das Vorbild für gerechtes Handeln, das frei macht, ist für den Muslim der Prophet Mohammed, von dem es im Koran heißt:

*"Er befiehlt ihnen das Rechte und verbietet ihnen das Verwerfliche, er erlaubt ihnen die köstlichen Dinge und verbietet ihnen die schlechten, und er nimmt ihnen ihre Last und die Fesseln, die auf ihnen lagen, ab." (Sure 7,157)*

---

[1] Ezzat Qurani: Al-Adala wa al-Hurriyya fi Fagr an-Nahda al-Arabiyya al-Haditha, Kuwait 1980.

# 7. Weltgeschichte und Gerechtigkeit

Die im Koran entwickelte Vision von einem gerechten Leben weist den Menschen auf seine wahre Heimat hin, die jenseits dieser von Ungerechtigkeit und Unfreiheit zerrissenen Welt liegt. Wenn dem Menschen das klar wird, versteht er das Weltbild des Korans. Dies zeigt, wie in der Weltgeschichte alle Weltreiche, sobald sie der Gewalttätigkeit, Macht- und Genußsucht anheimfielen, damit auch den Anfang ihres Endes erlebten. Das gilt im Kleinen wie im Großen. Sobald der Mensch sich nicht von der Vernunft, sondern vom bloßen Egoismus leiten läßt, muß er über kurz oder lang, oft ganz entgegen seinen Erwartungen, einen hohen Preis dafür zahlen.

Das Bild von dem, was in der Welt geschieht, kann leicht irreführen, wenn man es vom falschen Ausgangspunkt her betrachtet. Man muß es von dem her betrachten, was folgt. Denn Ungerechtigkeit und Verdorbenheit triumphieren nur scheinbar. Der Koran erklärt, was sich in Wirklichkeit ereignet, wenn er von der Frist, d.h. der letzten Chance spricht, die jedem Menschen noch einmal gegeben wird. Diese Chance, sich zu bessern im Bemühen um gerechtes Handeln, ist der Entscheidung des einzelnen anheimgestellt. Er wird nicht dazu gezwungen, diese Chance zu ergreifen. Der Koran sagt dazu:

*"Wenn Gott die Menschen für ihre Ungerechtigkeit belangen wollte, würde Er auf ihr (der Erde) kein Lebewesen übriglassen. Aber er stellt sie auf eine festgesetzte Frist zurück" (Sure 16,61)*

All jenen, die sich um gerechtes Handeln bemühen, ruft der Koran erklärend zu, daß sie vielfältigen Prüfungen unterworfen werden, gegen die sie sich mit großer Geduld und Frömmigkeit wappnen müssen.

*"Und wir prüfen euch mit Bösem und Gutem (d.h. mit Verführungen) und setzen euch damit der Versuchung aus." (Sure 21.35)*

Die Prüfungen haben die Funktion, die Entschlossenheit zur Gerechtigkeit zu verstärken.

*"Das diesseitige Leben ist ja nur eine betörende Nutznießung. Ihr werdet sicherlich an eurem Vermögen und an euch selbst geprüft werden ... Wenn ihr euch aber geduldig und gottesfürchtig verhaltet, so gehört dies zur Entschlossenheit in den Anliegen." (Sure 3,185/186)*

Wer sich um Gerechtigkeit bemüht, muß also einen langen Atem haben und darf keine sofortige Belohnung dafür erwarten. Gerechtes Handeln betrachtet man am besten als einen Lohn in sich selbst. Doch gegenüber allem Leid, besonders dem Leid der Unschuldigen, muß man, wenn man ihm hilflos ausgesetzt oder gegenübergestellt ist, an seiner Entscheidung für die Gerechtigkeit festhalten. Ein Hadith (ein Ausspruch des Propheten Mohammed) lautet:

*"Wer von euch etwas Böses sieht, soll es mit eigener Hand ändern. Wenn er das nicht kann, dann mit seiner Zunge. Wenn er das auch nicht kann, dann mit seinem Herzen. Dies (letzte) ist aber die schwächste Form des Glaubens." (Muslim)*

Für die Ungerechtigkeiten, die andere begehen, ist man nicht verantwortlich, nur für das, was man selbst tut, lehrt der Koran.

*"Gott fordert von niemandem mehr, als er vermag. Ihm gereicht zum Vorteil, was er erworben hat (d.h. an guten Taten vollbracht hat) und ihm gereicht zum Schaden, was er (an schlechten Taten) begangen hat"* (Sure 2,186)

## 8. Wahrheit und Gerechtigkeit

Statt angesichts der Ungerechtigkeit der Welt zu verzweifeln und sich infolge dieser Verzweiflung selbst zu ungerechten Handlungen hinreißen zu lassen, soll der Mensch aufmerksamen gegenüber dem Wirken der Gerechtigkeit sein und ihr folgen. Denn es gibt die Gemeinschaft der gerecht Handelnden unter den Menschen.

*"Und unter denen, die Wir geschaffen haben, ist eine Gemeinschaft (derer) die nach der Wahrheit leiten und nach ihr gerecht handeln." (Sure 7,181)*

Dem gerecht handelnden Menschen werden, weil er der Wahrheit folgt, die göttlichen Zeichen verständlich, von denen der Koran an vielen Stellen spricht und zu denen auch die Verse des Korans selbst gehören. Die göttlichen Zeichen finden sich überall in der Welt und geben dem, der die Gerechtigkeit sucht und sich bemüht, gerecht zu handeln, eine Anleitung für sein Denken und Tun. Sie sind nicht zu verwechseln mit Wunderzeichen. Gott will die Menschen nicht durch Wunder zum Glauben zwingen, sondern will, daß sie sich freiwillig durch gerechtes Handeln ihm zuwenden, weil sie durch Gerechtigkeit und Barmherzigkeit ihre Ebenbildlichkeit mit Gott verwirklichen, was ihre eigentliche Bestimmung ist. Demgegenüber, so lehrt der Koran, verlangen die unwissenden Menschen:

*"Wenn doch Gott zu uns spräche oder ein Zeichen zu uns käme! Auch diejenigen, die vor ihnen lebten, äußerten sich in gleicher Weise. Ihre Herzen sind einander ähnlich. Wir haben die Zeichen deutlich gemacht für Leute, die Gewißheit hegen." (Sure 2,118)*

Wer verstehen will, was Gerechtigkeit wirklich ist, muß diese Frage sehr ernsthaft stellen, weil er sonst nie lernen wird zu verstehen. Für den, der ernsthaft fragt, was Gerechtigkeit ist, verwandelt sich diese Frage schließlich in die Gewißheit von ihrer Existenz, und damit in die aktive Suche nach ihr und in den Kampf, den immer mehr realisierten Einsatz für die Gerechtigkeit. Damit werden von vornherein falsch verstandene Formen von Gerechtigkeit wie Selbstgerechtigkeit und Werkgerechtigkeit, die bekanntlich gut mit Ungerechtigkeit Hand in Hand gehen können, ausgeschlossen.

## 9. Gerechtigkeit ist unparteiisch

Wie wir bereits erläutert haben, Ist Gerechtigkeit unparteiisch. Sie ist um ihrer selbst willen da. Der Mensch wird dazu aufgerufen, Statthalter Gottes zu sein. Gott selbst ist in der Welt nicht direkt sichtbar, er ist ihr verborgen. Wie der Koran in Sure 57,25 sagt, will Gott feststellen, wer ihm und seinen Gesandten in seiner Abwesenheit, trotz seiner Verborgenheit hilft. Gerechtes Handeln muß unparteiisch sein, fordert der Koran. Das wird vor allem an folgenden vier Geboten deutlich:

Erstens: Man soll auch dann gerecht handeln, wenn man damit gegen sich selbst, seine Eltern oder Angehörigen handelt. (Sure 4,135).

Zweitens: Die Tatsache, daß jemand arm oder reich, mächtig oder schwach ist, darf unsere Entscheidungen nicht beeinflussen. (Sure 4,58) Zu diesem Aspekt gibt es eine islamische Überlieferung, die berichtet, daß der Prophet Mohammed sich dafür eingesetzt hat, Reiche und Arme mit gleichem Maßstab zu messen. Der Anlaß war in diesem Fall die Tatsache, daß jemand dafür plädierte, eine Diebin nicht zu bestrafen, weil sie zu einer einflußreichen Familie gehörte. Mohammed entgegnete, daß die Gepflogenheit, reiche Diebe freizulassen, Arme aber für den Diebstahl zu bestrafen, ungerecht sei. Er sagte, daß er sogar seine eigene Tochter eigenhändig bestrafen würde, wenn sie stehlen würde. (Buchari, Muslim).

Drittens: Ebenso, wie man nicht den eigenen Neigungen, der Selbstliebe oder der Furcht vor einflußreichen Leuten folgen darf, muß man auch Menschen gegenüber, die man haßt, gerecht handeln. (Sure 5,8).

Viertens: Es ist unrealistisch anzunehmen, daß es sinnvoll wäre, sich mit seinen Feinden und den Feinden Gottes anzufreunden, weil deren Absicht doch nur darauf gerichtet ist, uns zu zerstören. (Sure 60,1) Diese Aussage bedeutet nicht etwa den Aufruf zu einem parteiischen Denken. Im Gegenteil sind wir dazu aufgefordert, alle Menschen mit Gerechtigkeit und Freundlichkeit zu behandeln, es sei denn, daß sie uns wegen unserer Religion bekämpfen und uns aus unseren Wohnstätten vertrieben haben oder daß sie denen, die das tun, helfen. (Sure 60,8)

Gefordert ist also nicht nur eine Gerechtigkeit, die urteilt, sondern eine Gerechtigkeit, die aktiv dazu beiträgt, daß die Menschlichkeit unter den Menschen lebendig ist, damit ihnen dank der Barmherzigkeit Gottes immer wieder eine Chance gegeben wird, ein Leben in Würde zu führen. Denn auf dem Gefühl der Würde, der Selbstachtung baut sich die Moral eines Menschen auf. Auch hierfür gibt es Beispiele in der islamischen Überlieferung, welche diese Haltung der aktiven Toleranz und Großzügigkeit als vorbildlich hinstellen. So wird beispielsweise vom Kalifen Omar berichtet, daß er, als er einen alten Juden auf der Straße betteln sah, bestimmte, daß der Staat ihm eine Pension aussetzen müsse, damit er ein menschenwürdiges Dasein führen konnte. Auch wenn wir ungerecht behandelt werden, können wir die Gerechtigkeit auf unsere Seite ziehen, indem wir uns nicht auf die Ebene dessen hinabziehen lassen, der uns ungerecht behandelt. Das tun wir dadurch, daß wir seine schlechte Tat mit einer besseren beantworten.

"Nicht gleich sind die gute und die schlechte Tat. Wehre mit einer Tat, die besser ist, dann wird der, zwischen dem und dir eine Feindschaft besteht, so, als wäre er ein warmherziger Freund." (Sure 41,34)

## 10. Gerechtigkeit als neuer Anfang

Diese Großzügigkeit den Feinden gegenüber ist durchaus nicht einfach. Sie ist, wie der Koran sagt, sogar "ein gewaltiges Glück" (Sure 41.35). Sie wird

> "nur denen verliehen, die geduldig sind, ja, es wird nur dem verliehen, der gewaltiges Glück hat. Und wenn dich vom Satan ein Stachel aufstachelt, dann suche Zuflucht bei Gott. Er ist der, der alles hört und weiß." (Sure 41.35/36)

Gerechtigkeit in diesem Sinne übersteigt bloße Legalität. Sie ist die Gerechtigkeit dessen, der wahrhaftig als Statthalter Gottes handelt. d.h. die Gerechtigkeit eines wahrhaft frommen Menschen. Denn Frömmigkeit bedeutet nicht, daß man bestimmte äußerliche Gebärden vollzieht. So sagt der Koran z.B.:

> "Frömmigkeit besteht nicht darin, daß ihr euer Gesicht nach Osten oder Westen wendet ..." (Sure 2,177)

Gerechtigkeit ist die Gerechtigkeit Gottes, der sich barmherzig allen Menschen zuwendet, die sich ihm zuwenden und ihn suchen, und ihnen eine neue Chance gibt. Der Mensch, der gerecht handelt, handelt so, weil er die Gerechtigkeit um ihrer selbst willen liebt. Im Koran wird ein Beispiel dafür gegeben, wenn Mohammed darüber belehrt wird, wie er sich den ungerechten Menschen gegenüber verhalten soll, wenn sie zu ihm kommen:

*"Wenn sie zu dir kommen, so urteile zwischen ihnen oder wende dich von ihnen ab. Wenn du dich von ihnen abwendest, werden sie dir nicht schaden: wenn du urteilst, dann urteile zwischen ihnen nach Gerechtigkeit. Gott liebt die, die gerecht handeln." (Sure 5,42)*

Es gibt in der islamischen Geschichte berühmte Beispiele für Gerechtigkeit, wie z.B. die Gerechtigkeit des auch im Westen bekanntgewordenen Salah Ed-Din. Er hat nach der Rückeroberung von Jerusalem im Jahre 1187 die nach Hause zurückkehrenden Kreuzfahrer mit ungewöhnlicher Großzügigkeit behandelt und ihnen nicht nur ihre Freiheit zurückgegeben, sondern auch den Armen unter ihnen das für den Unterhalt auf dem Rückweg notwendige Geld geschenkt. Auch ihre heiligen Stätten ließ er unangetastet, obwohl damals viele Muslime ihn warnten, daß er damit den Kreuzfahrern einen Grund liefern würde, später neue Eroberungsversuche zu machen, um die Stätten zu schützen. Auch den orthodoxen Christen gab er ihre heilige Stätte zurück und erteilte ihnen die Erlaubnis, ihre religiösen Riten aus-zuüben.[1] Damit gab Salah Ed-Din ein sehr beeindruckendes Beispiel für das, was Gerechtigkeit nach islamischer Vorstellung ist, nämlich nicht nur das Vermeiden von ungerechten Handlungen, sondern aktive Gerechtigkeit, erhabene Großzügigkeit des Herzens, welche sich dem Armen und Bedürftigen zuwendet und ihm hilft, und die unter Umständen bereit ist, dem Angreifer und Gewalttäter zu vergeben, wenn er besiegt ist und die auf diese Weise einen neuen Anfang durch die Barmherzigkeit Gottes ermöglicht.

---

[1] Said A. Ashor: al-Harka as-Salibiyya, Bd. 2., Kairo 1976. S.790-795.

Dies wird möglich gemacht durch den Glauben. Das Symbol des Islam ist nicht zufällig der Neumond. Er verkörpert den immer wieder neuen Anfang, die neue Chance, welche die Gerechtigkeit und die Barmherzigkeit Gottes gewähren.

**Achtes Kapitel**

# Islam und Frieden
## Begriff und Notwendigkeit des Weltfriedens[1]

### Einführung

Wenn wir über das Thema Frieden sprechen, behandeln wir etwas, das uns alle angeht. Aber was ist eigentlich Frieden? Wenn wir ihn ernsthaft suchen, erfassen wir am besten, was er ist.

Frieden muß immer wieder neu geschaffen werden, denn ohne ihn hört das Leben auf. Die Muslime erstreben ihn als das höchste Ziel, das der Islam ihnen vor Augen hält. Damit stehen sie im Konflikt mit allen Menschen, die andere Ziele verfolgen. Doch erlegt ihre Religion ihnen auf, ihr Ziel auf friedliche Weise anzustreben. Verteidigung ist ihnen erlaubt, aber keine Aggression.

Frieden ist nach islamischer Vorstellung gleichzeitig eine Leistung des Menschen und eine Stiftung Gottes. Von der Seite des Menschen her gesehen bedeutet das, daß er sein Denken und Handeln in Harmonie, in Übereinstimmung

---

[1] Vortrag bei der Tagung Friede für die Menschheit. Internationale christlich-islamische Konferenz, Wien 1993
Erschienen in: Bsteh, A., Friede für die Menschheit. Mödling 1994
Übersetzungen u.a.: Bsteh, A., Peace for Humanity, New Delhi 1996.

Denken und Handeln in Harmonie, in Übereinstimmung bringen muß. Dadurch entsteht Integrität. Diese ist der Nährboden für den Frieden. So betrachtet, ist Frieden letztlich das Ziel wie auch die Erfüllung des menschlichen Lebens. Er ist als solches mehr. Er ist das Heil des Menschen, der ihn sucht. Insofern ist er etwas, was jeder Mensch selbst für sich schaffen muß, und zwar durch seine Hingabe an Gott. Frieden ist, islamisch gesehen, eine Eigenschaft Gottes. Gott ist, wie der Koran (Sure 59,23) sagt, "der Inbegriff des Friedens". Das arabische Wort für Frieden, salam, bedeutet gleichzeitig auch Heil.

Wie ich näher erörtern möchte, wird Frieden für jeden Menschen, der ihn sucht, konsequenterweise sowohl das Ziel wie auch der Weg zu ihm. Die allgemeine Erfahrung lehrt, daß der Mensch, der Frieden in sich hat, ihn auch in seiner Umwelt um sich herum schaffen kann. Dies wird durch die islamische Lehre von der Verbundenheit aller Menschen erklärt. Sie alle gehören zu der großen Familie der Menschheit und stammen alle vom ersten Menschenpaar ab. Deshalb sucht derjenige, der den Frieden sucht, ihn sowohl für sich, als auch für seine Mitmenschen. Solange er ihn nur für sich selbst haben will, wird er den Weg zu ihm verfehlen. Denn der Frieden ist der Weg der seelischen Vereinigung der Menschen. Sie können das nicht allein tun. Gott, der das Heil aller Menschen will, leitet sie dabei. Diese Leitung beginnt mit dem Aufruf zum Frieden, denn dieser Aufruf geschieht durch Gott. So heißt es im Koran:

*"Gott ruft zur Wohnstätte des Friedens." (Sure 10,25)*

Dieser Appell zum Frieden richtet sich sowohl an den einzelnen Menschen als auch an alle menschlichen

240

Gemeinschaften. Frieden schenkt dem Menschen die Ruhe der Seele und den menschlichen Gemeinschaften die Eintracht untereinander. Es gibt, islamisch gesehen, für alle Menschen nur einen Gott. Dieser eine Gott will das Heil *aller* Menschen. Er hat sie erschaffen, damit sie zu ihm den Weg des Friedens gehen. Dieser Weg ist gerade. Er verlangt vom Menschen die Entwicklung seiner Menschlichkeit. Wenn Gott die Menschen zum Weg des Friedens aufruft, ruft er sie zu sich selbst auf.

Der Weg des Friedens unter der von Gott versprochenen Leitung bedeutet nach der koranischen Lehre den Dienst an der göttlichen Schöpfung, die für uns geschaffen wurde (vgl. Sure 45,13). Dies ist die eigentliche Bestimmung des Menschen, nur dadurch erhält sein Leben einen Sinn.

Wer sich aber den materiellen Äußerlichkeiten der Welt hingibt oder über sie herrschen will, als wären sie in sich das Ziel, zersplittert sich. Er kann deshalb keinen wirklichen inneren Frieden finden. Und damit kann er auch keinen Frieden für seine Umwelt bringen. Er bleibt an der Oberfläche des Lebens, die leicht vergeht, und vergeht mit ihr. Auch sämtliche religiösen Rituale können durch sich allein den Menschen nicht retten. Rituale sollen daran erinnern, daß der Mensch der Hirte der Schöpfung ist.

Der eigentliche Gottesdienst ist die Hingabe, mit welcher der Hirte sich den ihm anvertrauten Geschöpfen zuwendet und sie pflegt. Jeder Mensch ist dazu aufgerufen, in dieser Weise Hirte innerhalb seines Verantwortungskreises zu sein. Es gibt eine Überlieferung des Propheten Mohammed, wo er über die Kreise der menschlichen Verantwortung spricht. Sie lautet:

*"Jeder von euch ist ein Hirte und verantwortlich für seine Herde. Das Regierungsoberhaupt ist ein Hirte und verantwortlich für seine Untertanen; der Mann ist ein Hirte in seiner Familie und verantwortlich für seine Familienmitglieder; und die Frau ist eine Hirtin in ihrem Haus und verantwortlich für ihre Herde; und der Diener ist ein Hirte bezüglich des Besitzes seines Herrn und verantwortlich dafür"[1]*

Das Wort "Islam", das vom gleichen Stamm wie das arabische Wort für Frieden abstammt, bedeutet Hingabe. Man versteht darunter die Hingabe des gläubigen Menschen an Gott. Der religiöse Glaube befähigt den Menschen, seine eigentliche Aufgabe anzutreten. Denn mit ihm vertraut er sich der göttlichen Führung und Hilfe an. Indem er dies tut, wird er zu einem schöpferischen Handeln befähigt. Statt aggressiv zu sein und zu zerstören, ist er friedlich und baut auf, indem er den Frieden fördert.

Der Islam lehrt, daß der Weg des Friedens geradlinig ist. Bereits eine kurze Überlegung kann einen Hinweis darauf geben. Jeder Mensch, der den Frieden anstrebt, kann das nur dann wirklich tun, wenn er ihm Raum läßt. Das bedeutet, er muß seinen Mitmenschen und seiner Umwelt das gleiche Ziel erlauben und ihnen dabei helfen. Wenn er dies nicht tut, hat er den Weg zum Frieden ja bereits verlassen.

Wie dieser Gedanke zeigt, ist Frieden insofern nicht nur das Ziel, das allen Menschen letzten Endes gemeinsam ist, und worauf der Islam sie hinweist. Frieden ist, islamisch

---

[1] *Fath al-Bari bi Sarh Sahih al-Buhari, Bd. 2, Kairo 1380H, S.380.*

gesehen, gleichzeitig auch der einzige Weg zum Frieden. Er ist auch der einzige Weg zum Frieden für die Menschheit.

Auf diesem Weg geleitet zu werden und nicht auf Abwege zu geraten, darum betet der Muslim jeden Tag. Jeder Muslim wendet sich täglich fünfmal am Ende seiner Gebete mit dem Gruß "Friede sei mit euch!" erst der rechten Hälfte der Welt und dann ihrer linken Hälfte mit dem gleichen Gruß zu. Auch untereinander begrüßen die Muslime sich damit. Es ist wahr, daß der Einsatz für den Frieden schwer ist und Selbstdisziplin erfordert. Die islamischen Lehren lassen keinen Zweifel daran. Aber die Schwierigkeit des Einsatzes, der gefordert wird, entspricht den jeweiligen Fähigkeiten des Menschen. Der Islam hält nichts davon, daß man die Menschen überfordert. Doch er lehrt, daß, je größer der Einsatz ist, desto größer auch der Gewinn ist, den man dadurch erzielt. Wenn Frieden als das gesehen wird, was er ist, nämlich als Heil und als Bedingung für die Entwicklung des Menschen, welchen Grund sollte es dann geben, ihn nicht anzustreben? Er ist sogar noch mehr als das, nämlich die Lebensbedingung für unsere Welt.

# 1. Frieden als Lebensbedingung unserer Welt

Betrachten wir unsere Gegenwart, dann sehen wir, daß das Problem des Friedens jetzt mehr oder minder die ganze Welt beschäftigt oder sie zumindest betrifft. Daß er erstrebenswert und sogar notwendig ist, darüber sind sich alle weitgehend einig. Leider ist ihr Handeln aber meist alles andere als friedlich. Ungerechtem und aggressivem Handeln aber entzieht sich der Frieden, darauf haben wir bereits hingewiesen. Rein theoretischen Überlegungen, dem kein entsprechendes Handeln folgt, entzieht er sich im Grunde ebenso. Je mehr wir analysieren wollen, was er ist und wie er erreicht werden kann, desto mehr scheint er sich uns zu entziehen. Das gilt, wie gesagt, für den Fall, daß wir uns nicht bemühen, unser Denken in ein entsprechendes Handeln umzusetzen. Dann kann sich nämlich beispielsweise das, was zunächst als Opfer erscheint, als Gewinn und Bereicherung herausstellen. Islamisch gesehen ist zum Zwecke der Entwicklung der Vernunft Handeln und Denken daher so weit wie möglich in Einklang zu bringen. Aber hierfür braucht man den Glauben. Die Menschen ohne Glauben, heißt es im Koran "sagen, was sie nicht tun." (Sure 26,226) Nur durch selbständiges Denken, das der Wirklichkeit auf der Spur ist, wird der Mensch befähigt, sein Denken in Handeln umzusetzen und sich seinen Worten entsprechend zu verhalten. Seinen Worten folgt die Tat.

Wenn heute von Frieden - z.B. als Friedensschluß, -zustand, -prozeß oder als innerem Frieden - gesprochen wird, stellt er sich oft, wenn man ihn schaffen will, als schwer greifbar oder flüchtig und instabil heraus. Denn der Frieden verlangt eine schwer zu erreichende Balance. Die einzige Form, unter der auch heute noch der Frieden als eine

Konstante erscheint, ist der Frieden als Stiftung Gottes und sein Versprechen.

Sich die Liebe Gottes und damit Frieden zu erwerben, betrachtet der Islam als die zentrale menschliche Aufgabe. Wenn wir also über den Frieden sprechen wollen, kommen wir damit auf die Frage der Entwicklung des Menschen zu sprechen. Die Frage der Verschiedenheit der Entwicklungschancen in den armen und reichen Teilen der Welt und auch innerhalb der reichen Länder, ist das Hauptproblem, das sich heute dem Frieden in den Weg stellt. Wie heute fast übereinstimmend anerkannt wird, ist das Problem des Friedens die Frage, wie wir den Menschen in allen Teilen der Welt größtmögliche Freiheit und damit die Entwicklungschancen geben können, die sie brauchen.

Die Muslime bemühen sich um den Frieden, indem sie versuchen, den Lehren des Islam zu folgen. Tatsächlich ist, ganz allgemein betrachtet, bei genauem Hinsehen, ebenso wie das Leben selbst auch das Thema Frieden unerschöpflich. Es hat sowohl mit der Einheit wie auch mit der Vielfalt des menschlichen Daseins zu tun. Frieden als Ziel vereint die tiefsten Sehnsüchte und die besten menschlichen Bestrebungen in sich. Es eröffnet sich aber auch jedem Menschen mit der Hilfe Gottes sein eigener Weg zum Frieden, den er sich, je nach seinen Begabungen, durch persönlichen Einsatz erkämpfen kann. Das gleiche gilt in übertragenem Sinne für die verschiedenen Religions-, Völker- und Kulturgemeinschaften, ja, für jede Gemeinschaft überhaupt. Und heute strebt die entstehende Weltgesellschaft danach.

Was das Problem der Verschiedenheiten der menschlichen Gemeinschaften betrifft, so lehrt der Islam, daß Vielheit Einheit ermöglicht. Denn hier liegt die menschliche Aufgabe. Im Koran heißt es daher:

*"O ihr Menschen, Wir haben euch von einem männlichen und einem weiblichen Wesen erschaffen, und Wir haben euch zu Verbänden und Stämmen gemacht, damit ihr einander kennenlernt." (Sure 49,13)*

Über alle Verschiedenheiten hinweg erkennt sich der sich selbst erkennende Mensch in seinen Mitmenschen wieder. Dies befähigt ihn zu einer schöpferischen Zusammenarbeit mit anderen, zu einer echten Toleranz und Verständnisbereitschaft. Die ganze Schöpfung enthüllt sich dem, der sich als Geschöpf erkennt. Er sieht die verschiedenen Wege der menschlichen Gemeinschaften als Wege zu einem im Grunde gleichen Ziel. Die ganze Schöpfung zeigt diesen Weg. Er ist der eine gerade Weg, und er ist doch vielfältig. Er wird immer wieder neu begangen. Jede Generation ist aufgerufen, immer wieder neue Friedenslösungen zu finden. In der dadurch möglichen Erneuerung der Welt liegt die Hoffnung für sie. Der Islam lehrt diesen immer wieder neuen Anfang. Deshalb ist der Neumond als das Symbol des neuen Anfangs auch das Symbol des Islam geworden. In dieser Weise, als Ziel bedacht, ist der Frieden klar umrissen. Doch wenn wir von dem Weg zu ihm sprechen, verhüllt er sich oft und wird allzu häufig unerkennbar.

Aus dieser Tatsache leiten sich Aussagen ab wie die, daß der unerreichbare Traum und Wunsch vom Frieden so alt wie die Menschheit sei. Er könne nur mit mehr oder weniger Erfolg versuchsweise angestrebt werden. Er könne nicht direkt angezielt werden. - Aber das gilt doch für alle Ideale. Dadurch werden sie nicht weniger erstrebenswert. Denn was wären wir ohne sie? Oder fragen wir lieber konkret: "Was *sind* wir ohne sie?" Alle Auffassungen, die den Frieden als für uns unerreichbar beiseitestellen wollen, haben nicht die Wirklichkeit des Friedens erfaßt. Denn er ist zum Leben so notwendig wie die Luft zum Atmen. Ohne Frieden hört das Leben auf. Dies ist jedenfalls aus der Sicht des Islam her so.

Die Situation in der heutigen Welt hat uns die Tatsache der Notwendigkeit des Friedens klar vor Augen gestellt. Die zentrale Forderung der Religion, die nach Frieden, welche die gemeinsame Botschaft aller Religionen ist, ist für uns heute eine sehr reale Notwendigkeit geworden. Diese Forderung verlangt von den Menschen, in friedlicher Zusammenarbeit und gegenseitiger Toleranz besonders auch für die Armen und Unterdrückten unter uns Chancen für alle und damit eine friedliche Welt zu schaffen. Die Entwicklung zu unserer gegenwärtigen Weltgesellschaft beendet die Lehre, daß Frieden nur ein Wunschtraum, eine Fiktion ist, die mit der Wirklichkeit selbst nichts zu tun habe. Ebensowenig - auch das ist klar geworden - ist Frieden in einem von selbst ablaufenden Friedensprozeß erreichbar. Im Gegenteil, er ist eine Aufgabe, die von uns allen gemeinsam bewältigt werden muß. Es ist offensichtlich geworden, zumindest den verantwortlich denkenden Menschen, daß unsinnige Kriege, Aggressionen und Expansionswünsche ebenso wie Passivität und Gleichgültigkeit, mit dem Frieden auch unsere Welt immer mehr zerstören. Deshalb müssen wir endlich lernen, unserer Erkenntnis entsprechend zu handeln und in diesen Zerstörungsprozeß eingreifen, um ihm Einhalt zu bieten.

Wir beherrschen zwar durch eine extrem hoch-entwickelte Naturwissenschaft und Technik die ganze Welt und stoßen sogar immer weiter in das Weltall vor. Gleichzeitig aber droht uns die Welt ganz deutlich zu entgleiten. Denn vom Menschen selbst wissen wir noch sehr wenig. Die Wissenschaft hat hier noch viel zu erforschen. Und zwar, und das ist wichtig, in die richtige Richtung hin. Als ihr Prinzip sollte die Betonung der menschlichen Vernunft als eines schöpferischen Vermögens dienen und damit die Ehrfurcht vor dem menschlichen Leben. Das Experimentieren mit der Natur, das so erfolgreich war, aber auch so viel vom Leben auf der Erde zerstört hat, wird immer mehr ein Experimentieren mit dem Menschen selbst. Damit wird die letzte Bastion der Natur bestürmt. In ihr ruht aber die Möglichkeit zum Frieden unter den Menschen und für die Welt, für die fast bis zur Zerstörung ausgebeutete Erde.

Der Mensch ist - im Unterschied zur übrigen Natur - das Wesen, das Frieden schaffen muß, wenn es leben will. Heute wissen wir das zwar mehr oder weniger alle, aber über dem postulierten Ziel des Friedens wird häufig übersehen, daß auch der Weg zu diesem Ziel Frieden sein muß. Alles deutet darauf hin, daß der Mangel an Frieden unsere Welt endgültig zu zerstören droht und daß nur unsere vereinten friedlichen Bemühungen sie retten können.

Das Schlüsselwort hierzu ist für uns alle das Wort "Gerechtigkeit". Und damit ist zugleich der Begriff "Wahrheit" angesprochen. Denn was ist wahrhaft gerecht?

Friedensbemühungen können überall, auch bei der Verständigung über den Begriff "Frieden" beginnen. Denn wir kennen in allen Sprachen ein Wort für Frieden: ob wir

Frieden, peace, paix oder salam sagen, wir meinen dasselbe. Es ist für uns dasselbe. Aber was dieses Wort eigentlich bedeutet, ist oft kaum noch aufzuspüren. Die moderne Technik und Naturwissenschaft haben das Ziel, Objekte zu erfassen, zu analysieren und dadurch zu beherrschen. Mit diesen Methoden okkupieren sie immer mehr auch die Sprache selbst. Aber die Vernunft, das Organ des Geistes im Menschen, will mehr als das. Sie will hinhören auf das, was wahr ist, und den Menschen nach der Wahrheit leiten. Der Mensch muß wahrhaftig in diesem Sinne sein, um Frieden schaffen zu können und in Frieden wirken zu können. Deshalb braucht er nicht nur die Wissenschaften, sondern auch die Religion, damit sie ihn zur Wahrheit befähigt.

Dies wird spätestens dann klar, wenn wir vom Frieden für die Menschheit sprechen wollen, weil er für sie lebensnotwendig ist. Damit erfassen wir die Notwendigkeit des Objekts Frieden. Aber ihn selbst haben wir damit noch nicht im Blick. Denn Frieden ist mehr als seine Eigenschaft, lebensnotwendig für uns zu sein. Der Tatbestand ist tatsächlich einfach: Durch Ungerechtigkeit machen wir den Frieden immer mehr unmöglich. Mit unseren im Endeffekt sinnlosen Herrschafts- und Ausbeutungsbemühungen treiben wir den Frieden aus unserer Welt hinaus. Auch die Religionen selbst werden leider nur zu oft weiterhin als Herrschaftsinstrumente benutzt, um weltliche Macht und Prestige an sich zu reißen. Wurde das nicht bereits zu lange getan? Wir brauchen die Religion. Aber wir müssen sie richtig verstehen. Die Religionen sollen alle ihrem Zweck nach Instrumente des Friedens sein und miteinander darum wetteifern, die Menschen zum Frieden zu erziehen. Der Koran sagt dazu:

*"Der Angesehenste von euch bei Gott, das ist der Gottesfürchtigste von euch. Gott weiß Bescheid und hat Kenntnis von allem ... Die (wahren) Gläubigen, das sind diejenigen, die... sich mit ihrem Vermögen und mit ihrer eigenen Person auf dem Weg Gottes einsetzen. Das sind die Wahrhaftigen." (Sure 49.13/15)*

Zum Wettbewerb um gute Taten sollten die Religonen aufrufen, nicht zum Wettbewerb um Macht. Der Islam lehrt, daß es die gerechten und barmherzigen Handlungen sind, die uns zu der Erfahrung des Friedens führen und dazu, daß wir den Frieden fördern können. Rein theoretisches Analysieren ohne ein entsprechendes Handeln kann den Zugang zum Frieden, zu dem, was er ist, nicht finden.

Die moderne deutsche Friedensforschung kennzeichnet den Frieden ganz richtig als ein fundamentales Menschheitsproblem. Seine philosophische Bedeutung sei erst seit kurzem klargeworden. Andererseits sei er aber "in seinem Rang als Prinzip des Denkens und Handelns noch kaum wahrgenommen" worden.[1] Aber der Weltfrieden ist nach ihrer Auffassung "zur Lebensbedingung des wissenschaftlich-technischen Zeitalters geworden."

Bereits Kant nennt Frieden das, was die Menschheit mit aller Kraft anstreben sollte, da die praktischen Gründe für die Annahme der vernünftigen Prinzipien Gott und Unsterblichkeit stärker seien als ihre Bezweiflung.[2]

---

[1] Historisches Wörterbuch der Philosophie, Bd. 2, Basel 1972, S.1114.

[2] R. Eisler. Kant-Lexikon, Nachdruck, Ausgabe Berlin 1930. Hildesheim 1964. S. 171.

## 2.   Der islamische Begriff des Friedens

Nur die Sprache des Friedens, d.h. ein wahrhaft gerechtes Handeln und die Bemühung darum, kann zu einer vernünftigen Entwicklung des Menschen und zu einer Verständigung und produktiven Zusammenarbeit unter den Menschen führen. Sie ist die einzige wirklich universal verstandene Sprache, denn sie spricht die Worte der Gerechtigkeit und ihrer notwendigen Ergänzung, der Barmherzigkeit. Da der Mensch, so sehr er sich auch bemüht, doch nie vollkommen sein kann, braucht er diese Ergänzung.

Islamisch gesehen wählen nicht wir den Frieden, sondern er wählt uns. Aber wir können uns für den Weg zu ihm, für das gerechte Handeln, entscheiden. Gerechtigkeit ist, islamisch betrachtet, ebenfalls eine der Eigenschaften Gottes.

Die religiöse Geschichte des Menschen macht klar, wie das zu verstehen ist: Der Mensch wurde nach der koranischen Lehre für das Paradies, den Garten des Friedens, geschaffen. Er mußte ihn aber verlassen, weil er Gott nicht gehorchte. Noch heute vergleichen wir einen friedlichen Ort, an dem wir weilen, mit dem Paradies. Das Paradies ist nicht verloren. Die göttlichen Offenbarungen zeigen dem, der es sucht, den Weg zurück zu diesem Ort der allumfassenden Harmonie. Diesen Weg geht der wahrhaftige Mensch. Er ist, indem er gerecht handelt, Gottes Stellvertreter auf dieser Erde.

Gott ruft die Menschen zum Ort des Friedens. Er hilft ihnen auf dem Weg dahin, wenn sie sich ihm anvertrauen. Wer sich auf dem Weg Gottes einsetzt, erhält von ihm seine *sakina*, d.h. seine ruhespendende Gegenwart(vgl. u. a. Sure 9,26/40). Diese *sakina*, der Frieden im Herzen des Gläubigen, stärkt ihn in seinem Glauben. So wird es ihm möglich, sich noch mehr um Gerechtigkeit und damit um den Frieden zu bemühen.

*"Er (Gott) ist es, der die sakina den Gläubigen ins Herz herab gesandt hat, damit sie sich in ihrem Glauben noch mehr bestärken lassen." (Sure 48,4)*

Die gesamte Menschheitsgeschichte lehrt in ihren vielfältigen schriftlichen Zeugnissen zum Thema Frieden, daß er eine spirituelle Gabe ist, die durch persönlichen Einsatz erworben wird. Sie wurde entweder einzelnen Menschen oder menschlichen Gemeinschaften, ganzen Völkern und Kulturen, verliehen. Islamisch gesehen, ist die Religion seit dem ersten Menschenpaar die Hingabe des Menschen an Gott, d.h. Islam (Sure 3,19). Alle diese Zeugnisse stimmen darin überein, daß ein Kennzeichen des Friedens ist, daß er durch weltliche Privilegien eher schwerer als ohne sie zu erreichen ist. In der Haltung zum Frieden entscheidet sich aber letzten Endes, was ein Mensch ist.

Der Islam lehrt den Menschen, die Quelle des Friedens nicht außerhalb seiner selbst, sondern vor allem *in* sich zu suchen. Er lehrt ihn, Selbständigkeit und kritisches Denken anzustreben. Dadurch entwickelt er seine Vernunft. Sie ist der dem Menschen bei seiner Erschaffung verliehene göttliche Geist (Sure 15,29), und sie ist in jedem Menschen potentiell angelegt. Sie ermöglicht ihm die Entscheidung zum Frieden und gibt ihm Kraft, Frieden zu schaffen. Durch vernünftige Überlegungen und kritische Überprüfung unserer Erfahrungen läßt sich erkennen, daß in der äußeren Welt der Frieden nicht gefunden werden kann. Dann aber, wenn wir die Welt und uns selbst nicht mehr als bloße materielle

Gegebenheit, sondern als Schöpfung erfahren können, eröffnet sich uns damit auch die Welt des Friedens. Aber der materielle Besitz der ganzen Welt könnte durch sich selbst nicht zum Frieden führen. Frieden ist das, wovon, islamisch gesehen, der Mensch eigentlich lebt. Der Koran drückt das so aus:

*"... im Himmel ist euer Lebensunterhalt und das, was euch versprochen wird." (Sure 51,22)*

Denn wovon lebt eigentlich der Mensch, so könnte man sehr wohl fragen. Ebenso wie die Erde den Regen braucht, um Früchte tragen zu können, so braucht der Mensch, um leben zu können, den Frieden, der ihm von oben her zukommt, wenn er ihm Raum läßt. Koranisch gesehen lebt der Mensch durch den Frieden des Himmels. Dies ist ebenso wahr, sagt der Koran (Sure 51,23), *"wie ihr sprechen könnt"*.

Tatsächlich ist die Sprache des Menschen das, woran man ihn seit langem als das in der Schöpfung ausgezeichnete Wesen erkannt hat. Sie ist durchaus nicht so selbstverständlich, wie uns die Gewohnheit des Sprechens vielleicht glauben macht. Wie die Vernunft selbst, kann auch die Sprache Gewißheit über die Existenz der Wahrheit vermitteln. Überzeugt von der Wahrheit, erkennt der Mensch überall in der Welt und auch in sich selbst die göttlichen Zeichen, von denen der Koran spricht (u.a. Sure 51,.20/22). Denn Gott spricht zu den Menschen, die bereit sind, ihn zu hören. Durch seine Worte, die nicht begrenzt werden können (Sure 18,109), leitet er die Menschen auf dem Weg, der zu ihm führt, und damit zu ihrer eigentlichen Heimat, zum Frieden. Doch betont der Koran auch, daß es überhaupt nicht genügt, davon zu hören. Jeder Mensch muß seine eigene genügt, davon zu hören. Jeder Mensch muß seine eigene Vernunft entwickeln und selbständig betätigen. Nur durch diese Betätigung seiner Freiheit kann er zu den entscheidenden Vernunfterkenntnissen gelangen. Diese ermöglichen ihm ein ziel- und verantwortungsbewußtes, d.h. ein schöpferisches Handeln. Deshalb sagt der berühmte islamische Denker Abu Hamid al-Ghazali:[1]

"Nur derjenige, der Feuer besitzt, kann sich an ihm erwärmen, nicht aber derjenige, der von ihm hört."

Wenn wir den Frieden als Ziel wählen, die Wirklichkeit des Friedens selbst, dann eröffnet sich uns der Weg zum Frieden.

---

[1] al-Ghazali, Die Nische der Lichter, Hamburg 1987, S. 39

## 3. Der islamische Weg zum Frieden

Der Weg zum Frieden führt den Menschen über eine lange Strecke hinweg und weiter durch viele Prüfungen und Versuchungen. Der Mensch wird mit Schlechtem und Gutem (Verführungen) auf die Probe gestellt (vgl. Sure 21,35). Mit Geduld und der Bemühung um die Wahrheit muß man diesen Prüfungen begegnen. Dann machen sie den Menschen stärker.

Die Liebe des Schöpfers zu seiner Schöpfung, und insbesondere zu den Menschen, offenbart sich in den Menschen, die den Weg des Friedens gehen. Überall in der Welt können wir ebenso wie die göttlichen Zeichen auch die Spuren des Friedens entdecken. Die Zeugen des Friedens treten überall dort auf, wo die verschiedenen Kulturen der Menschheit die menschlichen Gesellschaften formten. Aus den Wurzeln der Religionen entsprangen diese Kulturen und konnten daher in ihren Gesellschaften Ordnung herstellen.

Die Schöpfung, so lehrt der Koran, entstand geordnet. Er gibt auch Hinweise darauf, wie sie von ihrem Anfang und Ende her konzipiert ist. Innerhalb dieser Schöpfung hat der Mensch eine herausragende Stellung. Jeder Mensch kann sich - im Unterschied zum Rest der Schöpfung - frei entscheiden, seine Stellung auszufüllen oder sie abzulehnen. Wenn er sie annimmt, erklärt er sich bereit, die damit zusammenhängenden Rechte und Pflichten wahrzunehmen. Er führt sein Leben in der Verantwortung vor Gott. Seine Freiheit wächst durch verantwortungsvolles Handeln und verringert sich durch gewissenloses Handeln. Freiheit heißt ja nicht, irgend etwas Beliebiges zu wählen; dann hätte Freiheit keinen Sinn. Der Mensch kann mit Hilfe seiner Freiheit durch vernünftige Entscheidungen den höchsten Platz innerhalb der Schöpfung einnehmen, er kann Stellvertreter Gottes werden. Er kann aber auch. wenn er sich falsch entscheidet, sehr tief fallen, bis dahin, wo es keinen Frieden mehr gibt.

Im Koran heißt es, der Mensch solle sich der von Gott erschaffenen reinen Religion mit seinem innersten Selbst zuwenden (Sure 30.30/32). Die Schöpfung bejahen und sich selbst als einen Teil in ihr, das ist die richtige Religion. Der reine Glaube ist der Glaube an den einen Gott aller Menschen. Die Schöpfung existiert durch ihn und lebt durch ihn.

Die Menschen wurden erschaffen, damit sie einander kennenlernen (Sure 49,13). Wer sich selbst als Geschöpf Gottes erkennt, kann seinem Mitmenschen gegenüber gerecht sein. Denn er kann ihn so lieben wie sich selbst. Dadurch schafft er Frieden in sich und um sich herum.

Das Geheimnis der Gerechtigkeit ist, daß Gott sie durch die Barmherzigkeit ergänzt, wenn der Mensch wegen seiner Schwäche ihrer bedarf. Dadurch entsteht Frieden. Gott, der unendlich größer ist als der Mensch, schafft den Frieden. Er ruht auf seiner Gerechtigkeit. Wie es in einem Hadith heißt, hat Gott sich selbst die Ungerechtigkeit verboten (siehe Muslim). Deshalb verbietet er sie auch den Menschen.

Der islamische Begriff von der Gerechtigkeit bedeutet nicht bloßer Legalismus, denn sie hält gleichzeitig in der sie ergänzenden Barmherzigkeit den Weg zum Frieden für den anderen offen. Dies bedeutet, daß man unter bestimmten Umständen sogar seinen Feinden eine Friedenschance einräumen muß. In dem Fall nämlich, daß diese selbst ebenfalls Friedensbereitschaft zeigen. Es heißt dazu im Koran:

*"Und wenn sie (die Feinde) sich dem Frieden zuneigen, dann neige auch du dich ihm zu und vertraue auf Gott."*
*(Sure 8.61)*

Aber selbst dann, wenn die Feinde keinen Friedenswillen zeigen und wenn ein Kampf zur Verteidigung unserer Rechte notwendig ist, gilt es, moralische Übertretungen zu vermeiden. Denn der Friedensweg erlaubt nur ein durchgehend moralisches Handeln:

*"Und kämpft auf dem Weg Gottes gegen diejenigen, die gegen euch kämpfen und begeht keine Übertretungen. Gott liebt diejenigen nicht, die Übertretungen begehen."*
*(Sure 2,190)*

Deshalb hat der Prophet Mohammed vor jedem Kampf seine Truppen an ihre Frömmigkeit erinnert, ihnen Massaker und Mißhandlungen oder Tötung von wehrlosen Menschen, z.B. alten Menschen, Frauen und Kindern verboten. Er verbot ihnen jede Art von Unmenschlichkeit, auch den Gefangenen gegenüber.

Der Kampf gegen die Feinde endet nicht mit dem Verteidigungskampf. Das höchste Ziel des Muslims ist die Bekämpfung der Feindschaft im Feind. Denn der Frieden, wenn er gefunden worden ist, wird immr mehr gesucht. Dadurch wird der Einsatz für ihn immer umfangreicher möglich. Die Muslime bitten daher auch darum (Sure 60,5), daß Gott sie nicht zu einer Versuchung für die Feinde machen möge. Denn es ist ja, wie wir alle wissen, leider wahr, daß besonders die zum Frieden neigenden Menschen oft Objekte der Aggressionen und Komplexe gewalttätiger Menschen werden, wenn sie sich nicht vor ihnen schützen. Doch ihre Religion gebietet den Muslimen, die Hoffnung niemals aufzugeben. Ihre Hoffnung ist es, die Heimat des Friedens zu erreichen. Im Koran heißt es:

*"Gott ist der, der auf niemanden angewiesen ... ist. Möge Gott zwischen euch und denjenigen, mit denen ihr verfeindet seid, Liebe setzen. Und Gott ist mächtig. Und Gott ist voller Vergebung und barmherzig." (Sure 60,6/7)*

Den Muslimen ist großzügige Toleranz gegenüber allen Menschen erlaubt. Dazu sagt der Koran:

*"Gott verbietet euch nicht, denen, die nicht gegen euch wegen eurer Religion gekämpft haben und die euch nicht aus euren Wohnstätten vertrieben haben. Güte zu zeigen und Gerechtigkeit angedeihen zu lassen. Gott liebt ja die, die gerecht handeln." (Sure 60,8)*

In diesem Vers wird die Toleranz zur Schwester der Gerechtigkeit erhoben. Denn Toleranz ist die Frucht der Barmherzigkeit, welche die andere Seite der Gerechtigkeit ist. Gerechtigkeit muß sein, denn sie will, daß der Mensch sich richtig entwickelt und hilft ihm auf vielfältige Weise dabei. Das islamische Verständnis von Gerechtigkeit betont die Wichtigkeit des aktiven Einsatzes, da nur so ein echter Frieden erzielt werden kann. Doch dieser Einsatz ist stets an das Wissen gebunden, daß er nur durch Gottes Hilfe möglich ist. Der Mensch braucht Gottes Leitung auf dem Weg des Friedens.
258

Auf diesem geraden Weg des Friedens gilt ein Prinzip, das die Beteiligung des Menschen an der Schaffung des Friedens ermöglicht. Man könnte es das "Von-innen-nach-außen"-Prinzip nennen. Für gewöhnlich nennt man es die menschliche Freiheit. Frieden kann nicht von außen her aufgezwungen werden. Er beginnt im Inneren des Menschen und wirkt durch das vorbildliche Beispiel dieses Menschen in seiner Umgebung und innerhalb seines Verantwortungs- und Wirkungskreises.

Es gibt Grenzen für den Friedenswillen, aber keine Grenzen für die Gerechtigkeit. Es ist ungerecht, Feinde, die uns zerstören wollen, zu Freunden zu nehmen. Es ist ungerecht gegen uns selbst und unterstützt die Ungerechtigkeit unserer Feinde. Würden wir ihnen denn einen Gefallen tun, wenn wir sie in ihrer Ungerechtigkeit unterstützten?

"Er (Gott) verbietet euch", sagt daher der Koran, "diejenigen. die gegen euch der Religion wegen gekämpft und euch aus euren Wohnstätten vertrieben und zu eurer Vertreibung Beistand geleistet haben, zu Freunden zu nehmen. Diejenigen. die sie zu Freunden nehmen, sind die, die Unrecht tun." (Sure 60,9)

Es liegt an uns selbst, ob wir Frieden haben wollen oder nicht. Wenn wir aber Frieden haben wollen, müssen wir jede Intoleranz vermeiden. Denn diese zerstört den Frieden und verführt zur Unmenschlichkeit. Es ist wahr, daß der Frieden, wenn er verwirklicht werden soll, viel von uns verlangt - sogar noch mehr: Er fordert unseren ganzen Einsatz. Nur dies ermöglicht uns, anderen Menschen oder Menschengruppen

259

nicht zu viel zuzumuten, damit sie nicht darunter zusammenbrechen und so unsere Opfer werden.

Die Erde ist nach islamischer Auffassung für alle Menschen ohne Ausnahme geschaffen worden. Daran müssen wir denken. Nachdem die verheerenden Folgen der Aufrüstung erkannt wurden und mit dem Ende des Kalten Krieges endlich die Abrüstung begonnen hat, sollte man deshalb nirgends auf der Welt mehr die Aufrüstung fördern wollen. Denn hat man nicht erkannt, daß die Reserven der Erde dadurch schon übermäßig verbraucht worden sind? Wird dadurch nicht auch das Friedensreservoir der Erde überbeansprucht? Und wenn wir an einem Ende der Welt die Menschenrechte und die Entwicklung fördern wollen, dürfen wir sie am anderen Ende der Erde, in der Dritten Welt, nicht vernachlässigen. Der Islam lehrt, daß die Erde für alle Menschen, ungeachtet ihrer Rasse, ihrer Religionszugehörigkeit und ihres Geschlechts, gleichermaßen geschaffen wurde. Das Geschenk der Schöpfung ist für alle Menschen da, damit sie es gemeinsam genießen, würdigen und pflegen. Dadurch verwirklichen sie sich als Individuen. Alle Menschen haben ein Anrecht auf diese Selbstverwirklichung. Wer aber einen Teil der Menschen davon abhalten will, seine Rechte auszuüben und sich zu entwickeln, hält sich damit auch selbst von der Selbstverwirklichung ab. Der Islam lehrt die Menschenrechte wie auch die Ausübung der Pflichten und damit die Freiheit als Weg zur Personwerdung. Daher soll der Muslim in seiner Religion sich keiner anderen Autorität oder Macht als dem Schöpfer unterwerfen. Dieser gebietet ihm aber, als Mensch zu wachsen, Menschlichkeit auszuüben und damit Friedfertigkeit als Weg zu nehmen.

Nur die Religion macht dies möglich. Den Weg zum Frieden verstellt diese Welt, wenn man nicht über sie hinausschauen will. Ja, mehr noch, die Welt nimmt den gefangen, der sich ihr ausliefert. Der Islam aber lehrt die Freiheit des Menschen und sein schöpferisches Potential nicht als einen Weg des Heils durch sich selbst. Er lehrt, daß der Mensch durch inneren Frieden seine Freiheit und seine schöpferischen Fähigkeiten gewinnt. Der innere Frieden ermöglicht es dem Menschen, sich in seinen Auffassungen nicht dogmatisch zu verhärten. Statt dessen bemüht er sich um Selbständigkeit im Denken und Handeln. Dies bedeutet Aufgeschlossenheit und echte Toleranz der Welt gegenüber.

Statt die eigene Welt absolut zu setzen und die angeblich grundverschiedenen Eigenarten der Welten, Kulturen oder auch Religionen dogmatisch festlegen zu wollen, sollte man eher auf den ständigen Wechsel und Austausch innerhalb dieser Welten hinweisen. Jede Generation bringt neue Menschen in die Welt, die, was ihr Denken und Handeln betrifft, immer wieder einen neuen Anfang darstellen. Mutter und Kind sind daher seit langem im Denken der Völker Symbol des neuen Anfangs. Weder sind die Menschen für das, was ihre Vorfahren getan haben, verantwortlich, noch können sie dafür Lob beanspruchen. Sie brauchen aber die Chance, selbst etwas Positives leisten zu können. Insofern sind sie, wenn wir es ihnen erlauben, die Hoffnung dieser Welt. Sie dazu zu erziehen, ist jedenfalls unsere Aufgabe. Dazu gehört das Bemühen um ein objektives Denken, das sich nicht durch Vorurteile bestimmen läßt.

Der Islam ist, wie ich mit meinen Ausführungen darstellen wollte, nicht nur kein Hindernis auf dem Weg zum Weltfrieden. Er ist, wenn er richtig verstanden und gelebt

261

wird, eine Religion, die ausdrücklich zum Frieden in der Welt auffordert und dazu, daß man sich dafür mit ganzer Kraft einsetzen soll. Er lehrt darüber hinaus den Weg dorthin. Die Muslime wollen den Frieden. Die islamische Welt sieht im Islam die Wurzel ihrer Kultur. Diese Kultur hat viele Jahrhunderte hindurch in der Welt geherrscht und auch dem Abendland entscheidende Anregungen gegeben. Als ihr Ziel sieht die islamische Welt ihre Verwurzelung in ihrer Religion. Denn diese allein lehrt sie, den Weg zum Frieden und zur Menschlichkeit zu finden, welchen die modernen Ideologien zwar versprochen haben, aber nicht zeigen konnten. Der Frieden, den der Islam dem Gläubigen gibt, wird als eine lebendige, von Gott selbst herstammende Macht erfahren. Diese wird dadurch sichtbar, daß sie den Menschen wachsen läßt und ihn zu einem verantwortungsbewußten Menschen macht. Die Welt wird so der Ort der Mensch-werdung des Menschen.

Statt wegen der Erfolglosigkeit aller Bemühungen schließlich müde zu werden und wegen der Erfahrungen mit der Ungerechtigkeit dieser Welt zu verzweifeln, soll der Mensch sich seinem Schöpfer zuwenden und ihm dienen. In dieser Welt! Zu dieser Entscheidung zwingt Gott aber niemanden. Er will, daß die Menschen sich ihm freiwillig zuwenden; damit wenden sie sich zugleich dem Frieden zu.

Es ist wahr, der Weg dorthin kann lang sein. Es gibt für ihn keine Abkürzungen. Aber er ist, islamisch gesehen, der einzige Weg. Diese Tatsache wird auch von der Idee der Schöpfung her deutlich. Nach der islamischen Lehre unterliegt die Welt nicht irgendeiner Willkür und Unfreiheit, sondern der Ordnung des Schöpfungsplans. Wenn wir den Weg des Friedens gehen, tragen wir dazu bei, die ursprüngliche  Schöpfungsordnung herzustellen. Insofern liegt die Ordnung der Welt und ihr Frieden in unserer Hand.

Die Menschheitsfamilie ist jetzt aufgefordert, die allen gemeinsam  drohenden Gefahren abzuwehren und für den Weltfrieden zu  arbeiten. Was  die  Rolle  der  Religionen betrifft,  sollten sie ihre Aufgabe darin sehen, Frieden zu schaffen. Frieden ist die Liebe Gottes, seine Gerechtigkeit und Barmherzigkeit. Was sonst streben sie an?

Indem  wir  also alle gemeinsam versuchen, unseren Teil zum  Weltfrieden beizutragen, tragen  wir  zur gerechten Ordnung  der  Welt  bei  und  umgekehrt.  Nur durch eine vernünftige  und gerechte Weltordnung entsteht Frieden in ihr.

Das  Hauptproblem  in unserer sich  entwickelnden Weltgesellschaft ist  die  Frage,  wie  wir Macht  ohne Gewalttätigkeit ausüben können. Denn da wir nun sozusagen alle  im gleichen Boot sitzen, schlägt jede Gewalttätigkeit früher  oder  später  auf  uns  zurück.  Auch der Prophet Mohammed  hat  nach  einer Überlieferung[1] bereits davon gesprochen,  daß die Menschheit eine gemeinsame Solidarität entwickeln muß, wenn  sie  nicht untergehen  will. In einem Gleichnis schildert  er,  wie  sich  alle  auf  einem  Schiff befinden.  Die Erde trägt die Menschen ja auch wie ein Schiff durch  den  Weltraum.  Es  mutet  uns  heute  wie  eine Zukunftsvision an, wenn  er die Gefährdung der Menschheit durch  eine  unmenschliche Trennung in Menschen im oberen und Menschen im unteren Teil des Schiffes prophezeit. Die Menschen im Unterdeck sind  schließlich dessen müde, daß

---

[1] Fath al-Bari bi Scharh Sahih al-Buchari, Bd. 5, S.132

sie sich immer das Wasser vom Oberdeck holen müssen. Sie entscheiden sich deshalb dafür, ein Loch in den Schiffsboden zu bohren, um von dort Wasser zu holen. Damit gefährden sie natürlich das ganze Schiff. Der Prophet schlägt vor, daß deshalb die Menschen vom Oberdeck den Menschen unten helfen, um sie von der Zerstörung des Schiffes abzuhalten, weil sonst am Ende alle verlorengehen. Das Loch im Schiff erinnert uns heute an das Ozonloch, das unsere Welt jetzt gefährdet.

Nur durch ein solidarisches Handeln kann der Frieden für die Welt gerettet werden. Dies ist jedenfalls die Botschaft des Islam, der als höchsten Wert die Menschlichkeit lehrt. Nur durch sie kann man das Problem, das man heute "soziale Frage" nennt, lösen. Auch der Koran fragte bereits:

*"Warum wollt ihr (denn) nicht um Gottes willen und (um) der Unterdrückten (willen) kämpfen... Männer, Frauen und Kinder...?" (Sure 4,75)*

Der Koran stellt eindeutig fest, daß jeder, der das nicht tut, der sich gegenüber der Not seiner Mitmenschen teilnahmslos und gleichgültig verhält und damit ihre Menschenwürde mißachtet, sich zweifellos auf einem falschen Weg befindet. Er gehört zu den "Abgeirrten" (Sure 26.224). Solche Menschen haben letztendlich nicht nur die Rechte ihrer Mitmenschen mißachtet, sondern auch ihre eigenen. Die Eigenart der Gerechtigkeit ist doch, daß nicht nur jeder Mensch sie braucht und verlangt, sondern daß sie ihn umgekehrt in gewisser Weise ebenfalls braucht und verlangt. Sie braucht, daß der Mensch sich für sie einsetzt, dann ist sie auch für ihn da.

Der Islam ruft zu diesem aktiven Einsatz für die Gerechtigkeit auf. Zwar wird der Mensch, der sich der Leitung Gottes anvertraut, durch ihn geleitet. Dieser Mensch soll als Stellvertreter Gottes aber mit Hilfe seiner von Gott verliehenen Vernunft innerhalb der vorgeschriebenen allgemeinen Richtlinien selbständig denken und handeln. Die uns übergebene Schöpfung haben wir sorgfältig zu pflegen, wenn wir sie nicht verlieren wollen.

Unsere Verantwortung ist in erster Linie unser Mitmensch. Denn jeder Mensch ist für die Menschheit wichtig. Deshalb betont der Koran, daß, wenn wir einen Menschen ermorden, das so ist, als ob wir die ganze Menschheit ermordet hätten (Sure 5,32). Denn damit haben wir die Menschlichkeit ausgelöscht. Umgekehrt haben wir dann, wenn wir einen Menschen am Leben erhalten, damit alle Menschen am Leben erhalten. Wenn wir in dieser Weise den einzigartigen Wert jedes einzelnen menschlichen Lebens betrachten, gewinnen wir genau diejenige Einstellung, die den Frieden unter den Menschen fördert. Denn dann erkennen wir, daß unser Mitmensch für uns genauso wichtig ist, wie wir selbst.

Gott hat uns, indem er uns frei sein läßt, die Verantwortung für uns selbst übergeben und damit die Verantwortung für unsere Mitmenschen und unsere Umwelt. Denn wir sind alle in gleicher Weise Teil der *einen* Schöpfung. Das bedeutet, daß von uns keine künstliche idealistische Verbrämung der Wirklichkeit verlangt wird. Im Gegenteil, von uns wird eine realistische und zupackende Einstellung zum Leben verlangt. Eine Bedingung dafür ist, daß wir fest auf dem Boden der Wirklichkeit stehen. Und genau davon spricht der Koran, wenn es heißt:

*"Wenn ihr Gott helft, hilft er (auch) euch und festigt eure Füße (macht euch standfest)." (Sure 47,7)*

Der Hebel, mit dem der Mensch von diesem festen Standpunkt aus die Welt verändern und gerechter machen kann, wenn er das will, ist der vernünftige Friedenswille, der Frieden schafft. Es gibt verschiedene Stufen des Einsatzes für die Gerechtigkeit und im Einklang damit eine Abstufung in der Stärke des Glaubens, der darin zum Ausdruck kommt. Eine Überlieferung des Propheten Mohammed sagt darüber:[1]

*"Wer von euch etwas Böses sieht, soll es mit seiner Hand ändern. Wenn er es nicht kann, dann mit seiner Zunge (mit Worten); wenn er auch das nicht kann, dann mit seinem Herzen (mit seinen Intentionen). Dies (letztere) ist aber die schwächste Form des Glaubens."*

Und das frevelhafte Handeln wird in einer anderen Überlieferung[2] als das beschrieben, "was deine Seele beunruhigt und wovon du nicht willst, daß es die Menschen erfahren."

Es gibt noch eine höhere Stufe des Glaubens als das Vermeiden des Bösen. Das größte Glück hat der, so sagt der Koran, der Böses, das ihm angetan wurde, mit Gutem vergelten kann und dadurch aus einem Feind einen Freund macht, denn:

---

[1] Sahih Muslim, hrsg. von M. F. Abd al-Baqi, Kairo 1955, Bd. 1, 69.
[2] Sahih Muslim. Bd. 4, 1980.

*"Nicht gleich sind die gute und die schlechte Tat. Wehre mit einer Tat, die besser ist, dann wird der, zwischen dem und dir eine Feindschaft besteht, so, als wäre er ein warmherziger Freund. Aber dies wird nur denen verliehen, die geduldig sind, ja es wird nur dem verliehen, der ein gewaltiges Glück hat."* (Sure 41.34/35)

Aber, auch das sagt der Koran:

*"Gott verlangt von niemandem mehr, als er vermag."* (Sure 2,286)

Er verlangt vom Menschen Menschlichkeit, ein Verhalten, das seiner Würde entspricht. Das heißt vieles. Es bedeutet zum Beispiel, daß man das tut, was man sagt. Man muß sein einmal gegebenes Wort halten. So müssen Verträge auch mit Nichtmuslimen unter allen Umständen eingehalten werden. Die Gerechtigkeit ist unparteiisch. Wenn z.B. andere Muslime um Unterstützung in ihren Kriegen bitten, müssen Muslime ihnen helfen,

*"außer gegen Leute, zwischen denen und euch eine Vertragspflicht besteht. Und Gott sieht wohl, was ihr tut."* (Sure 8,72)

Ganz allgemein besteht die islamisch geforderte Menschlichkeit darin, daß man prinzipiell jeden Menschen respektiert. In diesem Zusammenhang wird eine Überlieferung berichtet,[1] die schildert, daß der Prophet Mohammed aufstand, als ein Leichenzug an ihm vorbeizog,

---

[1] Fath al-Bari, Bd. 3, S.179 f.

um dem Toten seinen Respekt zu zeigen. Als man ihm daraufhin sagte, daß der Tote ein Jude sei, antwortete er: "Ist er nicht eine menschliche Seele? Immer, wenn ihr einen Leichenzug seht, müßt ihr aufstehen."

Jede friedliche Tat, auch die kleinste, hilft, denn sie ist ein Lob der Schöpfung, ein Ja, das zu ihr gesagt wird. Daher sagte der Prophet Mohammed:[1]

*"Verachte die kleinste gute Tat nicht, auch wenn sie darin besteht, daß du deinem Bruder (deinem Mitmenschen) mit freundlichem Gesicht begegnest."*

Ein freundliches Gesicht kommt von einem aufgeschlossenen, friedlichen Herzen, dem der Hochmut fernliegt.

*"Gott hat mir eingegeben" ist ein anderer Ausspruch des Propheten Mohammed, "ihr sollt demütig sein, auf daß keiner sich über den anderen erhebe und keiner den anderen ungerecht behandle."*[2]

---

[1]Sahih Muslim, Bd. 4, 2026
[2]Sahih Muslim. Bd. 4, 2199.

## 4. Weltfriede und Islam

Wenn wir unsere Überlegungen über den Frieden zusammenfassen, können wir also sagen, daß islamisch gesehen der Frieden in der Form von drei ineinandergreifenden Kreisen dargestellt werden kann. Der erste Kreis, der Frieden, den der Mensch in sich selbst hat, wird ermöglicht durch den zweiten Kreis, durch den Frieden mit Gott in seinem Glauben. Beide ermöglichen den dritten Kreis, den Frieden mit den Mitmenschen und der Umwelt. Alle drei Kreise des Friedens beeinflussen sich gegenseitig. Denn den Glauben erhält nach der islamischen Lehre der unparteiisch gerecht handelnde, und das heißt auch, der den Frieden mit seiner Umwelt suchende Mensch. Der Gedanke des Weltfriedens beinhaltet, daß alle Völker der Welt die Chance zum Frieden und damit zur Mitarbeit an der Schaffung des Friedens haben sollten.

Auch die Muslime sehen die Notwendigkeit des Weltfriedens und möchten daran mitarbeiten, daß er zustandekommt. Wenn es gelingen sollte, damit aufzuhören, bestimmte Gruppen, Religionen oder Völker zu Opfern von Aggressionen und Expansionsbestrebungen zu machen, wäre der erste Schritt zum Weltfrieden getan. Mit anderen Worten: Bedingung für den Weltfrieden ist, daß jedem Menschen auf der Erde das Recht auf Leben, Religionsfreiheit, Eigentum, Freiheit der Vernunft und den Schutz seiner Familie zugestanden wird. Den Wert des Friedens können wir erfassen lernen, wenn wir aus der Geschichte die Lektion entnehmen, daß Kriege keine Probleme lösen können. Sie können nur neue Probleme erzeugen, bestenfalls die Lösung der Probleme auf kostspielige Weise hinauszögern, vielleicht aber auch die Lösung der Probleme auf immer unmöglich machen. Deshalb sollten Haß und Aggressionen früherer Zeiten nicht immer wieder neu heraufbeschworen werden. Statt dessen sollte man sich für ein positives Denken entscheiden, das konstruktive Lösungen findet.

Wir stehen heute neuen Generationen und neuen Welten gegenüber, die weder das Unrecht der früheren Zeiten begangen haben, noch für die positiven Leistungen der vorangegangen Generationen Lob beanspruchen können. Was sie von uns brauchen, ist, daß wir ihnen die Chance nicht wegnehmen, ein erfülltes Leben aufzubauen. Für neue Situationen müssen immer wieder neue Friedenslösungen gefunden werden.

Auch die islamische Welt braucht die Chance, sich unbehindert innen und außen aktiv für den Frieden einsetzen zu können und ist zur Zusammenarbeit mit allen friedlichen Kräften in der Welt bereit. Der Islam erkennt grundsätzlich alle Offenbarungsreligionen an (Sure 42,13 u. a.) und kann deshalb in Koexistenz mit anderen Religionen leben. Er ist auch bereit, mit ihnen für den Frieden zusammenzuarbeiten, wenn sich die Chance dazu bietet.

Auch der Islam vertritt die Auffassung, daß Frieden nur durch die freie Selbstentwicklung der Menschen und Völker gesichert werden kann und wünscht eine solche Selbstbestimmung für alle Völker. Es gibt zwar allenthalben zahlreiche Bemühungen um friedliche Lösungen für die Weltprobleme, doch die Glaubwürdigkeit und Vertrauens-würdigkeit der existierenden internationalen Friedensinstitu-tionen wird erheblich beeinträchtigt, wenn sie nicht nachweisen können, daß sie sich um eine unparteiische Gerechtigkeit, d.h. um wahre Gerechtigkeit, bemühen. Es gibt zwar ein Internationales Recht, aber es sollte nicht nur proklamiert, sondern auch praktisch angewandt werden. Leider muß allgemein und überall auf der Welt immer wieder festgestellt werden, daß das nicht geschieht. Das Recht sollte nicht nur auf der Seite der reichen Länder stehen. Wenn es das tut, dann muß dies begründet werden können. Nur dadurch wird man es vom Gesetz des Dschungels unterscheiden können, wo Stärke, nicht aber das Recht siegt. Die Kompliziertheit der Weltfriedensprobleme kann man einerseits nicht leugnen; die Aufgabe wird aber andererseits unlösbar, wenn nicht wenigstens der Versuch erkennbar wird, die Probleme auf unparteiische Weise gerecht lösen zu wollen. Dazu gehört z.B., daß dem gegenwärtigen Stand der Weltpolitik entsprechend jeder Aggressionskrieg, von wem er auch geführt werden mag, unmöglich gemacht bzw. bestraft wird. Das gleiche gilt für Expansionsbestrebungen auf sogenannte besetzte Gebiete.

Die Verletzung der Menschenrechte in aller Welt sollte prinzipiell erboten und ggfs. bestraft werden. Reiche und arme Ländern sollten sich in gleicher Weise dem Internationalen Recht unterwerfen. Daß die Sicherung der allgemeinen Menschenrechte die Grundlage für den Frieden ist, lehrt auch der Islam. Die von ihm ausdrücklich geforderten Grundrechte jedes Menschen sind: das Recht auf Leben, auf seine Religion, die Betätigung seiner Vernunft, den Schutz seiner Familie und seines Eigentums. Islamisch gesehen sollten alle Religionen als das gesehen und praktiziert werden, was sie ihrer Bestimmung nach sind: nämlich Sprachen und Instrumente des Friedens, die mit allen friedlichen Kräften in der Welt zusammenarbeiten sollten.

271

Als Weg zum Frieden lehrt der Islam nicht nur den Genuß der Menschenrechte, sondern, damit zusammenhängend, die verantwortungsbewußte Ausübung der allgemeinen menschlichen Pflichten. Statt - wie heute vielfach üblich - eine monokausale Erklärung für die Probleme der islamischen Welt zu suchen und dem Islam die Schuld zu geben, sollte man eine genauere Untersuchung vornehmen. Viele ihrer Probleme teilt die islamische Welt mit der übrigen Welt. Der Islam jedenfalls ist, wie meine obigen Erörterungen darzulegen versuchten, eine Religion, die den Frieden anstrebt und ihn fördert. Ganz allgemein gesprochen ist nach islamischer Auffassung jeder Mensch, der zusieht, wie Verbrechen an der Menschheit, z.B. Völkermorde, begangen werden, ohne wenigstens dagegen zu protestieren, mitschuldig an diesen Verbrechen, durch die der Weltfrieden unmöglich gemacht wird.

Die Religionen sind aufgefordert, statt sich gegenseitig zu bekämpfen, gemeinsam für den Frieden zusammenzuarbeiten.

**Neuntes Kapitel**

# Der Beitrag der islamischen Religion zu einer Kultur des Friedens[1]

## Einführung:

Seit dem Beginn der Menschheit - so lehrt der Koran - sind den Menschen durch die Propheten Offenbarungen übermittelt worden, die sie von ihren unglückseligen Irrwegen wegführen sollen. Da diese Propheten Träger göttlicher Botschaften waren, werden sie durch den Islam alle anerkannt. Der Hauptinhalt aller dieser Botschaften ist die Lehre von der Liebe Gottes zu seinen Geschöpfen, die er dazu aufruft, seinen ethischen und religiösen Geboten in ihrem eigenen Interesse zu folgen. Sie sind alle dazu bestimmt, sich auf den Weg zur "Heimstätte des Friedens" zu begeben, wie der Koran es ausdrückt.

Wie dies geschieht, was also die islamische Religion über die Schaffung des Friedens aussagt, läßt sich zusammengefaßt in dem Bild von den drei zusammenhängenden Kreisen des Friedens ausdrücken. Der Mensch, der, nach der Lehre des Islams, voll verantwortlich ist für seine Taten, kann durch seine ernsthaften Bemühungen um ein verantwortungsvolles Handeln in sich den Frieden immer mehr gewin-

---

[1]Vortrag. UNESCO - Tagung, Barcelona, 1994.

Auf Englisch erschienen in: "The Contribution by Religions to the Culture of Peace".
Published by Centre Unesco de Catalynya, Barcelona, 1995

1. mit sich selbst
2. mit den Mitmenschen und der übrigen Schöpfung sowie
3. mit Gott, der alles transzendierenden Kraft, die alles erschafft und möglich macht.

Der Islam, der die früheren Offenbarungsreligionen anerkennt, weist darauf hin, daß es der Friede Gottes ist, den die Menschen erschaffen, wenn sie sich um ein moralisches Verhalten und um eine tatkräftige Liebe zu ihren Mitmenschen bemühen. Selbst das Wort Islam stammt bekanntlich von der gleichen Wurzel wie das arabische Wort *salam*, das zugleich Friede und Heil bedeutet. Die Muslime grüßen sich gegenseitig mit dem Gruß „Friede sei mit euch!" Und am Ende eines jeden der fünf vorgeschriebenen täglichen Gebete wendet sich der Betende der rechten und dann der linken Seite zu, auf denen die beiden Hälften der Welt liegen, und wünscht ihnen Frieden.

# 1. Der Ausgangspunkt:

Der Islam lehrt, daß der Mensch der Ausgangspunkt für den Frieden sein kann. Dies geschieht, wenn er ihn nicht nur für sich selbst, sondern auch für seine Umwelt sucht. Er braucht hierfür das Vertrauen darauf, daß ihm die spirituelle Kraft hierzu gemäß der göttlichen Offenbarungen geschenkt werden wird. Die Belohnung, die den Menschen erwartet, bezieht sich, wie der Koran immer wieder betont, auf seine Taten.

Bei der verantwortungsvollen Aufgabe für den Frieden hilft ihm seine Vernunft, wenn er sie zu Wort kommen läßt. Die menschliche Vernunft ist, wie der islamische Philosoph und Mystiker Al Ghazali ausführte, „ein Muster vom Lichte Gottes."[1]

Der Koran fordert den Menschen zu einem vernünftigen Nachdenken über sich selbst, die Menschheitsgeschichte, die Welt und das Ziel der Menschheit auf. Dies hängt damit zusammen, daß Gott, wie der Koran sagt (32,9), als er den Menschen erschuf, ihm von seinem göttlichen Geist einhauchte. Der Mensch, der diesem Geist in sich folgt, ist auf dem Weg zum eigentlichen Frieden. Denn er folgt damit dem Antrieb zur Gerechtigkeit und Barmherzigkeit. Damit wird er zu guten Taten für die Unterdrückten in dieser Welt inspiriert sowie für unsere Umwelt, ohne welche die Menschheit ja nicht existieren kann.

---

[1] in: "Die Nische der Lichter", Hmb 1987, S. 10.

In diesem Zusammenhang belehrt der Koran uns über den Plan der Schöpfung. Er weist darauf hin, daß alle Menschen ursprünglich von *einer* Seele erschaffen worden sind. (4,1). Der Mensch, der etwas Gutes für einen anderen Menschen tut, tut dieses Gute also sozusagen einem Stückchen seines Selbst. Daher sagt der Koran (5,32), daß ein Mensch, der einen anderen Menschen ermordet, diesen Mord der ganzen Menschheit zugefügt hat. Umgekehrt hat man, wenn man einem Menschen hilft, auch der ganzen Menschheit damit geholfen.

Die zentralen ethischen Gebote, welche sich in allen Religionen in irgendeiner Form auffinden lassen, wurden den Menschen also nicht als ein ihnen fremdes Ordnungsgefüge auferlegt, um z.B. zumindest den wichtigsten Menschenrechten unter ihnen einige Geltung zu verschaffen. Sie sind ganz im Gegenteil die Bedingung für die Menschlichkeit des Menschen, da durch sie für die Entwicklung seiner Spiritualität und damit für den Frieden Raum geschaffen wird.

„Wünsche den anderen, was du dir selber wünscht, dann wirst du ein Muslim", hat der Prophet Mohammed einmal gesagt. (Buchari)

Er verstand seine Aufgabe, wie er es einmal formulierte, als die Aufgabe, die Moral zu vervollkommnen. Wirklich gerecht handelt man nur, wenn man auch barmherzig handelt, da man nur dadurch seinen Mitmenschen wie auch sich selber einen Weg zur Entwicklung voller Menschlichkeit öffnet.

"Wer sich anderer nicht erbarmt", sagt der Prophet Mohammed "wird keine Barmherzigkeit finden."

Die innere Kraft des Herzens, die uns antreibt, Gutes zu tun, wird im Menschen in der liebenden Zuwendung zu anderen wirksam, so wie ja auch das Feuer nur dann entsteht, wenn es in Verbindung des Brennmaterials mit dem, was es entzündet, entfacht wird.

Eine Überlieferung des Propheten schildert, wie jeder Mensch der Hirte innerhalb des ihm zugewiesenen Aufgabenkreises ist. Ebenso wie der Hirte für seine Herde verantwortlich ist, ist der Mensch verantwortlich für alles, was er innerhalb seines Aufgabenkreises tut.

Das bedeutet aber nicht die Abschließung gegenüber dem, was man als außerhalb des eigenen Aufgabenkreises empfinden mag. Denn, wie ein anderer Ausspruch des Propheten betont, wir müssen überall da, wo wir eine Ungerechtigkeit sehen, versuchen, einzugreifen. Überall, wo wir etwas Böses sehen, sollen wir versuchen, es zu ändern. Wenn wir es mit Taten nicht ändern können, sollen wir es mit Worten versuchen. Wenn dies letztere auch nicht möglich ist, dann mit dem Herzen. Diese letztere Handlung aber mit dem Herzen ist, sagt der Prophet, „die schwächste Form des Glaubens."

Wenn wir diese Überlieferung betrachten, sehen wir also, daß sie den Kampf gegen das Böse, die Ungerechtigkeit in all ihren Formen, mit Taten oder Worten und mit den Protesten des Herzens als Formen des Glaubens bezeichnet.

Dies hängt mit der koranischen Lehre zusammen, daß dem Menschen, wie der Koran sagt(7,172), bereits bei seiner Erschaffung mitgeteilt wurde, daß Gott, der ihm doch, wie wir sagten, von Seinem Geist einhauchte, sein Herr ist. Er hat daher diesem inneren Kompaß zu folgen. Der Mensch darf der Welt trotz all ihrer dem Menschen geschenkten Schätze in ihr nicht die Herrschaft über sich zugestehen, weil er sonst auf endlose Irrwege gerät. Statt dessen soll er sich seiner eigentlichen Bestimmung, die ihn zum Statthalter Gottes auf der Erde macht, erinnern und entsprechend vernünftig und verantwortungsbewußt handeln.

Von diesen Überlegungen her kann man verstehen, warum der Koran immer wieder mahnend darauf hinweist, daß der Glaube des Herzens und die guten Taten - nicht allein irgendwelche schönen Taten und Worte - den Menschen auf den richtigen Weg, d.h. den Weg zum Frieden, bringen können. Dieser Anfangspunkt auf dem Weg zum Frieden ist ein Versprechen des Friedens, ebenso wie der Neumond, das Symbol des Islam, ein Versprechen ist.

## 2. Das Ziel:

Damit kommen wir zu der Frage des Zieles. Für den, der aufrichtig mit seinem Herzen glaubt, kann die Welt mit all ihren zwar erstrebenswerten, aber auch vergänglichen Schätzen nicht das letzte Ziel seines Lebens sein. Als Ziel zeigt sich ihm, daß die Gerechtigkeit und Barmherzigkeit so, wie es sein Herz verlangt, siegen. Ziel ist ihm die von Gott versprochene „Heimstätte des Friedens".

In diesem Zusammenhang fordert der Koran die Vertreter der Religionen dazu auf, sich darüber zu einigen, daß sie Gott allein dienen und Ihm keine anderen Götter beigesellen und niemanden als Herrn akzeptieren als allein Gott. (3,64) Dieser gebietet Gerechtigkeit und Barmherzigkeit gegenüber allen Menschen.

Die Religion zeigt den Menschen den Weg, wie sie ihre Freiheit in der Befolgung dieser Gebote nicht verlieren, sondern gewinnen, da sie dadurch den Frieden und innere Stärke erhalten. Doch sind sie frei, zu entscheiden, ob sie diesen Weg wählen wollen, denn, wie es im Koran heißt:

*"In der Religion gibt es keinen Zwang."* (2,256)

Das Ziel der Religion ist der Aufbau einer friedlichen Gemeinschaft. Unsere heutige Welt ist sich jetzt der Notwendigkeit einer Kultur des Friedens für unsere Welt bewußt geworden.

Eine Kultur des Friedens wird aufgebaut auf dem Willen zum Frieden. Dieser ist islamisch betrachtet das Erziehungsziel aller Religionen. Daher sollen die Religionen zwar ihre Identität bewahren, aber ihre Bemühungen für das gleiche Ziel in einem Wettbewerb um gute Taten vereinigen. Nur dann, wenn alle Menschen, die den Willen zum Frieden haben - auch die Menschen außerhalb der Religionsgemeinschaften - ihre Anstrengungen für den Frieden vereinigen, kann das Ziel, eine Kultur des Friedens, aufgebaut werden.

Diese kann nur in einer Gemeinschaft wirksam werden, die dem allen Menschen angeborenen Trieb zum Guten und damit der menschlichen Freiheit Raum gibt. Wie der Koran es ausdrückt, können in einer solchen Gemeinschaft die Menschen das gebieten, was recht ist und das verbieten, was verwerflich ist. (3,110)

## 3. Der Weg:

Es existieren deshalb so viele verschiedene Gemein-schaften, erklärt der Koran, damit sie einen energischen Wettbewerb um das ethisch Gute unternehmen. Denn durch die freie Entscheidung zum Guten kann der Mensch es realisieren, nicht aber, indem er einfach - etwa in einer tota-litären Gesellschaft - festgesetzten Vorschriften folgt, die seine freie Entscheidung und freiwillige Anstrengung - und damit die Entwicklung seiner spirituellen Lebendigkeit - überflüssig machen würden.

*„Und wenn Gott gewollt hätte"*, sagt der Koran (5,48), *„hätte er euch zu einer einzigen Gemeinschaft gemacht ... Doch will er euch prüfen in dem, was Er euch hat zu-kommen lassen. So eilt zu den guten Dingen um die Wette."*

Die Verschiedenheit der Menschen, ihrer Religionen und Kulturen, sollte also nicht die Ursache für Feindseligkei-ten unter ihnen sein. Sie soll im Gegenteil der Antrieb, der Motor für die Entwicklung der Menschlichkeit sein, die sich in Toleranz, Respekt und Güte gerade dem ganz anderen ge-genüber äußert. Denn die Anstrengungen, die „ganz anderen" Menschen zu verstehen, bringen dazu, Geduld mit sich und den anderen zu üben und erweitern unseren geistigen Hori-zont. Sie bringen uns dem Ziel einer Kultur des Friedens näher, die nur auf Menschlichkeit aufgebaut werden kann. Denn Friede kann nur auf einem friedlichen Weg angezielt werden. Dieser friedliche Weg erfordert allerdings die Auf-wendung unserer gesamten Kräfte.

Im Koran gibt es ein Gleichnis dafür, wie dies zu geschehen hat. Zwei Menschen werden in ihrer Grundhaltung miteinander verglichen. Der eine von ihnen ist passiv und nicht fähig, Verantwortung zu übernehmen. Er leistet überhaupt nichts. Der andere aber ist im Gegensatz zu ihm sehr aktiv und unermüdlich in seinem Kampf für die Gerechtigkeit und ruft auch dazu auf. Indem er sich in dieser Weise auf dem Weg Gottes voll einsetzt, erhält er von Ihm Seine *Sakina*, d.h. seine ruhespendende Gegenwart. (u.a. 48,4). Diese wiederum bestärkt ihn noch mehr in seinem Kampf für den Weg Gottes, welcher der einzige Weg zum Frieden ist. Auf diese Weise wird seine Spiritualität immer mehr verstärkt.

Der Koran gibt empirische Hinweise darauf, wie man den Glauben erkennt. Man erkennt ihn an seinen Früchten, wie man auch den guten Baum an seinen Früchten erkennt. Der Koran weist auch darauf hin, daß Menschen ohne den Glauben

*"sagen, was sie nicht tun."* (26,226; s.a. 61,2/3)

Es genügt nicht, zu wissen, obwohl das Wissen an sich sehr erstrebenswert ist. Aber man muß nach dem handeln, was man weiß. Dadurch lernt man mehr. Sonst ist selbst der größte Schatz an Wissen wertlos. Er kann sogar der Anlaß zum Verderben für den Menschen sein, nämlich dann, wenn er nicht danach handelt. Spiritualität, d.h. echte Religiosität, erwirbt sich der Mensch durch seine guten Taten. Sie wird nicht bereits schon durch die Proklamation von religiösen oder sonstigen Werten erworben.

„*Der Angesehenste von euch bei Gott*", heißt es im Koran (49,13/15), *"das ist der Frömmste von euch."*

Was aber ist Frömmigkeit?

„Die Frömmigkeit ist das gute Verhalten", sagt der Prophet Mohammed.

Und er erklärt auch auf empirische Weise, worin das schlechte Verhalten besteht, indem er sagt:

„Der Frevel ist das, was deine Seele beunruhigt und wovon du nicht magst, daß es die Menschen erfahren."

Es geht bei dem Kampf um den Frieden um die Erwerbung der Spiritualität des Menschen, um das, was der Koran einmal den „Lebensunterhalt im Himmel" nennt und „das, was euch versprochen wird." (51,22)

Daher soll man die Religion nicht nur so nebenbei betreiben, sondern sich ihr, wie der Koran es nennt, mit seinem inneren Selbst zuwenden. (30, 30/32)

Dies tut nach seiner Erklärung (7,181) jene Gemeinschaft unter den Menschen, die nach der Wahrheit leitet und danach Gerechtigkeit übt.

Wenn man den Frieden wirklich sucht, kann man dabei nur Erfolg haben, wenn man ihm Raum läßt. Das bedeutet, wir müssen anderen das gleiche Ziel zugestehen. Sonst haben wir selber ja den Weg zum Frieden bereits verlassen. Wir sollen Frieden nicht nur als Ziel, sondern auch als Weg nehmen, wenn wir einen Erfolg bei unseren Bemühungen haben wollen, der nicht gleich wieder zerrinnt. Dabei dürfen wir nicht vergessen, daß die einzige Form, in welcher der Friede als Konstante erscheint, der Friede als Stiftung Gottes und Sein Versprechen ist. Der Glaube, den wir zeigen, indem wir uns um ein gutes Verhalten bemühen, ist daher die Vorbedingung für den gewünschten Frieden.

Dies gilt insbesondere in der Konfrontierung mit fremden Völkern und Kulturen, deren Denkweise uns zumindest zunächst schwer verständlich erscheinen kann. Wir sollten diese Aufgabe der Auseinandersetzung mit fremden Denkweisen nicht als eine Bürde betrachten. Denn es kann sehr wohl sein, daß gerade infolge solcher Auseinandersetzungen unser eigenes Denken die notwendige Vertiefung erhält, die es braucht, um wirklich im eigenen kulturellen Erbe Wurzeln zu schlagen. Genau betrachtet haben alle großen Kulturen gerade durch den lebendigen Austausch mit anderen Kulturen ihre Größe gewinnen können. Dies geschah wie gesagt durch gegenseitigen Austausch und nicht durch Unterdrückung, durch das Kennenlernen anderer Völker und Menschen und nicht durch deren Auslöschung oder Versklavung.

Der Koran (49,13) bestimmt es daher geradezu als Ziel der Schöpfung, daß die verschiedenen Völker der Erde einander kennenlernen sollen. Dies ist der Grund ihrer Erschaffung.

Dieses Kennenlernen betrifft vor allem ihre Denk- und Glaubensweisen. Hierdurch läßt sich schließlich feststellen, daß alle großen Religionen - und damit auch die bekanntlich auf sie sich begründenden Kulturen - das *eine* menschliche Ethos verkünden. Und sie wurden fruchtbar, weil sie sich ernsthaft darum bemühten, es zu realisieren. Daher erhielten sie den Frieden, der ihnen half, ihre Reiche zusammenzuhalten und sie auszubauen.

Der Koran gibt ganz präzise empirische Hinweise darauf, wie der Frieden erhalten und gepflegt werden kann.

Der Friedenswille darf grundsätzlich keine Begrenzungen kennen. Die Bereitschaft zum Frieden muß daher sogar den Feinden gezeigt werden, nämlich dann, sagt der Koran (8,61), *"wenn sie sich dem Frieden zuneigen."* Dann soll man sich auch dem Frieden zuneigen.

Selbst dann, wenn die Feinde keinen Willen zum Frieden zeigen, und wenn ein Kampf zur Verteidigung der eigenen Rechte notwendig ist, dürfen während des Kampfes keine unmoralischen Handlungen begangen werden. (2,190). Hierzu gibt die islamische Überlieferung genaue Anweisungen, wie z.B. den Schutz für Zivilisten und die zivilisierte Behandlung von Gefangenen. Jede Art von Unmenschlichkeit und Terrorismus ist grundsätzlich verboten. Damit enden aber die Vorschriften noch nicht. Man muß sich sogar bemühen (60,5), nicht zu einer Versuchung für die Feinde zu werden.

Die Muslime müssen sich der Vorschrift des Korans gemäß allen Menschen gegenüber vorbildlich benehmen. Ausgeschlossen davon sind nur die Feinde, die, von denen sie wegen ihrer Religion angegriffen wurden und die sie aus ihren Wohnstätten vertrieben haben. (60,8)

Ausgangspunkt für den Frieden ist - so sagten wir - der sich um gerechte Taten bemühende Mensch. Hierbei ist das, wie man sagen kann, "Von-Innen-nach-Außen - Prinzip" aktiv, das in jedem Menschen wirksam werden kann, wenn die Gesellschaft ihm das ermöglicht. Man nennt dieses Prinzip für gewöhnlich die menschliche Freiheit. Auf diesem Weg zum Frieden erhält der Mensch, wenn er ihn einmal begonnen hat, die notwendige Standfestigkeit, ohne die der Kampf für den Frieden nicht durchgeführt werden kann. (47,7). Je stärker die dadurch gewonnene Spiritualität des Menschen wird, desto mehr kann er leisten.

Das höchste Glück hat er aber dann, wenn er (4,34/35) Böses, das ihm angetan wurde, mit Gutem vergelten kann, und dadurch aus einem Feind einen Freund macht.

Wie sonst sollte die Kette der Feindseligkeiten abgebrochen werden?

Doch - und das soll schließlich noch betont werden - der Islam, der neben der Notwendigkeit der Gerechtigkeit auch die der Barmherzigkeit hervorhebt, verlangt von keinem Menschen mehr, als er vermag. Aber selbst die kleinste gute Tat, so sagt der Prophet Mohammed, sollte man nicht verachten. Jede - selbst die größte - Reise beginnt ja bekanntlich mit einem Schritt.

## Schlußwort:

Zum Schluß möchte ich zusammenfassend betonen, daß der Islam eine Religion des Friedens ist und auf keinen Fall mit den heutzutage überall in der Welt auftretenden negativen Erscheinungen des Terrorismus, Fanatismus und Fundamentalismus, die auch in der islamischen Welt auftreten, verwechselt werden darf.

Der Islam selber kennt keine Intoleranz. Er fordert zur Achtung aller Religionen auf und dazu, allen Menschen prinzipiell, wie wir darstellten, Gerechtigkeit und Barmherzigkeit zu erweisen. Diese Forderungen begründet er mit der Einheit der Menschheit und der Einheit ihres Zieles.

Auf die Frage nach dem Beitrag der islamischen Religion zu einer Kultur des Friedens kann man daher mit Recht sagen, daß der Islam einen Beitrag zu einer Pflege und Kultivierung des Friedens in allen seinen ethischen Forderungen gibt, die er aufstellt, sowie auch mit deren Begründung. Sein größter Beitrag ist der Aufruf zum Glauben des Herzens, der in jeder guten Handlung eines Menschen sichtbar wird und ihre Bedingung ist.

Freiheit und Glaube schließen einander nicht nur nicht aus, sondern, dies lehrt der Islam, bedingen einander. Sie schaffen Frieden.

Der Friede muß für alle möglich sein.

Wie kann die sogenannte neue Weltordnung aber Frieden schaffen, wenn sie die schwachen Völker nicht berücksichtigen will?

Eine solche Weltordnung steht auf schwachen Füßen, da sie kein Vertrauen beanspruchen kann und den Willen zum Frieden schwächt.

Der Prophet Mohammed hat auf die Notwendigkeit der Solidarität der Menschheit aufmerksam gemacht. In einem Gleichnis schildert er, wie sich die gesamte Menschheit auf einem Schiff befindet. Ein Teil von ihr befindet sich auf dem Oberdeck und der Rest in dem Unterdeck. Die Menschen, die unten sind, müssen sich das Wasser von oben holen, aber werden eines Tages dessen müde. Statt dessen bohren sie ein Loch in das Schiff, um sich auf diese Weise das Wasser schneller zu beschaffen. Durch diesen Akt der Verzweiflung gefährden sie das ganze Schiff. Daher müssen die Menschen oben jene, die unten sind, davon abhalten. Sie müssen ihnen helfen, sagt der Prophet Mohammed, sonst ist die Menschheit als ganzes verloren.

Die jetzt notwendig gewordene Zusammenarbeit zwischen allen Völkern dieser Erde verlangt von uns die entschlossene Abwendung von der negativen Betrachtungsweise der Vergangenheit, von lange gehegten Feindbildern und Vorurteilen. Sie verlangt die Zuwendung zur Zukunft und zu einem positiven, schöpferischen Denken, das die Probleme der gegenwärtigen Welt, die uns nun alle betreffen, richtig erfaßt und daher in gemeinsamer Anstrengung tatkräftig lösen kann.

Die Menschheit befindet sich auf dem Schiff der Erde auf einer Reise im Weltraum und muß der Vernunft das Steuer in die Hand geben.

**Zehntes Kapitel**

# Islam und Gesellschaft[1]

## Einführung

Die Frage der Weltordnung bzw. einer vernünftigen Gestaltung der Gesellschaft wird in unserer Zeit immer aktueller und brennender. Auch in der islamischen Welt ist - wie überall - die Gesellschaft den verschiedensten modernen Einflüssen ausgesetzt. Die globale Zivilisation mit ihrer Technologie, der modernen Lebensweise und den stark materialistischen Tendenzen wirkt auch in ihr, neben den sich behauptenden Traditionen, Denk- und Lebensformen der ursprünglichen islamischen Kultur. Vor allem aber behauptet sich in der islamischen Welt nach wie vor das religiöse Denken.

Ist es richtig, davon zu sprechen, daß in der islamischen Welt ein Prozeß wachsender Dominanz der islamischen Kultur erkennbar wird? Oder ist es richtig, daß auch in ihr das materialistische Machtdenken der Neuzeit die Oberhand gewonnen hat? Diese Fragen können im Rahmen des vorliegenden Beitrags wegen ihrer Komplexität nicht ausführlich beantwortet werden. Aber die Frage, ob die islamische Welt prinzipiell der Demokratie und den allgemeinen Menschenrechten gegenüber aufgeschlossen ist, kann vom Islam her positiv beantwortet werden. Es gibt allerdings ei-

---

[1]Vortrag. Internationaler Kongreß "Europe and the Islamic Culture", Universität zu Köln, 1993

nen typisch islamischen Weg zur Beantwortung der Fragen der Demokratie und Menschenrechte wie ich im folgenden erläutern möchte.

Zweifellos sind der Säkularismus westlicher Prägung wie auch die sogenannte Theokratie nicht die geeigneten Lösungen für die Probleme der islamischen Länder. Dies wird inzwischen auch von sogenannten islamischen Säkularisten anerkannt. Denn im Islam gibt es keine legitimierte Priesterschaft, die die Macht an sich reißen und die Religion für ihre eigenen Zwecke mißbrauchen könnte, welche durch einen solchen Säkularismus entmachtet werden müßte. Aus dem gleichen Grund kann eine solche, gegenüber jeder Opposition und Kritik immune Priesterelite in den islamischen Ländern auch keine Theokratie mit wirklich islamischer Rechtfertigung aufbauen.

Das Verhältnis von Islam und Gesellschaft kann am besten ausgehend vom Selbstverständnis der muslimischen Welt betrachtet werden. Die immer noch bestehenden Fehl- und Vorurteile über den Islam in Verbindung mit einer irrationalen Furcht vor ihm haben eine Propaganda über einen sogenannten islamischen Fundamentalismus möglich gemacht, die zu schwerwiegendsten politischen Konsequenzen führte. Einen besseren Ausgangspunkt für das Bemühen, die islamische Gesellschaft und ihre Aspirationen zu verstehen, bietet das positive Konzept des Islam als einer Bruderreligion des Christentums.

Grundsätzlich gilt, wie für Besonderheiten jeder anderen Kultur auch, daß die geschichtlich gewachsenen Eigenheit der islamischen Kultur am besten aus ihr selbst heraus verstanden werden kann - keinesfalls aber durch die schematische Übertragung von Begriffen auf sie, welche in anderen Kulturräumen, hier besonders im westlichen Kulturraum, entstanden sind, wie z.B. Fundamentalismus, Säkularismus und Theokratie. Ganz allgemein läßt sich sagen, daß nur durch die Respektierung der unterschiedlichen kulturellen Identität, nicht aber durch Diffamierung, gewalttätige Angriffe und Demoralisierung, also nur durch echte Toleranz, Fortschritte im gegenseitigen Verstehen erzielt werden können.

Toleranz setzt allerdings einen eigenen gültigen Standpunkt voraus. Durch sie kann eine echte gegenseitige Verständigung erzielt werden. Diese ist die notwendige Basis für eine Zusammenarbeit. Unsere sich entwickelnde Weltgesellschaft braucht diese Zusammenarbeit unbedingt, z. B. in Fragen der Umwelt und der Menschenrechte.

Symbolhaft für unsere immer mehr der Anarchie verfallende Welt ist die durch rein materialistische Machtkämpfe gekennzeichnete Situation im Vorderen Orient. Dabei ist er doch das Ursprungsland der drei großen monotheistischen Religionen Judentum, Christentum und Islam. Schon rein geographisch gesehen bildet er eine natürliche Brücke zwischen Ost und West und den verschiedenen Kulturen. Die Aufgabe dieser drei Religionen, Frieden zu schaffen durch die Gestaltung einer vernünftigen Lebens- und Gesellschaftsordnung, war noch nie so lebensnotwendig wie heute. Der Islam jedenfalls versteht sich, wie ich darlegen möchte, vor allem als eine Religion des Friedens.

## 1. Die Rolle der *Umma*

Frieden ist sowohl das Ziel wie auch der Weg der islamischen Gemeinschaft, der *Umma*. Der Islam vermeidet wegen seiner gemäßigten Haltung sowohl den extremen Individualismus wie auch den extremen Kollektivismus. Weit entfernt von einer nur auf das Jenseits ausgerichteten, einseitig spiritualistischen Einstellung wie auch von einer starren, bloßen Gesetzesbefolgung, lehrt der Islam Weltoffenheit im Geiste der Gottesergebenheit. Gottesdienst ist nach seiner Lehre in erster Linie Dienst an Seiner Schöpfung, und zwar gemäß den islamischen Tugenden der Gerechtigkeit und Barmherzigkeit.

Wie kürzlich treffend gesagt wurde, ist die *Umma* „im Sinne der Gottorientiertheit aufgebaut". Die Frage ist nun, inwieweit die islamische *Umma* dieses Ziel auch heute noch erreicht. Freiheit und damit auch Selbstverantwortung stehen im Zentrum der islamischen Lehren und sind Grundbedingungen für den Islam, der wie keine andere Religion mißverstanden und, im Verbund damit, angegriffen wird.

Nach den islamischen Lehren muß der Weg des Menschen in der von Gott geleiteten Geschichte durch selbstverantwortliches Handeln in eine positive Richtung gesteuert werden. Die Geschichte weist daher, wie auch die ganze Schöpfung, bestimmte Gesetzmäßigkeiten auf. In allen Kulturen ist es der gleiche Mensch, der seine Menschlichkeit behaupten muß. Wie aber verwirklicht er diese Selbstbehauptung?

Nach islamischer Auffassung ist Gott allen Menschen in Barmherzigkeit zugewandt, ob sie nun im Westen oder im Osten der Erde leben. Er will, daß der Mensch vermittels der ihm verliehenen Freiheit sich ihm im Glauben zuwendet, indem er mit gerechten, guten Taten seiner Schöpfung dient. Tut er dies, dann wird dieser Mensch von Gott auf den Weg des Friedens geleitet. Seine Vernunft, die der islamische Denker Al-Ghazali, "ein Muster des Lichtes Gottes" genannt hat, zeigt ihm, wenn er sich durch sie in seinem Denken und Handeln führen läßt, den Weg zur Selbstfindung und damit zum Frieden,

*"Jeder"* sagt der Koran, *"hat eine Richtung, auf die er eingestellt ist. Wetteifert nun nach den guten Dingen."* (Sure 2,148)

Diese guten Dinge sind nicht materieller Art, sondern das, was der Mensch erwirbt, wenn er seine Menschlichkeit entwickelt. Dies geschieht im Kampf um ein Leben in Würde und Frieden.

Der Friede, den die islamische *Umma* anstrebt, kann durch drei sich gegenseitig beeinflussende Kreise symbolisch dargestellt werden: Frieden mit Gott, mit sich selbst und mit der Umwelt. Sie bringen diese Welt und das, was jenseits von ihr liegt, miteinander in Einklang. Der Gläubige, so heißt es in einer islamischen Überlieferung, soll sich im Diesseits so bemühen, als ob er für immer in ihm leben würde; und er soll sich um das Jenseits so bemühen, als ob er morgen sterben würde. Im Aufruf des Islam zur Selbstverantwortung vor Gott wird der Mensch, wenn er ihm folgt, grundsätzlich von der Diktatur menschlicher religiöser Autoritäten sowie jeder Massenideologie befreit.

Seit 14 Jahrhunderten bereits besteht die *Umma*. Zur Zeit ihrer Entstehung traf sie auf barbarische Zustände in den sich einander befehdenden arabischen Stämmen, wo z.B. die Frauen kaum Rechte besaßen. Dies änderte der Islam. der die grundsätzliche Gleichheit aller Menschen vor Gott und damit prinzipiell die gleichen Rechte für alle lehrte. In kürzester Zeit begründeten daraufhin die Muslime wegen ihrer Vorbildlichkeit und ihrer Begeisterung für die Ideale des Islam eine der größten Kulturen der Menschheitsgeschichte, die viele Jahrhunderte lang in einem großen Teil der Welt eine hohe Kulturblüte erlebte. Auch heute noch lebt die islamische *Umma* weiterhin im Glauben und in der Zuversicht, daß die islamische Vision einer gerechten und damit friedlichen Gesellschaft verwirklicht werden kann, wenn die Menschen sich dafür entscheiden.

## 2. Die islamischen Gesellschaftsprinzipien

Die Grundsätze der islamischen Gesellschaftslehre möchte ich mit Hilfe einer islamischen Überlieferung des Propheten Mohammed illustrieren, in der beschrieben wird, wie eine nach islamischer Auffassung gerechte Entscheidung gefunden werden kann. Der Prophet befragte einen seiner Gefährten, Muad Ibn Jabal, der von ihm als Richter in den Jemen geschickt werden sollte, wie er dort einen Prozeß entscheiden würde. Muad antwortete, er werde sich nach dem Koran richten, und wenn dies nicht ausreiche, nach den Aussprüchen und Handlungen des Propheten. Sollte auch dies nicht zur Urteilsfindung genügen, würde er versuchen, durch selbständiges Denken eine Lösung zu finden. Der Prophet erklärte sich damit einverstanden.

Nach islamischer Lehre wird der Mensch durch eine gründliche religiöse Erziehung dazu befähigt, seine Vernunft selbständig einzusetzen und damit selbstverantwortlich vor Gott zu handeln. Unter Vernunft wird dabei die gesamte Vielfalt menschlichen Verstehens gefaßt, also nicht nur die analysierenden und kalkulierenden Fähigkeiten, sondern auch und insbesondere die intuitiven Fähigkeiten. Dies sind die - durch die Bindung an Gott und an seinen Willen sublimierten - Fähigkeiten, die man im allgemeinen als die Vernunft des Herzens bezeichnet. Entsprechend heißt es in Sure 6,43 auch, daß der Islam herabgesandt wurde, weil die Herzen der Menschen verhärtet waren und ihre Religion deshalb für ihr Leben nicht mehr wirksam werden konnte.

Wenn wir von diesem islamischen Standpunkt der Erziehung her die Gesellschaftsziele der *Umma* betrachten, wird verständlich, in welcher Weise sie anstrebt, die Freiheit und die Rechte aller ihrer Mitglieder, sowie grundsätzlich Chancengleichheit für eine vernünftige Entwicklung aller zu erreichen. Sie sieht als die Natur des Menschen die Kultur, die er durch die Verwurzelung in seiner Religion entwickeln kann.

Wichtig ist dabei vor allem, zu verstehen, daß es in der Religion, wie es der Koran einmal ausdrückt (Sure 2,256), keinen Zwang gibt. Der Islam verbietet jede Form von Gewalt, die ja seinem erklärten Ziel, Frieden durch unparteiische Gerechtigkeit zu schaffen, zuwiderlaufen würde. Deshalb ist islamisch gesehen nur die Verteidigung, aber keine Aggression erlaubt, denn Frieden ist, wie gesagt, sowohl der Weg als auch das Ziel des Islam. In Einklang mit dieser Auffassung darf der Islam niemals durch gewaltsame Missionierung, sondern nur durch Vorbild und den Aufruf zum Islam verbreitet werden.

Das wichtige Problem des Unterschieds zwischen dem Ideal und der Wirklichkeit der islamischen *Umma* wird bereits im Koran angesprochen. Vom Ideal, der angestrebten islamischen *Umma,* sagt der Koran in Sure 13.110, daß ihre Mitglieder das gebieten, was recht und das verbieten, was verwerflich ist, und daß sie an Gott glauben. Die islamische *Umma* auf ihrem Weg zu diesem Ideal fordert der Koran auf (Sure 3,104), das Rechte zu gebieten und das Verwerfliche zu verbieten, dann werde es ihr gutgehen.

Die Beratung *(schura)* der Mitglieder der *Umma* ist eines ihrer Grundprinzipien. So hat bereits Abu Bakr nach seiner Wahl zum ersten Kalifen bei seinem Amtsantritt entsprechend der koranischen Lehre das Volk um Beratung bei seiner Arbeit gebeten und die Leute darauf hingewiesen, daß sie seine Autorität nur dann anerkennen sollen, wenn er Gott und den Richtlinien seines Propheten gehorche.

Bei der allgemeinen Verwaltung der Gesellschaft gilt als Prinzip, daß folgende Hauptquellen mit Hilfe des *Igtihad* (= geistige Anstrengung, unabhängiges Denken) zugrundegelegt werden müssen: 1. der Koran, 2. die Sunna (d.h. die Überlieferungen des Propheten), 3. der Konsensus *(igma')* und 4. der *Qias* (Analogieschluß).

Was die Lebensform und Leistung eines Mitglieds der *Umma* betrifft, so wurde in einer Überlieferung des Propheten jeder Gläubige mit einem Hirten verglichen, der innerhalb seines ihm zugewiesenen Verantwortungsbereiches selbstverantwortlich und behütend handeln müsse.

Wichtig für das Verhältnis der islamischen Gemeinschaft zu anderen Gesellschaften ist neben dem Prinzip der Toleranz die Aufforderung im Koran zu einem Wettbewerb, womit der Koran die Pluralität der verschiedenen Gemeinschaften als dynamisches Entwicklungprinzip herausstellt:

*"... wenn Gott gewollt hätte, hätte er euch zu einer einzigen Gemeinschaft gemacht. Doch will Er euch prüfen in dem, was Er euch zukommen ließ. Wetteifert untereinander um die guten Dinge. Zu Gott werdet ihr alle-*

*samt zurückkehren und dann wird Er euch kundtun, worüber ihr uneins waret"* (Sure 5.48)


Die Bereicherung des menschlichen Lebens geschieht nach islamischer Lehre von innen her, indem der einzelne Mensch sich bemüht, in sich und um sich herum echten Frieden zu schaffen, also nicht durch aggressives Sich-bereichern und Verändern-wollen.

## 3. Der Islam und das Problem der Weltordnung

Das Problem unserer Zeit, die Ordnung einer in Anarchie verfallenden Welt neu aufzubauen, wurde in einer Überlieferung des Propheten bereits vorweggenommen. Er erzählt ein Gleichnis, das verdeutlicht, was geschieht, wenn Menschen auf eigene Faust und mit Gewalt ihre Forderungen durchsetzen und ihr Leben gestalten wollen.

Die Menschheit, so sagt er, gleicht den Leuten auf einem Schiff. Diese müssen alles vermeiden, was ein Kentern verursachen könnte. Er schildert, daß die Menschen im Unterdeck eines Tages der Mühe überdrüssig wurden, das benötigte Wasser vom Oberdeck zu holen. Sie beschlossen, ein Loch in den Boden des Schiffes zu bohren, um von dort Wasser zu bekommen. Damit gefährdeten sie aber das ganze Schiff und auch sich selbst. Deshalb, so sagt der Prophet, müssen die Menschen auf dem Oberdeck jene auf dem Unterdeck von der Zerstörung des Schiffes abhalten, weil sonst alle verloren wären. Wenn sie sie aber davon abhalten, werden alle gerettet.

In prophetischer Weise wird hier eine Gefahr antizipiert, die nach Erkenntnis der modernen Wissenschaftler das Leben auf der Erde bedroht, nämlich das Ozonloch. Denn die Erde gleicht mit ihrer Atmosphäre einem Schiff, das uns durch den Weltraum trägt.

Zum näheren Verständnis dieses Gleichnisses kann auch die Tatsache dienen, daß nach dem Koran (Sure 29.63) das Wasser, das Gott vom Himmel auf die Erde regnen läßt, damit sie nicht vertrocknet, ein wichtiges Symbol ist. Es ist ein Symbol für die göttliche Gnade und lebenserschaffende

Kraft und für die Güter des Lebens. Diese Gnade kann aber nicht erzwungen werden. Gott verteilt sie freigiebig, aber man wird ihrer nur würdig durch ein menschliches, und das bedeutet ein gerechtes und friedliches Handeln, durch Gottergebenheit.

Die islamische Gesetzgebung sorgt für den einzelnen und die Gemeinschaft, indem sie die menschlichen Grundrechte schützt: das Recht auf Leben, Religion, Vernunftbetätigung, den Schutz der Familie und des Eigentums. Ein Völkermord aus religiösen Gründen, wie er heute, am Ende des 20. Jahrhunderts, vor unseren Augen stattfindet, ist mit den islamischen Menschenrechten ganz und gar nicht zu vereinbaren.

Der Staat kann nach islamischer Auffassung nicht von der Religion getrennt werden, und daher ist auch z. B. nach der ägyptischen Verfassung der Islam die Religion des ägyptischen Staates und die islamische Gesetzgebung (Scharia) die Hauptquelle für seine Gesetzgebung.

Die natürliche, d.h. vom Schöpfer gesetzte Ordnung der Dinge, muß geschützt werden. Sonst wird alles zerstört. Die islamischen Theologen, Rechtswissenschaftler wie auch Philosophen und Mystiker, haben sich stets darum bemüht, die Lehren und Gesetze des Islam in einer sich ständig wandelnden Welt in richtiger Weise zu interpretieren und zu erklären, bzw. die Vision des Islam von einer friedlichen Welt am Leben zu erhalten und weiterzugeben.

In der gesamten Schöpfung ist allein dem Menschen die Verantwortung für den Frieden der Welt übergehen worden, und im Zusammenhang damit die Freiheit, die Ordnung

302

der Gesellschaft den jeweiligen Zeitverhältnissen auf vernünftige Weise anzupassen. (33, 72). Der Mensch ist islamisch betrachtet Stellvertreter Gottes auf Erden und kann dieser Aufgabe nicht ausweichen. (2,30)

Die Erde bewegt sich auf ihrer vorgeschriebenen Bahn um sich selbst und um die Sonne. Doch die Menschen sind frei, den richtigen oder den falschen Weg zu gehen. Wer das *Ziel* des Friedens verfolgt, muß auch den *Weg* des Friedens gehen, den Weg der unparteiischen Gerechtigkeit, und ihn damit für alle offenhalten, für jeden Menschen.

# Elftes Kapitel

## Konflikt, Pluralismus und Solidarität in islamischer Sicht
### Ein Beitrag zum Religionsdialog[1]

In unserer Zeit erleben wir nach wie vor in vielen Teilen der Welt zahlreiche und endlose Konflikte und Auseinandersetzungen. Man kann sogar behaupten, daß im 20. Jahrhundert die schrecklichsten Kämpfe und Kriege der Menschheitsgeschichte stattgefunden haben.

Diese Tatsache ist eigentlich unverständlich, wenn man bedenkt, daß infolge der in der Neuzeit immer wieder proklamierten sog. Höherentwicklung der Menschheit der Friede in unserer Welt eigentlich mehr Chancen haben sollte. Aber was gegenwärtig geschieht, scheint eher das Gegenteil zu beweisen.

### 1. Ursachen von Konflikten:

Tatsächlich ist Konflikt an und für sich genommen nichts Neues und ist sogar so alt wie die Menschheit selber. In allen Offenbarungsreligionen wird ja davon gesprochen, daß der Mensch im Paradies in einem vollkommenen Frieden lebte, bevor Gott ihn auf die Erde schickte, damit er sie bebaute, womit die Geschichte der Konflikte begann.

---

[1]Erschienen in: Khoury, A. Th., Geglaubt habe ich, deshalb habe ich geredet. Würzburg, 1998.

Im Koran steht, daß die Engel diese Entwicklung prophezeiten, als Gott ihnen mitteilte, er werde den Menschen erschaffen und ihn zu seinem Statthalter auf Erden ernennen. Die Engel vertraten die Auffassung (Sure 2,3o), die Erde wäre ohne den Menschen eine Stätte des Friedens, und der Mensch könnte infolge seiner Bosheit und Niederträchtigkeit diesen Frieden nur verderben. Die Engel ihrerseits rühmen Gott und verherrlichen seinen Namen. Der Koran sagt über sie, daß sie Gott nicht widerstehen, was er ihnen auch gebietet. (66,6). Aber Gott teilte den Engeln als Antwort auf ihre Vorbehalte mit, daß es Dinge gäbe, die ihrem Wissen entzogen seien, und die nur Er selber wisse.

Gott verlieh dem Menschen, so sagt der Koran (2,31-33), die Fähigkeit, alle Dinge zu erkennen (wörtlich: die Namen der Dinge). Der Geist, mit dem er ihn begabte, befähigt ihn, das Richtige vom Falschen zu unterscheiden, und seine Freiheit ermöglicht ihm ein selbstverantwortliches Handeln. Wenn der Mensch aber diese Gaben des Geistes und der Freiheit mißbraucht, begibt er sich auf gefährliche Abwege. Und das bedeutet u.a., daß er auch nicht mehr fähig ist, die Rechte und die Würde seiner Mitmenschen zu achten, was unmittelbar zu Konflikten führt.

Genau dies passierte, als die Söhne Adams Abel und Kain miteinander disputierten. Ihr Disput endete mit Blutvergießen, genau wie es die Engel vorhergesagt hatten.

Die verschiedenen Interessenkonflikte, welche unter den Menschen und den Staaten immer wieder den Frieden zu zerstören drohen, beginnen aber bereits im Menschen selber, und zwar hauptsächlich zwischen den einander widerstreitenden Antrieben seiner körperlichen und seiner seelischen Natur.

Wenn wir nun aber davon absehen, was Descartes über die aus zwei Einheiten bestehende (nämlich körperliche und seelische) Natur des Menschen sagte, so können wir doch objektiv gesehen sehr wohl in uns selber die Einheit der menschlichen Natur(nämlich im Geist) erfühlen. Der Koran spricht in diesem Zusammenhang davon, daß Gott dem Menschen von seinem eigenen Geist einhauchte.(32,9). Der Islam lehrt den Weg zu der vertieften Selbsterkenntnis und der damit zusammenhängenden Gotteserkenntnis. Diese Erkenntnis führt dazu, daß man die Welt mit anderen Augen betrachtet und sich nicht länger nur als Objekt zufälliger Geschehnisse sieht, sondern im Gegenteil sich dazu aufgerufen fühlt, durch freies, schöpferisches, d.h. selbstverantwortliches Handeln sich und seine Umwelt umzubilden.

Ein Gleichnis davon hat jeder Mensch schon erlebt, wenn er glücklich war und seine Seele und sein Körper sich in Harmonie befanden und er in sich den besten Willen, Gutes zu tun, verspürte. Andererseits verzweifelt der Mensch oft, wenn er unglücklich ist und sich elend fühlt.

Hierzu sagt der Koran, daß die ganze Welt voll von göttlichen Zeichen ist, welche uns an Gottes Existenz erinnern und uns zum Frieden führen wollen. Häufig bedarf es allerdings extremer Situationen, welche den Menschen aus seiner geistigen Trägheit und Gleichgültigkeit herauszureißen suchen. Der Koran sagt über die göttlichen Zeichen:

*"Wir werden sie in der weiten Welt und in ihnen selber unsere Zeichen sehen lassen, damit ihnen klar wird, daß es die Wahrheit ist."* (41,53)

Der Mensch erfährt - in der Gewißheit seines Selbst und seines Glaubens an Gott - an vielen Zeichen, was das eigentlich ist, wonach er im Grunde strebt und was ihn letzten Endes am Leben erhält. Daher heißt es auch im Koran:

*"Und auf der Erde gibt es Zeichen für die, die Gewißheit hegen, und auch in euch selbst. Wollt ihr denn nicht sehen? Und im Himmel ist euer Lebensunterhalt und das, was euch versprochen wird."* (51,20-22)

Ein Symbol für diesen *„Lebensunterhalt im Himmel"* ist der Regen, der auf die dürstende Erde füllt und alles Leben erhält; wie es im Koran heißt:

*„Und wir lassen vom Himmel reines Wasser herabkommen, um damit abgestorbenes Land zu beleben und viele unserer Geschöpfe zu tränken."* (25,49)

Ebenso wie das vertrocknete Land ,das unfruchtbar ist, solange es trocken bleibt, nach Wasser dürstet, so, lehrt der Islam, dürstet der Mensch nach der göttlichen Gnade, damit sie ihn wiederbelebt. Aber wenn der Mensch versucht, in unmoralischer und rücksichtsloser Weise sein Leben damit zu füllen, daß er sich auf Kosten seiner Mitmenschen befriedigt und bereichert, wird er sich schließlich unauflösbaren Konflikten gegenübergestellt sehen.

Die Ursachen von Konflikten wie auch ihre Kontrolle können in ihrer wirklichen Natur nur von der religiösen Betrachtung her gründlich genug verstanden werden. Es ist daher sehr wichtig, daß durch die religiöse Erziehung das Wissen von Gott vermittelt wird, bzw. daß der Mensch aufgefordert wird, sein für gewöhnlich von Vorurteilen überschwemmtes Denken zu klären und zu ordnen, damit er auf diese Weise den Weg freimacht für das ihm angeborene Wissen von Gott. Der Koran berichtet von diesem angeborenen Wissen von der Existenz Gottes in einem (besonders bei den islamischen Mystikern) berühmten Gleichnis:

*„Und als dein Herr aus den Lenden der Kinder Adams ihre Nachkommenschaft nahm und gegen sich selbst zeugen ließ: „Bin ich nicht euer Herr?" Sie sagten: „Jawohl, wir bezeugen es." (Dies), damit ihr nicht am Tag der Auferstehung sagt: „Wir ahnten nichts davon...". (7,172)*

Diese Gotteserkenntnis ist in jedem Menschen vorhanden, und daher sagt der Koran sogar über die Polytheisten, welche den Glauben an den Einen Gott aller Menschen ablehnen:

*„Und wenn du sie fragst, wer die Himmel und die Erde erschaffen hat, sagen sie bestimmt: „Gott" (31,25)*

## 2. Pluralität und Konflikt:

Zu den Eigenschaften alles Lebendigen gehört dessen Einmaligkeit, und wenn sie verlorengeht, geht auch die Lebendigkeit verloren. Dies gilt in einem ganz besonderen Maße für die Menschen und ihre Gemeinschaften, welche sich in die verschiedensten Kulturen, Rassen, Sprachen, Farben und Sitten aufgliedern. Das Problem ist, daß bei einer Kontaktaufnahme zwischen ihnen die Verschiedenheiten unter ihnen zeitweise geradezu unüberwindliche Hindernisse für eine Verständigung und ein friedliches Miteinander darzustellen scheinen. Über die Gründe hierfür heißt es im Koran:

*„Und wenn dein Herr gewollt hätte, hätte er die Menschen zu einer einzigen Gemeinschaft gemacht. Aber sie sind immer noch uneins, außer denen, derer sich dein Herr erbarmt hat. Dazu hat er sie erschaffen."* (11,118/119)

Über die Barmherzigkeit Gottes, von der hier die Rede ist, sagt ein Ausspruch (Hadith) des Propheten Mohammed:

„Wer sich der Menschen nicht erbarmt, dessen erbarmt sich Gott nicht." (Bukhari, Muslim)

Der Mensch hat sich nach islamischer Lehre selber durch seine Taten den Weg zu der Barmherzigkeit Gottes zu bahnen. Nur durch ständige Bemühungen um ein sowohl gerechtes wie auch barmherziges Handeln kann der Mensch den gewünschten Frieden in sich wie auch um sich herum schaffen. Dies gilt wegen der besonderen Verständigungsschwierigkeiten vor allem für das Verhältnis mit anderen Völkern und Angehörigen fremder Rassen und Kulturen.

Der Koran entwickelt anhand verschiedener Erörterungen ein ganz klares Bild von diesem Sachverhalt, worauf in den kommenden Darlegungen näher eingegangen werden soll. So heißt es im Koran:

*„O ihr Menschen, Wir haben euch von einem männlichen und einem weiblichen Wesen erschaffen, und Wir haben euch zu Verbänden und Stämmen gemacht, damit ihr einander kennenlernt."* (49,13)

Also ganz im Gegensatz zu der häufigen Erfahrung der Schwierigkeiten des Verständnisses mit Angehörigen fremder Kulturen und Rassen, welche ein Kennenlernen manchmal unmöglich zu machen scheinen, sollen die Verschiedenheiten unter den Menschen und Gruppen durch sich selber ein Kennenlernen möglich machen. Wie das zu verstehen ist, wird klarer, wenn man einen anderen Koranvers liest, der von dem gemeinsamen Ursprung aller Seelen von einer einzigen Seele spricht. (4,1). Dieser gemeinsame Ursprung, die Tatsache also, daß wir alle nichts als Ausgliederungen der einen ursprünglichen Seele sind, fordert - so lehrt der Islam - ein selbstverantwortliches Handeln im Angesicht Gottes. Das Gute wie auch das Schlechte, das wir im vollen Bewußtsein dessen, was wir tun, anderen zufügen, fügen wir im Grunde auch uns selber zu. Unsere Taten begleiten uns und formen uns.

Von diesen Überlegungen her gesehen, erscheint Solidarität mit unseren Mitmenschen ein natürliches Erfordernis.

## 3. Solidarität

Solidarität kann durch ein selbstverantwortliches Handeln nicht nur innerhalb einzelner Gruppen, sondern auch unter den verschiedensten Gruppen realisiert werden, wenn nur einmal die Notwendigkeit dieser Solidarität und einer friedlichen Koexistenz eingesehen wird, was heute zunehmend in einem globalen Maße geschieht oder wenigstens geschehen sollte.

Der Prophet Mohammed hat in einer Parabel vom „Schiff der Menschheit" bereits davon gesprochen, daß Konflikte größtenteils zwischen privilegierten und unterprivilegierten Gruppen entstehen. In unserer Zeit ist auch klar geworden, was der Prophet bereits sah, daß nämlich diese Konflikte gelöst werden müssen, wenn man nicht will, daß die gesamte Menschheit untergeht.

Die Parabel spricht davon, daß ein Teil der Passagiere in dem Schiff der Menschheit im Oberdeck wohnt und der andere Teil im Unterdeck. Wenn die Menschen im Unterdeck Wasser brauchen, (welches, wie wir schon erwähnten, ein Symbol des Lebens und der göttlichen Barmherzigkeit ist), müssen sie jedesmal zum Oberdeck hinaufsteigen. Schließlich werden sie dessen aber müde und entscheiden sich, daß sie sich im Unterdeck ein Loch bohren werden, um auf diese Weise einen direkten Zugang zum Wasser zu erhalten. Dies aber, sagt der Prophet Mohammed, muß unbedingt verhindert werden. Daher müssen die im Oberdeck im Luxus lebenden Menschen dafür sorgen, daß ein solches das ganze Schiff gefährdende Loch nicht gebohrt wird, was schließlich auch in ihrem eigenen Interesse liegt.[1] Das Wasser (d.h. alle Güter) muß auf gerechte Weise verteilt werden, so daß unterprivilegierte Gruppen sich nicht genötigt fühlen, zu Verzweiflungsmaßnahmen zu greifen.

Die Erkenntnis des gemeinsamen Schicksals der Menschheit drückt man heute in dem Bild des globalen Dorfes aus. Aber die Parabel von dem Menschheitsschiff, das sozusagen durch den Weltraum segelt, ist noch präziser, denn sie weist auf die Notwendigkeit einer gut organisierten Zusammenarbeit hin, damit das Schiff ungehindert das Ziel seiner Reise erreichen kann. Übrigens erscheint das angedrohte Loch im Schiff wie eine Vorhersage von dem Loch in der Ozonschicht der Erde, das kürzlich entdeckt wurde und nach der Auffassung von Fachleuten die Existenz der gesamten Menschheit bedroht.

Die Menschheit, so lehrt der Koran, betrachtet sich am besten als eine einzige Familie, welche in ihrem eigenen Interesse ihre Konflikte und Streitereien miteinander auf vernünftige und schöpferische Weise zu lösen bzw. zu kontrollieren hat, da sie sonst nicht überleben kann.

Für die Art und Weise, wie islamisch betrachtet eine solche Kontrolle stattfinden kann, möchte ich ein Beispiel aus der islamischen Geschichte bringen.

Hierbei handelt es sich um die Beziehungen zwischen den beiden Stämmen der Al-Aws und der Al-Khazrag, die in Medina bereits lebten, bevor der Prophet Mohammed nach Medina auswanderte. Die zwei Stämme haßten einander und

[1] Fath ul Bary, Bd. 5, S. 132.

bekriegten sich unaufhörlich, bevor sie Muslime wurden und daraufhin miteinander in Frieden lebten. Aber diese neue Entwicklung war einigen Feinden des Islam ein Dorn im Auge, und sie versuchten daher, die beiden Stämme gegeneinander aufzuhetzen, indem sie sie daran erinnerten, wie doch so viele von ihnen in den früheren Kriegen zwischen den beiden Stämmen getötet wurden. Als sie nahe daran waren, mit ihren Versuchen Erfolg zu haben, und die beiden Stämme kurz vor einem neuen Kriegsausbruch standen, hörte der Prophet Mohammed, was passierte. Er ging daher zu ihnen und erinnerte sie daran, daß der Islam sie doch vereinigt und ihren gegenseitigen Haß ausgelöscht hatte. Das ließ sie wieder zur Vernunft kommen und erkennen, welche Falle man ihnen bereitet hatte, auf die sie fast hereingefallen wären. Durch Gottes Barmherzigkeit gelang es ihnen, sich wieder von neuem zu vertragen.

Der Koran drückt die Notwendigkeit der Solidarität auf folgende Weise aus - durch das Symbol des „Seil Gottes", an dem alle festhalten sollen -:

„Und haltet allesamt am Seil Gottes fest und spaltet euch nicht. Und gedenket der Gnade Gottes zu euch, als ihr Feinde waret und Er Vertrautheit zwischen euren Herzen stiftete, so daß ihr durch seine Gnade Brüder wurdet; und als ihr euch am Rande einer Feuergrube befandet und Er euch davor rettete. So macht euch Gott seine Zeichen deutlich, auf daß ihr der Rechtleitung folgt." (3,103)

Zusammenfassend ist also zu sagen, daß allerdings die komplexe Natur des Menschen wie auch die zahlreichen oft sehr großen Verschiedenartigkeiten der menschlichen Gesellschaften durch sich selber bereits für den Menschen eine nicht zu unterschätzende Herausforderung darstellen. Doch wenn der Mensch sich dieser Herausforderung klar und bewußt stellt, kann er sich in dieser Auseinandersetzung, wenn er sich wirklich mit allen Kräften bemüht und nicht abläßt, zu einer freien und schöpferischen Person entwickeln. Dann ist er auch fähig, Friede in sich zu schaffen und dem Frieden um sich herum zu dienen.

Damit gelangen wir zu einem ganz entscheidenden Faktor der islamischen Religion: dem Frieden. Es ist gewiß kein Zufall, daß sogar das Wort „Islam" die gleiche Wurzel hat wie das arabische Wort für Frieden, *salam*.

## 4. Friedensbereitschaft:

Die islamische Religion setzt sich als ihr Hauptziel, echte Friedensbereitschaft in die Herzen ihrer Gläubigen zu pflanzen und ihre Persönlichkeiten in diese Richtung hin zu erziehen. Ihre Anhänger sind aufgefordert, sich nicht nur untereinander in friedlicher Weise zu verhalten, sondern im Prinzip auch allen anderen Menschen gegenüber - unabhängig von deren Rasse, Religion oder Hautfarbe usw. - wahre Friedensbereitschaft zu zeigen. Islam und Friedensbereitschaft lassen sich insofern überhaupt nicht voneinander trennen. Dies zeigt sich auch an der islamischen Sitte des Friedensgrußes. Auch heute noch grüßen sich Muslime für gewöhnlich, indem sie einander Frieden wünschen. Und am Ende ihrer fünfmaligen täglichen Gebete wenden sie sich erst zur rechten und dann zur linken Seite und wünschen jedesmal, erst in südlicher und dann in nördlicher Richtung, den beiden Hälften der Welt an ihrer Seite den Frieden, womit sie also in symbolischer Weise der gesamten Welt den Frieden anbieten. Nach der Lehre ihrer Religion müssen die Muslime sich bemühen, mit allen Menschen in Frieden zu leben und sie mit Gerechtigkeit und aktiver Toleranz zu behandeln.

Dies gilt aber nur für den Fall, daß diese keinerlei Angriffe auf die Muslime durchgeführt haben bzw. durchführen und auch nicht mit den Feinden der Muslime zusammenarbeiten. In diesem Zusammenhang heißt es daher im Koran:

*"Gott verbietet euch nicht, denen, die nicht gegen euch der Religion wegen gekämpft und euch nicht aus euren Wohnstätten vertrieben haben, Pietät zu zeigen und Gerechtigkeit angedeihen zu lassen. Gott liebt ja die, die gerecht handeln."* (60)

Die Friedensbereitschaft hat, wie wir sehen, ihre Grenzen. Aber es gibt keine solche Grenzen für die Gerechtigkeit, da sie einen absoluten Wert darstellt und als solcher immer anzustreben ist. (s. a. 5,8)

Es ist selbstverständlich, daß kein Mensch fortwährend Attacken auf sich tolerieren kann, ohne zu versuchen, zurückzuschlagen, und Gott verlangt vom Menschen nichts Unmögliches, wie der Koran immer wieder betont. Es wäre ungerecht, von den Muslimen zu verlangen, daß sie ihren Feinden gegenüber, die sie zerstören wollen, Toleranz zeigen. Toleranz wäre in diesem Fall Ungerechtigkeit sich selber gegenüber und würde ihre Feinde dabei unterstützen daß sie sich ihnen gegenüber weiterhin ungerecht verhalten. Aus diesem Grunde verbietet der Koran den Muslimen, mit solchen Feinden Freundschaft zu schließen. Der Koran sagt (im Anschluß an den oben zitierten Text):

*"Er (Gott) verbietet euch nur, euch denen anzuschließen, die der Religion wegen gegen euch gekämpft, und die euch aus euren Wohnungen vertrieben und bei eurer Vertreibung mitgeholfen haben. Diejenigen, die sich ihnen anschließen, sind Frevler."* (60,9)

Aber wenn die Feinde ihre Aggressionen gegen die Muslime beenden und zeigen, daß sie zum Frieden bereit sind, dann müssen die Muslime auch ihrerseits sich bereit zeigen, Frieden zu schließen. Hierzu sagt der Koran:

*„Und wenn sie (d.h. die Feinde) sich dem Frieden zuneigen, dann neige dich ihm zu! Und vertrau auf Gott!"* (8,61)

Gerechtigkeit im islamischen Sinne verstanden ist mehr als bloße Legalität, da sie prinzipiell den Weg für den Frieden offen läßt. Daher müssen wir unter bestimmten Umständen unseren Feinden eine Chance des Friedens geben, allerdings nur unter der Bedingung, daß sie sich ihrerseits zu einem gerechten Frieden bereit erklären.

In der Geschichte der Muslime gibt es viele Beispiele dafür, daß sie dem Prinzip der islamischen Barmherzigkeit anstelle des Prinzips bloßer Legalität folgten. Der berühmte Sultan Saladin ist hierfür ein viel zitiertes Beispiel. Denn nachdem er die Kreuzfahrer besiegt hatte, behandelte er die heimkehrenden christlichen Krieger mit einer einmaligen Großzügigkeit und Barmherzigkeit. Nicht nur gab er ihnen ihre Freiheit zurück und schenkte er den Armen unter ihnen die nötige Ausrüstung für ihre Heimfahrt, sondern er befahl noch dazu, daß man ihre heiligen Stätten unangetastet lassen sollte, obwohl einige Muslime ihn baten, die Kreuzfahrer auf dieselbe Weise zu behandeln wie diese ihrerseits die Muslime behandelt hatten, als sie Jerusalem im Jahr 1099 eroberten. Aber er gebot ihnen, die christlichen Stätten zu respektieren sowie die Christen mit Toleranz zu behandeln.[1]

---

[1] Saed Ashour, Al-Haraka as-sah biyya, Bd.II, 5. 790-95, Kairo, 1976.

Der Islam gebietet seinen Anhängern, den Feinden, wenn sie Friedensbereitschaft zeigen, ihrerseits auf friedliche Weise zu begegnen. Wenn aber die Feinde keinerlei Interesse an einer friedlichen Lösung des Konflikts zeigen und sich daher der Krieg als die einzige Möglichkeit zeigt, Land, Freiheit und Eigentum zu verteidigen, dann müssen die Muslime allerdings kämpfen, aber unter der Bedingung, daß sie nur ihre Rechte verteidigen, aber keine Aggressionen begehen. Im Koran heißt es hierzu:

*„Und kämpft um Gottes willen gegen diejenigen, die gegen euch kämpfen! Aber begeht keine Übertretungen! Gott liebt die nicht, die Übertretungen begehen."*
(2,190)

Der Islam verbietet den Muslimen, die Toten zu verstümmeln und Kriegsgefangene schlecht zu behandeln, oder alte Leute, Frauen und Kinder zu töten, da er jede Art von unmenschlichem Verhalten ablehnt.

Aber vom islamischen Standpunkt her gesehen ist der Verteidigungskrieg nur ein notwendiges Übel. Das höchste Ziel ist der Kampf gegen Haß und Feindschaft in den Herzen der Feinde. Wenn dies auch nur schwer zu erzielen ist, so sollen die Muslime doch nicht die Hoffnung auf einen schließlichen Sieg in diesem schwierigsten aller Kämpfe verlieren.

So sagt der Koran ausdrücklich:

*„Möge Gott zwischen euch und denjenigen, mit denen
ihr verfeindet seid, Liebe setzen! Und Gott ist mächtig.
Und Gott ist voller Vergebung und barmherzig."* (60,7)

Der Koran warnt ausdrücklich davor, daß man dem
schlechten Beispiel derjenigen folgt, die ungerecht und bos-
haft handeln. Er empfiehlt sogar, unter bestimmten
Umständen die böse Tat mit einer guten Tat zu beantworten,
da dies dem Feind eine Chance gibt, seine Haltung zu revi-
dieren. Und auf diese Weise kann sich ein Feind in einen
Freund verwandeln. Es heißt im Koran zu dieser Frage:

*„Nicht gleich sind die gute und die schlechte Tat. Wehre
mit einer Tat, die besser ist, da wird der, zwischen dem
und dir eine Feindschaft besteht, so, als wäre er ein
warmherziger Freund. Aber dies wird nur denen verliehen, die geduldig sind, ja es wird nur dem verliehen, der
ein gewaltiges Glück hat."* (41,34/35)

Islamisch betrachtet genügt die bloße Verteidigung von
Freiheit, Würde und den allgemeinen Menschenrechten nicht.
Es ist darüber hinaus nötig, daß wir die offene Konfrontierung mit denen wagen, die Unrecht tun, und zwar immer
dann und überall, wenn ein Unrecht geschieht.

Darum heißt es im Koran:

*„Was hindert euch daran, um Gottes Willen und (um)
der Unterdrückten (willen) zu kämpfen, (jener) Männer,
Frauen und Kinder...".* (4,75)

Der Prophet Mohammed weist darauf hin, daß wir im Kampf für die Unterdrückten auch den Unterdrückern letzten Endes helfen, da wir sie daran hindern, Unrecht zu begehen. So heißt es in einem Ausspruch (Hadith) des Propheten Mohammed:

„Hilf deinem Bruder (Mitmenschen), ob er gerecht ist oder ungerecht."

Daraufhin fragten ihn seine Anhänger: „0 Prophet, es ist möglich, daß wir dem helfen, der gerecht ist, aber wie können wir dem helfen, der ungerecht ist?" Und der Prophet antwortete: „Hindere ihn daran, ungerecht zu sein."

## 5. Islam und die anderen monotheistischen Religionen:

In seinem Kampf um das Gute für die gesamte Menschheit verlangt der Islam ausdrücklich die Ausübung echter Toleranz gegenüber den anderen Offenbarungsreligionen, und er ist prinzipiell bereit, im Interesse der Erschaffung einer friedlicheren Welt mit ihnen zusammenzuarbeiten.

Denn, so lehrt er, die Botschaft aller Religionen ist die gleiche Botschaft des Friedens. Seit dem Beginn der Schöpfung sandte Gott von Zeit zu Zeit seine Botschafter und Propheten, damit sie die Leute zum richtigen Weg leiten, indem sie sie von allen Arten von Verführungen und Irrtümern entfernt zu halten suchen und sie zu einem verantwortlichen Handeln aufrufen.

Durch den Islam werden alle Propheten anerkannt, die im Verlauf der gesamten Menschheitsgeschichte Gottes Botschaften über brachten. Das bedeutet, daß er letzten Endes die Einheit der Religionen proklamiert, was ihre ursprüngliche Essenz betrifft. So sagt der Koran:

„Er hat euch von der Religion verordnet, was er Noah aufgetragen hat, und was Wir dir offenbart haben, und was Wir Abraham, Mose und Jesus aufgetragen haben: Haltet die Religion ein und bringt keine Spaltungen hinein." (42,13)

Da der Islam in dieser Weise alle früheren Offenbarungsreligionen anerkennt, ist er in der Lage, von seiner Seite her prinzipiell in einer friedlichen Koexistenz mit ihnen zu leben, und mit ihnen für die Erschaffung des Friedens in der Welt zusammenzuarbeiten. Nach der Lehre des Islams haben die Offenbarungen aller Religionen das Ziel, die Menschheit auf ihrem Weg durch die Geschichte spirituell zu leiten und den Menschen und Völkern zu helfen, ihre eigenen Identitäten zu finden. Die richtige religiöse Erziehung kann dabei helfen, viele humane Fähigkeiten zu entwickeln, welche aus dem Menschen eine gut integrierte Person machen, die sowohl tiefe Wurzeln in der Erde hat wie auch eine starke Verbindung mit dem Himmel.

Der Islam verlangt von seinen Anhängern, daß sie in ihren Beziehungen mit ihren Mitmenschen sich friedlich verhalten und erzieht sie in diese Richtung. Was damit gemeint ist, kann man in einem Symbol von drei Kreisen zusammenfassen. Der erste dieser Kreise repräsentiert den inneren Frieden, und er kann nicht isoliert von dem Frieden des zweiten Kreises erlangt werden, welcher Kreis den Frieden mit Gott symbolisiert, der durch den Glauben an ihn erlangt wird. Diese zwei Kreise sind wiederum eng verbunden mit dem dritten Kreis, welcher den Frieden mit den Mitmenschen sowie dem Rest der Schöpfung, die uns umgibt, darstellt. Alle drei Kreise sind miteinander in engster Verbindung.

Besonders die monotheistischen Religionen haben vieles gemeinsam, das eine feste Basis für die Herstellung einer Zusammenarbeit zwischen ihnen bilden kann. Der wichtigste gemeinsame Faktor in allen diesen Religionen besteht in dem gemeinsamen Glauben an den Einen Gott, welcher den Völkern Botschafter sandte. Dieser Glaube verpflichtet sie zu einem rechtschaffenen Verhalten und dazu, daß sie sich für den Frieden und für die Liebe zu den Mitmenschen einsetzen. Darüber hinaus hat jede dieser Religionen einen festen Bestand von moralischen Werten und Prinzipien, welche für alle Gläubigen gleich bindend sind.

Der Koran lehrt uns ausdrücklich, daß die Rolle der Religionen nicht darin besteht, daß sie einen Wettbewerb um weltliche Macht unternehmen, sondern darin, daß sie wetteifern in dem Bemühen um die guten Dinge. Im Koran heißt es daher:

> „Für jeden von euch haben Wir eine Richtung und einen Weg festgelegt. Und wenn Gott gewollt hätte, hätte Er euch zu einer einzigen Gemeinschaft gemacht. Doch will er euch prüfen in dem, was Er euch hat zukommen lassen. So eilt zu den guten Dingen um die Wette. Zu Gott werdet ihr allesamt zurückkehren." (5,48)

Die Anhänger der verschiedenen Religionen müssen sich gegenseitig um eine bessere Verständigung bemühen, damit sie sich darüber einigen können, worin die Gemeinsamkeiten ihrer Religionen bestehen. Und sie müssen versuchen, sich dieser Gemeinsamkeiten voll bewußt zu sein, anstatt immer irgendwelchen Differenzen zwischen den Religionen nachzugehen und diese dann endlos zu diskutieren.

Die Punkte der Übereinstimmung repräsentieren einen Ausgangspunkt für eine Zusammenarbeit unter den drei monotheistischen Religionen.

Wenn wir auf unsere heutige Welt schauen, sehen wir, wo wir auch hinblicken, eine zunehmende Wirkungslosigkeit der moralischen Werte. Dies ist keine Überraschung angesichts der Tatsache, daß man versucht hat, die Religion immer mehr aus den verschiedensten Weltangelegenheiten herauszuhalten. Die Quelle der moralischen Werte liegt in der Religion, und beide haben sehr starke Verbindungspunkte. Daher sagte auch der Prophet Mohammed:

"Ich bin gesandt worden, um die Moral zu vervollkommnen." (Al-Bukhari)

## 6. Die gegenwärtige Rolle der Religion:

Wir stellten oben die prinzipielle Haltung des Islam dar und erläuterten, in welcher Weise er den Frieden unterstützt sowie die Rechte des Menschen auf Freiheit, Würde und Gerechtigkeit. In unserer Zeit leben in dem „globalen Dorf" die verschiedensten religiösen und kulturellen Gemeinschaften Seite an Seite. Fragen des Friedens und der Gerechtigkeit stellen sich unaufhörlich, und ihre Beantwortung kann nicht mehr hinausgeschoben werden. In dieser Situation haben auch die Religionen sich den neuen Tatsachen und Problemen zu stellen. Sie können einen wichtigen Beitrag zur Konstruktion neuer Antworten und Problemlösungen leisten. Dies gilt vor allem für die Beantwortung von Fragen, die uns allen gemeinsam sind, wie z.B. die folgenden Fragen:

- Wie können die verschiedenen Religionen zusammenarbeiten, um die Institution der Familie zu schätzen, welche als die grundlegende soziale Einheit für alle menschlichen Zivilisationen angesehen wird?

- Wie können die Religionen zusammenarbeiten, um die Entstehung weiterer verwüstender und sinnloser Kriege zu verhindern?

- Wie können die Religionen zusammenarbeiten, um die immer mehr zunehmende Verfolgung und Unterdrückung von Bevölkerungsschichten überall zu verhindern, ob es sich hierbei nun um einzelne Individuen, Gruppen oder ganze Nationen handelt?

Diese Zusammenarbeit zwischen den Religionen erfordert natürlich die Bereitschaft, die jeweiligen anderen Religionen verstehen zu lernen, und die Gemeinsamkeiten zwischen ihnen sich klarzumachen, und schließlich ein klares Verständnis der gemeinsamen Probleme herauszuarbeiten.

So sind doch z.B. Terrorismus und Extremismus Phänomene, die in der ganzen Welt verbreitet sind und nicht nur - wie einige Leute u.a. in der Vertretung ihrer Privatinteressen behaupten - in der Welt der Muslime.

Eine objektive Erforschung der Religion des Islam führt zu der Erkenntnis, daß sie jede Form von Terrorismus und Extremismus ablehnt, und daß sie sich darüber hinaus sogar auf dem Konzept der Barmherzigkeit als eine ihrer wichtigsten Lehren aufbaut. Bereits ein kurzer Blick auf den Inhalt des Korans kann zeigen, daß jede der 114 Suren mit der Anrufung: *„Im Namen Gottes, des barmherzigen Erbarmers"* beginnt. Nach der Lehre des Islam ist die göttliche Barmherzigkeit allumfassend und umgreift die gesamte Schöpfung und in ihr ausnahmslos jeden Menschen, der sich für Gerechtigkeit und Frieden einsetzt.

Ein wahrhafter Dialog zwischen den Religionen kann zu einer konstruktiven Zusammenarbeit führen, die notwendig ist, um die zahlreichen politischen, sozialen und Umweltprobleme zu lösen, die doch nunmehr größtenteils uns alle mehr oder weniger betreffen. Auf diese Weise übernähmen die Religionen ihre ursprüngliche Aufgabe wieder, nämlich die, Frieden zu schaffen, der gerecht ist, so daß die Würde des Menschen und damit seine Fähigkeit zur Moralität geschützt wird.

Im Interesse der jungen Generationen unserer Welt müssen wir damit aufhören, daß wir uns ständig den Haß der vergangenen Generationen und unsere vererbten Feindschaften ins Gedächtnis zurückrufen und versuchen, sie wiederzubeleben. Stattdessen sollten wir lehren, wie die Pluralität der Kulturen und Religionen zu dem Zweck der Solidarität existiert. Diese in einem solidarischen Handeln zu verwirklichen ist unsere menschliche Aufgabe. Damit geben wir der Jugend unserer Welt eine Chance, sich ein sinnvolles Leben aufzubauen.

Ein fruchtbarer Religionsdialog könnte hierzu einen wertvollen Beitrag leisten.

# Zwölftes Kapitel

# Die kulturellen Beziehungen
# zwischen dem Westen und der islamischen Welt[1]
## Begegnungspunkte und Möglichkeiten der
## Zusammenarbeit auf wissenschaftlicher Ebene

## 1. Einführung

Wir alle wissen: Heute wird angesichts dringend zu lösender weltpolitischer und ökologischer Probleme ein vertiefter Dialog zwischen dem Westen und der islamischen Welt gefordert, d.h. nicht nur Gespräche zwischen wohlmeinenden Einzelnen, sondern Zusammenarbeit, vor allem auf wissenschaftlicher Ebene. Wir sehen heute, daß die Einheit unserer Welt, ihre Überlebenschance, d.h. die Kette der Nationen der Welt, so stark ist wie das schwächste Glied dieser Kette. Was ist hier zu tun?

Der bis jetzt geführte westlich-islamische Dialog hatte viele Charakteristiken eines Monologs. Er hat auf beiden Seiten vielfach den Eindruck hinterlassen, daß ein wirkliches Gespräch kaum möglich ist. Beide liegen sozusagen auf ent-

---

[1] Beitrag zur Festschrift zu Ehren von Prof. Abdoldjaavad Falaturi Köln 1999.
Erschienen in: "Islam and Christian-Muslim Relations", Birmingham, Vol. 3, No. 1, 1992.

gegengesetzten Seiten der erwähnten Kette. Und was bedeutet das? Bedeutet das, daß zwischen ihnen ein unüberwindliches Hindernis besteht? Liegt zwischen ihnen das Schloß der Kette?

Der Eindruck, daß die Gespräche nur unter dem Druck materieller Umstände entstanden (das Öl und der neue Reichtum auf der einen Seite sowie die technologische Überlegenheit und politische Übermacht auf der anderen Seite) läßt sich nicht abweisen. Obwohl andererseits auf beiden Seiten auch das Bedürfnis spürbar wurde, daß Lösungen auf materieller Basis durch Lösungen auf einer vernünftigen Ebene zumindest ergänzt werden müssen. Doch hier scheiden sich die Geister. Beide Seiten fühlen sich oft mehr oder minder in ihren besten Absichten mißverstanden. Sie haben wenigstens das Gefühl, daß haltbare Brücken zwischen der westlichen und der islamischen Welt, wenn sie überhaupt wirklich schon existieren, zu spärlich sind.

Die Sprache der Kulturen jedenfalls, so zeigt sich, ist nicht identisch mit den Sprachen, oder zumindest ist sie wegen der Komplexität der Kulturen mit diesen nur schwer einzufangen. Ganz davon abgesehen, läßt die moderne technologisierte Welt, die sich überall ausbreitet, mit ihren Zwängen zur Konformierung die Sprache der Kulturen zweifellos verkümmern.

An ihre Stelle tritt vielfach, als echter Abkömmling, so hofft man jedenfalls in der postmodernen Zeit[1], die Sprache der Wissenschaften, gekoppelt mit Versuchen, wie z.B. bei

[1] Siehe hierzu auch Hans Küng, Christentum und Weltreligionen, München 1984, S. 98.

einem bedeutenden Orientalisten der Gegenwart[1], eine Art von sogenannter Meta-Wissenschaft zu treiben. Aber diese metawissenschaftlichen Bemühungen finden vorerst gewissermaßen nur nebenbei statt, in bestimmtem Sinne nur am Rande. Sie sind Bemühungen, alte Kulturwerte und -vorstellungen in einer neuen wissenschaftlichen Sprache versuchsweise anzupeilen.

Die kulturellen Verschiedenheiten sind im Grunde nicht so absolut, wie sie erscheinen können. Daher ist der Versuch, einander wirklich kennenzulernen, nie aufzugeben. Daß die verschiedenen Welten oder Völker unter den Menschen einander kennenlernen sollen, ist sogar, islamisch gesehen, der Grund ihrer Existenz. Im Koran heißt es hierzu:

*"Wir ... machten euch zu Völkern und Stämmen, daß ihr einander kennt" (Sure 49.13)*

Keine dieser Gruppen wurde dabei in irgendeiner Weise wirklich bevorzugt, und jeder wird letzten Endes das gleiche Ziel vor Augen gehalten. Der Koran erinnert uns immer wieder an die grundsätzliche Gleichheit aller Menschen und vertritt damit zusammenhängend die Lehre von dem Einen Gott. Er gibt uns auch das Ziel an im nächsten Vers (Sure 49.14), nämlich daß der Glaube an diesen einen Gott nicht nur mit dem Mund gepredigt, auch nicht mit Gewalt verbreitet, sondern nur mit dem Herzen aufrichtig zu glauben ist.

Genau genommen ist also, wenn wir diese Aufgabe analysieren, die Aufforderung an die Menschen aller Kultu-

---

[1] M. W. Watt, What is Islam?, London 1979, S. 214 ff.

ren, einander zu verstehen nicht nur ein Muß, sondern gleichzeitig ein Chance. Es ist die Chance, durch die aufrichtige Auseinandersetzung und durch Bemühungen um das Verstehen des anderen, selber tiefer verwurzelt zu werden - eine Erkenntnis, die sich allerdings erst aus eben dieser Anstrengung ergibt, denn Denken und Handeln sind eins wie z. B. die Ober- und Unterseite der Hand. Und der Weg dahin kann u. U. lang sein.

Wie ein mit beiden Welten vertrauter westlicher Muslim richtig gesagt hat,[1] bedarf unsere Welt verzweifelt der islamischen Hoffnung. Er beschreibt das islamische Volk als Zeugen für eine Hoffnung, die über die gefährliche Sackgasse hinausführen kann, in welcher sich die moderne Welt verlaufen hat; denn[2] anstelle des Materialismus, des Hedonismus und der Technologie steht für das islamische Volk Gott im Mittelpunkt seines Lebens. Er sollte das wenigstens tun. Der erwähnte Forscher vertritt die Auffassung, daß der moderne Mensch, wenn er den Muslim verstehen könnte, "vielleicht beginnen (könnte), sich selbst zu verstehen, ehe er zur Selbstzerstörung taumelt."[3]

Doch gilt nach unserer Meinung diese Aufgabe, den anderen als das, was er wirklich ist, kennenzulernen, und im Zusammenhang damit sich selber zu erkennen, ebenso auch für den Muslim. Denn die Selbstzerstörung bedroht alle, die in ihrem Glauben nicht die wahre Gottergebenheit vollziehen.

---

[1] Ch. le Gai Eaton, Der Islam und die Bestimmung des Menschen, Köln 1987, S. 56 ff.

[2] Francis Edward in: The Times, 1980.

[3] Le Gai Eaton, a. a. O., S. 58.

## 2. Die kulturellen Beziehungen zwischen dem Westen und der islamischen Welt

Wie wir weiter oben ausgeführt haben, kann an die Stelle der Sprachen, welche allein für sich genommen oft nur Verwirrung stiften, die Sprache der Wissenschaft treten, um in dem Dialog zwischen den verschiedenen Kulturen als Verständigungsmittel zu dienen. Dies gilt aber zweifelsohne nur für den Fall, daß sie objektiv und ohne Hybris[1], d. h. auf vernünftige Weise betrieben wird, ohne polemisierende, missionierende oder ideologische Tendenzen.

Wissenschaft soll, wie man etymologisierend ganz richtig gesagt hat,[2] "Wissen schaffen". Doch schafft sie auch immer sinnvolles Wissen, und was ist damit nun gemeint? Sie soll, kann man sagen, Mißverständnisse auflösen, indem sie an deren Stelle wirkliches Verstehen setzt. Ansätze hierzu finden sich auf beiden Seiten des Dialogs. Aber wo?

Das Verstehen anderer Kulturen setzt bekanntlich eine gründliche spezifische Ausbildung voraus und mit dieser gekoppelt eine Bildung, welche das Produkt eines kulturspezifischen Prozesses ist. Das letztere heißt wiederum, daß Bildung nur da möglich ist, wo die Kultur ihre hegende Funktion noch ausübt, wo sie noch lebendig ist, d.h. wo das kulturelle Erbe echter Besitz geworden ist. Das Problem ist nun, daß die Fachausbildung oft zwar vorhanden sein kann, daß aber die notwendige Bildung häufig entweder fehlt oder mangelhaft ist. Auf diese Weise entstehen dann Auffassungen, die oft nur eine Mischung von eigenen Mißverständnissen mit von ande-

---

[1] Siehe hierzu auch W. M. Watt, What is Islam?, London 1979, S. 216.

[2] In: H.-J. Greschat: Was ist Religionswissenschaft, Stuttgart 1988, Rückseite.

ren übernommenen Irrtümern ist, was nicht ausschließt, daß dazu auch noch gutgemeinte Versuche hinzukommen, Verständnis zu entwickeln und Zugeständnisse zu machen, aus welchen, meist ungeprüften, Gründen auch immer. Natürlich: Eine derartige wissenschaftliche Arbeit führt verständlicherweise nur zu einer Konfusion, was die wissenschaftlichen Ziele anbetrifft. Dabei sind die Ziele doch eigentlich ganz klar. Wir haben uns selber an die Wahrheit zu halten, uns durch sie führen zu lassen; d.h. wir müssen stets bemüht sein, schöpferische Lösungen zu finden.

So wird heute in der sich herausbildenden Weltgesellschaft auch endlich die Frage der Wahrheit der Religionen objektiver gefragt; und man verweist etwa darauf[1], daß

*"... die Grenze zwischen wahr und falsch ... heute auch nach christlichem Verständnis nicht mehr einfach zwischen Christentum und den Religionen (verläuft), sondern zum Teil mindestens innerhalb der jeweiligen Religionen. Wobei als Grundsatz zu gelten hat: Nichts Wertvolles soll in den anderen Religionen negiert, aber auch nichts Wertloses unkritisch akzeptiert werden."*

Damit zusammenhängend wird dann auch ganz richtig verlangt, daß unser "Verständnis- und Informationshorizont" erweitert werden muß.[2] Im gleichen Werk heißt es daher auch ganz richtig:

---

[1] Küng, a. a. O., S. 22.

[2] Küng, a. a. O., S. 23.

*"Was man in den Medien über den Islam hören oder le-
sen kann und was Intellektuelle überhaupt über ihn sagen, ist erschreckend. Erschreckend im doppelten Sinne:
zum ersten wegen der Schiefheiten und Vorurteile, die
sich in diesen Urteilen verraten, und zum zweiten wegen
des dämonisierenden Tones, in dem sie vorgetragen
werden."*[1]

Hinzufügend möchten wir noch darauf hinweisen, daß
sich wissenschaftlich gesehen doch bekanntlich fragen läßt,
inwiefern eine solche Dämonisierung verantwortet werden
kann - auch schlägt sie bekanntlich letzten Endes auf ihre Urheber zurück. Daher ist heute der Geist der Toleranz wie
noch nie zuvor unbedingt notwendig. Er muß dem Geist
echten Verstehens sozusagen vorangehen. Toleranz
ermöglicht, zu dem eigentlichen Geschehen vorzudringen.
Sie ist eine Art von geistigem Waffenstillstand.

Toleranz unter den Religionen fällt sehr schwer. Zwar
ist man jetzt so weit gekommen, daß man oft das gemeinsame
abrahamische Erbe aller drei Offenbarungsreligionen betont,
aber der Absolutheitsanspruch der Religionen wird immer
noch mißverstanden. Doch - und dies ist ganz im Geiste des
Islam - die Wahrheit läßt sich für jede dieser drei Religionen
behaupten, insofern sie der wahren Offenbarung folgen. So
ist es unbedingte Pflicht für den Muslim, alle göttlichen Gesandten, die Gott seit der Erschaffung des Menschen sandte,
als gleich anzuerkennen. Religionstoleranz ist für den wahren
Muslim ein Glaubensgrundsatz.

---

[1] Ebd., S. 31 (Josef von Ess).

Ich möchte in diesem Zusammenhang auch Nikolaus von Cues zitieren, der vorbildliche Toleranz bewies, als er vor mehr als 500 Jahren schrieb[1], daß er den Koran gelesen habe in der Absicht,

> „unter Voraussetzung des Evangeliums Christi das Buch Mahumets zu sichten und zu zeigen, daß auch in diesem Buch das enthalten ist, wodurch das Evangelium, wenn es der Bezeugung bedürfte, gar sehr bestätigt werden würde,"

- aus der Gewißheit, daß bei der Betrachtung der drei abrahamischen Religionen davon auszugehen ist, daß sie alle Anteil haben an der absoluten Wahrheit der einen Religion. Hiermit vertrat er den gleichen Standpunkt wie der Koran, der sagt, daß alle Religionen geeint sind in der einen Religion, welche seit der Erschaffung des ersten Menschen die Religion Gottes ist.

Wichtig ist in diesem Zusammenhang, zu sehen, daß diese eine Religion Gottes von allen Menschen das gleiche verlangt, nämlich Gottergebenheit. Daher stimmen alle ernsthaften Muslime zu, wenn von der gegenwärtigen islamischen Gesellschaft verlangt wird, daß sie die ihr angemessene Rolle in unserer Welt im islamischen Geiste annimmt, denn es ist das, was Gott von ihnen ausdrücklich verlangt und worum sie

---

[1] In: Endress, Einführung in die islamische Geschichte, München 1982, S. 16: Sichtung des Al-Korans. I. Buch (Übers) Paul Naumann, Hamburg 1943, S. 83.

sich  bemühen. Sie alle hoffen, mit den Worten eines anderen Islamisten ausgedrückt,[1]

> *"daß der zeitgenössische Islam eine Gesellschafts- und Staatsstruktur findet, durch die er ohne Identitiätsverlust seine wahre Rolle in der Welt erfüllen kann, als "Zeuge für die Gerechtigkeit" (Koran 5,8) und als mitwirkender Faktor bei der Verwirklichung der universalen Solidarität der Menschen und bei der Herstellung einer Gesellschaftsordnung, in der alle Bürger vor dem Gesetz grundsätzlich gleichgestellt und im praktischen Leben gleichberechtigt sind, in der über eine geschenkte Toleranz hinaus die unverzichtbaren Menschenrechte für alle vorbehaltlos anerkannt werden."*

Während der Westen bei Überlegungen über Staats- und Gesellschaftsstrukturen von säkularen, vor allem von soziologischen und politischen Gesichtspunkten ausgeht, ist die Einstellung der islamischen Welt auch hierin grundsätzlich religiös, d.h. sie vertritt die Auffassung, daß eine Erneuerung des religiösen Lebens für die Bildung einer gerechten Gesellschaftsordnung notwendig ist. Damit stimmt sie letzten Endes ja auch überein mit neuesten Erkenntnissen auf dem Gebiet der Kulturphilosophie, wonach eine jede Kultur in der Religion verwurzelt ist und daher nur von ihr Leben gewinnt.

Zusammenfassend, nachdem die allgemeine Problematik kurz angeschnitten wurde, ist jetzt aber noch einmal darauf hinzuweisen, daß beide Welten, sowohl die westliche wie die islamische, sich eindeutig in ihrer Forderung nach einer ge-

---

[1]A. Th. Khoury, Toleranz im Islam, München 1980, S. 185 (in Antes, Ethik, S. 79).

rechten Gesellschaftsordnung vereinen. Wie wir auszuführen versuchten, ist beiden zweifelsohne im Grunde genommen diese Aufgabe als eine gemeinsame Aufgabe gegeben.

Es gibt bereits viele Beispiele einer fruchtbaren Zusammenarbeit zwischen ihnen in der Geschichte, sowohl auf allgemein kulturellem wie auch auf wissenschaftlichem Gebiet. Historisch gesehen, und dies sollte uns Anlaß zur Hoffnung geben, überwiegen sogar ihre Gemeinsamkeiten gegenüber den Verschiedenheiten.

Was die häufig diskutierte Frage nach der islamischen Bildung anbelangt, so möchte ich einen Orientalisten zitieren, der wegen seiner aufopferungsvollen wissenschaftlichen Arbeit "Märtyrer der arabischen Literatur" genannt wird.[1] Vor mehr als 200 Jahren sagte er:

> *„Wer die Literaturgeschichte schätzt, wird staunen, wie viele Männer im Orient in allen Gattungen der Literatur bewandert waren zu einer Zeit, da unser Europa wie in eine schwarze Nacht der Unwissenheit und Barbarei gehüllt lag, und mit Vergnügen erkennen, welchen Beitrag ein jeder von ihnen für das Wachstum der Bildung geleistet."*[2]

Erst seit der Aufklärung bemühte man sich darum, die islamische Kultur objektiv zu studieren. Man sah dann:

---

[1] J. Fück, Die arabischen Studien in Europa, Leiptig 1955, S. 124.

[2] J. J. Reiske, in: J. B. Koehler, Abulfedae ..., Lipsiae 1766, S. 239 f. (Endress S. 13).

338

*"Die Kreuzzüge brachten den Franken die Bekannt-*
*schaft mit einer überlegenen Kultur; Kontakte mit den*
*Muslimen in Spanien und Sizilien vermittelten dem*
*christlichen Europa die arabische Überlieferung und*
*Fortbildung des wissenschaftlichen Erbes der Antike:*
*Übersetzungen befruchteten seit dem Ende des 11. Jahr-*
*hunderts naturwissenschaftliche, medizinische und phi-*
*losophische Studien."*[1]

Geschichtlich gesehen lassen sich die kulturellen Beziehungen zwischen dem Westen und der islamischen Welt kurz
zusammengefaßt folgendermaßen in drei Etappen darstellen.

a) *Die erste Etappe*
wird gekennzeichnet durch die Beeinflussung der
abendländischen Welt seitens der islamischen Kultur
während der Zeit der Hochblüte des Islam.

Seit der Regierungszeit der Abbasiden zeigten sich die
Muslime sehr aufgeschlossen gegenüber fremden Kulturen.
Wir lesen etwa bei Ibn Rusd, daß es eine islamische Pflicht
sei, die Bücher der Alten zu studieren. Er sagt[2]:

*"Wenn wir die Bücher der früheren Denker lesen, be-*
*trachten wir ihre Gedanken in diesen Büchern. Wenn es*
*unter ihnen etwas gibt, was der Wahrheit entspricht,*
*nehmen wir dies an und freuen uns darüber ... Und*
*wenn wir unter ihren Gedanken etwas finden, was der*

---

[1] Endress, a. a. O., S. 14.

[2] Fasl al-Maqal, S. 13, in: Falsafat Ibn Rusd, Kairo 1968.

*Wahrheit nicht entspricht, machen wir darauf aufmerksam und warnen davor ..."*

Die Begegnung zwischen dem islamischen Osten und dem Westen fand bekanntlich größtenteils in Spanien und Sizilien statt. Vor allem auf zwei Ebenen wurde die Beeinflussung des Westens durch den Osten zur Zeit der Hochblüte der islamischen Kultur wirksam.

*Erstens* auf der theologischen Ebene, wo sie einen negativen Widerhall weckte, in Form heftigster Polemiken und Verleumdungen. *Zweitens* auf der wissenschaftlichen Ebene, wo sie im Gegenteil dazu sehr positive Wirkung hervorrief. Friedrich II., der 1220 zum Kaiser gekrönt wurde, ein Verehrer der islamischen Kultur, gründete die Universität von Neapel, wo später Thomas von Aquin studierte. Er schenkte den Universitäten von Paris und Oxford arabische Werke. Sein Sohn Manfred folgte ihm in seinen Bemühungen, die Früchte der islamischen Kultur dem Westen zu übermitteln. Vor allem Raymund, Bischof von Toledo von 1130 bis 1150, ist hier auch zu erwähnen, der die Gründung eines Übersetzungsinstituts unter der Leitung von Dominic Gundisalvi veranlaßte, und der zahlreiche lateinische Übersetzungen arabischer Werke über Philosophie und Wissenschaft anfertigen ließ. Unter anderem wurde 1143 der Koran zum ersten Mal übersetzt.

Diese Übersetzungen, welche von den westlichen Gelehrten studiert wurden, bildeten, wie man festgestellt hat, die Grundlage für die scholastische Philosophie in Europa. Der Gelehrte Carra de Vaux bestätigte die Vorherrschaft des lateinischen Avicennismus im europäischen Mittelalter. Und der französische Gelehrte Renan bewies in seinem Werk

*Averroes und der Averroismus* die Vorherrschaft des lateinischen Averroismus im mittelalterlichen europäischen Denken. Seine Untersuchungen beweisen, daß der Averroismus bedeutende Beiträge leistete für die Freiheit des Denkens zu dieser Zeit. Sein Einfluß existierte bis zum 17. Jahrhundert in Europa; und dies bildete die Einleitung für den Rationalismus in Europa während der Renaissance.[1]

b) *Die zweite Etappe*:

Seit Napoleon lernte der islamische Orient nun seinerseits den Westen kennen, doch mit wenig Erfolg. Dann folgte die Zeit des Kolonialismus. Im 19. Jahrhundert gab es verstärkte Bemühungen, den Westen kennenzulernen.

c) *Die dritte Etappe:*

In der Gegenwart läßt sich feststellen, daß die westliche Zivilisation und Technologie wie überall auch in der islamischen Welt weitgehend übernommen worden ist. Doch diese Adaption geschah nicht vollständig. Auf geisteswissenschaftlichem Gebiet gibt es westlichen Einflüssen gegenüber sowohl die Einstellung vorbehaltloser Übernahme wie auch totaler Ablehnung, aber neuerdings auch Versuche, einen Mittelweg zwischen diesen beiden Haltungen in Form kritischer, wissenschaftlicher Bemühungen zu finden. Die kritische Auseinandersetzung mit dem Westen ist selbstverständlich gekoppelt mit einer gründlichen islamischen Selbstkritik und davon überhaupt nicht zu trennen.

Wie wir weiter oben bereits erwähnten, wird der islamisch-westliche Dialog von beiden Seiten bis jetzt als unbe-

---

[1] Siehe hierzu auch Mahmoud Zakzouk, On the Role of Islam in the Development of Philosophical Thought. Dar al Manar, Kairo 1989, S. 34 ff.

friedigend empfunden. Ich bezeichnete ihn daher[1] vor kurzem als einen "Dialog der Stummen." Bereits um die Jahrhundertwende begann diese kritische Auseinandersetzung mit der europäischen Zivilisation.[2] Wie man treffend bemerkt hat[3],

*"wurde die Ambivalenz des an Europa orientierten Fortschritts (fortan) deutlich empfunden: Wenn es keine festen Grenzen für den westlichen Kultureinfluß gibt, besteht dann nicht das Risiko, daß man bei allem, was man durch den Modernisierungsvorgang an politischer Stärke und materieller Wohlfahrt gewinnen mag, Entscheidendes verliert- seine Religion, sein ganzes geschichtliches Erbe und damit seine kulturelle Identität?"*

Erstaunlicherweise spricht man nun auch auf westlicher Seite davon, daß die[4]

*"(Wieder-)Entdeckung der Muslime ... unsere ideologischen Konzepte und unser Geschichtsmodell gleichermaßen in Frage (stellen)."*

Der gleiche Wissenschaftler weist darauf hin, daß, wie er sagt, der sogenannte Fortschritt im Westen

---

[1] Mahmoud Zakzouk, Der Islam in den Vorstellungen des Westens. Kairo 1987 (auf arabisch erschienen), S. 17.

[2] Rotraud Wieland, Islam und kulturelle Selbstbehauptung, in: Ende/Steinbach, Der Islam in der Gegenwart, München 1984, S. 555.

[3] Ebd.

[4] P. Antes, Ethik u. Politik im Islam. Stuttgart 1982, S. 12 f.

*"zu einer Art neuer Heilslehre geworden (ist), in der sich der ehemals christliche Missionsgedanke der Europäer (und Nordamerikaner), verbunden mit dem klassischen Absolutheitsanspruch, nun in säkularem Gewande präsentiert nach dem - leicht abgewandelten - Motto: außerhalb unserer Art zu leben kein Heil! Hinter alledem steht ein lineares Geschichtsmodell, dem zufolge nur **eine** Entwicklung denkbar ist, deren wesentliche Etappen nicht ausgelassen oder übersprungen werden dürfen und an deren am weitesten fortgeschrittenen Ende **wir** stehen. Wer also nicht so ist wie wir, gilt - in diesem Denkansatz konsequent - als rückständig..."*

Der gleiche Verfasser, der hiermit an das Darwinische Entwicklungsmodell, aber auf die Geschichte angewandt, erinnert, zitiert dann in diesem Zusammenhang einen persischen Schriftsteller.[1] Nach dessen Meinung gibt es

*"zwei Grundkonzeptionen der Freiheit: die eine, westliche, bestehe darin, immer mehr Bedürfnisse zu schaffen - während die andere, entgegengesetzte, vertreten von der traditionellen Geistigkeit des Orients, auf der Ansicht beruhe, der Mensch müsse immer mehr Bedürfnisse abbauen, um äußerlich und innerlich unabhängig zu werden."*

Westlicherseits wird zweifellos mit Recht diese Haltung der Aufgeschlossenheit für einen fruchtbaren Dialog gefordert - aber sie wird natürlich leichter gefordert als durchge-

---

[1] (M. Minowi) Antes, a. a. O., S. 13.

führt, was dann wiederum entscheidende Konsequenzen nach sich ziehen würde.

## 3. Begegnungspunkte und Möglichkeiten der wissenschaftlichen Zusammenarbeit

Wenn der Dialog überhaupt einen Sinn haben und weitergeführt werden soll, muß - das sollte aus den vorangegangenen Ausführungen eigentlich klar geworden sein - die zumindest noch unterschwellige Diskriminierung des Islam aufhören. Sie darf auch nicht weiterhin mit einer Kritik an der Welt der Muslime entschuldigt werden. Daß darüber hinaus der Islam nicht nur vom Westen, sondern auch im eigenen Lager oft mißverstanden wird, ist nicht zu leugnen. Diese Situation teilt er mit allen anderen Religionen. Das Bemühen um eine möglichst vorurteilslose, objektive Erforschung des Islam auf wissenschaftlicher Ebene ist daher von höchster Wichtigkeit.

Die islamische Forschung muß vor allem gegenwartsbezogen, d.h. aufgeschlossen und fähig sein, die anstehenden Probleme und Aufgaben auf schöpferische Weise im Geiste des Islam zu bewältigen. Wenn dieses Programm zugegebenermaßen anspruchsvoll ist, so ist es doch andererseits das einzig mögliche Programm für eine islamische Forschung, die einen echten Fortschritt anstrebt, die "Wissen schaffen" will. Zusammenhängend damit kann von den westlichen Islamisten, die den Islam, wenn sie ihn nicht bekennen, nur von außen studieren können, mit Recht verlangt werden, daß sie ihn - den Forderungen moderner Wissenschaftlichkeit entsprechend - so darzustellen versuchen, wie er von den Muslims selber im besten Sinne verstanden wird. Zum Beispiel ist es wissenschaftlich nicht korrekt, zu schreiben, Mohammed hätte den Koran geschrieben. Sondern es muß heißen, nach dem Glauben der Muslime hat Mohamed den Koran aufgrund an ihn persönlich ergangener Offenbarungen niederschreiben lassen. Ebenso ist es beispielsweise wissenschaftlich gesehen auch ein Irrtum, wenn man schreibt, Allah sei der Gott der Mohammedaner.[1]

Abgesehen davon, daß eine große Anzahl westlicher Intellektueller immer noch derartige falsche Informationen über den Islam akzeptiert und sie weiterhin als bare Münze zirkulieren läßt, anstatt sie aus dem Verkehr zu ziehen, sind ernsthafte zeitgenössische Religionswissenschaftler bereits überzeugt davon, daß Wissenschaftler, die sich mit einer Religion befassen, zu erkennen haben

> *"ob der Glaube dieser oder jener Religion richtig oder falsch verstanden wird. Ob er wahr ist oder falsch, bekennen sie nicht. Zumindest gehört dies nicht in den Rahmen ihrer wissenschaftlichen Untersuchungen."[2]*

Wir sagten bereits, daß auch westlicherseits wiederholt betont wird, daß es auch

> *"der objektiveren Forschung der letzten 150 Jahre ... nicht gänzlich gelungen (ist), das Islambild für den heutigen abendländischen Betrachter zu entzerren. Gerade in einer Welt, in der die Kontakte zwischen Christen und Muslimen immer zahlreicher und wichtiger werden, sollte man sich bemühen, über die historischen Ursa-*

---

[1] Z.B. im Duden, 1960.

[2] Greschat, a. a. O., S. 23.

*chen der Vorurteile, die wir vielleicht immer noch un-*
*bewußt hegen, Klarheit zu gewinnen."[1]*

Ganz richtig hat der gleiche Gelehrte auch erkannt, daß man heutzutage auf jeden Fall

*"in den alten Verdrehungen von Tatsachen einen Man-*
*gel an Bildung erblicken wird und daß verständnislose*
*und feindschaftliche Meinungsäußerungen auf heftige*
*Kritik stoßen werden."[2]*

Wie wir bereits darlegten, kann unseres Erachtens diese Einstellung des Mißverstehens nur aufgehoben werden durch eine Einstellung des Verstehens, so wie an die Stelle eines verzerrten Bildes ein klares, nicht entstelltes Bild treten sollte. Also, wenn wir Mißverständnisse auflösen und verhindern wollen, daß sie wieder auftreten, dann müssen wir uns um ein echtes Verständnis bemühen. Wie geschieht das?

Wie bereits Carlyle gesagt hat[3], ist das Hauptziel der beiden großen Religionen des Christentums und des Islam im Grunde das gleiche, was übrigens auch der Islam lehrt. Carlyle sagt wörtlich:
*"... Das Christentum befiehlt uns auch, daß wir uns vor*
*allem Gott ergeben."*

---

[1] W. M. Watt, Der Islam, Bd. I, Stuttgart 1980, S. 17.

[2] Ebd., S. 38.

[3] Th. Claryle, Heroes and Hero-worship, 1890 edition, S. 52 (Watt, What is Islam?, S. 6.).

Doch unterliegt gerade dieser zentrale Begriff des Islam, die Gottergebenheit, den größten Mißverständnissen. Etymologisch gesehen hat er die gleiche Wurzel wie das arabische Wort für Frieden, *salam*. Das ist nicht zufällig, da der Islam untrennbar verknüpft ist mit dem Willen zum Frieden.

Es ist eines der unverständlichsten Paradoxe der Weltgeschichte, daß die großen Weltreligionen, welche ihrem Wesen nach ja eigentlich alle zum Frieden aufrufen, ganz im Gegenteil dazu häufig, da sie mißverstanden werden, und dies bis in unsere aufgeklärte Gegenwart hinein, mißbraucht werden, um unsinnige Kriege zu entfesseln. Das liegt aber nicht daran, daß wirklich die Prinzipien der Religionen, sondern daß statt dessen eigennützige Zwecke unter dem Deckmantel der Religion verteidigt werden. Denn die eigentliche Religion ruft, indem sie zur Gottergebenheit aufruft, zwar auch zum Kampf auf, aber zu dem Kampf der Selbstüberwindung, zu dem Kampf für Gerechtigkeit und einem echten Frieden; vor allem geht es bei ihr aber um den Kampf für die Wahrheit.

Die in diesem Sinne verstandene „Kriegspropaganda des christlichen Mittelalters"[1] (wie sie ein Orientalist nannte), die immer noch bis in unsere Zeit hineinwirkt, ist aber, wie sich nun genau gezeigt hat, veraltet und unnütz geworden, ganz abgesehen davon, daß sie unabsehbaren Schaden anrichten kann.

Auf der islamischen Seite, die grundsätzlich nach wie vor nach dem Gebot ihrer Religion das Christentum im we-

---

[1] Watt. What is Islam?, S. 1.

sentlichen immer als authentisch anerkennt, werden diese Angriffe pariert mit z.T. ebenfalls aus dem Mittelalter herstammenden polemischen Argumenten.

Doch dieses Theater der Polemik wird ohne Enthusiasmus von denjenigen fortgeführt, die erkennen, daß unsere heutige Wirklichkeit endlich eine realistische und darüber hinaus eine von beiden Lagern gemeinsam durchgeführte Lösung der Probleme erfordert. So erkennt die islamische Welt, daß sie z.B. die neuen und höchst wichtigen Probleme vor allem der vernünftigen und nicht wahlosen Anpassung an die moderne Zivilisation und Technologie nicht mit veralteten Antworten der Theologen vergangener Zeiten lösen kann, auch und vor allem nicht mit einer bloßen Übernahme moderner westlicher Ideen. Der Westen seinerseits erkennt die Notwendigkeit der Koexistenz und Proexistenz, d.h. der echten Zusammenarbeit auch mit der islamischen Welt; und es gibt vielfache Bemühungen, das alte Kriegsgeschrei abklingen zu lassen und endlich, mit den Worten Carlyles, den Islam als eine "fundamental wahre Religion" anzuerkennen. Doch wie bei Carlyle ist auch bei vielen anderen grundsätzlich immer noch eine diesem Bemühen entgegengesetzte und mit ihr sogar auf eine unverständliche Weise verknüpfte Tendenz spürbar, welche den Islam als eine im Grunde doch gegnerische Religion auffaßt und alles, was die islamische Welt vertritt, mit negativen Vorzeichen versieht. So will etwa auch Carlyle den Islam sozusagen erobern, wie man eine feindliche Festung erstürmt.[1]

---

[1] Ebd., S. 2.

Damit folgt er der Tradition einer ganzen Reihe von Theologen, die vom Mittelalter bis sogar in unsere Gegenwart hineinreicht, welche das Kampfmotto vertraten, man müsse den Islam gründlich studieren, um ihn erfolgreich bekämpfen zu können. Vor 800 Jahren bereits empfand man, daß bloße Beschimpfungen und Verleumdungen nicht genügen, und daher veranlaßte Petrus Venerabilis eine Koranübersetzung; da man, wie er sagte[1], für die Zwecke der Mission die Ansichten des Gegners wirklich kennen müsse. Erst die Aufklärung, wie wir ausgeführt haben, führt die Arabistik[2] aus dem Bannkreis theologischer Gedankengänge heraus. 600 Jahre später vertrat Hadrian Reland zwar immer noch eine missionarische Einstellung, zum mindesten redet er noch, vielleicht gezwungenermaßen, davon. Aber er verlangt bereits, daß man den Islam auf eine objektive Weise studieren und darstellen soll. Man solle nicht über die Bücher oder Aussagen anderer den Islam verstehen wollen. Man solle durch ein selbständiges Studium der arabischen Werke sich bemühen, mit eignen Augen zu sehen, worum es beim Islam eigentlich ginge, einer Religion, die weit verbreitet sei in Asien und Afrika und auch in Europa von vielen Menschen bekannt wurde. Wenn man glaubt, daß Gott allen Menschen Vernunft gegeben hat, wie könnte man sie bei all diesen Menschen und bei ihren Gelehrten leugnen wollen?! Darüber hinaus verlangte Reland bereits vor drei Jahrhunderten[3], daß der Islam nicht nur in seinen Originalquellen studiert, sondern auch so dargestellt wird, wie er wirklich in den Schulen und Moscheen der Muslime gelehrt wird.

---

[1] Fück, a. a. O., S. 4 f.

[2] Ebd., S. 97 f.

[3] G. Pfannmüller, Handbuch der Islamliteratur, Berlin 1921, S. 63 f.

Doch gehen wir wieder zurück zur Gegenwart.

*"Anstatt den Islam nur als eine Bedrohung anzusehen und bei seinem Studium nur davon auszugehen"*, meint ein bekannter gegenwärtiger Islamist, *"sollte der Westen lieber versuchen, den Islam objektiv zu betrachten und seine positiven Möglichkeiten zu erkennen."*[1]

Auch er spricht davon[2], daß der Islam nicht unterschätzt werden darf. Er meint in diesem Zusammenhang richtig, daß man nicht sagen kann,

*"was der Islam ist, ohne seine Möglichkeiten zu betrachten .. . Der Islam ist einer der Hauptbewerber (für den Kampf um die Vorherrschaft einer Religion in der Zukunft unserer Welt), ein gefährlicher Rivale des Christentums und des Humanismus"*

Aber, wie er weiter ganz richtig sagt, besteht die Gefahr, daß im Eifer des Kampfes der Islam nicht objektiv beurteilt wird und seine Möglichkeiten falsch eingeschätzt werden. Er spricht davon, daß die Angst die Erkenntnisfähigkeit beeinträchtigt und warnt davor; er sagt:

*"Wenn (der Islam) unsere Konzeption von unserer Religion in der Welt bedroht (ob diese Religion nun Christentum, Humanismus, Marxismus oder anderes ist), wie*

---

[1] Watt, What is Islam?.

[2] Ebd., S. 4.

*können wir fähig sein, (den Islam) objektiv zu beurteilen*
*und seine Möglichkeiten einzuschätzen?"*

Daher bleibt er bei diesen Befürchtungen nicht stehen.
Er bekennt sich zu einer positiven Betrachtungsweise und
weist darauf hin, daß der Islam[1] eine Vision der Welt und des
Lebens ausdrückt, die nicht sehr verschieden ist von derjenigen des Christentums und des Judentums.

Es erscheint ganz glaubwürdig, daß er einen aufrichtigen
Standpunkt vertritt, wenn er behauptet, zu sehen

*"... wir stehen heute an dem Beginn eines neuen Prozes-*
*ses, welcher eine rationale, intellektuelle Formulierung*
*über die wesentlichen Dinge der religiösen Botschaft,*
*die im Koran enthalten ist, gibt."[2]*

Doch ist das Programm, das er hierzu entwirft als ein
Betrachter des Islam von außen, nicht notwendig von der
gleichen Faszination für einen Muslim, der sich darum bemüht, den Islam zu leben, für den der Islam lebendige Religiosität bedeutet und nicht ein Studienobjekt. Dieses "Leben
im Islam" ist nicht so ohne weiteres, wie das oben erwähnte
Programm dieses Gelehrten verlangt, für einen gläubigen
Muslim "mit modernen Worten" (modern terms) darzulegen.[3]

---

[1] Watt, a. a. O., S. 6.

[2] Ebd., S. 225.

[3] a. a. O., S. 226

Das sollte ihn aber nicht daran hindern, die historisch gewachsene Eigenart und das Denken seines westlichen Gesprächspartners so weit wie möglich zu verstehen.

Nur wenn wir uns immer wieder von neuem darum bemühen, trotz aller Schwierigkeiten den anderen im Gespräch mit ihm zu verstehen und nicht nur unsere eigenen Auffassungen darzustellen, kann eine Zusammenarbeit zwischen beiden Partnern wirklich fruchtbar werden; denn ungeachtet der Tatsache, daß die Wege der Religionen verschieden sind, so führen sie doch, wie wir hoffen, zu dem gleichen Ziel. Das gleiche Ziel kann von verschiedenen Standorten ins Auge gefaßt werden. Dieses Ziel der Einen Religion sollten wir bei unseren Bemühungen, den Weg zu finden, niemals aus den Augen lassen. In dem Einen Gott ist, wie richtig gesagt wurde,[1]

*"die Einheit des Menschengeschlechts und die Gleichheit aller Menschen vor Gott begründet."*

Daher plädiert man ganz richtig auch westlicherseits für die These:

*"Kein Frieden unter den Völkern dieser Welt ohne einen Frieden unter den Weltreligionen. Wie viel wäre der Menschheit an Tod, Elend, Verwüstung erspart geblieben, wenn man im Namen der Religion nicht Feindschaft, sondern Versöhnung gepredigt und praktiziert*

---

[1] Kans Küng, Christentum und Islam, in: Islam und der Westen, Jg. 5, Nr. 3. 1985, S. 9.

*hätte: jene Versöhnung, die in den Heiligen Schriften der Juden, Christen und Muslime gefordert ist."[1]*

Und wieviel Elend und Verwüstung, möchte ich ergänzend dazu sagen, könnten wir dadurch noch vermeiden? Vor allem, daß Predigt und Praxis eins zu sein haben, ist notwendig, daß wir, wie der Koran in Sure 61,2/3 sagt, tun, was wir sagen, und sagen, was wir tun.

Wie man in einem prägnanten Bild ausgedrückt hat[2], ist das "Thema, das im Mittelpunkt des Islam steht", seine Wahrheit, wie man es noch besser ausdrückt, wie ein *Kleinod*, und "der Islam ist tatsächlich wie ein Schrein, dazu bestimmt, dieses Kleinod aufzunehmen und zu bewahren."

Und der gleiche Verfasser meint, daß

*"unser entchristlichtes Europa über das Thema nachdenken (sollte), das im Mittelpunkt des Islams steht, um wieder zu einer Wahrheit zu finden, die es nie hätte verleugnen dürfen."[3]*

Ich möchte dabei noch hinzufügen, daß es keine *modernen* Worte gibt für einen Muslim, die dieses Kleinod, das der Islam aufnimmt und bewahrt, wirklich auch nur annähernd beschreiben können. Dieses *Kleinod* wird verwirklicht in der Hingabe des gläubigen Menschen an Gott. Worte erfassen es

---

[1] Ebd., S. 4.

[2] Olivier Lacombe, Sagesse chretienne et sagesse d'Orient, in Lumen Vitae VI, Brüssel 1949, S. 699.

[3] Ebd.

nicht, denn ist Religion nicht, wie man richtig gesagt hat[1], "etwas ganz anderes"? Eröffnet Religion nicht für den gottergebenen Menschen eine ganz neue Dimension, welche allein mit dem Intellekt nicht zugängig ist?

Abschließend möchte ich noch darauf hinweisen, daß man ganz richtig meinte[2], daß die Unfähigkeit des Abendländers, den Muslim zu verstehen, der Unfähigkeit des Muslims entspricht, den Abendländer zu verstehen. Doch darüber hinaus ist zu sagen, wenn wir uns selber in unseren besten Möglichkeiten verwirklichen und erkennen wollen, müssen wir versuchen, den anderen, den wir nicht verstehen, wirklich kennenzulernen, und daher liegt darin unsere Chance.

---

[1] Le Gai Eaton, a. a. O., S. 13.

[2] Ebd., S. 15.

# Dreizehntes Kapitel

# Jesus im Koran[1]

## Einführung:

Bevor ich auf die Einzelheiten der Darstellung von Jesus im Koran eingehe, möchte ich auf die wichtige Tatsache hinweisen, daß der Islam nie versucht hat, den Christen seine Auffassungen über Jesus aufzuzwingen. Dies hängt damit zusammen, daß es nach der Lehre des Korans keinen Zwang in der Religion gibt. (2,256) Das heißt aber wohlgemerkt nicht nur, daß es in Fragen der Religion keinen Zwang geben darf, sondern auch, daß Religion und die freie Entscheidung des Menschen zu ihr voneinander untrennbar sind. Religion ist die freie Rückbindung des Menschen an seinen Schöpfer und Erhalter, der ihm diese Freiheit ermöglicht. Sitz der Religion ist das Innerste des Menschen, sein Herz.

In allen Offenbarungsreligionen gibt es in bezug auf die Lehren von dem einen Gott, das Jüngste Gericht und die guten Taten eine grundsätzliche Übereinstimmung. Aber was die Lehren über Jesus betrifft, gibt es bekanntlich viele Unterschiede. Einen Zugang zu dem Bild von Jesus im Koran erhält man am besten über eine Erläuterung der koranischen Prophetenlehre.

---

[1] Vortrag. Universität Zürich, Theolog. Seminar, 1993.

Hiernach ist Jesus einer der bedeutendsten in der Reihe der begnadeten Propheten, die seit Beginn der Menschheit immer wieder aufgetreten sind, um zu der Religion des einen Gottes aufzurufen. Ihre ihnen allen gemeinsame Botschaft bestand darin, daß sie die Menschen von ihren Irrwegen zurückriefen und sie aufforderten, sich an Gott zu erinnern. Das Innere des Menschen weiß im Grunde bereits von ihm, auch wenn er das vergessen hat. Wenn aber der Mensch den falschen, letzten Endes machtlosen Göttern der Welt dient - so lehrten die Propheten - bewirkt das unmerklich eine fortlaufende innere Zersplitterung des Menschen. Er verschwendet sich dann nach allen Richtungen an Scheinbilder und geht schließlich auf diesen Irrwegen verloren.

Aber in der Rückbindung an seinen wirklichen Herrn, zu welcher die Religion aufruft, findet der Mensch den Weg zu dem inneren Frieden und Glück, nach denen sein innerstes Herz strebt. Gott zu dienen und nicht den falschen Götzen der Welt, ist daher die einzige wahre Religion. Damit läßt man Gott in sein eigenes Leben wahrhaft hinein.

Die Ergebenheit in den Willen Gottes, der Dienst an ihm, ist daher das, wozu die Propheten aufrufen. Sie selber sind durch diese Gottergebenheit ausgezeichnet. Alle Offenbarungen zeigen dem Menschen den Weg zum Dienst an Gott, wobei ihre Vielfältigkeit eine Widerspiegelung des lebendigen göttlichen Wirkens ist.

Im Zusammenhang mit dieser Lehre von der Allwirksamkeit des einen Gottes fordert der Koran die Muslims dazu auf (4,150/52), alle Propheten als Gesandten des einen allmächtigen Gottes auf die gleiche Weise zu verehren und zwischen ihnen keine Unterschiede zu machen. Mit diesem ehrfürchtigen Glauben verdienen sie sich Gottes Barmherzigkeit und Vergebung:

*"Denen, ... die an Gott und seine Gesandten glaube",
sagt der Koran (4,152), „wird er (Gott) ihren Lohn geben. Gott ist barmherzig und bereit zu vergeben."*

Die Gläubigen werden im Koran ausdrücklich dazu ermahnt, zu bekennen:

*„Wir glauben an Gott und an das, was zu uns herabgesandt wurde, und an das, was herabgesandt wurde zu Abraham, Ismael, Isaak, Jakob und den Stämmen, und an das, was Moses und Jesus zugekommen ist, und an das, was (allen) Propheten von ihrem Herrn zugekommen ist. Wir machen bei keinem von ihnen einen Unterschied. Und wir sind Ihm ergeben."* (2,136)

Wenn der Koran aber auch einerseits davon spricht, daß für die Gläubigen alle Propheten als Gesandten des einen Gottes als gleich betrachtet werden müssen, so spricht er doch andererseits über die durch Gott geschehene verschiedene Rangstufung unter ihnen, wenn es in ihm z.B. heißt:

*„Wir haben die einen von ihnen (den Gesandten) vor den anderen bevorzugt. Unter ihnen sind welche, mit denen Gott gesprochen hat. Einige von ihnen hat er um Rangstufen erhöht."* (2,253)

Damit werden aber die Gläubigen nun nicht etwa aufgefordert, etwas wie eine gründliche und endgültige Klassifizierung der göttlichen Botschaften vorzunehmen. Dies ist besser Gott allein zu überlassen, der darüber mehr Bescheid weiß. Statt dessen sind die Gläubigen dazu aufgefordert, ihre unverminderte Aufmerksamkeit dem zuzuwenden, der diese Botschaften schickt und der nach der Lehre des Korans unaufhörlich Zeichen an sie sendet. Es dürfen keine voreiligen Schlußfolgerungen gezogen werden.

Die Menschheit ist auf ihrem Wege durch die Geschichte nicht wirklich sich selbst überlassen. Jeder einzelne Mensch ist auch nicht wirklich allein. Dies lehrt der Koran. Er deutet immer wieder auf diese Tatsache hin. Die Geschichte der Menschheit wie auch die Geschichte eines jeden einzelnen Menschen ist die Geschichte des Handelns Gottes mit ihnen, und ihrer Antwort darauf. Davon berichten die Offenbarungen.

Hierbei korrigieren die Offenbarungen, einander folgend, das, was sich an verkehrten Interpretationen ihrer Lehren in den durch Menschen aufgestellten religiösen Lehren finden läßt. Sie bringen im Zusammenhang damit und mit der Situation der Menschheit neue Aufschlüsse. Vor allem bringt jede Offenbarung, indem sie den geraden Weg für den Gläubigen deutlich macht und ebnet, eine Freudenbotschaft für ihn; ebenso die Ermahnung, sich von allen Selbsttäuschungen und den damit zusammenhängenden Täuschungen der Welt in der Hinwendung zur eigentlichen Wirklichkeit, zu Gott, zu befreien.

Der eine Gott ist der lebendige Gott, lehrt der Koran. Nichts darf zwischen ihm und den einzelnen Menschen treten, das seine Gottergebenheit verhindert. Selbst die Propheten und ihre Botschaften weisen nur auf Gottes Weg hin. Aber zu begehen hat der Mensch ihn selber. Wenn etwas zwischen den Menschen und Gott gestellt wird, wird die

Rechtleitung durch Gott verhindert, welche mit der Hingabe des gläubigen Menschen an Gott selber verbunden ist.

Jesus lehrte diese Hingabe an den göttlichen Willen mit seinem Leben und seinen Lehren. Er sagte, wie es im Koran heißt, er diene seinem Herrn, welcher der Herr aller Menschen ist, und dem sie daher dienen sollen, um seine Gnade zu erfahren. (u.a. 3,51)

Der Koran läßt keinen Zweifel an der besonderen Stellung von Jesus unter den Propheten, daran, daß er zu der Gruppe der durch Gott besonders ausgezeichneten Propheten gehört. Er sagt über ihn, daß er im Diesseits und Jenseits angesehen ist und zu denen gehört, die in die Nähe Gottes zugelassen werden. (3,45)

Im Koran ist von zahlreichen Propheten die Rede. Von diesen werden nur 25 mit ihrem Namen genannt. Unter ihnen nehmen Noah, Abraham, Moses, Jesus und Mohammed eine besondere Stellung ein.[1]

Worin besteht aber nach der koranischen Lehre die besondere Auszeichnung des Propheten Jesus? Auf diese Auszeichnung deuten viele Hinweise, die aufzuschlüsseln sind. So heißt es an der oben von uns erwähnten Stelle im Koran, wo die Rede von den besonders bevorzugten Gesandten ist, gleich im Anschluß daran:

---

[1] Tafsir al Koran al Azim, von Ibn Kathier, Bd. 4, S. 172, Beirut 1969.

*„Und Wir haben Jesus, dem Sohn Marias, die deutlichen Zeichen zukommen lassen und ihn mit dem Geist der Heiligkeit gestärkt."* (2,253)

Was diese Auszeichnung von Jesus durch die deutlichen Zeichen und seine Stärkung durch den Geist der Heiligkeit bedeuten, werden wir später im Rahmen des koranischen Bildes von Jesus zu erläutern suchen. Einen wichtigen Hinweis darauf, was sie für die Formulierung des islamischen Glaubens bedeuten, geben bereits die ihnen folgenden Verse des Korans:

*„Und wenn Gott gewollt hätte, hätten diejenigen, die nach ihnen (d.h. nach den Propheten) lebten, einander nicht bekämpft, nachdem die deutlichen Zeichen zu ihnen gekommen waren. Aber sie sind uneins geworden. Unter ihnen sind solche, die geglaubt haben, und solche, die ungläubig geworden sind. Und wenn Gott gewollt hätte, hätten sie einander nicht bekämpft. Aber Gott tut, was Er will."* (2,253)

Gottes Wille ist, daß der Mensch sich in seinem Glauben ihm selber zuwendet und seine Rechtleitung erwirbt. Diesen Akt der Hingabe an Gottes Willen können die deutlichen Zeichen der Propheten nicht erzwingen, ebenso wie mit dem Geist der Heiligkeit gestärkte Propheten ihn nicht ersetzen können.

Die Lehre des Korans von der Einheit Gottes ist gleichzeitig die Lehre von der kostbaren Freiheit des Menschen, welche er durch den Glauben und den Dienst an Gott gewinnt.

# 1. Die Botschaften der Religion:

Hinter der fast überwältigenden Vielfältigkeit der Religionen und der ihnen entspringenden zahlreichen Kulturen der Menschheit steht nach der Lehre des Korans die immer wiederkehrende Botschaft von der einen wahren Religion. Dies ist die Botschaft von dem persönlichen Glaubensverhältnis, zu dem Gott den Menschen auffordert, damit er sich durch ihn persönlich führen läßt. Es geht also in der Religion um den Menschen, um jeden einzelnen Menschen.

Der Kompaß sozusagen, an dem sich auf seinem Weg zu Gott der gläubige Mensch hält, ist nach der koranischen Lehre das sich von seinen egoistischen Neigungen abwendende und sich Gott ergebende Herz. Zu diesem Weg des Glaubens rufen die Propheten mit ihren Botschaften auf, und dazu, daß man ihnen gehorcht, da sie durch Gott beauftragt sind.

Ebenso wie die koranischen Offenbarungen die Muslime auffordern, dem Propheten Mohammed zu gehorchen (u.a. 3,132; 5,92), hat auch Jesus, als er mit den deutlichen Zeichen kam, dazu aufgefordert, ihm zu gehorchen. Denn die Propheten überbringen die Botschaften Gottes.

*"Und als Jesus mit den deutlichen Zeichen kam, sagte er, wie es im Koran heißt (43,63/64): 'Ich komme zu euch mit der Weisheit und um euch einiges von dem, worüber ihr uneins seid, deutlich zu machen. So fürchtet Gott und gehorcht mir. Gott ist mein Herr und euer Herr. So dienet Ihm. Das ist ein gerader Weg.'"* (43,63/4)

Alle Religionen sind also, in dieser Weise betrachtet, von Gott autorisierte Wege zu dem gleichen Ziel. Insofern dieses Ziel das gleiche ist, ist die Religion von Adam bis Mohammed im Grunde dieselbe. (42,13). Das Ziel, wie auch der Weg zu ihm, ist die Gottergebenheit; sie heißt auf arabisch: Islam. Nach den Lehren des Korans ist die Religion bereits seit Adam, in diesem allgemeinen Sinn betrachtet, der Islam.

*„Er hat euch als Religion verordnet,"* sagt der Koran (42,13), *"was er (seinerzeit) dem Noah anbefohlen hat, und was wir (nunmehr) dir (d.h. Mohammed) (als Offenbarung) eingegeben, und was wir (vor dir) dem Abraham, Moses und Jesus anbefohlen haben (mit der Aufforderung): ,Haltet die Religion ein und teilt euch darin nicht.'"*

Haltet die Religion ein, heißt: bleibt dabei, euch Gott zu ergeben. Nehmt aber nicht die Religion als mißverstandenen Anlaß dafür, daß ihr euch in verschiedene Parteien teilt, die einander bekämpfen.

Wer die Religion Gottes einhält und die Zeichen Gottes nicht verleugnet (3,19), sagt der Koran, findet den geraden Weg. Und er schildert die gläubigen Menschen als jene, die

*„geduldig, wahrhaftig und demütig ergeben sind, die Spenden geben und die in der Morgendämmerung (also bereits vor Beginn des Tages mit seinen Irrtümern und Fehlern für diese) um Vergebung bitten."* (3,17)

Die Entschlossenheit zum Glauben an diesen einen Gott aller Welten und aller Menschen besaßen in vorbildlicher Weise die Propheten. Sie waren mit der Geduld, die alles besiegt, ausgezeichnet, durch das geduldige Erwarten und Befolgen der Zeichen Gottes überall in der Welt und im Menschen selber, von denen der Koran häufig (u.a. 41,53) spricht. Auf diese Weise wurden sie selber begnadete Zeichen Gottes.

## 2. Maria und die Geburt von Jesus:

Jesus gehörte zu diesen Zeichen Gottes. Über ihn und seine Mutter sagt der Koran, daß sie beide (19,21; 23,5o) göttliche Zeichen sind. Obwohl sie nur Menschen sind - eine Tatsache, die der Koran betont - werden sie wegen ihrer Gottergebenheit zu Zeichen.

Der Koran berichtet, daß bereits das Handeln der Mutter von Maria durch Gottergebenheit gekennzeichnet war, als sie mit Maria schwanger war und diese Gott weihte, als sie noch in ihrem Leib war, und als sie nach ihrer Geburt Gott um Schutz für Maria bat. (3,35/6)Gott nahm wegen ihrer Frömmigkeit ihre Fürsprache an (s.a. 2,255 u. 43,86), und er beschützte Maria.

*„Da nahm sie ihr Herr"*, heißt es im Koran (3,37), *„auf schöne Weise an und ließ sie auf schöne Weise heranwachsen."*

Maria wurde ein wahrhaftiger Mensch, einer der, wie es im Koran heißt (66,12),mit dem göttlichen Geist begnadeten Menschen. Sie hielt, sagt der Koran,

*„die Worte ihres Herrn und seine Bücher (die Heiligen Schriften) für wahr und gehörte zu denen, die (Gott) demütig ergeben sind."*

Maria gilt nach koranischer Lehre als Vorbild für alle Frauen. Daß Gott sie dazu auserwählt hat, und daß sie sich Seinem Willen in Demut ergeben solle, teilen ihr die Engel mit:

*"O Maria"*, sagten sie zu ihr (3,42/43), *„Gott hat dich auserwählt und rein gemacht, und Er hat dich vor den Frauen der Weltenbewohner auserwählt. 0 Maria, sei deinem Herrn demütig ergeben, wirf dich nieder und verneige dich mit denen, die sich verneigen."*

Die wunderbare Geburt von Jesus wird ihr als die Geburt des „Wortes Gottes" verkündet.

*„O Maria, Gott verkündet dir ein Wort von Ihm, dessen Name Christus Jesus (oder: der Messias Jesus), der Sohn Marias, ist; er wird angesehen sein im Diesseits und Jenseits, und einer von denen, die in die Nähe (Gottes) zugelassen werden. Er wird zu den Menschen sprechen in der Wiege und als Erwachsener und einer der Rechtschaffenen sein."* (3,45/46)

Als Maria daraufhin den Engel fragt, wie sie, obwohl sie doch unberührt ist, ein Kind bekommen solle, erklärt er ihr:

*"Gott schafft, was Er will. Wenn Er eine Sache beschlossen hat, sagt er zu ihr nur: sei! dann ist sie."*

Nach der Aussage des Engels geschieht also die übernatürliche Geburt von Jesus ohne Vater dadurch, daß Gott das Wort sei! ausspricht. Jesus wird daher - so wird nach islamischer Überlieferung diese Bezeichnung interpretiert - als „Wort Gottes" bezeichnet und Maria verkündet. Über die Geburt von Jesus sagt der Koran auch:

*„Mit Jesus ist es vor Gott wie mit Adam. Er erschuf ihn aus Erde, dann sagte Er zu ihm: sei! und er war."* (3,59)

Dem Wunder der übernatürlichen Geburt von Jesus folgen die zahlreichen Wunder seines Lebens, die gleich nach seiner Geburt beginnen. Als Maria von ihren Leuten Vorwürfe gemacht wurden, daß sie ohne verheiratet zu sein, ein Kind zur Welt brachte, obwohl sie doch aus einer ehrbaren Familie stammte, wies sie, wie der Koran berichtet, auf Jesus hin. Aber die Leute fragten sie daraufhin:

*"Wie können wir mit dem reden, der noch ein Kind in der Wiege ist?"* (19,29)

Daraufhin geschieht das Wunder, daß Jesus - als Kind in der Wiege - mit ihnen redet, ein Wunder, das Maria allerdings bereits vor seiner Geburt verkündet worden war. (3,46)

Maria ist, wie der Koran sagt, *„eine Wahrhaftige"* (5,75). Sie hält sich an der Wahrheit fest; und das ist das Handeln Gottes mit den Menschen und Sein Wille. Sie unterwarf sich, islamisch ausgedrückt, der Rechtleitung Gottes.

Trotz all ihrer Begnadigung sind Maria und Jesus nach der koranischen Lehre doch nur Menschen und brauchen daher die Rechtleitung Gottes. Beide werden vom Koran, sagten wir, als göttliche Zeichen bezeichnet, und waren dennoch nur Menschen.

„*Beide*", so stellt der Koran diese Tatsache dar (5,75), „*pflegten Speise zu essen.*" Sie waren Zeichen der Allmacht Gottes, und, wie wir weiter unten noch näher erläutern werden, Zeichen seiner Barmherzigkeit. Maria und Jesus waren nach der Lehre des Korans mit dem göttlichen Geist begnadete Menschen und wurden wegen ihrer Gottergebenheit zu Zeichen Gottes für die Menschen. Aber die Bezeichnung von Jesus als Gott lehnt der Koran ab. (5,17). Denn sie widerspricht dem Glauben an den einen Schöpfer und Erhalter aller Menschen und aller Welten. (5,73).

Aber die hohe Stellung, welche Maria im Koran einnimmt, wird in keiner Weise dadurch geschmälert, daß ihr Sohn Jesus nicht als Gott betrachtet wird. Der Koran benennt eine seiner großen Suren mit ihrem Namen. Die Verehrung, welche im Koran für sie ausgedrückt wird, wird auch durch die Tatsache bewiesen, daß sie im ganzen Koran die einzige Frau ist, deren Name genannt wird.

Maria und ihr Sohn Jesus, sagt der Koran (21,91), wurden zu einem „Zeichen für die Weltenbewohner" gemacht. Im Vers, der dieser Bezeichnung folgt, heißt es:

„*Diese eure Gemeinschaft (die Gemeinschaft der Weltenbewohner) ist eine einzige Gemeinschaft. Und ich bin euer Herr, so dienet Mir.*" (21,92)

Die Menschen sollen sich als Mitglieder einer einzigen Gemeinschaft begreifen. Sie alle sind zum Dienst an Gott aufgerufen und dazu, sich Seiner Rechtleitung zu übergeben. Sich in die Hände dessen freiwillig zu begeben, der alles in seinen Händen hält, ist die Rettung des Menschen.

## 3. Jesus:

Jesus war der Diener Gottes. Er war, wie der Koran sagt (19,21), eine *„Barmherzigkeit Gottes"*, wörtlich: *„eine Barmherzigkeit von Uns"*. Seine Jünger nennt der Koran vorbildliche Helfer Gottes.

### a) Jesus als Diener Gottes:

Jesus tritt wie alle Propheten als ein freier Mensch auf in einer Welt der Verfallenheit und Versklavtheit an falsche Götter bzw. Götzen, wie der Koran sie nennt.

Der Koran weist immer wieder, um seine Botschaft zu untermauern, auf das Studium der Geschichte hin. Im Laufe der Geschichte wurden viele Menschen zu gottähnlichen Wesen oder Göttern erklärt und von den Massen angebetet. Jesus hob diese Illusion von der zu der Masse gehörenden Menschheit und den wenigen zur Göttlichkeit berufenen Ausnahmewesen auf. Er lehrte im Gegensatz dazu den Dienst an dem einen Schöpfer und Erhalter aller Menschen durch den Dienst an den armen, zu Unrecht verfolgten Menschen. Er lehrte dies als Weg zur Gnade Gottes, wie das nach ihm in aller Ausdrücklichkeit der Prophet Mohammed als den geraden Weg zu Gott lehrte.

Nach der Lehre des Korans (u.a. 5,116) hat auch Jesus selber niemals die Göttlichkeit seiner Person oder seiner Mutter gelehrt, sondern diese Lehren sogar eindeutig abgelehnt. Im Gegensatz dazu lehrte er, daß er der Gesandte Gottes an Israel sei (3,49), und daß Gott sein Herr und der Herr aller Menschen ist.

Alle Menschen können, so zeigte er, durch den Dienst an ihrem Herrn sich seinen Frieden und Seine Freundschaft erwerben. Als Gesandter nach Israel lehrte er:

*„Ich komme zu euch mit einem Zeichen von eurem Herrn: Ich schaffe euch aus Ton etwas wie eine Vogelgestalt, dann blase ich hinein, und es wird zu einem Vogel mit Gottes Erlaubnis; und ich heile Blinde und Aussätzige und mache Tote wieder lebendig mit Gottes Erlaubnis; ... Und (ich komme) das zu bestätigen, was von der Tora vor mir vorhanden war, und um euch einiges von dem zu erlauben, was euch verboten wurde. So komme ich zu euch mit einem Zeichen von eurem Herrn. Daher fürchtet Gott und gehorchet mir. Gott ist mein Herr und euer Herr, so dienet Ihm. Das ist ein gerader Weg.”* (3,49/51)

Wenn der Koran von Gottesfurcht spricht, wie in dem obigen Vers, spricht er von der einzigen Medizin gegen die Furcht vor den Menschen, welche den Menschen versklavt. Daher heißt es an einer anderen Stelle im Koran eindeutig:

*„Ihr sollt nicht die Menschen fürchten, sondern mich.”* (5,44)

Die Botschaft von Jesus ist die Botschaft von dem geraden Weg zu Gott. Sie ist gleichzeitig eine Bestätigung der vorangegangenen Offenbarungen und eine frohe Botschaft, die Rechtleitung und Licht enthält:

Jesus wurde gesandt, heißt es (5,46), „daß er bestätige, was von der Thora vor ihm da war. Und Wir gaben ihm das Evangelium, das Rechtleitung und Licht enthält, damit es bestätige, was von der Thora vor ihm da war und als Rechtleitung und Ermahnung für die Gottesfürchtigen."

Zu der Botschaft von Jesus gehört die Ermahnung, den durch die Thora übermittelten Geboten Gottes nicht nur im Sinne der Legalität, aus Furcht vor den Menschen, zu gehorchen. Sie sind im Gegensatz dazu als die Gebote des lebendigen Gottes zu befolgen, der will, daß man auf ihn hört und ihm gehorcht, und auf diese Weise gerettet wird. Der Mensch soll nicht die Welt, die in sich nichts ist, anbeten, sondern alleine Gott, der sie erschafft und erhält.

Wenn er dies tut, hat er die wahre Ordnung der Dinge erfaßt, die in Wirklichkeit nicht rein materiell ist. Damit ist er seinem Ziel, der Wahrheit, näher gekommen.

Jesus ist - bei all seiner besonderen Begnadung durch Gott - nicht selber Gott, sondern *"nur der Gesandte Gottes"*.

*„So glaubt an Gott und seine Gesandten"*, heißt es im Koran (4,171), *„Und sagt nicht: Drei. Hört auf, das ist besser für euch. Gott ist doch ein einziger Gott. Gepriesen sei Er und erhaben darüber, daß Er ein Kind habe. Er hat, was in den Himmeln und was auf der Erde ist. Und Gott genügt als Allerhalter."*

Das Grundthema der Religion von der alleinigen Herrschaft Gottes, vom Sturz durch Überheblichkeit und von der dadurch geschehenden Trennung von Gott, erhält eine neue und entscheidende Ergänzung durch die Botschaft des mit den Zeichen Gottes und dem Geist der Heiligkeit begabten Gesandten Jesus. Er lehrte den Dienst an Gott und seinen Geschöpfen als geraden Weg des Menschen zu Gott. Seine Wunder der Barmherzigkeit mit Blinden, Aussätzigen und sogar mit Toten bestätigen das ebenso wie sein ganzes Leben. Der Koran sagt über ihn:

*„Christus wird es nicht verschmähen, ein (bloßer) Diener Gottes (zu sein), auch nicht die (Gott) nahestehenden Engel."* (4,172)

Worum es für jeden Menschen geht, lehrte Jesus mit seinem Leben und seinen Worten, ist die Hingabe an den einen Herrn aller Welten im Glauben an ihn und in dem daraus entspringenden Bemühen um ein gerechtes und barmherziges Handeln.

Daher heißt es im Anschluß an die Stelle im Koran, welche besagt, daß Christus es nicht verschmähen wird, Diener Gottes zu sein:

*„Denjenigen, die glauben und tun, was recht ist, wird er (Gott) ihren vollen Lohn und von seiner Huld noch mehr geben. Denen aber, die es verschmähen (ihm zu dienen) und (die zu) hochmütig (dafür) sind, wird er eine schmerzhafte Strafe zukommen lassen."* (4,173)

Wenn wir über den Dienst an Gott sprechen, haben wir im Auge zu behalten, daß, wie der Koran sagt (6,133), Gott selber doch auf niemanden angewiesen ist.

Was bedeutet also koranisch gesehen der Dienst an Gott? Wer Gott dient, dient damit gleichzeitig seiner Befreiung von der Versklavung an die Welt. Dies ist die frohe Botschaft. Dies ist der gerade Weg, und damit die wahre Religion.

Daher, so lehrt der Koran, ist es verkehrt, auf einem Umweg, über Vermittler, einen Weg zu Gott finden zu wollen:

*„Steht es Gott nicht zu, daß man ganz allein an ihn glaubt?"* sagt daher der Koran. (39,3)

Und im Anschluß daran sagt er:

*„Und zwischen denen, die sich an seiner Stelle Freunde nehmen, - ,Wir dienen ihnen nur' (sagen sie), 'damit sie uns Zutritt in die Nähe Gottes verschaffen' - wird Gott urteilen über das, worüber sie uneins sind. Gott leitet den nicht recht, der ein Lügner und sehr ungläubig ist."*

Gott, sagt der Koran, fordert den Menschen, der ihn sucht, auf, sich direkt an ihn selber zu wenden:

*"Wenn dich meine Diener nach Mir fragen"*, sagt der Koran (2,186), *"so bin Ich nahe, und Ich erhöre den Ruf des Rufenden, wenn er Mich anruft. Sie sollen nun auf Mich hören, und sie sollen an Mich glauben, auf daß sie einen rechten Wandel zeigen."*

Jesus selber verstand sich als einer der Gesandten und Diener Gottes. Als er „*mit den klaren Beweisen kam*", so heißt es im Koran (43,63/64),

> „*sagte er: ,Ich bin mit der Weisheit zu euch gekommen, und um euch einiges von dem, worüber ihr uneins seid, klarzumachen. Daher fürchtet Gott und gehorchet mir!*"

Jesus bestätigte die Thora vor ihm. Ebenfalls weist er auf einen Gesandten hin, der nach ihm kommen wird:

> " *O Kinder Israels*", sagte er (61,6), „*ich bin der Gesandte Gottes an euch, um zu bestätigen, was von der Thora vor mir vorhanden war, und einen Gesandten zu verkünden, der nach mir kommt: sein Name ist Ahmed (oder: der Hochgelobte).*"

Hiermit wies er nach dem Glauben der Muslime auf den Propheten Mohammed hin.

*b) Jesus als „eine Barmherzigkeit Gottes":*

Wenn wir besser verstehen wollen, warum Jesus im
Koran „Zeichen Gottes" genannt wird, können wir eine andere koranische Bezeichnung von ihm als Ausgangspunkt nehmen. Dies ist die Bezeichnung von Jesus als „eine Barmherzigkeit von Uns", d.h. von Gott. (19,21). Er wies den geraden
Weg echter Religiosität, die mit bloßer Legalität nichts ge-
mein hat. Daher ist er auch im Koran zugleich das
*„Erkennungszeichen der Stunde (des Gerichts"* (43,61) genannt worden.

Die Frage, ob mit dieser letzteren Bezeichnung prophezeit wird, daß Jesus am Ende der Welt wiederkehren wird,
wie das teilweise von Koran-Exegeten aufgefaßt wird, kann
vom Text des Korans selber her nicht eindeutig geklärt werden.

Doch ganz klar wird damit die Botschaft von Jesus als
„Barmherzigkeit von Uns" in Bezug gesetzt zu der damit untrennbar verbundenen Botschaft von der Gerechtigkeit Gottes
und damit des Jüngsten Gerichts. Von hierher gesehen wird
eine andere Stelle des Korans über Jesus näher beleuchtet, in
der es heißt:

*„Und am Tag der Auferstehung wird er (d.h. Jesus) über
sie Zeuge sein."* (4,159)

Es ist eigentlich unbarmherzig, zu behaupten, daß allein die Barmherzigkeien Gottes gilt, aber nicht Seine Gerechtigkeit, seine Beurteilung der Bemühungen und Taten des Menschen. Daher darf dann, wenn die Barmherzigkeit Gottes betrachtet wird, nicht vergessen werden, daß sie die andere Seite der Gerechtigkeit Gottes ist, der keinen Menschen außer Acht lassen will. Daher heißt es im Anschluß an die Rede über Jesus als Erkennungszeichen für die Stunde (des Gerichts):

*„So hegt keine Zweifel über sie (die Stunde des Gerichts) und folgt mir. Das ist ein gerader Weg."* (43,61)

Jesus als eine *„Barmherzigkeit von Uns"* (von Gott) lehrte, daß Frömmigkeit und Gottesfürchtigkeit nichts äußerliches sind, sondern aus der Hingabe an den lebendigen Gott selber stammen. Gott ist dem Menschen näher als seine Halsschlagader (5,16), lehrt der Koran. Gott liebt die, die gerecht sind, die an ihn glauben und tun, was recht ist.

In einem Hadith, einer Überlieferung des Propheten Mohammed, heißt es über die guten Werke:

„Du sollst Gott dienen, als würdest du ihn sehen, denn auch wenn du ihn nicht siehst, er sieht dich gewiß."

Glaube ist die entschlossene Hinwendung zur eigentlichen Wirklichkeit der Welt, zu Gott. Und die guten Werke sind das, was daraus erwächst, was durch die Rechtleitung Gottes möglich wird. Wie leicht kann es mißverstanden werden, wenn der Koran immer wieder darauf hinweist, daß Gott leitet, wen Er will, und glauben läßt, wen Er will. Aus dem Kontext des ganzen Korans und seiner Botschaft wird aber klar, daß die Barmherzigkeit Gottes sich in Wirklichkeit auf alle Menschen richtet, daß diese ihr aber in ihrem Leben auch dafür Platz machen müssen mit ihrem Bemühen um ein rechtes Handeln. Wenn der Boden zu steinig ist, kann der Regen doch nichts in ihm wachsen lassen. Ebenso ist es mit dem kalten und harten Herzen, das sich jeder Regung der Barmherzigkeit verschließt.

Jesus, dessen Leben von Wundern und Zeichen der Barmherzigkeit erfüllt ist, der selber eine Barmherzigkeit Gottes genannt wurde, lehrte:

Tut wie ich, dient meinem und eurem Herrn, und er wird euch helfen, wie er mir geholfen hat. Nicht euer Wissen alleine kann euch helfen, aber auch keine passive Einstellung und Erwartung.

So ist es beispielsweise, lehrt der Koran (39,49), eine Versuchung, zu glauben, daß die Hilfe, die man erfährt, nachdem man in einer gefährlichen Situation Gott darum bat, doch schließlich auf das eigene Wissen zurückzuführen ist. Das bedeutet aber nicht, daß es genügt, passiv zu sein. Denn gefordert ist doch im Gegenteil der Dienst an Gott, d.h. Gerechtigkeit zu verlangen und dem geraden Weg der Religion in ernsthafter Bemühung zu folgen. (16,76)

Der Koran spricht von dem tiefen Widerstreit, in dem der Mensch sich befindet, der von Gott geschaffen wurde und ihn dann doch leugnet. (41,52) Alle ungläubigen Menschen wenden sich von den Zeichen Gottes ab. Daher fehlt ihnen im Grunde jedes wahre Wissen. (39,3)

Aber die Zeichen Gottes, die auf die Wahrheit hinweisen, sind nach der koranischen Lehre nicht abgeschlossen. Sie sind im Gegenteil unzählbar und ohne Ende. Gottes Barmherzigkeit ist mit ihnen für jeden da, der sich bemüht, sich in seinem Mitmenschen wiederzuerkennen und den Weg der Gerechtigkeit zu gehen.

Über Gottes Zeichen, die nicht aufhören, sagt der Koran:

*„Wir werden sie (die Menschen) in der weiten Welt und in ihnen selber unsere Zeichen sehen lassen, damit(oder : bis) ihnen klar wird, daß es die Wahrheit ist (was ihnen verkündet wird)."* (41,53)

Jesus, die *„Barmherzigkeit von Uns"* (von Gott), lehrte, jede Gewalttätigkeit abzulehnen und den Frieden zu suchen. Er selber hat den Frieden, wie der Koran sagt (19,32/33),bereits als Kind in der Wiege für sich erbeten:

„Und er (Gott) machte mich nicht zu einem unglückseligen Gewaltherrscher. Und Friede sei über mir am Tag, da ich geboren wurde, und am Tag, da ich sterbe, und am Tag, da ich wieder zum Leben erweckt werde."

## 4. Jesus und seine Jünger:

Als Jesus mit seiner Botschaft von Gott nach Israel geschickt wurde, aber, wie der Koran sagt (3,52), herausfinden mußte, daß die Leute in Israel nicht wirklich Glauben besaßen, fragte er:

*„ 'Wer sind meine Helfer (auf dem Weg) zu Gott?'
Daraufhin antworteten ihm die Jünger: ,Wir sind die
Helfer Gottes. Wir glauben an ihn. Bezeuge, daß wir
(Ihm) ergeben sind. Herr! Wir glauben an das, was du
(als Offenbarung) herabgesandt hast, und folgen dem
Gesandten."* (3,52/53)

Gott, so lehrt der Koran, hat Jesus den Ungläubigen entrückt und ihn zu sich in den Himmel berufen und gesagt:

*„Und ich werde bewirken, daß diejenigen, die dir folgen, den Ungläubigen bis zum Tag der Auferstehung überlegen sind."* (3,55)

Der Koran akzeptiert nicht die Lehre von der Kreuzigung von Jesus und sagt darüber:

*" ... sie haben ihn nicht gekreuzigt, sondern es erschien
ihnen eine ihm ähnliche Gestalt. ... Und sie haben ihn
nicht mit Gewißheit getötet, sondern Gott hat ihn zu sich
erhoben."* (4,157/8)

Gott, so lehrt der Koran, hat Jesus unter seinen Schutz genommen, ihn vor seinen Verfolgern gerettet und zu sich erhoben. Diese Tatsache bedeutet Hoffnung für alle zu Unrecht verfolgten und unterdrückten Menschen, daß das Gute schließlich die Oberhand gewinnen wird, auch wenn das manchmal nicht so aussehen sollte, und daß der Mensch durch sein eigenes ernsthaftes Bemühen darum dazu beitragen kann. Die Qualität des Guten, auch wenn es vielleicht zunächst nach wenig aussehen mag, besiegt letzten Endes die Quantität des Bösen, auch wenn dies überwältigend viel zu sein scheint. Jedenfalls gibt es diese Hoffnung, die nicht gekreuzigt werden kann.

Jesus war eine *„Barmherzigkeit von Uns"* (von Gott). Seine Begnadung zeigte sich nicht nur in seinem eigenen Leben, sondern auch im Leben derer, die ihm folgten. Der Koran sagt, daß die Menschen, die sich ihm anschlossen, wahrhaftige Gläubige waren, die mit ihrem Herzen glaubten, und in deren Herzen Gott daher *„Milde und Barmherzigkeit"* (57,27) setzte. Daher werden sie allen Gläubigen als Vorbild hingestellt, und sagt der Koran, daß diese ebenso wie sie Helfer Gottes sein sollen.(3,52/3)

Und an einer anderen Stelle im Koran wird dem Propheten Mohammed gesagt, daß die Christen den Gläubigen nahe seien durch etwas, wovon im Koran durchlaufend die Rede ist, wenn vom Herzen gesprochen wird, nämlich durch Liebe:

*„Und du wirst sicher finden"*, sagt der Koran (5,82), *„daß diejenigen, die den Gläubigen in Liebe am nächsten stehen, die sind, welche sagen: ,Wir sind Nasara (d.h. Christen)."*

Doch warnt der Koran den Propheten Mohammed vor den Abweichungen, die sich mit den wahren Lehren des Evangeliums gemischt haben. Die Lehren des Korans haben alles fest in der Hand, lehrt er.

*„Und wir haben zu dir das Buch mit der Wahrheit herabgesandt, damit es bestätige, was vom Buch vor ihm vorhanden war, und alles, was darin steht, fest in der Hand habe. Urteile nun zwischen ihnen nach dem, was Gott herabgesandt hat, und folge nicht ihren Neigungen, damit du nicht von dem abweichst, was von der Wahrheit zu dir gekommen ist."* (5,48)

## Schlußwort:

Und damit kommen wir zum Ende dieser Erörterungen.

Das Stichwort ist Friede. Jesus erbat ihn sich, und die Muslime bitten darum. Es gibt verschiedene Wege zum Frieden Gottes, lehrt der Koran:

" *Für jeden von euch haben Wir eine Richtung und einen Weg festgelegt. Und wenn Gott gewollt hätte, hätte Er euch zu einer einzigen Gemeinschaft gemacht. Doch will Er euch prüfen in dem, was Er euch hat zukommen lassen. So eilt zu den guten Dingen um die Wette.*"

" *All die, die an Gott und den Jüngsten Tag glauben und Gutes tun, haben nichts zu befürchten, und sie werden nicht traurig sein*", heißt es in einer anderen Stelle (5,69)

Wie bei allem, was er tut, soll der Muslim sich auch bei Diskussionen mit Anhängern einer anderen Religion um Vorbildlichkeit und Friedlichkeit bemühen. So heißt es im Koran:

" *Und streitet mit den Leuten des Buches (d. h. der Offenbarungsreligionen) nur auf die beste Art. ... Und sagt: 'Wir glauben an das, was zu uns herabgesandt und zu euch herabgesandt wurde. Unser Gott und euer Gott ist einer. Und wir sind Ihm ergeben.'*" (29,46)

### Vierzehntes Kapitel

# Der Dialog zwischen den drei monotheisten Religionen aus islamischer Sicht[1]

## Einführung

Unsere Welt braucht unbedingt den Frieden.

Die Geschichte lehrt uns immer wieder, daß Kriege keine Probleme lösen können. Sie können nur neue Probleme erzeugen, bestenfalls die Lösung der Probleme auf kostspielige Weise hinauszögern, aber vielleicht auch die Lösung der Probleme für immer unmöglich machen.

Die Religionen können einen entscheidenden Beitrag zur Herstellung des Friedens leisten, wenn sie sich auf ihre eigentliche Aufgabe besinnen und sich dafür einsetzen. Aber solange sie weiterhin untereinander mit Streitereien beschäftigt sind, werden sie ihre eigentliche Rolle, nämlich für den Frieden zu arbeiten, nicht übernehmen können.

Religion heißt nicht die Abwendung von der Welt und die Flucht aus ihr, denn der Mensch trägt doch die Welt auch in sich. Er ist ein Teil der Schöpfung. Die Religion befähigt den Menschen, den Platz einzunehmen, der ihm in der Welt zugeteilt wurde, und seine menschliche Aufgabe zu erfüllen.

---

[1] Vortrag bei der Tagung La Finalité du Dialogue entre les trois Religions Monothéistes et les Danger que le menacent Sorbone-Universität Paris, 13. Juni 1994.

Der Islam lehrt den einzelnen Menschen und die menschlichen Gesellschaften Weltaufgeschlossenheit. Denn die Welt ist die Schöpfung Gottes, ebenso wie der Mensch, in dessen Verantwortung sie übergeben worden ist. Der Koran (Sure 2,30) spricht davon, daß Gott den Menschen auf Erden zu seinem Stellvertreter einsetzte. Zu diesem Zweck lehrte er Adam die Namen aller Dinge (Sure 2,31).

Der Dialog auf allen Ebenen ist dem Menschen aufgetragen worden. Dafür besitzt er die Sprache und die Vernunft, welche der ihm von Gott eingegebene Geist ist (Sure 15,29; 38,72). Anders als die anderen Geschöpfe, welche eine durch angeborene Instinkte begrenzte Natur und Umwelt haben, besitzt der Mensch Freiheit und damit Weltoffenheit. Seit der Erschaffung des Menschen wurden deshalb die verschiedensten Menschheitskulturen möglich. Kultur ist die Natur des Menschen. Sie ist zugleich seine Chance und seine Aufgabe.

Die drei Offenbarungsreligionen lehren übereinstimmend, daß das moralische Handeln eine notwendige Bedingung für die Entwicklung des einzelnen Menschen wie auch der menschlichen Gemeinschaften ist. Doch ist dies im Laufe der Geschichte oft mißverstanden worden. Denn nur zu häufig wurden entweder die Rechte des einzelnen oder die der Gesellschaft einseitig betont.

# 1. Der interreligiöse Dialog aus islamischer Sicht:

Der Koran spricht davon, daß die verschiedenen Religionen verschiedene Wege mit dem gleichen Ziel sind:

*"Für jeden von euch haben Wir eine Richtung und einen Weg gewiesen." (Sure 5,48)*

Anstatt die Verschiedenheiten der Religionen, Kulturen und Rassen zum Ausgangspunkt für Streitereien, Machtkämpfe, Rassismus und Terrorismus zu nehmen, sollte man sie als eine Chance begreifen. Denn alle diese Verschiedenheien, so lehrt der Koran, wurden erschaffen, damit die Menschen einander kennenlernen.

*"O ihr Menschen, Wir haben euch von einem männlichen und einem weiblichen Wesen erschaffen, und Wir haben euch zu Völkern und Stämmen gemacht, damit ihr einander kennenlernt." (Sure 49,13)*

Durch das Kennenlernen von Menschen verschiedener Art können wir unseren Horizont erweitern und zu einem besseren Verständnis unseres eigenen Menschseins gelangen. Über alle Verschiedenheiten hinweg erkennt der sich selbst erkennende Mensch sich in seinen Mitmenschen wieder. Dies befähigt ihn zu einer schöpferischen Zusammenarbeit mit anderen, zu echter Toleranz und Verständnisbereitschaft, d.h. zum Dialog. Die ganze Schöpfung enthüllt sich Stück für Stück dem, der sich als Geschöpf erkennt. Er sieht die verschiedenen Wege der menschlichen Gemeinschaften als Wege zu einem im Grunde gleichen Ziel.

Im Islam gehört die Anerkennung der anderen geoffenbarten Religionen und ihrer jeweiligen Propheten zu den religiösen Geboten. Die Muslime werden im Koran ausdrücklich dazu aufgefordert, keine Unterschiede zwischen den Propheten zu machen.

*"Jeder (Gläubige) glaubt an Gott und seine Engel und seine Bücher und seine Gesandten. Wir machen bei keinem seiner Gesandten einen Unterschied." (Sure 2,285)*

Unter allen Religionen hat der Islam als erster zum Dialog aufgerufen. Im Koran heißt es hierzu:

*„Sprich: O ihr Leute des Buches (gemeint sind Juden und Christen), kommt her zu einem zwischen uns und euch gleich angenommenen Wort: daß wir Gott allein dienen und Ihm nichts beigesellen, und daß wir einander nicht zu Herren nehmen neben Gott." (Sure 3,64)*

Der Koran hat auch die Methode für diesen interreligiösen Dialog festgelegt:

*"Und disputiert mit den Leuten des Buches nie anders als auf eine möglichst gute Art - mit Ausnahme derer von ihnen, die ungerecht sind! Und sagt: ‚Wir glauben an das, was (als Offenbarung) zu uns, und was zu euch herabgesandt worden ist. Unser und euer Gott ist einer. Ihm sind wir ergeben." (Sure 29,46)*

Der Koran fordert die Muslime auf, mit den anderen Völkern in friedlicher Koexistenz zu leben und sie alle mit der ihnen gebührenden Güte und Gerechtigkeit zu behandeln

(Sure 60,8). Aber wenn die Muslime angegriffen werden, müssen sie sich selbstverständlich verteidigen. Sie dürfen jedoch während des Krieges keine unmoralischen Handlungen begehen.

Ein toleranter und verständnisvoller Dialog mit den Angehörigen der anderen Religionen ist nicht nur eine Pflicht für die Muslime, sondern befähigt sie auch dazu, Gottes Wirken besser zu verstehen und Ihn zu verehren. Islamisch gesehen macht Gott unter allen Menschen, gleich, welcher Gruppe sie angehören, nur den einen Unterschied: dieser betrifft den Grad ihrer Frömmigkeit:

*"Der Angesehenste von euch bei Gott, das ist der Frömmste von euch." (Sure 49,13)*

Es ist die Frömmigkeit des Menschen, die ihn zum Dialog befähigt. Sie ermöglicht ihm, ein vorbildlicher Mensch zu sein, der sich mit allen seinen Kräften für Gerechtigkeit und Frieden unter den Menschen einsetzt.

Der Friede ist das Ziel des Islam. Was darunter zu verstehen ist, kann man in Form von drei ineinandergreifenden Kreisen darstellen: Der erste Kreis - der Friede, den der Mensch in sich selbst hat - wird ermöglicht durch den zweiten Kreis - durch den Frieden mit Gott in seinem Glauben. Beide ermöglichen den dritten Kreis: den Frieden mit den Mitmenschen und der Umwelt. Alle drei Kreise des Friedens beeinflussen sich gegenseitig.

In unserer Zeit, in der die verschiedenen kulturellen und religiösen Gruppen in dem globalen Dorf einander immer näherrücken, wird die Frage von Frieden und Gerechtigkeit unter den Menschen immer brennender, je schwieriger sie zu beantworten ist. Doch ist ihre Beantwortung durch die richtig verstandenen Religionen - besser gesagt: durch die gelebte Religion - möglich.

Koranisch gesehen, ist das Prinzip der Freiheit des Menschen in der Religion von entschiedener Bedeutung. So heißt es im Koran:

*"In der Religion gibt es keinen Zwang" (Sure 2, 256)*

Die Religion ist die aus freien Stücken geschehende Hinwendung des Menschen zu Gott und die freiwillige Unterwerfung unter seinen Willen. Zusammenhängend mit der Lehre des Korans, daß der Friede sowohl der Weg als auch das Ziel des Islam ist, darf der Islam niemals durch gewaltsame Missionierung, sondern nur durch Vorbild und Aufruf zum Islam verbreitet werden.
Deshalb heißt es im Koran:

*"Rufe (die Menschen) mit Weisheit und einer guten Ermahnung auf den Weg deines Herrn ..." (Sure 16, 125)*

## 2. Ziel des Dialogs:

Der interreligiöse Dialog ist immer dann lebendig und wird nicht zum bloßen Monolog, wenn er Ausdruck eines wahrhaftigen Bemühen um Frieden und Gerechtigkeit ist. Dann bemüht er sich um eine echte Verständigung unter den Religionen. Das verlangt von den daran Beteiligten eine humane Einstellung, denn nur so können sie die Mauer von Intoleranz, Vorurteilen und Tendenzen zur Gewalttätigkeit durchbrechen, welche immer wieder zwischen den Religionen aufgebaut wird. Ganz gewiß jedenfalls hat derjenige, der - vielleicht sogar im Namen der Religion - ungerechterweise unschuldige Menschen verfolgt und unterdrückt, bzw. auch derjenige, der untätig dabei zusieht, Gott nicht auf seiner Seite.

Die letztliche Solidarität aller Menschen, welche der Koran verkündet, basiert darauf, daß sie alle von einer einzigen Seele abstammen (Sure 4,1). Insofern stellt also die ganze Menschheit sozusagen eine einzige große Familie dar.

Mit dieser Lehre von der Verbundenheit aller menschlichen Seelen hängt auch die koranische Feststellung zusammen (65,32), daß, wenn jemand einen Menschen ermordet, das so ist, als habe er die ganze Menschheit ermordet. Umgekehrt, so heißt es an der gleichen Stelle, hat jemand, der einen Menschen am Leben erhalten hat, die ganze Menschheit am Leben erhalten. Die islamische geforderte Menschlichkeit verlangt grundsätzlich die Respektierung der Würde eines jeden Menschen. Diese Würde besitzt er auch noch nach seinem Tod. In diesem Zusammenhang berichtet eine bei Buchari notierte

Überlieferung, wie der Prophet Mohammed, als ein Begräbniszug an ihm vorbeizog, aufstand, weil er dem Toten damit seinen Respekt erweisen wollte. Als man ihn daraufhin sagte, daß der Tote ein Jude sei, antwortete er: "Ist er denn nicht eine menschliche Seele? Immer, wenn ihr einem Begräbnis zuseht, müßt ihr aufstehen!"

Hinter der fast überwältigenden Vielfältigkeit der Religionen und der ihnen im Laufe der Menschheitsgeschichte entsprungen zahlreichen Kulturen steht, koranisch gesehen, die immer wiederkehrende Botschaft von der einen wahren Religion. Der innerste Kern dieser Botschaft ist die Lehre von dem persönlichen Glaubensverhältnis, zu dem Gott den Menschen auffordert, damit er sich durch ihn persönlich führen läßt.

Der einzelne Mensch kann sich mit Hilfe seiner eigenen Vernunft frei für den Glauben entscheiden. Dies ist für ihn der Durchbruch zu seiner eigentlichen Menschlichkeit und Verantwortlichkeit. Die Entwicklung der Humanität im Menschen muß durch eine vernünftige Erziehung und Bildung unterstützt werden. Diese kann in ihm kreative Fähigkeiten wecken und ihn zu einem selbständigen und vernünftigen Handeln befähigen.

Es wird in unserer Zeit, angesichts der immer mehr um sich greifenden chaotischen Zustände, immer deutlicher, welche Aufgabe die Religionen eigentlich haben. Ihre Botschaft hat dazu beizutragen, daß in dieser Welt vernünftige Lebens- und Gesellschaftsordnungen aufgebaut werden, die möglichst allen Menschen eine Chance zur Entwicklung geben. Dadurch kann Frieden entstehen.

Im Unterschied zur gesamten übrigen Schöpfung hat, islamisch gesehen, nur der Mensch die Aufgabe, sein Leben frei, d. h. schöpferisch, zu gestalten, und zusammen mit den anderen dazu befähigten Menschen die Verantwortung für die Verwaltung der Schöpfung zu tragen. Jeder Mensch hat einen ihm bestimmten Kreis der Verantwortung (Sure 33,72).

Hierzu wird aber kein Mensch gezwungen. Die Menschen sind, wie der Koran sagt, frei zu glauben oder nicht zu glauben, mit anderen Worten: den richtigen oder den falschen Weg zu gehen (Sure 18,29). Sie können sich frei dazu entscheiden, entweder verantwortungsbewußt oder verantwortungslos, moralisch oder unmoralisch handeln.

### 3. Gemeinsamkeiten und Möglichkeiten der Zusammenarbeit:

Die Gemeinsamkeiten zwischen den drei großen Offenbarungsreligionen sind, kurz zusammengefaßt, folgende:

- Der Glaube an den einen Gott

Dieser fordert die Menschen zum Glauben an ihn und zu einem gerechten Handeln auf und ruft sie alle zu der Heimstätte des Friedens.

Aus diesen Lehren leitet sich ab, daß alle drei Religionen ein in den Grundzügen gleiches moralisches Wertesystem besitzen, das für alle Gläubigen verbindlich ist.

Infolge dieser Gemeinsamkeiten hat der Dialog zwischen den drei Religionen eine breite Basis. Es ist sehr wichtig, daß dies beachtet wird. Statt immer wieder von neuem in gleicher Weise über einzelne Dogmen zu streiten, sollten die Vertreter der Religionen im Dialog sich bemühen, das allen Religionen Gemeinsame hervorzuheben und sich dessen bewußt zu sein. Dies können sie als einen Ausgangspunkt für eine Zusammenarbeit nehmen.

- Gemeinsam ist ihnen die Suche des gläubigen Menschen und des Menschen überhaupt nach dem Frieden und nach der ihn ermöglichenden Gerechtigkeit.
  Nach den Lehren des Korans haben die Religionen nicht als Aufgabe, um weltliche Macht wettzueifern, sondern

den Wettbewerb um das Gute. So heißt es im Koran:

*"Für jeden von euch haben wir eine Richtung und einen Weg festgelegt. Und wenn Gott gewollt hätte, hätte er euch zu einer einzigen Gemeinschaft gemacht. Doch will er euch prüfen in dem, was er euch hat zukommen lassen. So eilt zu dem Guten um die Wette."* (Sure 5,48)

Schon ein kurzer Blick auf die Gegenwart zeigt uns, daß, wohin wir auch sehen, die moralischen Wertsysteme immer mehr zerfallen. Dies verwundert nicht, wenn wir bedenken, wie sehr in der Neuzeit der Einfluß der Religionen immer mehr in den Hintergrund getreten ist. Denn der Ursprung der Moralsysteme liegt im Grunde genommen in der Religion. In einem Hadith (einer Überlieferung des Propheten Mohammed) wird dieser Zusammenhang deutlich.

Der Prophet Mohammed sagt hier: "Ich bin gekommen, um die Moral zu vervollkommnen."

Der interreligiöse Dialog sollte die Betrachtung der Gemeinsamkeiten der Moralsysteme der Religionen in den Mittelpunkt seiner Beratungen stellen. Hierzu gehört vor allem auch eine Überlegung darüber, was eigentlich unter Gerechtigkeit zu verstehen ist, da sie das Ziel aller moralischen Bemühungen ist. Bei den Überlegungen über Gerechtigkeit darf man vor allem eines nicht vergessen, nämlich die Tatsache, daß sie unteilbar ist. Wer das vergißt, wird schließlich auch vergessen, was Gerechtigkeit ist. Gerechtigkeit - einer der koranischen Namens Gottes - will um ihrer selbst willen anerkannt werden. Denn sie ist für alle Menschen da.

Der interreligiöse Dialog, der auf den Gemeinsamkeiten der Religionen aufbaut, kann viele Möglichkeiten für eine Zusammenarbeit finden. Denn es gibt viele gemeinsame Probleme, die nur durch Zusammenarbeit gelöst werden können. Zu ihnen zählen die folgenden:

• Das Problem des Schutzes der Institution der Familie, welche ja die Urzelle jeder uns bekannten Menschheitskultur darstellt.

• Ein Hauptproblem ist die Frage, wie die Religionen durch konstruktive Zusammenarbeit unnötige Kriege verhindern bzw. wie sie dafür sorgen können, daß die Zerstörung der letzten Reserven der Erde durch unnötige Kriege verhindert werden kann.

• Wie können sie gemeinsam Religionskriege, die ungerechte Verfolgung und Unterdrückung von Menschen und ganzer Bevölkerungsgruppen wegen ihrer Religion abstoppen. Auf jeden Fall müssen sie Erklärungen dafür abgeben, daß sie solche Unmenschlichkeit verurteilen.

• Nur durch die Erklärung ihrer Solidarität in der Verurteilung solcher Unmenschlichkeiten können die Religionen auch dazu beitragen, daß die terroristischen und extremistischen Erscheinungen, die überall auf der Erde zu beobachten sind, erfolgreich bekämpft werden.

Die interreligiöse Zusammenarbeit ist selbstverständlich nicht möglich, solange die Religionen zusehen, wie ganze Völker wegen ihrer Religion unterdrückt und auf unmenschliche Weise verfolgt werden. Deshalb ist die gut informierte und tolerante Einstellung zu den anderen Religionen, die auf der Erkenntnis der Gemeinsamkeiten zwischen ihnen aufbaut, von äußerster Wichtigkeit. Beispielsweise gibt es Terrorismus und Extremismus überall in der Welt und nicht nur, wie irrigerweise oft behauptet wird, in der islamischen Welt. Der Islam ist, wie man feststellen wird, wenn man sich genau über ihn informiert, ganz im Gegenteil gegen jede Form von Terrorismus und Extremismus. Denn im Zentrum des Islam steht die Lehre von der Barmherzigkeit. Deshalb beginnt auch jede Sure im Koran mit der Anrufung Gottes, des barmherzigen Erbarmers. Islamisch gesehen, erstreckt sich die Barmherzigkeit Gottes auf alle Menschen, die sich ihrerseits um Gerechtigkeit und Friedfertigkeit bemühen müssen.

Nur durch einen interreligiösen Dialog, der zu einer konstruktiven Zusammenarbeit führt, können die negativen Erscheinungen unserer Zeit wie Atheismus, Anarchismus und Fanatismus erfolgreich bekämpft werden. Dann läßt sich auch das Problem der sozialen und politischen Entwicklung in den sich entwickelnden Ländern mit mehr Erfolg lösen.

Alle diese Probleme müssen dringend gelöst werden, da sie mehr oder minder die ganze Menschheit betreffen. In einem Hadith hat der Prophet Mohammed geschildert, wie die Menschheit sich sinnbildlich auf einem einzigen Schiff befindet. Sie muß daher das Gefühl der gemeinsamen Solidarität entwickeln, wenn sie nicht untergehen will. Die Erde trägt die Menschheit ja auch wie in einem Schiff durch den Weltraum. Der Hadith des Propheten zeigt wie in einer Vision die Gefährdung der Menschheit durch eine unmenschliche Trennung in die Menschen auf dem Oberdeck und diejenigen auf dem Unterdeck dieses Schiffes. Die

Menschen im Unterdeck werden schließlich dessen müde, sich immer das Wasser aus dem Oberdeck holen zu müssen. Sie beschließen, ein Loch in den Boden des Schiffes zu bohren. Dadurch gefährden sie natürlich das ganze Schiff. Der Prophet schlägt vor, daß die Menschen oben den Menschen unten helfen sollten, um sie von der Zerstörung des Schiffes abzuhalten, weil sonst alle untergehen.

Wenn wir einen friedlichen Dialog zwischen den Religionen führen wollen, dürfen der Haß und die Komplexe früherer Zeiten nicht immer wieder von neuem geschürt werden. Gefordert ist statt dessen ein positives Denken, das auf die Gestaltung einer Zukunft gerichtet ist, in der die Welt den für sie notwendigen Frieden findet. Wir stehen heute neuen Generationen und damit neuen Welten gegenüber, die selbst weder das Unrecht der früheren Zeiten begangen haben, noch für die positiven Leistungen der vorangegangenen Generationen Lob in Anspruch nehmen können. Was sie von uns brauchen, ist, daß wir ihnen die Chance nicht nehmen, ein fruchtbares Leben aufzubauen, und daß wir ihnen dabei helfen.

## Fünfzehntes Kapitel

## Toleranz im Islam[1]

Der Islam ist eine Weltreligion und wendet sich mit seiner Botschaft - zu der die Aufforderung zu einer *universalen Toleranz* gehört - an die gesamte Menschheit, welche heute wie nie zuvor - weil alle Kulturen immer näher zusammenrücken - einer Anleitung zur Toleranz bedarf. Das Ziel des Islam ist die Erziehung seiner Anhänger zu Weltbürgern, d.h. zu einem toleranten, aufgeschlossenen Denken und zu einem verantwortungsbewußten Handeln.

Nach der Lehre des Islam sind wir für die Erde, auf der wir leben, verantwortlich. Wir haben sie - die Schöpfung Gottes - mit Respekt und Liebe zu ihr verantwortungsvoll zu verwalten und zu schützen, und sind zu diesem Zweck als Stellvertreter Gottes auf der Erde eingesetzt worden.(Sure 2,31;33,72).

Anstatt auf der Erde Unheil anzurichten und Blut zu vergießen, sagt der Koran, sollte der Mensch sich auf seine eigentliche Aufgabe besinnen, die er dank der ihm verliehenen Vernunft, wenn er sich darum wirklich bemüht, erfüllen kann.(2,30/31)

---

[1] Vortrag. Interreligiöser Dialog, anläßlich der Toleranzpreisverleihung an Dr. Franz Kardinal König, Europäische Akademie der Wissenchaften und Künste, Salzburg, am 25. September 1999.

Daher appelliert der Koran immer wieder an die Vernunft des Menschen und fordert ihn auf, seine Freiheit zu betätigen, da Gott an einem automatischen Gehorsam, der zu einem schöpferischen Handeln unfähig macht, nichts gelegen ist. Der Mensch sollte seine begrenzte Freiheit nicht verschwenden, sondern sie durch Selbstbildung (d.h. selbständige vernünftige Überlegungen und Handlungen) zu einer schöpferischen Freiheit erweitern.

Selbstbildung befähigt ihn auch zur Toleranz und zu einer richtigen Einschätzung seiner Möglichkeiten.

Das Bewußtsein der eigenen Fehlbarkeit zusammen mit dem Bewußtsein unserer Verantwortlichkeit (in welcher die menschliche Würde besteht) ermöglicht ein großzügiges und tolerantes Verhalten unseren Mitmenschen gegenüber, mit denen uns die mitmenschliche Solidarität verbinden sollte. Toleranz besteht in der freien Anerkennung der Würde und Freiheit eines jeden Menschen, sofern er kein Unrecht begeht. Wenn wir im Bewußtsein unserer Fehlbarkeit nicht sicher sein können, absolut im Recht zu sein und die volle Wahrheit zu besitzen, dann haben wir uns prinzipiell jedem Mitmenschen gegenüber - egal welcher Rasse, Nation, Kultur und Religion bzw. Ideologie er angehört - tolerant zu verhalten. Eine solche Einstellung ist u.a. schon deswegen gefordert, weil alle diese Gruppenzugehörigkeiten doch nicht (oder nur selten) selber ausgewählt wurden.

Dies ist die universale Toleranz, welche der Islam nicht nur als eine der Bedingungen des für die menschliche Gemeinschaft notwendigen Friedens lehrt, sondern auch als eine gerechte Verhaltensweise, welche die durch den Schöpfer gewollte Vielfalt aller Kulturen wie auch die einmalige Individualität eines jeden Menschen anerkennt und respektiert.

Toleranz in diesem Sinne hat also als ihr Kriterium die ihr zugrunde liegende Intention, das Bemühen, sich gerecht verhalten zu wollen. Denn wenn man sich nur deswegen tolerant verhält, weil man sich persönliche Vorteile irgendwelcher Art davon verspricht, und nicht deswegen, weil man dieses tolerante Verhalten als gerecht empfindet, dann ist diese Toleranz wertlos.

Der Koran gibt uns einen Hinweis auf die Toleranz in diesem Sinne - die man am besten als *aktive Toleranz* bezeichnet, da sie nicht eine bloße Duldung darstellt - z.B. in den folgenden Versen:

> *„Gott verbietet es nicht, denen, die nicht gegen euch der Religion wegen gekämpft und euch nicht aus euren Wohnstätten vertrieben haben, Pietät zu zeigen und Gerechtigkeit angedeihen zu lassen. Gott liebt ja die, die gerecht handeln."* (60,8)

An dieser Stelle möchte ich näher auf die Methode des Koran eingehen. Wie so oft erteilt der Koran auch in diesen Versen keine Befehle, sondern gibt subtile Hinweise. Der Koran bietet prinzipiell für jedes Problem eine stufenweise Lösung an und für jede Lehre eine stufenweise Erklärung, die jeweils dem Bildungsgrad des Einzelnen angepaßt sind. Denn es geht im Islam nicht um bloßes Auswendiglernen, Nachahmung oder automatischen Gehorsam, sondern um Selbstbildung und -realisierung, und um die Tat, die aus Überzeugung geschieht, d.h. Selbstbildung voraussetzt, und daher gerecht ist. In dem obigen Korantext ist der erste Hinweis, der zu verarbeiten ist, der Hinweis darauf, daß Gott doch die Toleranz nicht verboten hat. Der zweite Hinweis .lautet: Toleranz den Anderen gegenüber ist weiter nichts als gerecht.

Durch Zwang läßt sich ebenso wie in Glaubensangelegenheiten auch in moralischen Fragen nichts erreichen, da Zwang nur das Gegenteil erreicht. Inwiefern es sich bei einem toleranten Verhalten den Anderen gegenüber um ein gerechtes Verhalten handelt, das hat der Einzelne, so lehrt der Koran also, selber durch eigenes Nachdenken frei zu entscheiden. Durch eine solche Betätigung der Freiheit - im vernünftigen Nachdenken und in dem ihm entsprechenden vernünftigen Handeln - geschieht die Selbstbildung und damit die Entwicklung des Menschen zu einer selbstverantwortlich handelnden Persönlichkeit.

Die Verschiedenheit der menschlichen Gruppierungen darf uns nicht davon abhalten, sie näher kennenzulernen und ihnen die nötige Toleranz zu gewähren. Denn sonst können wir ja unsere Aufgabe als stellvertretende Regenten auf dieser Erde nicht erfüllen. Ja, darüber hinaus gesehen ist es gerade diese Verschiedenheit der anderen Menschengruppen von uns, die uns die Erfüllung unserer menschlichen Aufgabe ermöglicht. Denn durch die Anstrengungen, die erforderlich sind, die Anderen verstehen - wozu eine echte Verwurzelung in der eigenen Kultur gehört - nicht zuletzt durch die zu übende Toleranz ihnen gegenüber, erhalten wir die nötige Chance zur Selbstbildung, ohne die ein selbstverantwortliches Verhalten und Handeln - mit anderen Worten echte Menschlichkeit - nicht möglich sind. Der Koran sagt hierzu:

*„O ihr Menschen, Wir haben euch von einem männ-*
*lichen und einem weiblichen Wesen erschaffen, und Wir*
*haben euch zu Verbänden und Stämmen gemacht, damit*
*ihr einander kennenlernt. Der Angesehenste von euch*
*bei Gott, das ist der Gottesfürchtigste (der Gerechteste)*
*von euch.”* (49,13)

Wegen dieser Notwendigkeit, daß die Menschen - ungeachtet ihrer Verschiedenheit und darüber hinaus gerade ih-
retwegen - einander kennenlernen, hat der Islam auch
(übrigens als erste unter allen Religionen!) zu einem *unparteiischen Religionsdialog* aufgerufen und sagt darüber:

*„Ruf zum Weg deines Herrn mit Weisheit und schöner*
*Ermahnung und streite (d.h. diskutiere) mit ihnen auf*
*die beste Art. Dein Herr weiß besser, wer von seinem*
*Weg abirrt, und Er weiß besser, wer die sind, die der*
*Rechtleitung folgen.”* (16,125)

Das Urteil über unsere Mitmenschen sollten wir also
besser Gott überlassen. Statt dessen sollten wir uns um ein
gerechtes und tolerantes Verhalten ihnen gegenüber bemühen. Es geht bei der Religion um unsere Taten, die wir zu
verantworten haben. Daher heißt es auch in einer anderen
Koranstelle:

*„und mir ist befohlen worden, unter euch Gerechtigkeit*
*zu üben. Gott ist unser Herr und euer Herr. Wir haben*
*unsere Werke, und ihr habt eure Werke (zu verantwor-*
*ten). Es gibt keinen Streitgrund zwischen uns und euch.*
*Gott wird uns zusammenbringen. Und zu Ihm führt der*
*Lebensweg.”* (42,15)

Damit kommen wir zu der Frage der Toleranz im engeren Sinne, d.h. zu der *religiösen Toleranz*. Sie gehört zu den religiösen Geboten im Islam. Denn alle Offenbarungsreligionen gelten nach der islamischen Lehre prinzipiell als gültige Wege zu Gott. Daher müssen die Muslime auch sämtliche Propheten Gottes, die seit dem Beginn der Menschheitsgeschichte von Zeit zu Zeit aufgetreten sind - wie z.B. Moses und Jesus - in gleicher Weise respektieren.

Konsequenterweise hat der Prophet Mohammed daher von Anfang an die Sache der Religionstoleranz und Glaubensfreiheit - d.h. einen Religions- und Kulturpluralismus - vertreten, wie in der Geschichte nachgelesen werden kann. Ihm folgten die Kalifen, vor allen Dingen der Kalif Omar. Die großzügige Religionstoleranz des Sultan Saladdin ist Ihnen aus der Geschichte wohlbekannt.

In der gesamten Geschichte des Islam wurde (was auch einige westliche Gelehrte bestätigen) der Islam nie mit Zwang verbreitet, sondern im Gegenteil das Recht der Religionsfreiheit wie auch die anderen Menschenrechte - vor allem während der Blütezeit des Islam - verteidigt und durchgesetzt. Christen und Juden sind auch heute in den islamisch regierten Ländern den Muslimen gleichgestellt und haben prinzipiell die gleichen Rechte und Pflichten wie sie.

In den obigen Erläuterungen habe ich versucht, klarzumachen, inwiefern aktive Toleranz als universale sowie als religiöse Toleranz zu den Zielen der (richtig verstandenen) islamischen Erziehung gehört. Es sind hierbei auch die *Grenzen der Toleranz* klargeworden. Diese Grenzen der Toleranz liegen überall da, wo sie sich in ihr Gegenteil verkehrt, wo sie nicht mehr ein gerechtes Verhalten bedeutet, wo also die allgemeinen Menschenrechte - seien es die eigenen oder die der Mitmenschen - verletzt werden. Denn nur durch den persönlichen Einsatz können diese Rechte verteidigt werden, da ihre Verteidigung durch die Gesetze des Staates(die natürlich ebenfalls nötig sind) nicht genügt. Daher heißt es in einem Hadith des Propheten Mohammed:

„Wer von euch etwas Böses sieht, soll' es mit seiner Hand ändern. Wenn er es nicht kann, dann mit seiner Zunge; wenn er das nicht kann, dann mit seinem Herzen. Dies (letzte) ist aber die schwächste Form des Glaubens."

Es gibt keine Toleranz der Ungerechtigkeit und der Unbarmherzigkeit gegenüber.

Zum Schluß meiner Erörterungen möchte ich Ihnen über eine typische Begebenheit aus der alten islamischen Geschichte berichten, welche ein gutes Beispiel für die islamische aktive Toleranz darstellt. Es handelt sich hierbei um ein alltägliches Ereignis aus dem Leben des zweiten Kalifen Omar. Er sah eines Tages einen alten Mann auf der Straße betteln und erfuhr, daß er ein Jude sei. Der Kalif bedauerte das Schicksal dieses alten Mannes und sagte, daß so etwas in seinem Staat nicht passieren dürfe. Er ordnete deswegen an, daß diesem alten Juden vom Staat eine Pension gegeben werden müsse, welche ihm auf seine alten Tage ein menschenwürdiges Dasein ermöglicht.

Von dem gleichen Kalifen Omar ist der bekannte Ausspruch überliefert:

„Warum wird der Mensch immer wieder versklavt, obwohl er doch von seiner Mutter frei geboren wurde?"

Hier liegt islamisch betrachtet die immer wieder zu unternehmende menschliche Aufgabe: für die Freiheit des Menschen zu kämpfen und zwar in gemeinsamer mitmenschlicher Solidarität, zu welcher unablösbar die universale und religiöse Toleranz gehört.

## Sechzehntes Kapitel

## *Eine* Welt für alle
## in islamischer Sicht[1]

Wenn wir wirklich *eine* Welt für alle schaffen wollen, dann haben auch die Religionen ihren Teil in schöpferischer Weise beizutragen. Zu diesem Zweck ist der Religionsdialog so nötig wie nie zuvor, damit die Mißverständnisse, die zwischen den Religionen bestehen, erfolgreich bekämpft werden können, was gewiß keine leichte Aufgabe ist. Hierzu kann ein realistischer Blick auf die derzeitige Weltsituation nützlich sein.

Denn die Menschheit beherrscht zwar zunehmend in technischer Beziehung die Welt in einem nie geahnten Ausmaße, aber fragt sich bei alledem immer mehr und dringender, wie sie die Zukunft der globalen Gesellschaft bewältigen soll. Neben der weltweit anwachsenden Armut müssen auch die überall zunehmenden Aggressions- und Destruktionstendenzen in Angriff genommen werden.

An ihre Stelle hat die erforderliche friedliche Zusammenarbeit im Geiste eines gegenseitigen Verständnisses und echter Toleranz zu treten. Es handelt sich nicht allein um das Problem des materiellen Überlebens der Menschheit und unseres abgewirtschafteten Planeten, welches allerdings heute

---

[1] Rede. Zweite Internationale Christlich-Islamische Konferenz *"Eine* Welt für alle".

Grundlagen eines gesellschaftspolitischen und kulturellen Pluralismus ... Wien 1997
Erschienen in: Bsteh, A., Eine Welt für alle. Mödling,1999

ernsthaft in Frage gestellt ist. Vielmehr geht es darum, daß die Instrumente des Friedens - nämlich die eigentlichen Quellen der Religionen und die aus ihnen entspringenden Kulturen - in ihrer eigentlichen Substanz gerettet werden können. Denn der Mensch ist zwar ein Teil der Natur und hat eine Vielzahl von biologischen und materiellen Ansprüchen. Aber seine eigentliche Natur und Würde liegt in seiner speziellen Begabung zur freien, vernünftigen Überlegung, d.h. in seiner Kulturfähigkeit.

Von den vielen Problemen stehen augenblicklich besonders die Fragen der Koexistenz der Religionen und Kulturen sowie der Durchsetzung der allgemeinen Menschenrechte zur Diskussion. Beide Fragen sind genau genommen eng miteinander gekoppelt. Das heißt, es geht im Grunde genommen darum, wie wir in der globalen Gesellschaft einen echten Religions- und Kulturpluralismus und damit auch die wirkungsvolle Anerkennung allgemeiner Menschenrechte für alle durchsetzen können.

Von der Seite des Islam her gesehen ist ein solcher Religions- und Kulturpluralismus nicht nur möglich, sondern sogar religiös betrachtet erforderlich. Einheit durch Vielheit ist in diesem Sinne ein echt islamisches Prinzip. Und ganz gewiß ist die dafür nötige Respektierung der Menschenrechte für alle eine der hauptsächlichen islamischen Forderungen.

Der Prophet Mohammed hat von Anfang an in vorbildlicher Weise in der Verfassung von Medina den Religionspluralismus und gleiche Menschenrechte für alle Bürger gefordert. Die medinensische Stadtverfassung, die vor mehr als 14 Jahrhunderten proklamiert wurde, bezeichnet ausdrücklich die Juden als eine Nation, welche zusammen mit

410

der Nation der Muslime die eine Gesellschaft von Medina bildet. Gemäß dem Dokument dieser Verfassung haben die Juden dieselben Rechte und Pflichten wie die Muslime, wobei die Verschiedenheit der Religionen dieser beiden Nationen ausdrücklich herausgestellt wird. Der Prophet Mohammed vertrat damit bereits vor 1400 Jahren die Sache der Religionsfreiheit und des Religionspluralismus und akzeptierte im Zusammenhang damit auch die Verschiedenartigkeit der jeweiligen Sitten und Traditionen.[1]

Der Religionspluralismus in diesem Sinne ist nicht gleichzusetzen mit Religionsrelativismus. Jede Religion besitzt zweifellos für ihre Gläubigen einen einmaligen Absolutheitsanspruch. Doch dieser ist islamisch betrachtet durchaus vereinbar mit der Anerkennung der anderen Offenbarungsreligionen, da sie nach der Lehre des Korans alle göttlichen Ursprungs sind. Die Muslime haben daher alle Propheten - wie z.B. Moses und Jesus - als göttliche Boten anzuerkennen. Jeder Muslim, der dies nicht akzeptiert, ist kein wahrer Muslim. Der Koran sagt über diese verschiedenen Religionen, daß sie alle geoffenbarte Wege zu Gott sind.

Doch bedeutet dies nicht nur ein akzeptiertes Nebeneinander der Religionen. Die Vielfalt der Religionen ermöglicht nämlich das dynamische Prinzip der Entwicklung und macht sie insofern damit erst eigentlich wirksam. Darüber heißt es im Koran:

---

[1] Hajat Mohammad. (Das Leben Mohammeds), von M. H. Heikal, S. 225 ff, 9. Auflage, Kairo, 1965.

*„Für jeden von euch haben Wir eine Richtung und einen Weg festgelegt. Und wenn Gott gewollt hätte, hätte Er euch zu einer einzigen Gemeinschaft gemacht. Doch will Er euch prüfen in dem, was Er euch hat zukommen lassen. So eilt zu dem Guten um die Wette."* (5,48)

Ebenso wie jeder Mensch seine eigene Identität hat - z.B. auch in seinen Fingerabdrücken - so haben auch die Völker und Nationen ihre unverwechselbaren Identitäten und die ihnen eigenen Lebens und Ausdrucksweisen. Die allen Religionen gemeinsamen Richtlinien der Friedlichkeit und Gerechtigkeit ermöglichen, wenn sie befolgt werden, einen friedlichen Wettbewerb um das Gute. Dieser befähigt schließlich auch dazu, die Andersartigkeit anderer Menschen und Gruppen als Bereicherung für die Menschheit als solche anzuerkennen. Denn gerade die Verschiedenheit der Menschen in bezug auf ihre Nationalität, Religion und Kultur kann über kurz oder lang dazu bringen, daß man sich selber und die anderen näher befragt und damit näher kennenlernt. Dies kann dann zu der Entdeckung führen, daß uns allen doch prinzipiell die Menschlichkeit - die Fähigkeit, schöpferisch zu sein - gemeinsam ist.

In diesem Zusammenhang teilt uns daher der Koran (49,13) mit:

*"Wir haben euch von einem männlichen und einem weiblichen Wesen erschaffen, und Wir haben euch zu Völkern und Stämmen gemacht, damit ihr einander kennenlernt."*

In dem Zusammenhang unserer Überlegungen möchte ich auch darauf hinweisen, daß der Islam als erster unter allen Religionen zum Religionsdialog aufgerufen hat. Der Koran weist auf die Gemeinsamkeiten der Religionen hin: daß sie doch alle dazu auffordern, nur dem einen Gott zu dienen und keinem anderen Herrn. (3,64)

Der Islam lehrt also, daß die Hauptbotschaft aller Religionen die gleiche ist und zeigt sich daher der Idee einer religionspluralistischen Gesellschaft gegenüber nicht nur grundsätzlich aufgeschlossen, sondern befürwortet sie sogar. Seit dem Beginn der Menschheit, so lehrt der Koran, sandte Gott von Zeit zu Zeit Propheten, welche die Menschen den Weg der Gerechtigkeit und Barmherzigkeit und des daraus resultierenden Friedens lehrten.

Die islamisch verkündete absolute Einheit Gottes ist zusammen zu sehen mit der Lehre der ursprünglichen Einheit der Menschen, welche doch ihrem Ursprung nach, wie der Koran lehrt, alle von einer Seele herstammen, und denen im Grunde doch das einheitliche Ziel des Friedens gemeinsam ist.

Wenn die Religionen sich auf ihre ursprüngliche Aufgabe, nämlich die Erziehung der Menschen zur Friedlichkeit, zurückbesinnen, werden sie hiermit auch in die Lage versetzt werden, etwas zu der notwendigen Bildung einer religions- und kulturpluralistischen Weltgesellschaft beizutragen. Auf diese Weise gewinnen sie nämlich die Kraft, die es ihnen ermöglicht, sich den herrschenden Strömungen unserer Zeit - Nihilismus, Anarchie und Terrorismus - wirksam entgegenzustellen, indem sie das nötige Klima des Vertrauens für die Zusammenarbeit schaffen.

Islamisch betrachtet hat der Mensch, wenn er den Richtlinien seiner Religion wahrhaftig folgt, die Chance, die notwendigen zusammenhängenden drei Kreise des Friedens zu erschaffen. Dies ist erstens der Kreis des Friedens mit Gott im Glauben an ihn. Zweitens ist dies der Kreis des Friedens in ihm selber, im Herzen des Menschen. Drittens ist dies der Kreis des Friedens, den er durch seine guten Taten um sich herum, mit seinen Mitmenschen und der Umwelt, erschafft. Diese drei Kreise wirken wechselseitig auf einander ein. Die dadurch erzeugte Harmonie ist das, wonach letzten Endes in seinem innersten Herzen jeder Mensch strebt und wonach er vergeblich in äußeren Gütern sucht.(51,22)

In dieser Harmonie lebend wird er dann befähigt, seine eigentliche Aufgabe anzutreten, nämlich als Stellvertreter Gottes auf Erden zu wirken und damit seinen Beitrag zu leisten für die Errichtung einer Welt, welche e i n e Welt ist für alle. Dazu gehört auch, daß er in religiöser, kultureller und gesellschaftlicher Hinsicht die nötige Toleranz ausübt, da seine Religion ihn zum Pluralismus verpflichtet. Aber nicht nur Toleranz gegenüber Andersgläubigen, sondern Güte und Gerechtigkeit ihnen gegenüber wird von den Muslimen ausdrücklich verlangt, da sie dadurch, wie der Koran sagt (60,8), befähigt werden, gerecht zu handeln.

Daß der Mensch innerhalb seines Verantwortungskreises wie ein Hirte selbstverantwortlich und mit möglichst großer Hingabe zu leben hat, davon spricht ein bekannter Ausspruch des Propheten Mohammed. Als Hirt in seinem Umkreis schöpferisch wirkend, gibt der Mensch gemäß sei-

414

nen eigenen Bemühungen und Anstrengungen seinem Leben Ziel und Richtung.

Zwar ändert sich die Welt ständig, und zweifellos haben sich mit ihr auch unsere Antworten auf ihre Herausforderungen zu ändern. Wir müssen daher auch uns selber entsprechend ändern und versuchen, die nötigen neuen Wege zu finden. Doch dies bedeutet genau betrachtet nicht wirklich, daß wir die Schätze unserer Geschichte - nämlich unsere Religion und Kultur - ganz beiseitezuschieben haben. Wir müssen uns allerdings ihr Wissen in eigener Anstrengung jeweils wieder neu aneignen. Denn wir brauchen Leuchttürme auf unseren Wegen.

Am Schluß all dieser Überlegungen möchte ich zusammenfassend nochmals betonen, daß der Islam den Religions- und Kulturpluralismus als Tatsache akzeptiert. Daher hat der Islam auch nie versucht, die Christen und Juden zur Annahme des Islam zu zwingen. Im islamischen Recht gibt es bezüglich der Anhänger der anderen Offenbarungsreligionen im Lande den Grundsatz, daß sie alle dieselben Rechte und Pflichten haben wie die Muslime. Der Islam akzeptiert nicht nur den Religionspluralismus, sondern betrachtet ihn sogar als eine Voraussetzung für die Erschaffung fruchtbarer Kulturen und optimal gerechter Gesellschaftsordnungen.

Dies impliziert natürlich auch die Tatsache, daß der Islam keinesfalls die Bildung einer einzigen, immer gleichförmiger und eintöniger werdenden „Weltkultur" befürwortet. Im Gegensatz dazu stellt er den fruchtbaren Dialog zwischen den Kulturen und Religionen - und damit Verständnisbereitschaft, Toleranz und Zusammenarbeit zwischen ihnen - als Vorbild auf. Er weist ausdrücklich darauf hin, daß die

415

Beschäftigung mit den Uneinigkeiten zwischen den Religionen zu fruchtlosen Auseinandersetzungen führt und das letzte Urteil über diese Uneinigkeiten Gott zu überlassen ist. (5,48)

Hauptziel der Zusammenarbeit zwischen den Religionen sollte - da wir nun schließlich in unserer globalen Gesellschaft alle die gleiche Welt bewohnen - die Verteidigung der allgemeinen Menschenrechte sein, ohne die unsere Erde nur immer mehr zerstört werden wird. Diese Rechte für alle sind nach der islamischen Lehre vor allem die Rechte auf Leben, Religion, Betätigung der Vernunft, das Eigentum und den Schutz der Familie.

Was also für die Religionen zu tun übrig bleibt, ist demnach, zu versuchen, trotz aller Differenzen einander zu akzeptieren. Auf diese Weise erhalten sie die Chance, daß sie dabei helfen können, den Weg freizumachen für Hoffnung und Optimismus in unserer Welt. Denn die richtige Verwaltung und der Schutz des Geschenkes der Schöpfung ist unsere Aufgabe (11,61), damit wir *eine* Welt für alle machen können.

**Siebzehntes Kapitel**

# Heutige Weltverantwortung
# in islamischer Sicht[1]

## I. Einführung: Heutige Weltverantwortlichkeit

Wenn wir unsere Welt betrachten, sehen wir, daß sie sich von Grund auf geändert hat. Das kommt davon, daß wir uns selber geändert haben. Anstatt in einer Kultur, umhegt und geschützt, leben wir heute in einer multikulturellen Welt.

Die alten Gemeinschaftsregeln werden radikal in Frage gestellt. Wir müssen alle mit Menschen verschiedenster Kulturen und Religionen zusammenleben. Früher als fremd (und in den weiterhin verbliebenen Vorurteilen immer noch als uns nicht zugehörig oder sogar als feindlich) betrachtete Gruppen können nicht mehr pauschal abgelehnt, sondern müssen verstanden und in gewissem Grade wenigstens akzeptiert werden. Wir müssen das tun, um einen radikalen Schiffbruch dieser Welt zu vermeiden.

Wird eine "Überkultur" von uns verlangt oder eine lebendigere Verwurzelung in unserer eigenen Kultur, deren jeweiliger Kern immer die Religion ist? Werden wir im letzteren Fall schließlich feststellen, daß wir alle in der gleichen Erde wurzeln und dem gleichen Himmel entgegenwachsen?

---

[1] Vortrag. Erschienen in: Falaturi, A. u. a.: Universale Vaterschaft Gottes, Freiburg, 1987.

Durch die Mechanisierung und Materialisierung des Weltbildes ist der einzelne wie nie zuvor an die Oberfläche und in die Isolierung getrieben; und er versucht, sich in seiner eigenen Kultur wieder zurückzuverwurzeln oder in anderen Kulturen Antworten zu finden.

Antworten finden wir aber letztlich nur, wenn wir Verantwortung übernehmen. Doch wem sind wir verantwortlich? Wie finde ich meine Verantwortung?

Wie die Penelope der griechischen Sage webt der heutige, seiner Bestimmung nicht sichere Mensch seine Denkgewebe nur, um sie über Nacht wieder aufzulösen. Seine Freiheit will er nicht aufgeben, kann sie aber doch nur in der Bindung an ihren Ursprung gewinnen.

Daß wir alle verantwortlich zu handeln haben, wird heutzutage jedem einsichtig, der darüber nachdenkt. Denn verantwortungsloses Handeln kommt schließlich in irgendeiner Form auf uns zurück. In unserer jetzt klein gewordenen Welt kann verantwortungsloses Handeln, wie wir sehen, schreckliche, nicht wiedergutzumachende Katastrophen erzeugen, ja sogar im Extremfall das Aufhören unserer Welt bedeuten. Zu den vielen Kreisen unserer Verantwortung gehört daher auch in gewissem Sinne die Welt.

Die in früheren Zeiten von Idealisten erhoffte Realisierung der Brüderlichkeit aller Menschen, des Friedens für alle, ist heute wie nie zuvor eine allgemein anerkannte Notwendigkeit geworden. Doch sind wir der Realisierung auch näher gekommen? Wie kann der einzelne dazu beitragen? Wir sehen, daß wir als Mitglieder der großen Gemeinschaft Welt

418

alle voneinander abhängen, daß wir daher, jeder an seinem Platz, aufgefordert sind, die Verantwortung für unsere Welt mitzutragen.

Doch wie entsprechen wir dieser Forderung? Wo ist das universale Weltbild, das dem seine Denkgewebe immer wieder auflösenden modernen Geist genügen kann, das jedem seine Verantwortung ganz konkret zuweist?

Was heißt Weltverantwortung wirklich? Wie kann der einzelne die Verantwortung für die ganze Welt tragen, da er doch schon genug an der Verantwortung für sich selber, für seine eigenen Taten zu tragen hat?

Diese Frage der Verbindung von Selbstverantwortung und Weltverantwortung ist, von außen her betrachtet, einfach zu beantworten:

Beide sind bereits verbunden, die eine ist in der anderen enthalten. Da jeder, wenn er handelt, auch in seinen privatesten Handlungen, in die Welt hineinhandelt und niemals in einen luftleeren, sozusagen weltfreien Raum; und da wir zudem heute alle in welt-offenen, in welt-beeinflussenden Gemeinschaften leben, ist Selbstverantwortung doch bereits in gewissem Sinne Weltverantwortung. Jede einzelne Handlung zieht ihre Kreise; auch die Weigerung, zu handeln, ist eine Handlung und hat ihre Folgen.

Genügt der heute immer mehr empfundene Zwang zur Weltverantwortlichkeit, um diese hervorzurufen? Offensichtlich nicht; denn wie kommt es sonst, daß in unserem Jahrhundert im Namen der Verantwortung für die Welt und im

Namen der Brüderlichkeit die unverantwortlichsten und unmenschlichsten Gewaltakte und Verbrechen begangen werden?

Gibt es heute einen geraden, nicht nur theoretischen, sondern praktischen Weg zum weltverantwortlichen Handeln?

Soweit stellt sich heute das Problem der Weltverantwortlichkeit sozusagen von außen betrachtet, für einen Zuschauer, der wir aber nicht sind, denn wir stehen mitten drin im Geschehen. Wie stellt es sich, von innen betrachtet, d.h. in einer geistigen Stellungnahme, in der Stellungnahme eines jeden einzelnen von uns? Dies hat sich jeder selbst zu fragen, was aber offensichtlich einen langen Atem erfordert.

Für mich als überzeugten Moslem erfolgt die Beantwortung der Frage nach der heutigen Weltverantwortlichkeit aus islamischer Sicht; und das bedeutet für mich nicht eine begrenzte, für eine bestimmte Gruppe nur geltende, sondern die universale Sicht. Und ich werde versuchen, Ihnen das zu zeigen.

## II. Heutige Weltverantwortlichkeit in islamischer Sicht

### 1. Verantwortlichkeit in islamischer Sicht

Wir kommen der Beantwortung unserer Frage vielleicht schon etwas näher, wenn wir das Wort Verantwortung, um das es sich hier handelt, näher betrachten. In dem Wort Verantwortung verbirgt sich offensichtlich das Wort ‚Antwort'. Indem ich ver‚antwort'lich handle, gebe ich also Antwort. Aber wem? Wer ruft mich auf, ihm zu antworten? Wie finde ich meine Bestimmung? Wie antworte ich, wie soll ich, wie kann ich in jedem gegebenen Augenblick eigentlich wissen, wie ich nun tatsächlich verantwortlich handle? Wenn ich diese Welt als letzte Realität ansehe und nicht als Vorstufe zu einer anderen Welt jenseits dieser Welt, kann ich diese Fragen nicht wirklich beantworten. Für Menschen, deren religiöses Bewußtsein nicht geöffnet ist, sind diese Fragen unlösbar. Für viele existieren diese Fragen gar nicht, oder sie leugnen deren Berechtigung. Anstelle von Selbstverantwortung stellen sie das momentane Selbstinteresse oder bestenfalls das Gruppeninteresse. Weltverantwortung ist für sie allenfalls Weltinteresse. Gefangen im materiellen Weltbild, können sie nicht weiterfragen. Sie gehören zu jenen Menschen, von denen der Heilige Koran sagt (Sure 7, 179):

*„Und tatsächlich schufen wir für die Hölle viele aus den Dschinn (Geistern) und den Menschen; sie haben Herzen, mit denen sie nicht verstehen wollen, und sie haben Augen, mit denen sie nicht sehen wollen, und sie haben Ohren, mit denen sie nicht hören wollen. Sie sind wie das Vieh, ja sie gehen noch mehr irre, nämlich sie sind die gänzlich Achtlosen."*

Sehr viele sind sich zwar heute des oben erwähnten Zwanges zur Weltverantwortlichkeit, mit dem sie ja täglich konfrontiert werden, bewußt, aber sie mißtrauen irgendwelchen Bemühungen, diesem Problem auf vernünftige Weise auf den Grund zu geben. Statt dessen verlangen sie ‚praktisches' Handeln, ohne aber dessen Motive näher befragen zu wollen, die doch vielleicht frag‚würdig' sind. Im Gegensatz zu den Tieren sind wir aber nicht Instinkten folgende, sondern Vernunftwesen, d.h. frei nach Überlegung handelnde Wesen, die ihrer Vernunft zu folgen haben, aber nicht irgendeinem Führer, wie etwa die Schafe, die bekanntlich dem anführenden Hammel auch in den Abgrund folgen.

In unseren Taten schmieden wir unser eigenes Schicksal. Der Koran sagt hierzu (Sure 17, 13-16):

> *„Und einem jeden Menschen gehen die Folgen seiner Taten nach, und am Tage der Auferstehung legen wir sie ihm als ein Buch vor, das er aufgeschlagen finden wird. ‚Lies dein Buch, du selbst genügst heute als Abrechner über dich.' Wer die Rechtleitung annimmt, der nimmt die Rechtleitung zum eigenen Vorteil an, wer aber in der Irre bleibt, der bleibt in der Irre zum eigenen Nachteil; und keine tragfähige Seele soll die Last einer anderen tragen."*

Wir sind frei, vernünftig oder unvernünftig zu handeln. Wenn wir aber unsere Vernunft betätigen, unser verstehendes Herz, öffnet sich uns eine neue Welt. Solange wie wir aber die Welt der Materie für die letzte Realität halten und nicht versuchen, mit Hilfe unserer Vernunft über sie hinauszuschauen, werden wir in ihr auch gefangen bleiben und schließlich in ihr verlorengehen.

Für den Menschen, der glaubt, ist diese Welt nicht die letzte Wirklichkeit. Für ihn ist die Antwort, die wir suchen, klar. Der Muslim, der sich in seinem Glauben stehend nicht dieser Welt, sondern Gott hingibt im Islam, der sich daher von Gott geleitet weiß und sich ihm absolut anvertraut, weiß, daß er daher nicht dieser Welt, sondern Gott Antwort gibt mit allen seinen Handlungen, vor allem aber mit den Handlungen seines Herzens, das den rechten Weg sucht. Im Koran heißt es daher:

*"Sollte ich einen Herrn außer Gott begehren, welcher der Herr aller Dinge ist? Jede Seele schafft nur für sich, und eine belastete (Seele) soll nicht einer anderen Last tragen. Alsdann ist zu euerm Herrn eure Heimkehr, und dann wird Er euch verkünden, worüber ihr uneins waret."*

Also islamisch gesehen ist die Aufforderung zur Verantwortlichkeit die Aufforderung, frei Antwort zu geben. Jeder Mensch hat an seinem Platz und im gegebenen Moment mit seinem Handeln die Antworten frei zu formulieren. Darin liegt auch die Schwierigkeit, anderen fertige Antworten zu geben. Das Verhältnis zwischen dem einzelnen und Gott ist ein ganz persönliches Verhältnis. Vorbildlichkeit fordert daher nicht zur Nachahmung, sondern im Gegenteil zur Selbständigkeit auf.

Die Antworten hat der einzelne selber zu finden in seinem verantwortlichen Handeln. Doch wir können zusammen fragen. Liegt das Problem des heutigen Menschen nicht darin, daß er allzufrüh aufhört, zu fragen, daß er glaubt, die Antworten bereits zu besitzen?

Fragen wir also wieder von neuem: Wie gibt der Mensch die schöpferische Antwort im verantwortlichen Handeln, und wem gibt er sie? Jedem, der ohne Vorurteile über seine Situation - die menschliche Situation - nachdenkt, wird schließlich klar werden, wie er verantwortlich handelt, wenn er nicht bei vorgegebenen Antworten stehenbleibt. Von einer Macht, die außer ihm ist, wird der Mensch in die Welt gerufen. Er wird von ihr lebendig erhalten und von ihr zu einem ihm unbekannten Zeitpunkt wieder abberufen aus der Welt in eine Welt jenseits dieser Welt. Der Koran (Sure 46, 12/13) warnt diejenigen,

*" ... die freveln, und (ist) eine frohe Botschaft denen, die Gutes tun - Die da sprechen ‚Unser Herr ist Gott', und danach fest bleiben - keine Furcht soll über sie kommen, noch sollen sie trauern."*

Und der Koran (Sure 35, 40) fragt die Ungläubigen:

*„Wißt ihr, was das ist, was ihr anruft statt Gott? Zeigt mir, was sie von der Erde erschaffen haben. Oder haben sie einen Anteil an den Himmeln?"*

Der Mensch, der sich selber als Zentrum seiner Welt fühlt in seinem Selbst, befindet sich ständig in der Situation des Aufgerufenseins. Die ihn aufrufende Instanz - das ist die Antwort der Religion - ist gleichzeitig die das sinnvolle Handeln ermöglichende Instanz.

Was wissen wir von dieser Instanz? Wenn ich ein Bild sehe, weiß ich, daß jemand es gemalt hat. Wenn ich die Welt aufmerksam betrachte, sehe ich den Schöpfer in ihr wirken. Doch dazu bedarf es eines Herzens, das versteht. Im Islam gibt es keine vermittelnden Institutionen zwischen dem Menschen und Gott. Es gibt die durch den Propheten Mohammed vermittelte Offenbarung des Korans. Der Koran sagt demjenigen, der die rechte Leitung sucht (Sure 57,28):

*"O ihr Gläubigen! Fürchtet Gott und glaubt an seinen Gesandten. Er wird euch ... ein Licht setzen, in dem ihr wandeln sollt, und euch verzeihen, denn Gott ist der Allverzeihende und Allbarmherzige."*

## 2. Gottes Statthalter auf Erden

Der Islam ist eine Religion des Friedens; auch das Wort Islam selber hat im Arabischen die gleiche Wurzel wie das arabische Wort für Frieden, *salam*. Islamisch gesehen, darf sich der Kampf für Gott, zu dem der Gläubige aufgefordert ist, nur gegen denjenigen richten, von dem man angegriffen wird. Man darf also den Kampf nicht selber beginnen. In der Sure 2, 190 heißt es:

*„Und kämpft um Gottes willen gegen diejenigen, die gegen euch kämpfen! Aber begeht keine Übertretung! Gott liebt nicht die, die Übertretungen begehen."*

Wir müssen sogar unserem Feinde gegenüber mit dem Kämpfen einhalten, wenn er eine Neigung zum Frieden zeigt. In der Sure 8,61 heißt es:

*„Und wenn sie (die Feinde) sich dem Frieden zuneigen, dann neige (auch du) dich ihm zu (und laß vom Kampf ab)! Und vertrau auf Gott! Er ist der, der (alles) hört und weiß."*

Der Islam verbietet nicht nur jede Aggression, sondern fordert zur aktiven Mitarbeit für den Frieden und die Gerechtigkeit auf. Denn es gibt keinen mittleren Weg zwischen dem Guten und Bösen. Wer nicht für Gott ist, ist gegen ihn. Daher sagt der Koran:

*„Und was ist euch, daß ihr nicht kämpft für Gottes Sache und für die der Schwachen - Männer, Frauen und Kinder ...„* (Sure 4,75).

Das Leben in dieser Welt vergeht schnell, und was besteht, sind die guten Taten. In der Sure 18,45 wird ein Gleichnis für das Leben gegeben:

*„Und erzähle ihnen das Gleichnis des diesseitigen Lebens. Es ist wie der Regen, den wir vom Himmel herabsenden, und die Pflanzen der Erde nehmen ihn auf; alsdann wurden sie Spreu, die der Wind zerstreute. Und Gott ist über alle Dinge mächtig ..., die guten Taten sind bei Gott besser an Lohn und besser hinsichtlich der Hoffnung."*

Die Sure 31,23 sagt:

*„Wer aber sein Antlitz auf Gott richtet und Gutes tut, der hat fürwahr die festeste Handhabe ergriffen. Und bei Gott ruht das Ende aller Dinge."*

Insofern wir diese Welt lieben, sollten wir dies im Gedenken daran tun, daß uns alles Gute von Gott kommt. In der Sure 17,70 heißt es:

*„Und tatsächlich, wir haben Adams Söhne (die Menschen) in Ehren gehalten und beförderten sie auf dem Festland und auf dem Meere und versorgten sie mit guten Dingen und bevorzugten sie ungemein vor vielen von denen, die Wir schufen."*

Darüber hinaus hat Gott dem Menschen die gesamte Schöpfung untertan gemacht, alles, was, wie es im Koran heißt, in den Himmeln und auf der Erde ist. Sollte uns dies nicht zum Nachdenken bringen? (Sure 45,13):

*„Und dienstbar machte Er euch, was in den Himmeln und was auf der Erde, alles von Ihm; hierin sind wahrlich Lehren für Leute, die nachdenken!"*

Mit diesen Geschenken Gottes an den Menschen ist selbstverständlich die Aufforderung verbunden, daß der Mensch diese ihm übergebene Schöpfung nicht verkommen läßt, sondern sich in verantwortlicher Weise um sie kümmert. Die Weltverantwortung des Menschen umfaßt daher die gesamte Schöpfung, nicht nur die Mitmenschen, sondern auch die Tiere, die Pflanzen und die ganze Erde. Dieser Dienst des Menschen an der Schöpfung, von der er ja seinerseits abhängig ist, sollte keine Grenzen kennen. Daher sagte der Prophet Mohammed:

„Wenn der Jüngste Tag gekommen ist und einer von euch ein Bäumchen in der Hand hat, soll er es einpflanzen, wenn er kann" (Buchari und Ahmed).

Heißt das nicht, solange wir auf diese Weise tätig hoffen für unsere Welt, handeln wir weltverantwortlich?! Die vom Islam verlangte Hingabe und Unterwerfung unter Gott geschieht also nicht damit, daß der Mensch sich von der Welt zurückzieht, sondern im Gegenteil damit, daß er diese Welt als seine Aufgabe annimmt, daß er weltverantwortlich handelt. Der Mensch ist, wie der Koran (Sure 2,30) sagt, der Statthalter Gottes auf Erden. Gott gab ihm die Vernunft, damit er mit ihrer Hilfe dieser Aufgabe nachkommen kann. Gott, der den Menschen als seinen Stellvertreter eingesetzt hat, ist sein Herr, und ihm gebührt absoluter Gehorsam. Dieser Gehorsam gegenüber Gott bestimmt das Schicksal des Menschen.

Im Koran heißt es (Sure 2,36), daß der Mensch, als er, verführt durch Satan, Gott nicht gehorchte, das Paradies verlassen mußte. Anstelle des Friedens und der Glückseligkeit herrschte nun die Feindschaft unter den Menschen. In der Sure 2, 36 heißt es:

*„Der Satan jedoch verführte sie vom Ort des Segens und trieb sie heraus ... und Wir sagten: ,Geht hinweg; einer von euch sei des andern Feind."*

Doch dann wandte Gott sich dem aus dem Paradies vertriebenen Menschen wieder zu und belehrte ihn und vergab ihm (Sure 2,37). Und Gott sagte ihm (Sure 2,38):

*„Es soll euch von mir nun eine Führung zuteil werden, und wer meiner Leitung folgt, braucht keine Furcht zu haben, noch soll er traurig sein."*

Der wahrhaft Gläubige steht voll in der Gegenwart, weder in Furcht vor der Zukunft noch in Trauer um die Vergangenheit, und sein Handeln ist zielbewußt, verantwortlich und voller Dynamik.

Die Weltverantwortlichkeit ist konstitutiv für den Menschen. Sie unterscheidet ihn in ganz wesentlicher Weise von allen anderen Geschöpfen. Denn diese haben es alle abgelehnt, die Verantwortlichkeit für die Welt zu übernehmen. Gott bot der ganzen Schöpfung (Sure 33,72) das *,vollkommene Vertrauenspfand'* an, *,den Himmeln und der Erde und den Bergen',* alle aber, bis auf den Menschen, schreckten davor zurück und weigerten sich, es zu tragen. Der Mensch lud es aber auf sich.

Gleich im Anschluß an diese Stelle im Koran heißt es, daß der Mensch wahrlich ungerecht und unwissend ist. Die Engel wunderten sich darüber (Sure 2,30), daß Gott als Statthalter jemanden einsetzen wollte, der, wie sie sagten, *„darauf Unheil stiftet und Blutströme vergießt"*, während die Engel doch Gottes Lob verkünden und Ihn heiligen. Gott aber sprach daraufhin: *„Ich weiß, was ihr nicht wißt."* Und Gott *„gab ihm (dem Menschen) den Verstand, das Wesen aller Dinge zu erkennen"* (Sure 2,30/31).

## 3. Das Weltbild des Korans

*a) Der Glaube und die Einheit der Menschheit:*

*Die Einheit im Glauben*

Die uns allen nur zu gut bekannte Dichotomie, der Zwiespalt des Menschen, auf der einen Seite sein Streben zur Verantwortlichkeit, sein immer wieder nach Gerechtigkeit und Wahrheit strebender Geist, und auf der anderen Seite seine Ungerechtigkeit und Unwissenheit, seine Unfähigkeit, richtig zu verstehen - wie ist diese Dichotomie aufzulösen? Der Koran sagt hierzu (Sure 13, 11):

*„Sicher ändert Gott nicht die Lage eines Volkes, bis sie selbst ihre Lage verändert haben."*

Gott, der jede einzelne Tat und jeden einzelnen Gedanken sowohl des einzelnen Menschen wie auch des Volkes kennt, wird sich ihrer Zerrissenheit nur erbarmen, wenn sie sich in ihrem gesamten Verhalten, im Denken und Tun, Ihm zuwenden und Ihn als ihren Herrn wiedererkennen. Wie es im Koran (Sure 7, 172) heißt, hat Gott den Seelen eingeschärft, daß Er ihr Herr ist, damit sie am Tag der Auferstehung nicht sagen können, daß sie keine Ahnung davon hatten.

Im Weltbild des Korans sehen wir auf der einen Seite die Ungläubigen und Heuchler und auf der anderen Seite die Gläubigen (Sure 2,212):

*„Denen, die ungläubig sind, zeigt sich das diesseitige Leben im schönsten Licht. Und sie spotten über diejenigen, die gläubig sind. Aber die Gottesfürchtigen stehen am Tag der Auferstehung über ihnen."*

Doch die beiden Gruppen, die der Gläubigen und die der Ungläubigen, sind nicht ganz voneinander getrennt. Der Weg zum Glauben steht immer für jeden offen, da Gott der Allverzeihende und Allbarmherzige ist. Der Weg des Glaubens steht für alle Menschen offen, da zwischen allen Menschen eine grundsätzliche Einheit besteht. Auf diese Einheit wird im Koran immer wieder hingewiesen (Sure 4,2):

*"O ihr Menschen, fürchtet euern Herrn. Der euch aus einer einzigen Seele erschaffen hat ..."*

Da Gott die Menschen aus einer einzigen Seele geschaffen hat, ist der gläubige Mensch grundsätzlich auf die Welt hin geöffnet, auf die anderen Menschen hin, die sozusagen die vielen anderen Stücke seines eigentlichen Selbstes bilden.

Verantwortlich handeln heißt also, einen Schritt vorwärts tun auf dem Weg zur Einheit der Menschen, durch die Realisierung der Erkenntnis der Einheit aller Menschen.

· Die Erkenntnis der letztlichen Einheit aller Menschen geht Hand in Hand mit einer Verwirklichung dieser Einheit in der liebenden Verbindung mit dem Mitmenschen in unserem verantwortlichen Tun. Indem ich meine grundsätzliche Einheit mit allen Menschen erkenne durch die Verbindung meiner Seele mit ihrer Seele, durch die Öffnung meines religiösen Bewußtseins, verwandelt sich mein Verhalten.

Der religiöse Mensch erfährt seine Einheit mit allen Menschen, indem er sich in ihnen wiedererkennt, sich mit ihnen identifiziert, indem er sich ständig durch verantwortliches Handeln von neuem bemüht um Toleranz, Güte, Verständnis des anderen und seiner Nöte, um unermüdliche Geduld, mit sich selbst und mit den anderen.

Selbstverantwortlichkeit, die aber wohlverstanden immer Selbstverantwortung vor Gott ist, ist in diesem Sinne auch Weltverantwortlichkeit. Gott hat die vielen Menschen, die vielen Völker, geschaffen, damit sie einander ‚kennen‘. In der Sure 49, 13 heißt es:

*"O ihr Menschen! Wir schufen euch aus Mann und Weib und machten euch zu Völkern und Stämmen, daß ihr einander kennt."*

Wenn Gott es gewollt hätte, gäbe es nur ein einziges Volk. In der Sure 5,48 heißt es:

*„Wenn Gott gewollt hätte, hätte er ein Volk aus euch gemacht, aber er wollte euch prüfen durch das, was er jedem gegeben hat."*

Trotz all ihrer Verschiedenheiten sind die Menschen im Grunde gleich, und daher sagt der Prophet Mohammed:

„Alle Menschen sind gleich, wie die Zähne von einem Kamm."

Der Islam ruft uns dazu auf, daß wir die potentielle Einheit der Menschheit realisieren, daß wir in der Brüderlichkeit im Glauben zum Frieden gelangen. Unsere dienende Hingabe im Islam, unsere Weltverantwortlichkeit, umfaßt alle Geschöpfe, aber in ganz besonderer Weise unsere Mitmenschen, die wie wir Gottes Stellvertreter und die als solche unsere Brüder sind.

## b) Die Freiheit des Menschen und seine Bestimmung

Wir können die Menschen, wie der Koran sagt, nicht zwingen, Gläubige zu werden. Gott selber will dies ihrer Freiheit überlassen (Sure 10,100):

*„Und hätte dein Herr Seinen Willen erzwungen, wahrlich, alle, die auf der Erde sind, würden geglaubt haben insgesamt. Willst du also die Menschen dazu zwingen, daß sie Gläubige werden?"*

An einer anderen Stelle (Sure 18,28) heißt es darüber:

*„Wer nun will, möge glauben, und wer will, möge nicht glauben."*

Doch die Freiheit des Menschen ist nicht absolut. Der Mensch kann sich dazu entscheiden, seiner Bestimmung zu folgen, d.h. seinem Herrn zu gehorchen, der ihn erschaffen hat, oder gegen seine Bestimmung zu handeln, d.h. sich fremde Herren suchen und verlorengehen. Die Freiheit des Menschen ist nicht absolut - sie wird durch Gottes Willen beschränkt. Aber dadurch wird die Freiheit nicht aufgehoben. Es heißt zwar im Koran (Sure 74, 54-56), nur wenn Gott will, denkt der Mensch an die Ermahnung zum Glauben. Aber es wird ein Hinweis gegeben, wie dies zu verstehen ist, denn es heißt gleichzeitig, daß Gott verlangen kann, daß man Ihn fürchtet, und daß es in Seiner Hand liegt, zu vergeben, wem Er will. Und daraus können wir also verstehen, daß Gott sich dem zuwenden wird, der sich Ihm zuwenden wird, der sich Ihm zuwendet und Ihn fürchtet, anstatt diese Welt zu fürchten, und daß Gott sich vorbehält, alle Sünden zu vergeben.

Was weiß ich, wenn ich glaube? Was zeigt sich mir dann als meine Bestimmung? Wenn ich glaube, weiß ich, daß mein eigentlicher Ursprung nicht in der zufälligen Zusammensetzung irgendwelcher Zellen liegt - wie sollten diese das von sich her schaffen können? Mein Schöpfer hat mich und alles geschaffen und erhält weiterhin alles am Leben; er ist die allmächtige Macht, an die ich mich in der Not wende und vor der ich mich mit allem, was ich tue, zu verantworten habe. Wenn ich glaube, weiß ich, daß die Welt der Materie, die doch auch nach den neuesten Ergebnissen der Naturwissenschaft auf Energie zurückgeführt werden kann, nicht die eigentliche Realität bildet. Wenn ich glaube, weiß ich daher, daß der Kampf um die Dinge dieser Welt, der die Menschen gegeneinander aufhetzt und miteinander verfeindet, ein selbstzerstörerischer Kampf ist. Wir zerstören uns selber, wenn wir die Dinge dieser Welt als Endziel nehmen.

Anstatt uns an diese Welt zu verlieren und damit unsere Freiheit an sie zu verkaufen, sollten wir umgekehrt das irdische Leben verkaufen für das Jenseits (Sure 4,74). Dann dürfen wir in Gottes Weg kämpfen. Es gibt nur zwei Wege: den Weg des Guten und den des Bösen.

Wenn wir nicht für Gott kämpfen, kämpfen wir für die Sache des Bösen. Die Sure 4,77 macht das ganz klar:

*„Die da glauben, kämpfen für Gottes Sache, und die nicht glauben, kämpfen für die Sache des Bösen."*

Aber wenn wir sagen, daß diese Welt nichts in sich enthält, was als wahres Endziel dienen kann, so bedeutet das, islamisch gesehen, nicht die Verachtung dieser Welt. Im Gegenteil, diese Welt als Gottes Schöpfung, als sein Geschenk an mich, ist meine Aufgabe, ist meine Verantwortung: mein Weg zu Gott geht durch diese Welt hindurch. In der Sure 4, 84 heißt es:

*„Kämpfe nun um Gottes willen! Du hast nur die Last für deine eigenen Handlungen zu tragen."*

Dies ist die islamische Formulierung der Selbstverantwortung und der Selbstbestimmung des Menschen: Kämpfe für Gott, und du bist nur für deine eigenen Handlungen verantwortlich. Zu dieser Selbstverantwortung und Selbstbestimmung gehört, untrennbar davon, daß man sich mit seinem Mitmenschen identifiziert, insofern dieser unser Bruder ist, der zusammen mit uns kämpft für Gott und diese Welt.

Darum sagt der Prophet Mohammed:

„Keiner von euch ist ein Gläubiger, solange er nicht für seinen Bruder dasselbe sucht wie für sich selbst."

## c) Glaube und Verantwortung

Der Gläubige, der für sich sucht, daß er im Glauben immer tiefer wurzelt und ihn nicht verliert, wird auch für seinen Bruder dasselbe suchen. Daher werden die Bemühungen des Gelehrten im Islam mit den Anstrengungen des Märtyrers verglichen. Der Prophet Mohammed sagt daher:

„Die Tinte der Gelehrten und das Blut der Märtyrer werden am Tag des Jüngsten Gerichts gewogen werden."

Diese Einstellung in bezug auf die wissenschaftliche Arbeit ist nur verständlich, wenn man weiß, daß Wissenschaft im Islam ständig verbunden sein muß mit echter Verantwortungsbereitschaft. Die amoralische oder atheistische Einstellung moderner Wissenschaftler, die eine moderne Welt des Schreckens heraufbeschworen hat, ist für einen islamischen Gelehrten nicht akzeptierbar. Im Gegenteil dazu wird von einem islamischen Gelehrten verlangt, daß seine wissenschaftlichen Bemühungen als Endziel die Verbreitung des Friedens anstreben - im Kampf für Gott, gegen sich selbst und gegen die Ungerechtigkeit.

Islam, so haben wir gesehen, bedeutet nicht die radikale Abwendung von dieser Welt und ausschließliche Hinwendung zu Gott. In der absoluten Hinwendung zu Gott, im ständigen Lobpreis und der ständigen Anbetung Gottes, stehen nur die Engel. Der Mensch, der aufgerufen ist, sich Gott hinzugeben im Dienst an seiner Schöpfung als Sein Stellvertreter, ist daher, wie es im Koran heißt, an Würde sogar den Engeln überlegen, die sich deswegen auf Anweisung Gottes vor Adam niederwerfen mußten (Sure 2,34).

Für den gläubigen Moslem sind grundsätzlich alle Menschen Brüder; von dieser Brüderschaft schließen sich die Heuchler und Ungläubigen aber selber aus. Gott schuf die Menschen, damit sie einander kennen, d.h., damit sie versuchen, einander zu verstehen und zu respektieren. Der einzige geltende Unterschied zwischen den Menschen ist nur der Grad ihrer Gottesfürchtigkeit. Der vornehmste Mensch in den Augen Gottes ist der gerechteste und rechtschaffenste (Sure 49, 13). Von denjenigen, die sich nur dem Namen nach als Muslime bezeichnen, heißt es im Koran:

*„Ihr seid nicht gläubig. Sagt vielmehr: ,Wir haben den Islam angenommen.' Der Glaube ist euch noch nicht ins Herz eingegangen"* (Sure 49,14).

Die Zeichen der wirklich gläubigen Menschen sind (Sure 2, 285), daß sie an Gott, Seine Engel, Seine Bücher und Seine Propheten glauben und keinen Unterschied zwischen den Propheten machen. Sie sagen:

*„Wir hören, und wir gehorchen und suchen, daß Du uns vergibst, o Herr, und bei Dir enden alle Reisen."*

Die Taten des Menschen gehen nicht verloren; Gott weiß alles, was geschieht, und kennt alle Dinge. Alle Taten des Menschen zählen und kommen schließlich auf ihn zurück (Sure 17, 14/15). Wenn der Mensch Gutes tut, hat er es letzten Endes für sich getan, und wenn er Böses tut, hat er das schließlich gegen sich getan (Sure 45, 14; s. auch Sure 41,46).

Wie orientiert sich der Gläubige in unserer modernen Welt, wie trägt er die heutige Weltverantwortung, in einer Welt, in der von allen Seiten die verschiedenartigsten Ansprüche und Forderungen an ihn herantreten?

Der Koran sagt den Gläubigen:

*"In dem Koran sandten wir das herunter, was eine Heilung ist und eine Barmherzigkeit für diejenigen, die glauben"* (Sure 17, 82).

Der Islam weist dem Gläubigen den geraden Weg.

Worin besteht die Frömmigkeit des Gläubigen? Daß er Gott, seinen Schöpfer, anbetet, daß er Ihn um Vergebung bittet, und sich in der Reue zu Ihm wendet, der ihm immer nahe und immer bereit ist, ihm zu antworten. In der Sure 11,61 (u.a.) heißt es:

*„Ihr Leute! Dienet Gott! Ihr habt keinen anderen Gott als Ihn. Er hat euch aus der Erde entstehen lassen und euch auf ihr die Möglichkeit zum Leben gegeben. Bittet Ihn nun um Vergebung und wendet euch hierauf wieder Ihm zu! Mein Herr ist nahe und erhört."*

Das ganze Leben des Gläubigen soll ein Gottesdienst sein. Es heißt im Koran (Sure 62, 10):

*„Und gedenket Gottes ohne Unterlaß."*

Daher sind neben den Akten des Glaubens in den fünf Hauptpflichten des Islam (Glaubensbekenntnis, Gebet, Fasten, Almosen, Pilgerfahrt) die Glaubensakte in unserem täglichen Leben, vor allem in der Arbeit, genauso wichtig. In der Sure 6, 162 heißt es daher:

*„Mein Gebet und meine Opferung, mein Leben und mein Tod gehören Gott, dem Herrn der Menschen in aller Welt."*

In der Sure 62,10 heißt es daher, daß der Gläubige nach dem Gebet am Freitag (dem Feiertag im Islam) arbeiten kann. Und ein Hadith des Propheten Mohammed weist darauf hin, daß die Arbeiter, die einen Asketen versorgen, besser sind als dieser.

### d) Die Kreise der Verantwortung und ihr Zentrum

In dieser Haltung der Frömmigkeit ist der Gläubige der Welt zugewandt und versucht er, jeder an seinem Platz, als Gottes Stellvertreter auf Erden, verantwortungsvoll zu handeln: im Vertrauen auf die barmherzige Führung Gottes.

Der sozusagen innerste Kreis der Verantwortung, ihr Zentrum, ist diese Selbstverantwortung.

Für den Gläubigen als Statthalter Gottes auf Erden ist der weiteste Kreis der Verantwortung die Welt.

Doch kein Mensch wird im Islam dazu aufgefordert, mehr zu tragen, als er tragen kann. In der Sure 2, 286 heißt es:

*"Nicht belastet Gott eine Seele über Vermögen. Ihr wird, was sie verdient, und auf sie kommt nach Verdienst."*

Ein Hadith (*Termethi*) des Propheten Mohammed spricht von unserer Verantwortung für unser Eigentum:

„für unser Geld, unsere Zeit und Gesundheit".

Wir können die Verantwortung für die Welt, insofern sie auf uns zukommt, nur tragen, indem wir uns in vernünftiger Weise auch um uns selber kümmern. Das darf aber auf keinen Fall die Rechte anderer beschneiden. Unter Umständen muß man auch gegen sich selbst ein Zeugnis ablegen. Man muß gerecht sein vor Gott, auch gegebenenfalls gegen sich selber. In der Sure 4, 135 heißt es:

*"Ihr Gläubigen! Steht als Zeugen Gott gegenüber für die Gerechtigkeit ein, auch wenn es gegen euch selbst oder gegen die Eltern und nächsten Verwandten sein sollte."*

In einem anderen Wort des Propheten Mohammed spricht er von den Kreisen der Verantwortung:

"Jeder von euch ist ein Hirt und verantwortlich für seine Herde. Das Regierungsoberhaupt ist ein Hirt und verantwortlich für seine Untertanen; der Mann ist ein Hirt in seiner Familie und verantwortlich für seine Familienmitglieder; und die

Frau ist eine Hirtin in ihrem Haus und verantwortlich für ihre Herde; und der Diener ist ein Hirt bezüglich des Besitzes seines Herrn und verantwortlich dafür" (Buchari).

Selbstverantwortung und Weltverantwortung werden in dem folgenden Koranvers in ganz klarer Weise verknüpft (Sure 5,32):

*"... wenn jemand einen Menschen ermordet, ... so soll es sein, als hätte er die ganze Menschheit ermordet; und wenn jemand einem Menschen das Leben rettet, so soll es sein, als hätte er der ganzen Menschheit das Leben gerettet."*

Wir retten die Menschheit, indem wir die Menschlichkeit retten! Der absolute Wert eines jeden Menschen wird hier gleichgesetzt mit der gesamten Menschheit, denn er vertritt für den Gläubigen Gott: Gott hat in ihn, wie es im Koran heißt (Sure 15,29), von *Seinem Geist'* gehaucht.

Wenn ich mein eigenes Selbst in mir nicht erkannt habe, kann ich das Selbst in den anderen nicht erkennen, dann erkenne ich voller Neid und Arroganz im anderen nur den Konkurrenten und bin daher unter Umständen fähig, ihn zu ermorden. Aber wenn ich selbstverantwortlich handle, handle ich weltverantwortlich.

Damit ist ganz klar jede moralische Passivität für den Gläubigen ausgeschlossen. Es genügt nicht, gute Werke zu tun bzw. sich der bösen Werke zu enthalten, denn wir dürfen uns dem Unrecht gegenüber nicht passiv verhalten. Wir dürfen nicht zuschauen, wenn Unrecht geschieht, sondern müssen dem zu Unrecht Verfolgten, dem Unterdrückten, helfen, wo wir können, und den in Not geratenen Menschen retten. Ein Hadith des Propheten Mohammed sagt daher:

„Wenn ich Unrecht sehe, darf ich mich nicht passiv verhalten: ich muß etwas dagegen tun, entweder mit Händen oder wenigstens mit Worten oder auf jeden Fall mit meinem Denken" (u. a. Ahmed).

Gefordert wird von uns, wenn wir nicht verloren sein wollen, der Glaube und gerechtes Handeln und daß wir einander zur Wahrheit und zur Geduld ermahnen. Die Sure 103 sagt:

*„Siehe, der Mensch ist wahrlich verloren, außer denen, welche glauben und das Rechte tun und einander zur Wahrheit mahnen und zur Geduld."*

Worin bestehen diese Wahrheit und diese Geduld? In der Sure 18,28 heißt es:

*„Die Wahrheit ist von eurem Herrn, ... wer will, der glaube, und wer will, der glaube nicht."*

Und die Sure 16, 128 sagt:

*„Und deine Geduld kommt nur von Gott ... Siehe, Gott ist mit denen, die ihn fürchten und die Gutes tun."*

Am besten verstehen sich die Menschen heute, um weltverantwortlich zu handeln, als eine einzige Gemeinschaft, die in einem einzigen Schiff fährt und daher alles vermeiden muß, was einen Schiffbruch verursachen kann. Der Prophet Mohammed bringt ein solches Beispiel. Es berichtet davon, daß die Menschen im Unterdeck des Schiffes, müde dessen, daß sie sich immer das Wasser vom Oberdeck holen müssen, sich schließlich entschließen, ein Loch in den Boden des Schiffes zu bohren, um sich von dort Wasser zu holen. Auf diese Weise, dadurch, daß sie die Ordnung der Dinge in gewaltsamer Weise umstoßen wollen, gefährden sie aber das ganze Schiff und sich selber auch in entscheidender Weise.

Deswegen müssen die Menschen, die oben sind, diejenigen, die unten sind, von der Zerstörung abhalten - sonst werden sie alle verlorengehen. Wenn sie sie davon abhalten, werden alle gerettet (Buchari).

# Achtzehntes Kapitel

# Zum Problem der Häresien
# in der islamischen Geschichte[1]

## Einführung:

Um die Häresien im islamischen Raum zu verstehen, muß man wissen, daß der Koran und die Sunna (d.h. die authentischen Überlieferungen der Worte und Handlungen des Propheten Mohammed) die Quellen des islamischen Glaubens darstellen. Sie sind die Wegweiser für die Muslime und geben ihnen die allgemeinen Richtlinien.

Wenn man Häresien oder Häretiker richtig beurteilen will, wie gelingt einem dann die richtige Exegese dieser Quellen des Islam? Wie soll man sich Häresien gegenüber verhalten? Inwiefern dürfen politische Faktoren bei der Verfolgung von Häresien eine Rolle spielen?

Dies sind nur einige der Fragen, die sich bei diesem Problem ergeben. Es handelt sich genau betrachtet bei den Irrlehren im islamischen Raum in vieler Hinsicht um etwas anderes als das, was man als christliche Häresien betrachtet. Der aus dem christlichen Raum stammende Häresiebegriff kann daher die innerhalb der islamischen Geschichte entstandenen Irrlehren nicht ganz adäquat bezeichnen. Denn er ist

---

[1] Vortrag. Tagung: Norm und Abweichung: Häresien in religiöser Kontexten.
Graduiertenkolleg "Religion und Normativität", Heidelberg 1995

mit typisch christlichen Assoziationen verbunden. Es erscheint daher eigentlich auch logisch, daß es im Arabischen keinen entsprechenden Begriff für Häresie gibt.

Häresie bedeutet genau genommen Abtrünnigkeit von der Kirchenlehre. Der Begriff kann genau betrachtet nicht auf die in der islamischen Geschichte auftretenden Irrlehren angewandt werden, denn im Islam gibt es keine Kirche.

Auch die Bezeichnung von Häresie als „Leugnung eines kirchlichen Dogmas" kann man für die Irrlehren in der islamischen Geschichte nicht anwenden. Denn es gibt im Islam keine Dogmen im christlichen Sinne. Eine Priesterschaft wie im Christentum, die unumstößliche Dogmen aufstellt, kennt der Islam nicht.[1]

Es liegt nahe, die beiden monotheistischen Religionen wegen ihrer Ähnlichkeiten mit gleichen Maßstäben messen zu wollen - bzw. die jeweilig andere Religion mit den Maßstäben der eigenen. Aber es ist besser, die religiösen Phänomene jeweils für sich selber zu betrachten, um sie nicht zumindest teilweise zu verfälschen. Beide Religionen teilen zwar z.B. in ihrer Geschichte eine Abwehrhaltung gegenüber den vielfältigen Einflüssen seitens des Manichäismus mit seinem extremen Dualismus, seiner Leibfeindlichkeit und radikalen Askese.[2] Doch über den Gemeinsamkeiten dürfen die Verschiedenheiten nicht übersehen werden.

---

[1] Siehe hierzu Cambridge History of Islam, 2, Cambridge 1970, Einleitung.

[2] Für den Islam siehe z.B. Goldzieher, Vorlesungen über den Islam, Darmstadt 1963, S. 160, 280.

Wie in dem bekannten Standardwerk „Cambridge History of Islam" mit Recht gesagt wurde, ist der Islam, da er nicht durch Dogmen eingeengt wird, insofern "toleranter in bezug auf Formulierungen des Glaubens als das Christentum".[1]

Aber diese Toleranz im Islam muß sich immer wieder gegen Anfechtungen vor allem von zwei extremistischen Seiten her behaupten, die sich durch die ganze islamische Geschichte hindurchziehen. Dies sind erstens die immer wieder erneuten Versuche fanatischer Richtungen, den weiten Raum, der nach der Lehre von Koran und Sunna dem echt islamischen Denken angewiesen ist, auf engstirnige Weise zu verengen.

Und zweitens sind dies die immer wieder auftretenden extrem freidenkerischen Bemühungen, welche die dem islamischen Denken gesetzten und ihm Form gebenden Grenzen mehr oder minder wahllos überschreiten wollen. Der Islam fordert aber weder alleine Freiheit noch alleine Bindung, sondern beides. Freiheit erlangt nach seiner Lehre der Mensch durch seine Bindung an Gott im Glauben.

---

[1] Bd. 2, S. XXI.

# 1. Begriffe für Irrlehren in der islamischen Geschichte:

Anstatt von Häresien spricht man in bezug auf die Irr-lehren in der islamischen Geschichte besser von verkehrten Neuerungen, extrem freidenkerischen Richtungen, starken Übertreibungen oder Abfall.

Und mit diesen vier Begriffen hat man bereits die Hauptbegriffe der islamischen Wissenschaft für derartige Richtungen. Diese findet man auch z.B. in der bekannten „Enzyklopädie des Islam" unter dem Stichwort „Häresie" mit aufgezählt.

Im folgenden werden daher diese vier Hauptbegriffe kurz erklärt. Zuerst der Begriff *bid'a*.

*a) bid'a:*

Das arabische Wort *bid'a* bedeutet Neuerung. Es wird in den verschiedensten Bedeutungen gebraucht, und daher kann man es nicht einfach mit Häresie übersetzen.[1]

Man kann *bid'a* z.B. einteilen in „lobenswerte" bzw. gute und "tadelnswerte" bzw. schlechte Neuerungen. Nach dieser Einteilung sind gute Neuerungen jene, die der Sunna entsprechen oder ihr zumindest nicht widersprechen. Ta-delnswerte *bid'a* widerspricht der Sunna.[2]

---

[1] Siehe aber z. B. W. M. Watt, Der Islam, II, Stuttgart 1985, S. 128 f., 367.

[2] Lexikon der islamischen Welt, Bd. 1, Stuttgart 1974, S. 104.

Es gibt aber auch extreme Richtungen, die jede Form von *bid'a*, alles, was in den Anschauungen und Ausübungen der Zeit des Propheten nicht nachgewiesen werden kann, verwerfen.[1]

Allenfalls unterscheidet sich nach dieser Auffassung *bid'a* von *kufr* (d.h. Unglauben) darin, daß sie keine bewußte, feindselige Ablehnung der Lehre des Islam oder eines islamischen Lehrsatzes einschließt.[2]

Auch die der Frühzeit des Islam unbekannten dogmatischen Spekulationen, selbst die der allgemein als gemäßigt anerkannten asharitischen Richtung, werden von solchen extremen Anti-*bid'a*-Richtungen verurteilt.[3]

Vor allem die Anhänger des Imams Ahmed ibn Hanbal (gest. 855) vertreten solche extremen Auffassungen. Sie greifen besonders alle Erscheinungen der Propheten- und Heiligenverehrung als unislamisch an. Aber der *idschma* (consensus) der islamischen Gemeinschaft hat schließlich solche Religionsauffassungen unter bestimmten Vorbehalten anerkannt.[4]

---

[1] Goldzieher, a. a. O. S. 256 ff.

[2] Lex. d. isl. Welt, S. 105.

[3] Goldzieher, a. a. O. S. 261.

[4] Ebenda, S. 262, 265.

Doch im 14. Jahrhundert kämpft der Gelehrte Ibn Taimiyya wieder gegen die in den Islam eingedrungenen Wirkungen der Philosophie, gegen den Sufismus und den Propheten- und Heiligenkultus.[1]

Seine Lehre rief im 18. Jahrhundert die Bewegung der *Wahhabiten* hervor, die noch heute in der arabischen Halbinsel eine einflußreiche Macht darstellt.

b) *zandaqa*:

Der zweite Hauptbegriff ist *zandaqa*. Er liegt dem christlichen Häresiebegriff insofern näher, als hier nicht - wie bei dem *bid'a*-Begriff - eine religiös anerkannte Variante vorliegt.

Trotzdem ist es nicht ganz richtig, diesen Begriff schlechtweg mit Häresie zu übersetzen.[2]

Die Vertreter der *zandaqa* - das sind die *zanadiqa* - sind so etwas wie Freidenker.

Ursprünglich war *zanadiqa* eine Bezeichnung für die Heterodoxen, deren Exegese die Sicherheit des Staates gefährdet.[3]

---

[1] Ebenda, S. 266.

[2] Siehe aber Anke von Kügelgen, Averoes u. d. arabische Moderne, Leiden, 1994, S. 463 u. a.

[3] Handwörterbuch des Islam, Leiden, 1976, Stichwort *zindig*.

Aber wie schon bei dem *bid'a*-Begriff können wir auch für *zandaqa* die verschiedensten Bedeutungen im Wandel der Geschichte feststellen.

In der literarischen Überlieferung werden drei Schriftsteller - nämlich Ibn al-Rawandi, der Gnostiker Abu Hayyan al Tawhidi (lo.Jahrh.) und der Dichter Abu'l ,Ala' al Ma'arri (gest. 1058) - als die sog. „drei *zanadiqa* des Islam" bezeichnet. Diese Definition geht auf den bekannten Geschichtsschreiber der islamischen Frühzeit, Ibn al Gawzi (gest. 1200) zurück. Er fügte seiner Definition noch hinzu: „Der Schlimmste unter ihnen ist al Tawhidi, da er sich nicht klar ausdrückt."[1]

Aber seine Definition von *zanadiqa* ist vielfach und besonders in neuerer Zeit angegriffen worden.

Moderne Schriftsteller wie z.B. der Ägypter Taha Hussein verstehen unter einem *zindiq* (also dem, der *zandaqa* ausübt) jemanden, „dessen äußeres Bekenntnis zum Islam wenig aufrichtig erscheint."

Interessant ist übrigens bei dieser Formulierung, daß einer der sog. „drei *zanadiqa* des Islam" , nämlich al Ma' arri, diesen Begriff bereits im gleichen Sinn verwandte.[2]

---

[1] Siehe Abdul Amir al-A'sam: Ibn al-Rawandi, Bd. I, S. 64, Beirut 1978.

[2] Handwörterbuch des Islam.

Einige Rechtsgelehrte betrachteten *zandaqa* vor allem "immer mehr als eine geistige Auflehnung gegen die Ehre des Propheten."[1]

Vor allem die islamischen Mystiker, die Sufis, wurden schon früh - z.B. wegen ihrer als Pantheismus verstandenen ekstatischen Äußerungen, aber auch wegen libertinistischer und antinomistischer Tendenzen bei einigen von ihnen - als *zanadiqa* betrachtet. Der bekannte islamische Denker Abu Hamid al Ghazali (der im Jahre 1111 starb), definierte *zandaqa* als eine Neigung zum Atheismus.[2]

Wir können all diesen Definitionen von *zandaqa* vielleicht noch hinzufügen, daß es so aussieht, als ob die *zanadiqa* eher vor allem infolge ihrer unklaren Denk- und Ausdrucksweise kritisiert wurden als wegen ihrer ursprünglichen Intentionen. Denn es gab unter ihnen selten erklärte Atheisten.

Daher hat man vermutlich nicht zu Unrecht den Begriff der *zandaqa* auch als einen „weiten Mantel" bezeichnet, in den man „alle Arten von freidenkenden Leuten" einhüllte, „die nicht den ausgetretenen Weg der Schule beschreiten."

Aus diesem Grunde sagte auch al Djunaid, ein berühmter Sufi der gemäßigten Richtung: „Kein Mensch hat die Stufe der Wahrheit erreicht, solange ihn nicht tausend Freunde für einen Ketzer erklären.[3]

---

[1] Ebenda.

[2] Ebenda.

[3] Goldzieher. a. a. O., S. 174.

## c) *ghulat:*

Ein weiterer islamischer Begriff für eine Irrlehre ist *ghulat. Ghulat* sind Leute, die übertreiben, über alle Grenzen und jedes Maß hinausgehen, und zwar besonders in ihrer Verehrung bestimmter Personen. Indem sie Inkarnations- und Seelenwanderungslehren und ähnliches annehmen, vertreten sie dem Islam ursprünglich fremde Vorstelungen.[1]

Vor allem einige schiitische Splittergruppen, die mehr oder minder ihre Imame vergöttlichen und den Koran extrem esoterisch auslegen, gehören zu ihnen.[2]

Die Vertreter solcher extremen Auffassungen werden auch von der Hauptgruppe der Schiiten als Häretiker aufgefaßt.

## d) *ridda:*

Eine weitere islamische Bezeichnung für eine Irrlehre ist *ridda.* Sie bedeutet Abfall oder Apostasie.

Sie ist außerdem eine Bezeichnung für den Abfall einiger arabischer Stämme nach dem Tode des Propheten.[3]

---

[1] Handwörterbuch des Islam, unter *ghali.*

[2] Ende/ Steinbach, Der Islam in der Gegenwart. München 1984, S.70.

[3] Handwörterbuch des Islam, unter *murtadd.*

Ein *murtadd*, also derjenige, der abfällt, kann Apostat sein durch Worte, z .B. die Leugnung eines Glaubenssatzes, oder auch durch eine Handlung, z.B. die Schändung eines Koranexemplares.

## 2. Zur Geschichte der Irrlehren:

Nach dieser Begriffserklärung der Irrlehren wollen wir nun einen Blick auf ihre Geschichte werfen.

Der Einfachheit halber verwenden wir im folgenden auch den Begriff „Häresie", der aber in dem oben erklärten Sinne modifiziert zu verstehen ist.

Theologisch gesehen ist jede Abweichung von den Lehren des Korans und der Sunna als häretisch zu verwerfen.

In diesem Zusammenhang verweist man auch auf die berühmte Rede des Propheten Mohammed beim Anlaß seiner Abschiedspilgerfahrt, in der er den Muslimen sagte:

*„Wenn ihr euch an den zwei Dingen, die ich euch hinterlassen habe, festhaltet, werdet ihr nie irregeführt werden. Diese zwei Dinge sind: das Buch Gottes (der Koran) und meine Sunna."*

Mit der Frage nach der Exegese dieser beiden Quellen des Islams beginnt die lange Geschichte der Auseinandersetzungen.

Wenn wir den Koran selber danach befragen, wie dieses richtige Festhalten an der Hinterlassenschaft des Propheten Mohammed zu geschehen hat, gibt er jedenfalls eine ganz klare Antwort. Hiernach setzt die richtige Interpretation von Koran und Sunna den wahren Glauben voraus.

Im Koran heißt es:

> *„In ihm (dem Koran) gibt es eindeutig festgelegte Zeichen - sie sind die Urnorm des Buches - und andere mehrdeutige. Diejenigen, in deren Herzen Abweichen von der Wahrheit steckt (oder: die in ihrem Herzen abschweifen), folgen dem, was in ihm mehrdeutig ist, im Trachten danach, (die Menschen) (für ihre Zwecke) zu verführen, und im Trachten danach, es (eigener) Deutung zu unterziehen. Um seine Deutung weiß aber niemand außer Gott."* (3,7)

Dieser Koranvers weist auf die zwei Hauptfaktoren hin, die zu einer verkehrten Exegese führen. Der erste Faktor ist die Verdrehung der Texte zum Zwecke der Verfolgung eigener oder parteiischer Wünsche, besonders von Machtwünschen. Der zweite Hauptfaktor entsteht etwa durch einseitige Theoretisierung unter Vernachlässigung der religiösen Praxis und bewirkt eine verkehrte, übertrieben esoterische Interpretation. Auf jeden Fall genügt auch eine sog. buchstabengetreue Exegese nicht, da ja die mehrdeutigen Zeichen, von denen der Koran spricht, eo ipso nicht buchstabengetren aufzufassen sind.

Wenn wir von dieser Betonung der persönlichen Integrität bzw. des Herzens als Ort der Wahrheit, wie sie der Koran lehrt, ausgehen, wird verständlich, warum die Geschichte des Islams nicht leicht zu deuten ist. Und daher kann das, was sich manchmal als rechtgläubige Interpretation ausgibt bzw. was als häretische Lehre verfolgt wird, bei wahrheitsgemäßer Exegese von Koran und Sunna anders ausgelegt werden.

Nicht immer wurden wirkliche Häretiker bestraft. Hinter der Verfolgung von sog. Freidenkern, Reformern, Philosophen oder Sufis versteckten sich im Laufe der islamischen Geschichte oft rein machtpolitische Gründe und ungerechtfertigte Verleumdungen.

Um in jedem einzelnen Fall einer Häresieanklage in der Geschichte die Fakten zu prüfen, fehlen häufig die Voraussetzungen. Z.B. sind oft die Bücher der Angeklagten nicht mehr vorhanden, wie etwa im Fall von Ibn al Rawandi. Man kann dann auf den Inhalt dieser Werke nur durch einige Zitate aus ihnen in den Werken anderer Schriftsteller schließen.

Hinzu kommt, daß einige Leute es sich geradezu zur Gewohnheit machten, alle jene, die ihre eigenen Meinungen nicht teilten, ganz einfach als *zanadiqa* zu bezeichnen.

Aus all diesen Gründen ist es daher nicht verwunderlich, daß manchmal jemand zu seinen Lebzeiten als Häretiker gebrandmarkt, aber Jahrzehnte oder Jahrhunderte später als ein bewundernswerter Gelehrter gelobt wird, wie z.B. der bekannte moderne Reformer Mohammed Abdu.

Was nun ganz allgemein die islamische Haltung gegenüber sog. Häretikern bzw. deren Verfolgung betrifft, kann man aber behaupten, daß Irrlehren im Verlauf der islamischen Geschichte vorwiegend nur dann verfolgt und mit Gewalt unterdrückt wurden, wenn sie sich für die politische Ordnung als gefährlich erwiesen.[1]

---

[1] Siehe z. B. The Cambridage History of Islam, Bd. 2, S. XXI.

Häretiker wurden daher verfolgt, wenn sie einen politischen Umsturz versuchten oder unterstützten. Ein Beispiel hierfür ist der berühmte Fall des Mystikers al Hallag, der sich auf die Seite der Verschwörer gegen Muqtadir gestellt hatte. Er wurde im Jahre 908 daher als Ketzer verurteilt, 913 gefangen genommen und 922 hingerichtet, also 14 Jahre nach seiner Verurteilung.[1]

Ganz allgemein wurde jede mündliche oder schriftliche Kritik an dem geoffenbarten Gesetz als *zandaqa* verurteilt. Unter der Herrschaft der Abbassiden ( 8. - 13. J. ) wurde dies als ein todeswürdiges Vergehen betrachtet. Man begründete das damit, daß der Staat durch solche Kritik in seinen Grundlagen gefährdet würde. Zu einem späteren Zeitpunkt wurde *zandaqa* juristisch als eine Form staatsgefährdender Häresie erklärt.[2]

Die Erklärung, daß jemand ein Ungläubiger ist, führte nicht zu Maßnahmen der weltlichen Macht. Erst mußte die Beschuldigung von *zandaqa* vorliegen, d.h. des „die Sicherheit des Staates bedrohenden Irrtums in der Doktrin."[3]

Es gab Zeiten in der islamischen Geschichte, in denen man auch die Philosophie und die islamische Mystik (*tasawwuf*) als Häresie betrachtet hat. So griff man etwa die philosophischen Lehren an, daß die Welt ewig sei, daß Gott nur Allgemeines wisse, und daß die Auferstehung nur die Seele, aber nicht den Körper betreffe. In diesem Zusammen-

---

[1] Ebenda, Bd. 1., S. 136.

[2] Watt, a. a. O., S. 174 f.

[3] Ebenda, S. 265.

hang sprach man auch davon, daß derjenige, der Logik betreibt, ein *zindiq*, also ein Freidenker, sei.

So wurde auch der bekannte Philosoph Ibn Rushd von den Theologen häretischer Auffassungen in seinen Büchern beschuldigt. Man verurteilte ihn 1195 deswegen und verbannte ihn aus seiner Heimat. Drei Jahre später wurde er aber von dem Kalifen wieder begnadigt und rehabilitiert.[1]

Heutzutage betrachtet man den gleichen Philosophen sowohl im Osten wie im Westen als einen Pionier der Aufklärung. Trotzdem wird in bestimmten Golfstaaten die Philosophie als Häresie betrachtet.

Wir finden nun im Werk von Ibn Rushd Aussagen, welche *zandaqa* streng verurteilen. So vertritt er die Auffassung, daß „die *zanadiqa*, welche die Sinnenfreuden als das alleinige Ziel des Menschen ansehen, getötet werden müßten, wenn sie die Macht besitzen, die Religionsgesetze und Tugenden zu zerstören. Für den Fall, daß sie dazu (also zu dieser Zerstörung) nicht in der Lage sind, sollen sie sowohl mit Hilfe religionsgesetzlicher Beweise als auch mit rationalen philosophischen Argumenten widerlegt werden."[2]

Ibn Rushd vertrat die Auffassung, „daß die Grundlagen der Religion tugendbildend seien und daß alle Menschen, auch die Philosophen, sie anzuerkennen hätten und sie nicht

---

[1] Arabische Ausgabe der Enzyklopädie des Islam, Bd. 1, S. 286.

[2] Kügelgen, a. a. O., S. 49.

diskutieren dürften, weil  sie sich sonst der Häresie schuldig machten „[1]

Bei  der Frage der Unterdrückungsmaßnahmen gegen sog. Häretiker  wird  allerdings klar, daß, wie man richtig behauptet hat, „da der Islam sowohl eine religiöse wie auch eine  politische  Gemeinschaft ist, der Unterschied zwischen religiöser und  politischer  Uneinigkeit (Meinungsverschiedenheit) nicht ganz klar  ist",[2] (worauf wir ja auch schon hingewiesen haben.)  Inwiefern bei den Verfolgungen sogenannter Häretiker  in den einzelnen  Fällen rein machtpolitische oder sonstige  Gründe  und wann religiöse Gründe maßgeblich waren,  muß  in jedem einzelnen Fall ggbf. einer historisch-kritischen  Untersuchung unterzogen werden. Nicht  alle islamischen  Herrscher  besaßen  die sittliche Größe der ersten Kalifen. Daher waren für die islamische Gemeinschaft im Laufe  ihrer  Geschichte  immer wieder Engpässe zu überwinden.

Jedenfalls war für  sie der *idschma* (consensus) durchgehend  das  leitende  Prinzip, so daß sich auf die Dauer gesehen extremistische Auffassungen nicht allgemein durchsetzen konnten.

Da der Islam  von Anbeginn an die entscheidende Bedeutung  einer gerechten Gesellschaftsordnung betonte, die möglichst  jedem Mitglied Chancen zu einer vernünftigen Entwicklung  geben  konnte,  waren die politischen Probleme allerdings  von erstrangiger Bedeutung. Bereits nach dem To-

---

[1] Ebenda, S. 335.

[2] Cambridge History of Islam, Bd. 2, XXI.

de des Propheten führte die Notwendigkeit, die Einheit der islamischen Gemeinschaft zu bewahren, dazu, daß man strenge Maßnahmen gegen aufrührerische arabische Stämme, die abfielen, ergreifen mußte. Einige von diesen Gruppen weigerten sich, *zakat* (d.h. Almosensteuer) zu zahlen, andere befanden sich unter der Führung von sog. falschen Propheten. Alle diese Erscheinungen nannte man *ridda*, Abfall oder Apostasie.

Eine andere Erscheinung, welche auf politische Meinungsverschiedenheiten zurückging, ist die Herausbildung von Sekten bereits in der Frühzeit des Islam. Von allen im Laufe der Geschichte entstandenen Sekten wurden aber meist nur ihre Splittergruppen als häretisch bezeichnet. Die Entstehung der größten islamischen Sekte, der *Schia* bzw. der Schiiten, geht ebenfalls ursprünglich auf politische Machtkämpfe und Meinungsverschiedenheiten zurück.

Die islamischen Sekten entwickelten häufig Splittergruppen mit häretischen Auffassungen, da sie sich vom *idschma* (dem consensus) der islamischen Gemeinschaft, der Extreme verhinderte, getrennt hatten.

Auch bei der ältesten islamischen Sekte, den *Kharidjiten*, die bereits im 7. Jahrhundert (im Jahre 657) entstand, war die Kalifatsfrage (d.h. die Frage nach dem richtigen Kalifen, dem Nachfolger des Propheten Mohammed) der Ausgangspunkt ihrer Ablösung.

Sie ist wie die *Schia* in viele verschiedene Splittergruppen zerfallen. Häretisch sind einige ihrer extremen Auffassungen, vor allem ihre moralisch sehr rigorose endgültige Verdammung eines jeden, der eine sog. Hauptsünde begangen hat, als Ungläubigen und Abtrünnigen, der, wie einige ihrer Vertreter lehrten, nie mehr zum Glauben zurückfinden könne und getötet werden müßte. Bis heute existieren noch abgeschwächte Richtungen der *Kharidjiten* in den Lehren der sog. *Ibaditen*.

Die extremsten Gegner der *Kharidjiten* waren die Anhänger der Sekte der *Murdji´a*. Diese lehrten, daß ein Muslim seinen Glauben durch Sünde nicht verlieren könne. *Murdji´a* heißt soviel wie Anhänger der Lehre vom Aufschub oder von der Hoffnung. Auch diese Sekte splitterte sich in Einzelgruppen auf. Abu Hanifa, ein sehr angesehener Rechtsgelehrter und Theologe, soll die Hauptansichten der *Murdji´a* geteilt haben, was, wie man gesagt hat, beweist, daß diese nicht allzu extrem in ihren Auffassungen waren.[1]

Die islamische Gemeinschaft ist - wenn sie den Richtlinien des Islam, d.h. dem "geraden Weg Gottes" folgt - eine sich von allen extremen Richtungen entfernt haltende Gesellschaft. Im Koran heißt es:

*„Und dies ist mein Weg, er ist gerade. Folgt ihm. Und folgt nicht den verschiedenen Wegen, daß sie euch nicht in verschiedene Richtungen von seinem Weg wegführen."* (6,153)

Daher heißt es in einem Ausspruch des Propheten Mohammed:

„Sucht die goldene Mitte und das Rechte..," (Muslim-Slg.)

---

[1] Hwb d. Islam.

Die besondere Verdammung der *zanadiqa* geht vor allem darauf zurück, daß man sie als Extremisten und Atheisten betrachtete oder doch der Neigung zum Atheismus bezichtigte. Aber Freidenker, die einen extremen Rationalismus lehrten, der nach ihrer Meinung die Geltung der religiösen Offenbarungen ausschloß, gab es in der islamischen Geschichte selten.

Zu ihnen soll der berühmte Arzt und Philosoph Abu Bakr ar-Razi (gest. 925 oder 932) gezählt haben, den man den Galenus der Araber genannt hat. Er soll behauptet haben, daß der Mensch mithilfe seines Verstandes die Welt gestalten und erkennen, ja, sogar den Schöpfer wahrnehmen könne, was die Quelle seines Glücks sei. Mit diesen Gedanken soll er, wie man behauptete, eine Kritik am Prophetentum, der Grundlage des Islam, verbunden haben. Ar-Razi soll die Vernunft extrem betont und damit eine Kritik des Korans und die Annullierung des Prophetentums verbunden haben. Er war auch Anhänger der Seelenwanderungslehre und durch manichäische Lehren sehr beeinflußt.

Auch von Ibn al Rawandi (gest. 860) behauptet man, er habe den Koran kritisiert und gesagt, er sei widersprüchlich und enthielte sprachliche Fehler. Er soll ebenfalls die Prophetenlehre angezweifelt haben. Manche Gelehrte berichten, er habe diese und ähnliche Zweifel in seinen Büchern durch Brahmanen aussprechen lassen. Er soll geschrieben haben: „Was ein Prophet bringt, ist entweder vernünftig oder nicht. Wenn es vernünftig wäre, brauchen wir es nicht, da die Vernunft uns das vollkommen begreifen läßt. Wenn es aber unvernünftig wäre, müßte man es ablehnen, da es unvernünftig wäre, daß wir damit die Menschlichkeit aufgeben und uns auf die Stufe der Tiere begeben." Seine Bücher sind verlorengegangen, aber alle Geschichtsschreiber stimmen in dieser Darstellung seiner Lehren überein. Auch bestätigen die Zitate aus seinen Büchern, welche Gelehrte, die seine Auffassungen widerlegten, brachten, solche Lehren. Interessant ist jedenfalls in diesem Zusammenhang, daß sowohl ar-Razi wie auch al Rawandi trotz ihrer häretischen Lehren nicht bestraft worden sind, obwohl man sie sehr energisch kritisierte und ihre Meinungen mit Entschiedenheit abgelehnt hat.

Als Gründe für diese Toleranz ihnen gegenüber kann man erstens anführen, daß im 9. und lo. Jahrhundert die islamische Kultur in ihrer Blütezeit stand, und zweitens, daß beide Gelehrte nichts mit der Politik zu tun hatten und daher keine politische Gefahr darstellten.

Was die beiden anderen berühmten *zanadiqa*, nämlich at Tawhidi und al Ma´arri anbetrifft, ist hervorzuheben, daß sie nicht wie ihre beiden Kollegen auf einen einheitlichen Widerstand seitens der islamischen Gelehrten gestoßen sind. So bemerkt z.B. der Herausgeber eines der Bücher von at Tawhidi, daß in den Werken von ihm, die alle vorliegen, keine häretischen Aussagen vorlägen, und daß durch sie in keiner Weise der Glaube geschwächt würde. Die Idee von Ibn al -Gawzi , daß at Tawhidi der schlimmste Häretiker des Islam sei, beruhe auf einer nicht zu rechtfertigenden Behauptung. Denn - so fragt man ironisch - hat Ibn al Gawzi in das Innere von at Tawhidi gesehen und darüber geurteilt? Man könne doch niemals wirklich in das Innere eines Menschen schauen, denn das könne nur Gott.

Auch über al Maʿarri war man verschiedener Auffassung. Einige Gelehrte sagten, er sei religiös und seine Dichtung sei voll von Beweisen dafür. Die häretischen Stellen in seinen Dichtungen seien von seinen Gegnern hinzugefügt worden. Denn er war den nur scheinbar Frommen, Heuchlern, Führern von Schulen und Sekten ein Dorn im Auge, weil er sich ihnen gegenüber sehr kritisch verhielt und sie energisch angriff. Die Verteidiger von al Maʿarri berichten davon, daß er zu seinen Lebzeiten von seinen Gegnern bei dem Statthalter von Aleppo verleumdet worden sei.

Dieser bestellte ihn daraufhin zu sich und untersuchte diese Verleumdungen. Er stellte aber fest, daß man seinen dichterischen Werken Aussagen hinzugefügt hatte, die garnicht von ihm selber stammten. Einige Gegner bezeichneten ihn als Skeptiker, andere als Häretiker. Doch die Gründe hierfür sind unklar.

Abschließend wollen wir nun etwas näher auf die Verfolgung der islamischen Mystiker, der Sufis, als *zanadiqa* eingehen, bevor wir uns mit den neuesten Entwicklungen in der Frage der Verfolgung von Häresien beschäftigen.

Die islamische Mystik (Tasawwuf) wurde von Anfang an mit einem gewissen Unbehagen von der islamischen Gesellschaft aufgenommen.

Seitens der Theologen wurde sie abgelehnt, da man sie als eine nicht zu rechtfertigende *bidʿa*, Neuerung, betrachtete. Viele Dinge wie bestimmte Zeremonien und bestimmte Bekleidungen, die sie brachten, seien - wie man hervorhob - von der Sunna des Propheten nicht verlangt worden. Hinzu kam, daß spätere Sufis philosophische Theorien vertraten, die vom Islam abzulehnen sind, wie z.B. der Pantheismus bei Ibn Arabi (gest. 124o), die Inkarnationslehre bei al Hallag oder die Vereinigung mit Gott *(fana')* bei al Bistami.

Aber der große islamische Gelehrte des 11. Jahrhunderts, Abu Hamid al Gazah, der selber ein Sufi war, verteidigte die islamische Mystik. Und es gelang ihm durch seine bewundernswerten Bemühungen, daß sie schließlich in der islamischen Gesellschaft Fuß fassen konnte. Er entschuldigte die als häretisch betrachteten Aussagen einiger bekannter Sufis damit, daß, wie er sagte, ihre mystischen Entrückungen sie leicht zu subjektiven und einseitigen Aussagen verführten. Wie er argumentierte, ist diese mystische Entrückung eine Art von Betrunkenheit. Wenn die Sufis danach wieder unter der Herrschaft der Vernunft stehen, welche die Waage Gottes auf Erden sei, erkennen sie, daß ihre Vereinigung *(fana')* mit Gott sie nur zu einer der Identität ähnelnden, aber zu keiner wirklichen Identität geführt habe.[1]

Pantheistische oder Inkarnationslehren erweisen sich auf diese Weise als Irrtümer. Ghazali meinte, man dürfe aber die Sufis wegen ihrer teilweise subjektiven Aussagen nicht als Häretiker betrachten, denn ihre wahrhaft fromme Lebensweise spreche für ihre echte und geradezu vorbildliche Religiosität.

---

[1] Mahmoud Zakzouk, Al-Ghazalis Philosophie im Vergleich mit Descartes. Frankfurt 1992, S. 110 ff.

Auch heute noch sind die Sufi-Orden in den islamischen Ländern verbreitet und werden sie von der islamischen
Gesellschaft geduldet. Trotzdem bestehen einige arabische
Golfstaaten darauf, die Mystik abzulehnen und als eine Art
von Häresie zu betrachten.

## 3. Neuere Entwicklungen:

In der neueren Zeit zeichnen sich in der Frage der häretischen Lehren verschiedene Entwicklungen ab.

Die zahlreichen, vor allem wirtschaftlichen und politischen Probleme in den islamischen Ländern führten zu Reformversuchen. Diese wurden aber - vor allem wegen der Frage des Kolonialismus - teilweise als häretisch stark kritisiert. Wenn z.B. Khair ad-Din at-Tunisi (1810-1889) und Rifa'a Rafi' at-Tahtawi (1801-1873) nachweisen wollten, daß der Islam Reformen gegenüber aufgeschlossen sei, stießen sie auf große Widerstände.[1]

Der Reformer Mohammed Abdu (gest. 1905) wurde in seinen Bemühungen durch den Wunsch geleitet, ein allgemeines religiöses Erwachen im Islam zu erreichen, da nach seiner Meinung die islamische Welt dadurch gestärkt werden würde, ihre Probleme selbständig lösen zu können. Er verurteilte sowohl die vorbehaltlose Annahme westlicher Ideen wie auch den blinden Glauben an die überlieferten Traditionen. Er setzte sich für die Befreiung der Religion von allem Aberglauben der vergangenen Jahrhunderte ein, wollte das Religionsstudium reformieren und bewies, daß die Religion in keiner Hinsicht wissenschaftsfeindlich ist. Damit griff er in erster Linie die Theologen an, aber auch die Zügellosigkeit der Modernisten. Im Gefolge seiner Bemühungen hatte er mit vielen Schwierigkeiten und Hindernissen zu kämpfen und wurde er von seinen Zeitgenossen angegriffen und häretischer Auffassungen beschuldigt.

---

[1] Ende/ Steinbach, a. a. O., S. 106.

Wegen der Uneinigkeiten in der islamischen Welt konnten sich auch einige neue häretische Sekten bilden, z.B. die babitische Sekte im Iran und die kadianitische Sekte in Pakistan, die z.T. noch immer Wirkungen ausüben.

Der Begründer der babitischen Sekte, Mohammed Ali as-Sirazi, wurde 1820 in Iran geboren. Er behauptete, daß die prophetische Botschaft Mohammeds im Jahre 1844 beendet wurde und im selben Jahre seine prophetische Periode beginne. Er annullierte verschiedene Lehren des Korans in bezug auf Beten, Fasten, Heirat, Scheidung und Erbschaft. Die Zahl 19 spielt bei ihm eine große Rolle. Im Jahr 1850 wurde er im Iran verurteilt und hingerichtet. Aus seiner Bewegung entwickelte sich die bahaitische Sekte, die as-Sirazi oder Bab, wie er sich nannte, als bloßen Vorgänger für Baha` Allah, den Begründer ihrer Sekte, sehen.

Der Begründer der kadianitischen Sekte, Mirza Ghulam Ahmed, wurde 1839 in Indien geboren. Er behauptete, daß Jesus nach Kaschmir in Indien ausgewandert sei, dort mit 120 Jahren starb und sein Grab sich immer noch dort vorfinde. Nach seiner Behauptung ist er selber der erwartete Mahdi oder Messias, in dem sich sowohl Jesus wie auch Mohammed inkarnierten. Seine Sekte wird nach der pakistanischen Verfassung als eine nicht-islamische Minderheitsgruppe bezeichnet. Auf diese Sekte geht auch die Ahmadiyya-Sekte zurück, welche ebenfalls Mirza Ghulam Ahmed als Propheten betrachten.

Nach diesen Beispielen neuer häretischer Sekten, die von neuen Propheten begründet wurden, eine Erscheinung, die ja bereits am Beginn der islamischen Geschichte auftrat, bringe ich im folgenden nähere Erörterungen zu der Frage des Abfalls und der Bestrafung dafür.

Zunächst gehe ich auf den Fall eines ägyptischen Dozenten ein, welcher der Häresie beschuldigt wird. Der Fall wird derzeitig immer noch an den Gerichten behandelt. Anschließend daran beschäftige ich mich ganz allgemein mit der Frage des Abfalles vom Islam.

Der ägyptische Dozent, von dem ich berichten will, lehrt als Dozent an der Kairo-Universität. Im Juni dieses Jahres wurden seine Thesen über Koran und Sunna als Ketzerei vom Gericht verurteilt. Das Gericht hat auf 25 Seiten sein Urteil begründet und kommt zum Schluß, daß der Dozent als ein Apostat zu betrachten ist. Das Gericht baut sein Urteil darauf auf, daß seine Lehren in sieben Punkten den Koran angreifen. Z.B. leugnet er die Existenz von Engeln und Geistern und von Dingen im Jenseits, welche der Koran beschreibt. Er behauptet, daß man den Koran als einen menschlichen Text zu behandeln habe, und daß seine Botschaft ursprünglich für die Araber und nicht allgemein ist. Auch vertritt er die Auffassung von der Geschichtlichkeit der koranischen Texte und bezweifelt darüber hinaus die Sunna als Grundlage für die islamische Gesetzgebung usw. Das Gericht betrachtet diesen Dozenten nicht nur als jemanden, der vom Islam abgefallen ist, sondern darüber hinaus auch als *zindiq*, da er seine Thesen in den Vorlesungen in der Universität verbreitet hat. Damit verstoß er nicht nur gegen die Religion, sondern auch gegen die ägyptische Verfassung, die in ihrem zweiten Paragraphen betont, daß der Islam die Staatsreligion ist. Das Gericht wies die Behauptung zurück, daß der Dozent sein Recht auf Forschungsfreiheit betätigt habe, und erklärte, daß sein Vorgehen nichts mit wissenschaftlicher Tätigkeit zu tun habe, sondern nur ein Versuch sei, die Grundlagen der islamischen Religion zu zerstören. Dieser Gerichtsfall ist wie gesagt noch nicht beendigt und wird in den nächsten Monaten vor einer höheren Gerichtsinstanz behandelt werden.

Bei dieser Gelegenheit will ich kurz ganz allgemein auf die Frage des Abfalles vom Islam zu sprechen kommen.

Der Koran sieht keinerlei Bestrafungen im Diesseits für die vom Islam Abgefallenen vor. Er sagt über den Abfall folgendes:

„Diejenigen von euch, die sich nun von ihrer Religion abwenden und als Ungläubige sterben, deren Werke sind im Diesseits und Jenseits wertlos. Das sind die Gefährten des Feuers; sie werden darin ewig weilen." (2,217)

Und an einer anderen Stelle sagt er:

"... und wenn einer von euch von seiner Religion abfällt, so wird Gott (anstelle des Abgefallenen) Leute bringen, die Er liebt und die Ihn lieben." (5,54)

Gegen die oft vertretene Auffassung, daß Apostasie sofort mit dem Tod bestraft werden müsse, wendet sich bereits einer der ersten Kalifen, der Kalif Umar. Er war der Meinung, man müsse versuchen, den Apostaten zur Reue zu bewegen. Auch gibt es Überlieferungen, wonach der Prophet Mohammed, der im Koran ausdrücklich als das Vorbild für die Muslime bezeichnet wird, selber Apostaten verziehen hat.

Obwohl es keine vom Koran festgesetzte Strafe im Diesseits für den Abfall vom Islam gibt, herrscht bei den Theologen überwiegend die Auffassung, daß der Abfall mit dem Tode bestraft werden müsse. Heutzutage gibt es diese Auffassung nur noch auf der theoretischen Ebene, denn praktisch wird ein solches Urteil nicht mehr durchgeführt. Diese Gelehrten stützen sich auf Hadithe (Aussagen des Propheten) wonach - wie sie behaupten - der Abgefallene mit dem Tod zu bestrafen sei. Doch gab es immer Abweichungen von dieser vorherrschenden Meinung.

Es existiert nun eine sehr interessante moderne Untersuchung von einem ägyptischen Islamgelehrten über diese Frage. Sie entstand vor mehr als 40 Jahren unter dem Titel „Die Religionsfreiheit im Islam". Der Name dieses Wissenschaftlers ist Abdul Muta'al as-Sa'idi. Er hat in seinem Buch die Hadithe des Propheten Mohammed zu diesem Thema sehr gründlich studiert und gezeigt, daß sie sich alle ohne Ausnahme nur auf jene vom Islam Abgefallenen beziehen, welche die Muslime bekriegen. Solche Abgefallenen sind also mit dem Tode deswegen zu bestrafen, weil sie die Muslime bekriegt haben, nicht, weil sie den Islam verlassen haben. Der Abgefallene muß also dafür bestraft werden, daß er zu den Feinden übergelaufen ist und mit ihnen zusammen die Muslime angegriffen hat. As-Sa'idi weist darauf hin, daß die Bestrafung für den Abfall koranisch betrachtet im Jenseits und nicht im Diesseits geschieht. Damit betonte er die vom Koran gelehrte unbeschränkte Religionsfreiheit für alle Menschen.

Interessant ist, daß das Werk von as-Sa'idi nie verboten worden ist. Der Verfasser wird auch nicht als Häretiker betrachtet, obwohl er die vorherrschende Meinung zu diesem Thema angegriffen hat. Aber seine Thesen wurden von einem anderen Theologen diskutiert und abgelehnt. As-Sa'idi hat jedoch in der zweiten Auflage seines Buches alle diese Gegenargumente auf gründliche und überzeugende Weise widerlegt.

## Schlußwort:

Der bekannte Begründer der malikitischen Rechtsschule, einer der vier großen islamischen Rechtsrichtungen, soll einmal gesagt haben:

"Wenn eine Auffassung von hundert Seiten her als Ketzerei und nur von einer Seite her als mit dem Glauben vereinbar betrachtet werden kann, muß man sie (von diesem letzteren einen Punkt her) als Glauben annehmen und nicht als Ketzerei."

Diese Auffassung eines im übrigen sehr konservativen Imams ist ein Beispiel dafür, wie tolerant man in früheren Zeiten des Islam andersdenkenden Menschen gegenüber war. Mit dieser Toleranz folgte man aber den Lehren des Korans, der sagte:

*„Es gibt keinen Zwang in der Religion"* (2,256)

und:

*„Wer glauben will, kann glauben, und wer nicht glauben will, kann es tun."* (18,29)

# Neunzehntes Kapitel

# AL-GHAZALI[1]

## 1. Leben

Der berühmte Denker Abu Hamid Mohammed al-Ghazali wurde im Jahr 1058 (450 H., nach islamischer Zeitrechnung) in der Stadt Tus in Khorasan in Persien geboren. Als sein Vater früh starb, wurde er auf dessen Wunsch zusammen mit seinem Bruder der Erziehung eines mit seinem Vater befreundeten *Sufis* (islamischen Mystikers) übergeben. Er studierte in Tus und Gurgan islamische Rechtswissenschaft *(Fiqh)* und anschließend bei dem bedeutendsten Theologen jener Zeit, Imam al-Haramain al-Guwaini, u.a. Theologie, Dialektik, Philosophie und Logik. Nach dem Tode seines Lehrers im Jahr 1085 (478 H.) begab er sich in die Umgebung des Großwesirs des Sultans, *Nizam al Mulk*, der ihn im Jahr 1091 (484 H.) zum Professor an der von ihm gegründeten *Nizamiyya*-Hochschule in Baghdad ernannte.

Damit bekleidete er bereits mit 33 Jahren eine der wichtigsten Positionen in der akademischen Welt seiner Zeit; und er versammelte eine große Anzahl von Schülern um sich. Doch vier Jahre später gab er seine Lehrtätigkeit auf und begann das Leben eines armen Sufis, das etwa 10 Jahre dauern sollte. Er hielt sich vor allem lange in Damaskus auf und reiste auch nach Jerusalem, Mekka und Medina. Danach nahm

---

[1] "Klassiker der Religionsphilosophie", Hrsg. Prof. Dr. F. Niewöhner, C.H. Beck'sche Verlagsbuchhandlung, München, 1995.

er auf Befehl des Sultans für kurze Zeit seine Lehrtätigkeit an der *Nizamiyya*-Hochschule in Nisapur wieder auf. Dann kehrte er in seine Heimatstadt zurück. Er errichtete neben seinem Haus eine Schule für islamische Rechtswissenschaft und ein Sufikloster. Am 19. Dezember 1111 (505 H.) starb er.

Die beste Quelle für sein Leben ist sein Werk „*Al-Munqid min ad-dalal*" („Der Erretter aus dem Irrtum").[1] In diesem Buch, das er gegen Ende seines Lebens verfaßte, schildert er seine geistige Entwicklung und die damit zusammenhängenden wichtigsten zwei Krisen seines Lebens.

Wie wir hier sehen, steht sein Bemühen um geistige Selbständigkeit im Zentrum seines Lebens. Wie er es ausdrückt, war ihm der Trieb, die ‚Wahrheiten der Dinge', d.h., die Dinge, wie sie wirklich sind, zu erfassen, praktisch angeboren, so daß er sich schon früh von jeder Autoritätsgläubigkeit, jeder ‚blinden Nachahmung', befreien konnte. Der Schritt zur geistigen Selbständigkeit ist, wie er darlegt, unwiderrufbar: „Gibt man die blinde Nachahmung einmal auf, so kann man auch kein Verlangen mehr haben, zu ihr zurückzukehren. Denn es ist eine Voraussetzung des blinden Nachahmers, daß er nicht weiß, daß er nachahmt. Wenn er von diesem Umstand erfährt, bricht das Glas seiner Nachahmung ..."[2] Mit seiner Forderung nach einem selbständigen Denken befindet Ghazali sich in vollster Übereinstimmung

---

[1] Deutsche Ausgabe: al-Ghazali, Der Erretter aus dem Irrtum. Übers. v. A. A. Elschazli, Hamburg 1988. Die Übersetzungen werden hier anhand der arabischen Ausgabe teilweise umgeändert.

[2] Ebenda. S. 12.

mit der Lehre des Korans, wonach[1] Dinge des Glaubens nicht wirklich durch bloße Informationen erfaßbar sind, sondern nur durch eigenständige geistige Anstrengungen verstanden werden. Das Ziel von Ghazalis Bemühungen war der dem Menschen ursprüngliche Glaube. Er wollte, wie er es formuliert, „die Wirklichkeit dieser ursprünglichen Natur (des Menschen)"[2] erkennen. Er wundert sich darüber, daß der Glaube eine Sache der in der Erziehung übermittelten Lehren zu sein scheint, „daß die Kinder der Christen auf nichts anderes als auf das Christentum, die Kinder der Juden auf das Judentum und die Kinder der Muslime zum Islam hin erzogen wurden ..." Und er will die Wahrheit der „zufälligen (d.h. durch Autorität übernommenen) Glaubensgrundsätze" erfassen. Aber er schildert uns seine Wahrheitssuche auch als ein großes Wagnis. Alle Lehrrichtungen und Auffassungen seiner Zeit untersuchte er und vergleicht die Vielfalt der Meinungen, der er sich gegenüber sah, mit einem tiefen Meer, in das er sich stürzte, um alles zu untersuchen, in dem aber die meisten ertrunken sind.

Auf der anderen Seite ist es aber auch mit Sicherheit gefährlich, so beweist er, nicht der eigenen Intelligenz zu vertrauen. "Wisse," sagt er,[3] „... wenn du das Wahre durch die Menschen erkennst, ohne auf deine eigene Intelligenz zu vertrauen, dann ist dein Bemühen vom richtigen Weg abgewichen. Der Wissende ist wie die Sonne oder wie die Lampe,

---

[1] Siehe hierzu auch M. Zakzouk, Der Mensch im Koran als Hörer des göttlichen Wortes. In: "Hören auf Sein Wort" Hrsg. A. Th. Khoury u.a., Mödling, 1992

[2] Erretter. S. 5; siehe hiezu auch J. Obermann: Der philosophische und religiöse Subjektivismus Ghazalis. Wien, 1921, S. 295 f.

[3] *Mi´rag as-Salikin*, S. 298 f. (in: *ar-Rasa`il al-Fara´id min tasanif al-Imam Al-Ghazali*, Kairo, o.J)

er gibt das Licht. So sieh mit deinen Augen. ... Und wer sich zur Nachahmung entschließt, begibt sich mit Sicherheit in Gefahr." Daher ist alles, was sich nicht unmittelbar als wahr ausweist, zunächst zu bezweifeln; „Die Zweifel leiten zur Wahrheit. „[1]

Ghazali leitet uns also sozusagen vorbei an der Skylla der Gefahr blinder Nachahmung und Autoritätsgläubigkeit auf der einen Seite und der Charybdis der Gefahr eines dogmatischen Skeptizismus auf der anderen Seite. Die Wahrheit - so lehrt er - erschließt sich dem, der sein Denken und Handeln in Übereinstimmung bringt. Er berichtet, wie er selber, nachdem er sämtliche Wissenschaften und Glaubensrichtungen seiner Zeit gründlich und kritisch studiert und systematisch dargestellt hatte, im Jahr 1095 (488 H.) sechs Monate lang auf so radikale Weise von zahllosen Zweifeln befallen wurde, daß er ganz krank wurde und schließlich auch nicht mehr essen konnte. Er konnte sogar am Schluß buchstäblich kein einziges Wort mehr hervorbringen; selbst sein Körper wollte sozusagen nur noch die Wahrheit äußern. Daher mußte er seine Lehrtätigkeit unterbrechen. Als er dann auch noch, wie er es ausdrückte, seine „Entscheidungsfähigkeit völlig verloren hatte" und überhaupt keinen Ausweg mehr sah, wandte er sich in seinem Innern Gott zu und erbat seine Hilfe, der, "den erhört, der in Not ist, wenn er zu Ihm betet".[2]

Und Gott erleichterte dann, wie Ghazali beschreibt, „seinem Herzen die Abkehr von Ruhm und Reichtum, Familie und Freunden." Er hatte den Weg zu Gott gefunden. Wie

---

[1] *Mizan al-'amal*, Kairo, 1964, S. 409.

[2] Koran: 27,62.

er berichtete, wollte aber niemand unter den religiösen Führern des Irak ein religiöses Motiv für die von ihm durchgeführte Abwendung von seiner bisherigen Lebensweise anerkennen, da man glaubte, daß seine Stellung als Professor an der berühmten *Nizamiyya*- Hochschule die höchste in der Religion sei. Ghazali hatte aber das gewählt, was den Menschen mit der Religion verbindet: echte Religiosität.

Dieser Krise, die zu seinem zehnjährigen Wandern als armer Sufi führte, war in seiner Jugendzeit eine andere, sein philosophisches Denken entscheidend begründende und prägende Krise[1] vorangegangen. Sie wurde dadurch ausgelöst, daß er auf systematische, philosophische Weise sein gesamtes Denken einem radikalen methodischen Zweifel unterzogen hatte, bis er schließlich in seinem Denken keine einzige Gewißheit und Sicherheit mehr entdecken konnte. Diese Krankheit, wie er das nannte, verschlimmerte sich und dauerte ungefähr zwei Monate. In ihrem Verlauf befand er sich, wie er es ausdrückte, in der Seelenlage eines Sophisten; und das kam weder in seinem Denken noch in seinen Aussagen zum Ausdruck.

Er erhielt seine seelische Gesundheit und Ausgeglichenheit, sowie, wie er es formuliert, das Vertrauen in die Vernunftprinzipien „mit Sicherheit und Gewißheit" zurück durch ein von Gott gesandtes Licht, „das Gott in die Brust warf. Dieses Licht ist der Schlüssel für die meisten Erkenntnisse." Die Überwindung dieser Krise, das Licht, von dem

---

[1] Für diese und folgende Ausführungen über Ghazalis Grundlegung der Philosophie siehe: Mahmoud Zakzouk: Al-Ghazalis Grundlegung der Philosophie. Mit einer Erörterung seines philosophischen Grundansatzes im Vergleich mit Descartes. Frankfurt, 1992

hier die Rede ist, ist häufig mystisch oder irrationalistisch erklärt worden. Wie wir an anderer Stelle[1] aufgrund einer genauen wissenschaftlichen Untersuchung festgestellt haben, ist aber nur die philosophische Interpretation des Lichts als Intuition der Vernunft richtig. Nur wenn dieser philosophische Grundansatz von Ghazalis Denken, den wir in dem oben erwähnten Werk aufgrund systematischer Studien aufweisen konnten, richtig verstanden wird, ist ein gründliches und systematisches Verständnis der Ghazalischen Werke und seines Denkens möglich. Dies ist der Schlüssel zu seinem Leben und Werk. Daher heißt es bei Ghazali nicht: „Suche die Wahrheit durch mystische Erleuchtung", sondern: „Suche die Wahrheit durch Denken.(...) Sei nicht wie ein Blinder ... Es ist kein Heil außer in der Selbständigkeit. ..."[2]

---

[1] Ebenda.

[2] *Mizan.* S.409.

## 2. Werke

*a) allgemein:*

Ghazali hat[1] zahlreiche Werke über Themen der verschiedensten wissenschaftlichen Gebiete geschrieben, vor allem über Theologie, Philosophie und Mystik. Wichtig für das richtige Verständnis seiner Werke ist die Tatsache, daß er neben seinen rein wissenschaftlichen Büchern auch Schriften für einfache und ungebildete Leser verfaßte. Diese populären Schriften[2] behandeln in leicht verständlicher Form vor allem religiöse und ethische Probleme und enthalten nicht solche kritischen Überlegungen, durch die einfache Leute ihren Glauben verlieren könnten, ohne aber infolge ihrer mangelnden Bildung in der Lage zu sein, den Glauben durch selbständiges Denken wiederzugewinnen. Aber seine wissenschaftlichen Werke verlangen vom Leser einen hohen Grad von Reflexionsfähigkeit.

Er will, daß der Leser seinen Büchern nicht einfach Belehrungen und Informationen entnimmt, sondern durch sie den Weg zu einer Entwicklung seiner angeborenen vernünftigen Intuition findet, indem er sich um ein selbständiges und kritisches Denken bemüht. Ghazali schreibt daher:[3] „Wer

---

[1] Siehe hierzu Zakzouk, Grundlegung, S. 17 ff.

[2] Hierzu gehören u. a.: a) Ad-Durra al-Fakhira, "Die kostbare Perle", von M. Brugsch übers., Hannover 1924; b) Bidayat al-Hidaya, "Der Anfang der Leitung", in: Josef Hell, "Von Mohammed bis Ghazali", Jena 1923 (auch in: W. M. Watt, The Faith and Practice of Al-Ghazali. London 1963; c) Minhag al-ʿabidin, "Der Pfad der Gottesdiener", übers. von E. Bannerth, Salzburg 1964.

[3] Miʿyar al-ʿilm, Kairo, 1961, S.192.

sich mit den Wissenschaften beschäftigt hat, erlangt ... durch Intuition ... viele Erkenntnisse, die er aber nicht beweisen kann. Er kann auch an ihnen nicht zweifeln, er kann andere nicht durch Belehrung an ihnen teilnehmen lassen, (er kann) nur dem Sucher den Weg, den er (selber) eingeschlagen hat, aufzeigen." Doch ist er realistisch und sich sehr wohl darüber im klaren, wie selten und außergewöhnlich die philosophische Wahrheitsfindung ist. Nach seiner Auffassung kann man daher sogar schlechtweg die Menschen in zwei Gruppen einteilen, welche beide die Wahrheit verfehlen, indem sie entweder einem Autoritätsglauben oder einem dogmatischen Skeptizismus verfallen.[1] Ghazali macht eine wichtige Unterscheidung: daß man die Wahrheit erkennt und daß man den Weg der Wahrheit geht.

Diese zwei Stufen der Wahrheitsfindung lassen sich in seinem eigenen Leben - in den beiden Hauptkrisen und ihrer Überwindung - deutlich unterscheiden. Die Wahrheit oder die Wirklichkeit der Dinge erfaßt derjenige oder denjenigen, der von allem anderen abläßt - so könnte man Ghazalis Wahrheitslehre auch zusammenfassen. Der Weg der philosophischen Wahrheitsfindung ist sehr schwierig und daher selten, und daher sagt Ghazali darüber[2] auch: „Wie sollte es (cf. die Seltenheit der Wahrheitsfindung) nicht sein, da doch die meisten gesuchten Erkenntnisse bezüglich der Geheimnisse der Eigenschaften Gottes und seiner Taten auf Beweise aufgebaut sind, deren Feststellung die Zusammenstellung von Prämissen verlangt, die vielleicht die Zahl tausend und

---

[1] Mihakk an-nazzar, Beirut 1966, S. 93 f.

[2] Ebenda, 94.

zweitausend[1] überschreiten. Wo ist derjenige, dessen Geist gestärkt ist, dies alles zu umfassen oder die Ordnung darin einzuhalten?"

Um Ghazalis Werk näher zu verstehen, ist es auch nötig, einen Blick auf die Umstände und den Geist seiner Zeit zu werfen. Ghazali beklagt den allgemeinen geistigen und sittlichen Verfall seiner Zeit, der sich immer mehr auszubreiten schien, und sagt, daß die Ärzte, welche die Krankheit zu heilen hätten, selber krank waren. Vor allem mit den vier Hauptgruppen: den *Mutakallimun* (spekulativen Theologen des Islam), den Philosophen, der Sekte der *Batiniten* und den Sufis, setzte er sich auseinander.[2]

1. Zuerst studierte er die von den *Mutakallimun* entwickelten theologischen Lehren. Sie beschäftigten sich mit einer rationalen Begründung der Offenbarungslehren. Obwohl sie behaupteten, dabei eine vernunftgemäße, unabhängige Methode zu benutzen, ist, wie Ghazali darlegt, ihr Ziel nicht wirklich die vorurteilsfreie Erfassung der „Wahrheit der Dinge". Denn sie machen sich abhängig von "blinder Nachahmung, dem Konsensus (der Übereinstimmung) der Gemeinschaft oder der bloßen Annahme (d.h. der nicht selbständig durchdachten Annahme) von Koran und Überlieferungen.,, Ihr Hauptziel ist die Verteidigung der orthodoxen Lehren des Glaubens gegen die Angriffe ketzerischer Lehren. Da sie sich vor allem damit beschäftigten, die Widersprüche der ketzerischen Gegner aufzudecken und sie mit deren eigenen Waffen anzugrei-

---

[1] Diese Zahlen sind sympolisch zu verstehen.

[2] Erretter, S. 12 ff. Im folgenden werden Zitate aus diesem Werk zitiert: S. 14, 15, 29, 31, 40, 41, 42, 45, 46.

fen, besaßen sie nur eine dialektische und keine philoso-
phisch-kritische Methode. Ghazali meint schließlich am
Ende seines Studiums ihrer theologischen Lehren, daß
letzten Endes der Schaden, den sie anrichten, vielleicht
noch größer ist als ihr Nutzen, da sie vorwiegend mehr
Verwirrung stiften als Aufklärung bringen. Er stellt fest,
daß diese Wissenschaft nicht nur unfähig ist, zu wahren
Erkenntnissen zu führen, sondern sogar davon abhält, da
ihre Methode nicht zur echten Gotteserkenntnis führt. An
anderer Stelle[1] sagt er: „Wer sich einläßt mit den Theologen (*mutafaqqihah*) dieser Zeit, dessen Natur wird beherrscht von Disput und Argument, und es ist schwierig für
ihn, zu schweigen, da schlechte Gelehrte den Leuten einre-
den, daß dies (Disputieren) exzellent sei(...). Fliehe sie, als
wenn du vor einem Löwen fliehst. Mit Sicherheit ist Disputieren die Ursache von Haß bei Gott und Mensch ."

2. Anschließend befaßte er sich mit dem Studium der philosophischen Richtungen seiner Zeit. Er fand, wie er sagte,
es gab „in den Büchern der islamischen Scholastiker dort,
wo sie sich mit den Antworten auf die Philosophen
beschäftigten, nichts außer unzusammenhängenden und
komplizierten Worten, deren Widersprüchlichkeit und,
Falschheit eindeutig ist." "Sie können", wie er sagt, "nicht
einmal einen gewöhnlichen Menschen verblenden, ge-
schweige denn einen, der für sich beansprucht, die Besonderheiten der Wissenschaften erfaßt zu haben. " Ghazali
studierte nun die ihm zugängigen philosophischen Quel-
lenwerke in seiner Freizeit, weniger als 2 Jahre lang, und
danach meditiert er noch ein Jahr lang darüber. Weiter un-

---

[1] *Bidayat al-Hidaya* (in Sammlung "*Minhag al-abidin*", Kairo 1954), S. 262.

ten werden wir noch weiter eingehen auf seine Kritik der philosophischen Richtung seiner Zeit, wenn wir uns mit seinen philosophischen Werken im einzelnen beschäftigen.

3. Während die Philosophen seiner Zeit einem einseitigen Intellektualismus huldigten, wollten die *Batiniten*, die Ghazali nun anschließend studierte, dem Intellekt gar keine Rolle zugestehen und jegliche Wahrheit nur von einem unfehlbaren Imam erhalten, den es nach ihrer Lehre zu jeder Zeit geben sollte. Die *Batiniten*, die man u.a. auch *Ta'limiten* nannte wegen ihrer Auffassung von der bedingungslosen Annahme der Lehre eines unfehlbaren Imam, waren religiöse Sekten mit versteckten politischen Bestrebungen. Ihre Lehren führten, obwohl sie das nicht zugeben wollten, schließlich zu libertinistischen und antinomistischen Auffassungen, wie Ghazali in seinen Schriften bewies. Ghazali wies auch nach, daß die Lehre vom unfehlbaren Imam einen Widerspruch in sich selbst darstellt, denn für den Beweis der Richtigkeit dieser Lehre müßte man das logische Denken anwenden, dessen Wert doch gleichzeitig mit dieser Lehre geleugnet wird.

4. Schließlich wandte Ghazali sich dem Studium der islamischen Mystik zu. Er erkannte, daß der Weg der Sufis bzw. ihre Methode nur durch die Verbindung von Theorie und Praxis nachvollziehbar ist. Das hängt mit der Tatsache zusammen, daß die Sufis die Erziehung der Seele auf ihrem Weg zu Gott anzielen. Zuerst beschäftigte Ghazali sich mit den Theorien der Sufis, bis er, wie er sagt, "den Kern ihrer wissenschaftlichen Ziele erkannt und ... (sich) angeeignet hatte, was man sich über ihren Weg durch Lernen und

Zuhören aneignen kann." Aber was man sich durch das theoretische Studium der sufischen Lehren als Wissen aneignen kann, führt nicht wirklich zu einem Verstehen der Sufis bzw. der speziellen Eigenschaften der Sufis. Wie er sagt, gelangt man „zu ihren spezifischern Eigenschaften nicht durch Studium, sondern nur durch Schmecken, (seelisches) Erleben und Verwandlung der Eigenschaften (religiös-moralische Erziehung)." Er vergleicht diese Tatsache auch mit dem Unterschied, ob man die Definition der Gesundheit und der Sattheit, ihre Ursachen und Bedingungen kennt, oder ob man selbst gesund und satt ist. Er erkannte jedenfalls mit Sicherheit, „daß die Mystiker Menschen der Erlebniszustände, nicht aber der bloßen Reden sind."

Nachdem Ghazali nun die Geistesströmungen seiner Zeit sehr gründlich und kritisch studiert hatte, wandte er sich der Betrachtung seines eigenen Lebens im Licht seiner neu gewonnen Erkenntnisse zu. Er stellt fest, daß sein Glaube an Gott, an die Prophetie und an den Jüngsten Tag nun nach seinem Studium der religiösen und der rationalen Wissenschaften unerschütterlich feststand. Wie er beschreibt, sind diese drei Glaubensgrundsätze in seiner „Seele nicht durch einen bestimmten niedergeschriebenen Beweis, sondern durch unzählige fest verwurzelte Ursachen, Begleitumstände und Erfahrungen begründet, deren Einzelheiten nicht aufgezählt werden können." Er stellt aber fest, daß seine Lebensführung mit seinen Überzeugungen nicht zu vereinbaren war, wonach nur völlige Hingabe an Gott seine Seele befreien konnte.

Er fand, daß er von allen Seiten in Bindungen verstrickt war. Seine Arbeiten, auch seine Lehrtätigkeit, erschienen ihm im Hinblick auf den Weg zum Jenseits als

Beschäftigungen mit unbedeutenden und nutzlosen Wissenschaften, da ihr Beweggrund und ihre Motivation das Streben nach Ruhm und Ansehen waren. Schließlich gelangte er zu der oben von uns bereits geschilderten zweiten Krise seines Lebens und ihrer Überwindung.

Jetzt beginnt seine zehnjährige Wanderzeit als armer Sufi, während der er sich bemühte, wie er sagt, den sufischen Lehren folgend, durch Zurückgezogenheit, Einsamkeit, religiöse und geistige Übungen seine Seele zu läutern, seine ethische Gesinnung zu verbessern und sein Herz für die Hingabe an Gott zu reinigen. Als er schließlich nach 10 Jahren in die Heimat zurückkehren mußte, tat er das, weil er von verschiedenen Seiten darum gebeten wurde, obwohl ihm, wie er sagt, „der Gedanke an eine Heimkehr so weit entfernt war wie wohl keinem anderem".

Während seiner zehnjährigen Zurückgezogenheit wurden ihm, wie er es ausdrückt, Dinge erschlossen, die er „weder aufzählen noch ergründen kann." Er wußte jetzt mit Gewißheit, daß die Sufis den Weg der Wahrheit gehen, daß sie, wie er sagt, "diejenigen sind, die auf dem Wege des erhabenen Gottes voranschreiten, besonders weil ihre Lebensweise die beste aller Lebensweisen, ihr Weg der richtigste aller Wege und ihre Gesinnung die reinste aller Gesinnungen ist." Doch hielt ihn seine Begeisterung für den sufischen Weg nicht davon ab, die Irrtümer und Irrwege einiger sufischer Richtungen zu erkennen und sie energisch zu verurteilen. Er gelangte auf diese Weise schließlich zu einer ganz originellen systematischen Erfassung des Sufismus.

Zusammenfassend läßt sich sagen, daß die Mystik ihn nicht wegführt von der Philosophie, von seinen Bemühungen um ein selbständiges, schöpferisches Denken, sondern daß sie ihn im Gegenteil dabei unterstützt. Denn nach seiner Lehre führt sie dazu, „die Seele von der (geistigen) Gewohnheit zu befreien; und dies ist eine Fähigkeit, die dem Philosophen unentbehrlich ist."[1] Philosophieren und schöpferisches, selbständiges Denken - so sagten wir - sind bei ihm eins. Dies ist der rote Faden, der sich durch seine gesamten wissenschaftlichen Werke hindurchzieht und sie zusammenhält.

## b) Ghazalis philosophisches Werk:

Das erste Buch, das er nach seiner gründlichen Überprüfung aller philosophischen Lehren seiner Zeit schrieb, ist *Maqasid al-falasifa* (= „Die Absichten der Philosophen"). In diesem Werk stellt er die zeitgenössischen philosophischen, d.h. arabisch-aristotelischen, Theorien in bezug auf Logik, Metaphysik und Physik dar, und zwar mit dem ausdrücklich formulierten Ziel, dieser Darstellung in einem anderen Buch die Kritik an den hier dargestellten Lehren folgen zu lassen. Dieses Werk der Kritik ist das bekannte *Tahafut al-falasifa*[2] ("Zusammensturz der Philosophen").[3] Wie Ghazali in diesem Buch feststellte,[4] glaubte man im is-

---

[1] Al-`Aqqad, A. M., *falsafat al-Ghazali*, Vortrag, Kairo 1960, S. 4.

[2] Ausführlich behandelt in M. Abu Ridah, AlGhazali und seine Widerlegung der griechischen Philosophie (*Tahafut al-Falasifa*), Madrid 1952.

[3] Ebenda, S. 69, Zur Frage der Übersetzung des Titels von *Tahafut*.

[4] *Tahafut al-Falasifa*, Beirut 1962, S. 40.

lamischen Raum irrtümlicherweise, daß die Metaphysik und die Physik in den Werken der Philosophen ebenso exakt betrieben wurden wie die Mathematik und Logik. Er zeigt aber, daß ihre Metaphysik unbewiesen ist und nur auf bloßen Vermutungen beruht.

Wenn sie lehrten, daß 1) die Welt ewig sei; 2) daß Gott nur Allgemeines erkenne, und 3) daß die Auferstehung nur den Geist betreffe - womit sie die Glaubenslehren angriffen, ohne aber wirkliche Beweise vorzuführen - dann beweist ihnen Ghazali, daß vom Standpunkt der Vernunft her gesehen ihre Auffassungen unbeweisbar und unhaltbar waren, und schlägt sie mit ihren eigenen Waffen. Er zeigt im *Tahafut* in 20 Punkten die Widersprüche dieser Philosophen bezüglich metaphysischer Fragen und einiger Probleme der Physik auf. Aber getreu seiner ursprünglichen Absicht bleibt er hier nur in der Rolle des Kritikers, d. h. er zerstört das Gebäude der dogmatischen Philosophen, ohne in dem gleichen Buch bereits ein neues Gebäude an dessen Stelle zu setzen. Zusammenfassend läßt sich zu seiner Kritik dieser Philosophen sagen, daß sie "in der Reihe der Auseinandersetzungen zwischen Religion und Philosophie einerseits und reiner Vernunft und dogmatischer Philosophie andererseits" steht.[1]

Während also Ghazali die von diesen Philosophen gelehrte Metaphysik als unbewiesen zurückwies, hat er doch im Prinzip die von ihnen gelehrte Logik übernommen und sie in verschiedenen Werken mit großer Ausführlichkeit dargestellt. Und bei dieser Hochschätzung der Logik als Maßstab jedes Denkens und jeder Wissenschaft ist er zeit seines Lebens geblieben. Nach dem *Tahafut* schrieb er das Buch *Mi'yar al-*

---

[1] Abu Ridah, S. 63

'ilm (= "Maßstab der Wissenschaft"), in dem er die Lehren der Logik darstellt und erläutert. Auch in seinen Büchern *Mihakk an-nazar* (= „Prüfstein des Denkens") und *al Qistas al-mustaqim* (= "Die rechte Waage") werden die Lehren der Logik erklärt und dargelegt. Etwa zwei Jahre vor seinem Tode geht Ghazali in seinem Werk *Mustasfa*[1] (in der langen Einleitung dazu) wieder auf die Frage der Logik und ihrer Bedeutung für jede Wissenschaft ein. In diesem Zusammenhang ist es auch wichtig, zu wissen, daß zur Zeit von Ghazali übereifrige fanatische Theologen die Logik der griechischen Philosophen zusammen mit allen ihren übrigen Lehren als ketzerisch verdammten.

Ghazali beweist ihren Irrtum, indem er die logischen Lehren erklärt und zeigt, daß auch die *Mutakallimun* sich auf diese stützten, obwohl sie andere Fachausdrücke verwandten und auch die Lehren der Logik nicht gründlich und systematisch entwickelt hatten. Ghazali erläutert im *Mihakk*[2], daß er, um die Lehren der Logik folgerichtig darzulegen, viele Fachausdrücke selber erfunden habe, und nur diejenigen, die den *Mutakallimun*, den *Fuqaha'* (Gesetzesgelehrten) und den Logikern gemeinsam waren, übernommen habe.

Doch hat er nicht nur die Logik, sondern auch die metaphysischen Grundfragen nach der Seele, Gott und der Welt in seinen philosophischen Werken behandelt und der Vernunft prinzipiell das Recht zuerkannt, in diesen Fragen unabhängig von der Offenbarung zu Erkenntnissen zu gelan-

---

[1] *Kitab al-Mustafa min 'ilm al-'usul*, 2 Bde., Kairo 1322-24 H.

[2] *Mihakk*, S. 48 f.

gen.[1] Die von ihm in diesem Zusammenhang entwickelte philosophische Methode, auf die wir oben bereits hingewiesen haben,[2] hat er besonders in seinem Werk *Munqid* dargestellt, und mithilfe dieser Methode hat er die Grundlegung seiner Philosophie durchgeführt. Vor allem in seinem Buch *Miskat al-anwar* (= „Die Nische der Lichter")[3] entwickelt Ghazali seine Lehre von der Vernunft als einem selbständigen schöpferischen Vermögen, das verschiedene Entwicklungsstufen durchläuft.

Es wird von seinem philosophischen Grundansatz her verständlich, warum er im *Miskat*[4] davon spricht, daß es notwendige Erkenntnisse gibt, die nicht sofort von der Vernunft erfaßt werden, sobald man sie ihr vorlegt. Wie er sagt, muß die Vernunft erst „davon ergriffen und entbrannt sein und darauf ausdrücklich aufmerksam gemacht werden (...). (...) durch die Erleuchtung des Lichts der Weisheit wird die Vernunft in actu (tatsächlich) eine schauende, nachdem sie es zuvor nur der Möglichkeit nach war." Tatsächlich kann ja die tägliche Erfahrung jedem klarmachen, daß es möglich ist, daß wir plötzlich blitzartig (intuitiv) etwas erkennen können, was uns vorher, obwohl wir damit ständig konfrontiert waren, nicht klar war.

---

[1] *Al-Iqtisad fil-i'tiqad*, Kairo 1962, S. 107 f. u. a.

[2] Siehe hierzu Zakzouk, Grundlegung, S.26 ff.

[3] Deutsche Ausgabe: Al-Ghazali, Die Nische der Lichter, Hamburg 1987, übers. v. A. A. Elschazli.

[4] Ebenda, S. 15.

Diese Tatsache der intuitiven Erkenntnis gilt in ganz besonderer Weise für den Bereich der Grundfragen des menschlichen Daseins nach dem Sinn, nach der Seele, der Welt und Gott. Daß nur derjenige, „der sich selbst erkennt ... auch seinen Herrn erkennen (kann)", daß die Gotteserkenntnis die wahre Selbsterkenntnis voraussetzt, gehört zu den Erkenntnissen, die nur die von ihnen „ergriffene" Vernunft erkennt. "Nur derjenige," sagt Ghazali,[1] „der Feuer besitzt, der kann sich an ihm (dem Feuer) erwärmen, nicht aber derjenige, der von ihm hört." Die Erkenntnisse stehen in einem engen Verhältnis zu dem moralischen Handeln; nach Ghazalis Lehre gilt dies in besonderem Maße für unsere metaphysischen bzw. religiösen Erkenntnisse.

Es gibt, wie Ghazali erläutert, vor allem im *Miskat*, viele Stufen der Entfernung von der Selbst- und Gotteserkenntnis, und auch viele Stufen der Annäherung an diese. Ganz (nämlich durch „reine Finsternis") sind jene Menschen von der Erkenntnis Gottes entfernt, die nur mit der Zunge das Glaubensbekenntnis des Einen Gottes aussprechen: „Es gibt keinen Gott außer Gott." Wie Ghazali sagt, sind sie zu dieser Aussage vielleicht „aus Angst gebracht worden ..., der Suche nach Beistand der Muslime, aus Schmeichelei, der Suche nach finanzieller Unterstützung oder aus Fanatismus, um der Lehre der Väter zum Sieg zu verhelfen."[2] Ghazali sagt, diese Leute sind verloren, wenn Denken bzw. Überzeugungen und Handeln bei ihnen nicht eins sind und übereinstimmen, wenn sie „nicht durch dieses Wort („Es gibt keinen Gott außer

---

[1] Ebenda, S. 39.

[2] Ebenda, S. 57.

Gott") zu guten Taten geführt werden ...". Die ethischen Lehren Ghazalis finden sich vor allem in seinem Hauptwerk *Ihya` 'ulum ad-din* (= „Wiederbelebung der Religionswissenschaften" sowie in seinem Buch *Mizan al-'amal* (= „Waage des Handelns"), das er parallel zu seinem Werk *Mi'yar al-'ilm* (= Waage der Wissenschaft) abfaßte; und im letztgenannten Werk betont er wieder, daß der Leser beide Bücher mit dem Auge der Vernunft (d.h. selbständig denkend) und nicht mit dem Auge der Nachahmung lesen solle.[1]

Die Vernunft des Menschen spielt im Denken Ghazalis eine souveräne Rolle. Warum und in welcher Weise dies geschicht, wird klar, wenn man seinen philosophischen Grundansatz betrachtet, den wir in aller Ausführlichkeit bereits in einem anderen Buch[2] dargestellt und erörtert haben. An dieser Stelle kann nur eine sehr kurze Zusammenfassung dieser Untersuchung gegeben werden. Bei seinem philosophischen Grundansatz geht Ghazali (wie 500 Jahre später auch der berühmte Philosoph Descartes[3] "nicht wie im scholastischen Denken und wie bei den *Mutakallimun* (den islamischen Scholastikern) von einer als selbstverständlich angesehenen Annahme Gottes ...(aus); sondern den Ausgangspunkt bildet allein der Denkende selbst, ,der in seiner Suche nach absolut gewisser Wahrheit mithilfe der Methode des philosophischen Zweifels durch eine vertiefte Selbsterkenntnis hindurch bis zu der evident intuierten Gotteserkenntnis vorstößt."[4]

---

[1] *Mi'yar*, S. 348.

[2] Zakzouk, Grundlegung.

[3] Ebenda.

[4] Ebenda, S. 108.

Bei Ghazali steht, im Gegensatz zu den Philosophen vor ihm, die selbständig verwirklichte Gotteserkenntnis am Anfang jeder Erkenntnis. Weder in der Naturwissenschaft noch in der Ethik noch im Denken überhaupt kann Ghazali nach seiner philosophischen Lehre[1] ohne die Gotteserkenntnis einen gewissen und sicheren Schritt machen, wie das nach ihm auch Descartes lehrte.[2]

Mit dieser Lehre steht Ghazali im Gegensatz zu den Philosophen vor ihm, welche den Gottesbegriff „jenseits des Geschehens (verlegen), ans metaphysische Ende des physikalischen und sittlichen Kausalnexus, von wo aus er zu Welt und Mensch keine Brücke findet"[3] wobei sie sich in ihrem Denken in unaufhebbare Widersprüche verstricken. Die Vernunft ist, wie Ghazali sagt,[4] "die Naturanlage und das ursprüngliche Licht, wodurch der Mensch die Wahrheit der Dinge begreift." Und zwar ist sie das dann, wenn sie sich „von den Täuschungen der Phantasie und Imagination befreit"[5] sowie von den durch *taqlid* (blinde Nachahmung) erlangten Meinungen.[6]

---

[1] Ebenda.

[2] Ebenda, S. 108.

[3] Obermann, J., Der philosophische und religiöse Subjektivismus Ghazalis, Wien 1921, S. 218.

[4] *Ihya' 'Ulum ad-Din* ( = Wiederbelebung der Religionswissenschaften), Kairo 1939. III., S. 398.

[5] *Mi' yar*, S. 62 u. a.

[6] u. a. *Mihak*, S. 84.

Sowohl die notwendigen angeborenen wie auch die theoretischen Vernunfterkenntnisse (die durch Studium und Beweisführung erlangt werden) können nicht durch blinde Nachahmung, also bloße Übernahme, sondern nur durch selbständige Aneignung erlangt werden. Die metaphysischen Erkenntnisse werden nach Ghazalis Lehre wie alle theoretischen Erkenntnisse, im Gegensatz zu den notwendigen Vernunftwahrheiten, durch geistige Anstrengung erworben, und sie erfordern also "die richtige Intuition, eine scharfsinnige Vernunft und einen reinen Geist."[1]

Die Logik mit ihrem Syllogismus ist nach seiner Lehre ein Mittel zur Überwindung der Täuschungen, welche die vernünftige Intuition verhindern. Und die erforderliche dauerhafte Gewißheit in den reinen Vernunfterkenntnissen kann man nur durch eine lange Übung des intuitiven Vermögens und das intensivste Studium der Vernunfterkenntnisse erhalten.

Die Metaphysik ist nach Ghazalis Lehre die wichtigste philosophische Disziplin, ja, sie ist sogar, wie er sagt, „der Zweck der Wissenschaften und ihr Ziel."[2] Denn, wie wir schon darlegten, nach Ghazalis Auffassung kann man philosophisch gesehen keinen gewissen und sicheren Schritt in den Wissenschaften machen, ohne vorher die selbständig verwirklichte Erkenntnis Gottes vollzogen zu haben. Konsequenterweise hat Ghazali auch in seiner Auseinandersetzung mit der Mystik und bei ihrer Darstellung seine philosophische

---

[1] *Mi'yar*, S. 247.

[2] *Maqasid al-Falasifa*, Kairo 1961, S. 133.

Auffassung von der Vernunft durchgehalten. Wie er sagt,[1] gibt es neben dem durch Lernen und Studien erworbenen Wissen ein unmittelbar erlangtes Wissen, welches die Propheten und Heiligen haben, und „das ohne menschliche Unterweisung unmittelbar von Gott ihren Herzen zufließt." Es gibt auch angeborene Klugheit. Doch sie ist nicht das gleiche wie das „unmittelbare" Wissen. „Denn so wie es möglich ist", heißt es darüber bei Ghazali, „daß ein kluger Mensch von klarem Herzen mancherlei Wissenschaft aus sich selbst heraus gewinnt ohne Erlernung, so ist es auch möglich, daß ein noch klügerer Mensch von noch klarerem Herzen alle Wissenschaft, ja noch mehr, aus sich selbst heraus erkennt. Dieses Wissen nennt man das ‚unmittelbare' Wissen (...).":[2] Der mystische Weg führt zu diesem Wissen. Die Rolle der Vernunft bezüglich des sufischen Weges kann man in zwei Grundfunktionen zusammenfassen. Erstens müssen vermittels der Vernunft die folgenden drei Bedingungen erfüllt werden: a) Das Studium der Wissenschaften; b) Echte Selbstdisziplin c) Nachdenken. Wenn diese drei Bedingungen erfüllt werden, sagt Ghazali, wird „im Herzen (des Nachdenkenden) ... ein Fenster zur unsichtbaren Welt hin geöffnet, und er wird wissend, vollkommen, vernünftig, inspiriert, gestärkt."[3]

---

[1] Al-Ghazali, Das Elixier der Glückseligkeit (*Kimya` as-Sa´ada*), übers. v. H. Ritter, Düsseldorf 1959, S. 52 f.

[2] Ebenda, S. 57.

[3] *ar-Risala al-laduniyya*, Kairo 1328 H., S. 36 f.

Die zweite Grundfunktion ist die kritische Beurteilung und Auswertung der mystischen Erlebnisse, denn die mystischen Ekstasen verführten die Sufis, wie Ghazali feststellte, leicht zu subjektiven und einseitigen Aussagen. Ghazali macht in diesem Zusammenhang die wichtige Unterscheidung zwischen dem bloßen Nichtbegreifenkönnen und dem Fürunmöglichhalten. Als Beispiel für das erste bringt er die Tatsache, daß es möglich ist für heilige Menschen, Dinge vorherzusagen, obwohl wir nicht begreifen, wie sie das tun. Als Beispiel für das zweite bringt er, daß einem Heiligen enthüllt wird, daß Gott morgen einen Gott wie sich selbst schaffen wird.[1] Der Gelehrte darf sich jedenfalls grundsätzlich nicht absperren gegenüber anderen Formen des Wissens.[2] Dann ist er besonders befähigt, den mystischen Weg zu beschreiten, da er sich durch falsche Einbildungen oder unwichtige Zweifel nicht so durcheinanderbringen ließe wie ein ungebildeter Mensch.

Abschließend soll noch kurz auf das Verhältnis von Vernunft und Offenbarung bei Ghazali hingewiesen werden. Er sagt hierüber:[3] "Die Vernunft ist wie das Baufundament, und die Religion (sar`) wie der Bau." Beide ergänzen sich so, wie das Baufundament und der Bau einander ergänzen. Die Aufgabe der Vernunft ist, daß sie uns zur Religion hinführt und uns ihr dann überantwortet. "... die Propheten sind", wie er sagt,[4] „die Ärzte der Krankheiten des Herzens." Daß die

---

[1] *Al-Maqasid al-Asna*, Kairo o. J., S. 100.

[2] Elixier, S. 60 f.

[3] *Ma`arig al-Quds*, Kairo 1927, S. 59.

[4] Erretter, S. 57.

Vernunft und die Offenbarung einander nicht widersprechen dürfen, ist nach Ghazalis Auffassung klar, da beide dieselbe Wahrheit vermitteln. Die Vernunft ist für ihn „ein Muster vom Lichte Gottes"[1] und die Offenbarung stammt von Gott. Also haben beide dieselbe Quelle. Wie er es auch formuliert, ist „die Religion ... eine Vernunft von außen, und die Vernunft ist eine Religion von innen; sie arbeiten zusammen, ja, bilden sogar eine Einheit."[2] Ghazalis Thema in allen seinen Werken ist der Mensch. Vernunft und Offenbarung, so erklärt er uns, sollen den Menschen zu seinem Heil führen. Derjenige, der für die bloße unreflektierte Annahme der Offenbarung mit dem gänzlichen Ausschluß der Vernunft eintritt, ist nach seiner Meinung unwissend, und derjenige, der sich mit der bloßen Vernunft begnügt und von der Offenbarung absieht, ist, wie er sagt, eingebildet.[3]

Die Vernunft (eine komplexe Einheit, die sich in verschiedenen Erscheinungsformen entwickelt, die dynamisch ist) ist zwar grammatikalisch gesehen ein Substantiv Singular, wird aber mißverstanden, wenn man sie als einzelnes feststehendes Faktum betrachtet. Ghazali schildert sie[4] als eine Wirklichkeit, die zunächst potentiell, d.h. der Möglichkeit nach, vorhanden ist, und die sich, unter gewissen Bedingungen, stufenweise entwickelt. Wenn dies geschieht, gehört sie zu den, wie Ghazali sie nennt, „leuchtenden menschlichen Seelen", welche im Prinzip fünf Stufen durchlaufen können: die erste Stufe, die wahrnehmende Seele, empfängt das, was

---

[1] Nische, S. 44.

[2] *Ma`arig*, S. 60.

[3] *Ihya`* III, S. 16.

[4] Nische, S. 45 ff.

die fünf Sinne ihr vermitteln und ist bereit beim Säugling vorhanden. Die zweite Stufe ist die vorstellende Seele, welche die Erfahrungen der fünf Sinne speichert, und sie existiert erst später beim Säugling, kann auch bei einigen Tieren vorhanden sein. Die dritte ist die vernünftige Seele, durch welche Ideen erfahren werden, die über das Sinnes- und Vorstellungsvermögen hinausgehen, und sie ist die spezifisch menschliche Substanz; und ihr Erfahrungsbereich sind die notwendigen und universellen Erkenntnisse. Die vierte ist die denkende Seele, welche die rein rationalen Erkenntnisse aufgreift und zwischen ihnen Zusammenhänge und Parallelen durch Schlußfolgerungen herstellt. Die fünfte ist der heilige prophetische Geist, der die Propheten und einige Gottvertraute auszeichnet.

In allen fünf Stufen handelt es sich wohlgemerkt um die eine „leuchtende menschliche Seele", die in der fünften Stufe Vollkommenheit erreicht. Alles Licht, das sie erhält - das ist die Lehre von Ghazali - ist in allen fünf Stufen (also nicht nur in der fünften Stufe!) das Licht Gottes. Wenn die Seele sich in ihrem Handeln von Gott abwendet, begibt sie sich in immer größere Finsternisse, und wenn sie sich ihm zuwendet, begibt sie sich in immer helleres Licht. Durch logische Schlußfolgerungen können wir uns klarmachen, sagt Ghazali, daß es hinter der Sphäre der rationalen Vernunft (der vierten Stufe) noch eine andere höhere Sphäre (eine fünfte Stufe, eine Metavernunftsphäre) geben kann, so wie es hinter (der Zeit nach hinter) der ersten eine zweite Stufe gibt und hinter der zweiten eine dritte und dann eine vierte Stufe! Ghazali warnt den, der sich auf die bloße rationale Vernunft zurückzieht: „Betrachte nicht dich allein als den Gipfel der Vollkommenheit!"

Er bringt auch[1] analoge Beispiele für die geistigen (metavernünftigen) Erfahrungen, die der 5. Stufe der Seele zugehören: wie den Genuß an der Dichtung, oder an der Musik, die manche zu „starker Gemütserregung und Leidenschaft erfaßt" - Erfahrungen, die, wie er sagt, nur zum „Geschmack" fähige Menschen haben. Die Gottesvertrauten, wie er sagt, besitzen diesen Geschmack zum großen Teil. "Der Mensch ist", erklärt Ghazali auch in diesem Zusammenhang, „für ein höheres und erhabeneres Ziel geschaffen." Die fünf Teile bzw. Lichter der erleuchteten Seele dienen dem Menschen als „Netz, um damit aus der niederen (materiellen) Welt Prinzipien der hervorragenden religiösen Erkenntnis zu gewinnen." Die Vernunft, das dem Menschen verliehene göttliche Licht, besitzt in dieser Weise in der Ghazalischen Philosophie eine durchgehende Einheit.

In allen ihren Entwicklungsstufen, die aufeinander aufgebaut sind, dient sie dem Menschen zu seiner immer größeren Vollkommenheit, solange er ihr selbständig in seinem Denken und Handeln folgt und diese beiden konsequent miteinander verknüpft, in der gleichen Weise, wie die Ober- und Unterseite der Hand miteinander verbunden sind.

---

[1] Ebenda, S. 47 f.

## 3. Wirkung

Wie so viele der großen geistigen Reformer der Menschheit ist Ghazali zwar häufig sehr gelobt und gepriesen, aber selten wirklich verstanden worden,[1] da sein Format des Denkens schwer zu erreichen ist. Es ist nicht leicht einzusehen und noch schwerer zu befolgen, daß Denken und Handeln eins zu sein haben. Nur ein wirklich vorurteilsloses, selbständiges Denken, verknüpft mit einem bedingungslosen, ursprünglichen Glauben, kann dazu gelangen. Doch die geistige und sittliche Größe Ghazalis wurde in der islamischen Welt schließlich schon zu seinen Lebzeiten allgemein anerkannt; und man nannte ihn daher den Reformer des 5. (islamischen) Jahrhunderts.

Hierbei stützte man sich auf eine Aussage des Propheten, wonach in jedem Jahrhundert ein Erneuerer des religiösen Lebens erscheint. Man erteilte ihm auch das größte Lob, als man sagte: „Könnte es nach Mohammed noch einen Propheten geben, so wäre das sicher (al-Ghazali.”[2] Er erhielt den Ehrentitel „Beweis des Islam” (*Hujjat al-Islam*).[3] Doch nicht nur von den muslimischen, sondern auch von europäischen Gelehrten wurde er als der größte Muslim gefeiert. In der europäischen Gelehrtenwelt wurde seine Eigenart - diese eigentümliche Verbindung von schöpferischem Philo-

---

[1] Siehe hierzu auch T. de Boer, Die Widersprüche der Philosophie nach Al-Gazali, Straßburg 1894, S. 111.

[2] Saiyid Murtada: *Ithaf as-sada almuttaqin*, Bd. I, S. 9.

[3] Auch erwähnt in the Cambridge History of Islam, Vol. IIB: Louis Gardet, Islamic Society and Civilisation, S. 600 (1970 ) Cambridge University

sophieren und Mystik - kürzlich[1] gut herausgestellt, als man ihn als einen ‚prophetischen Intellektuellen' (prophetic intellectual) beschrieb und darauf hinwies, daß wir in seinem eigenen Leben sehen, wie die Erneuerungen in den großen Religionen ihren Ursprung haben in dem Herzen eines einzelnen Menschen. Seine zahlreichen hervorragenden Leistungen auf den verschiedensten Gebieten als[2] ein hervorragender Theologe, Rechtsgelehrter, origineller Denker, Mystiker und religiöser Reformator werden allgemein anerkannt. Von einigen Gelehrten wird er als der originellste Denker und der größte Theologe des Islam bezeichnet.[3]

Ihm wird jedenfalls das höchste Lob zuteil, das man einem Philosophen erteilen kann, wenn man sagt, daß bei ihm Leben und Lehre eins waren.[4] Beides wurzelt bei ihm zutiefst in seiner Persönlichkeit. Von dieser Tatsache her ist es auch zu verstehen, warum gesagt wurde,[5] daß vielleicht das Großartigste, was man bei ihm finden kann, seine einzigartige Persönlichkeit ist, die durchaus wieder zu einer Quelle der Inspiration werden kann. Am besten versteht man ihn, wenn man seine Werke unter dem Gesichtspunkt betrachtet, daß sie dazu dienen sollen, zum geistig unabhängigen, intuitiven Leben der Seele zu erziehen, und ineins damit zum Bewußtsein

---

[1] W. M. Watt, Muslim Intellestual, S. 180. Edinburg 1963.

[2] Siehe hierzu auch The Encyclop. of Islam II, Fasc. 39, Leiden 1965. S. 1038 (W. M. Watt).

[3] Siehe hierzu auch Enzyklopädie des Islam, 2, Leiden, 1928 (D. B. Macdonald); neu gedruckt im Handwörterbuch des Islam, 140. (1976); s. a. Renan, Averros, S. 96.

[4] Siehe auch: Encyclopaeia of Religion and Ethics, V, New York, 1974, (T.de. Boer); s. a. Obermann, S. 307.

[5] W. M. Watt, Faith ... S. 15.

der Abhängigkeit des Menschen von der Quelle dieser Intuition, welches Bewußtsein wiederum letztlich auf der Gotteserkenntnis und der Liebe Gottes basiert.[1] Nur ein in diesem Sinne ‚erzogener' Mensch, so lehrt und beweist er, besitzt auch die Fähigkeit, schöpferische Lösungen, d.h. wirkliche Lösungen, für die spezifischen Probleme der jeweiligen Situation und Zeit zu finden und damit im umfassenden Sinne verantwortungsvoll[2] zu handeln. So wie Ghazali selber,[3] vor nunmehr 900 Jahren, eine schöpferische Antwort auf die Situation seiner Zeit ‚gelebt' hat.

Wie läßt sich nun die Frage seiner geschichtlichen Wirkung am besten beantworten? Wie einmal gesagt wurde:[4] „Wo ein König (wie Ghazali) baut, haben die Kärner, die Geschichtsschreiber, zu tun, und wo ein origineller Geist arbeitet, haben die Philosophen etwas zum Nachdenken." Doch wir können noch mehr über die Wirkung Ghazalis sagen, etwa, daß er dem Sufismus zum Heimatrecht im Islam verhilft,[5] daß er sucht, „den Menschen von trockener Scholastik zum lebendigen Kontakt mit Gott, zur Verinnerlichung des Lebens" zu führen,[6] und daß er dafür berühmt wurde und als Vorbild diente, und allgemein gesehen, daß sein „Einfluß in

---

[1] Siehe hierzu auch Zakzouk, Grundlegung, S. 103 ff.; s. a. z. B. Bertholet, Wörterbuch der Religionen, Stuttgart 1985, S. 196.

[2] Zum Thema der Verantwortung aus islamischer Perspektive siehe auch M. Zakzouk, "Heutige Weltverantwortung in islamischer Sicht", in: Universale Vaterschaft Gottes, Sammelband, Herder Vlg., Freiburg 1987.

[3] W. M. Watt, Islam and Christianity today, London 1983. S. 143.

[4] de Boer, Widersprüche, S. 113.

[5] Siehe auch Frick, Ghazalis Selbstbiographie, Leibzig 1919, S. 83, sowie Berthold, S. 196.

[6] Heiler F., Die Religionen der Menschheit, Stuttgart 1959, S. 860.

der Förderung der Nächstenliebe, in dem Antrieb zu selbständigem Forschen und geistiger Betätigung wirksam" war und ist.

Er zeigte,[1] daß die religiösen Pflichten und die theologischen Lehren nicht in bloß äußerlicher Beziehung zu dem einzelnen Menschen stehen müssen und dürfen, sondern durch selbständiges Denken und entsprechendes Handeln verbunden werden konnten mit seinem tiefsten seelischen Leben. Daher zählt er zu den großen Erneuerern der Religiosität.

Durch seinen Einfluß[2] wurden Orthodoxie und Mystik im Islam einander nähergebracht, so daß sie zwar weiter jeder ihre eigenen Wege gingen, aber daß die Theologen die Mystiker respektierten und die Mystiker ihrerseits sich mehr darum bemühten, innerhalb der Grenzen der Orthodoxie zu verbleiben.[3] Auch über seinen Einfluß auf das Denken des europäischen Mittelalters gibt es zahlreiche Untersuchungen.[4] Man hat ihn nicht nur mit Sokrates, sondern auch mit Augustinus verglichen,[5] und z.B. auch[6] auf seinen Einfluß auf Thomas von Aquin hingewiesen.

---

[1] W. M. Watt, Islamic Philosophy and Theology, Edinburgh 1962, S. 121.

[2] Watt, Faith, S. 15.

[3] Siehe auch A. Schimmel. Der Islam, Stuttgart 1990, S. 99.

[4] Zur Frage des Einflusses des islamischen Denkens siehe auch: Zakzouk, On the Role of Islam in the Development of Philosophical Thought, (englisch-arabisch), Kairo 1989.

[5] Obermann, S. 309.

[6] Abu Ridah, S. 192 (Macdonald, The religious attitude and life in Islam, S. 218/9).

Und am Beginn der Neuzeit stehen die philosophischen Bemühungen des Descartes, den man auch den Vater der modernen Philosophie genannt hat; seine Grundlegung der Philosophie wie auch seine philosophische Methode zeigen, wie von mir bewiesen wurde,[1] die größte Ähnlichkeit mit denjenigen Ghazalis, bisweilen sogar in kleinste Einzelheiten hinein.

Aber auch bei vielen anderen Denkern, so etwa bei Hume mit seiner Kausalitätsauffassung[2] oder bei religionsphilosophischen Betrachtungsweisen Pascals[3] und vielen anderen Denkern können überraschendste Übereinstimmungen mit Ghazalis Lehren festgestellt werden. Ghazali ist auch wegen seiner jede Dogmatik ablehnenden kritischen Denkweise der Kant der islamischen Philosophie genannt worden, der kritische Philosoph innerhalb der islamischen Philosophie.[4] Bis in unsere Zeit hinein ist sein Einfluß kaum jemals überschätzt worden. Daher meint man jetzt auch mit Recht,[5] daß - da der Islam nun ebenso mit dem westlichen Denken kämpft wie einstmals (unter anderem) mit der griechischen Philosophie und nun ebenso wie damals einer Erneuerung bedarf - ein vertieftes Studium von Ghazali helfen könnte, die richtigen Schritte zu unternahmen.

---

[1] in Zakzouk, Grundlegung.

[2] Ebenda, S. 124 ff.

[3] Abu Ridah, S. 192 f.

[4] Obermann, S. 41.

[5] Watt, Faith, S. 15.

Andererseits meint man westlicherseits auch ganz richtig,[1] daß die Christen, da die Welt in unserer Zeit in einem kulturellen Schmelztiegel (cultural melting pot) sei, sich darauf vorbereiten müßten, vom Islam zu lernen.

Ist mit dem vorangehenden die Wirkung Ghazalis aber wirklich erschöpfend besprochen worden? Ghazali spricht[2] einmal von jenen göttlichen Menschen bzw. Gottvertrauten, die es zu allen Zeiten gegeben hat, die durch ihre Vollkommenheit die „Säulen der Erde" sind, damit sie nicht zusammenstürzt, und wir können sagen: er war einer von ihnen.

---

[1] Ebenda.

[2] Erretter, S. 25.

## Über den Autor:

Mahmoud Zakzouk, geboren 1933 in Ägypten, Studium an der Al Azhar-Universität, Kairo, Doktor der Philosophie (Universität München, Deutschland), Professor für Philosophie an der Al Azhar-Universität seit 1968, Dekan der Fakultät für Islamische Theologie von 1987 bis 1995, Vizepräsident der Al Azhar-Universität 1995. U.a. Präsident der Ägyptischen Philosophischen Gesellschaft, Mitglied der Islamischen Forschungsakademie, Kairo, Mitglied der Europäischen Akademie der Wissenschaften und Künste, Salzburg. Ägyptischer Staatspreis für Geisteswissenschaften 1997. Zahlreiche Veröffentlichungen über Philosophie, Ethik, Orientalistik, Islamwissenschaften. Teilnahme an zahlreichen europäischen Tagungen vor allem über den Religions- und Kulturdialog. Seit Anfang 1996 Minister für Religiöse Angelegenheiten (*Awkaf*) sowie Präsident des Höchsten Islamischen Rates in Ägypten.

رقم الايداع ١٨٠٨٥ / ١٩٩٩

الترقيم الدولى 5 - 112 -205 - 977 I.S.B.N